JN423510

33.遯	34.大壯	35.晉	36.明夷	37.家人	38.睽	39.蹇	40.解
卦詞 4-256	卦詞 4-281	卦詞 4-304	卦詞 4-337	卦詞 5-25	卦詞 5-52	卦詞 5-88	卦詞 5-110
初六 4-258	初九 4-283	初六 4-310	初九 4-341	初九 5-29	初九 5-57	初六 5-94	初六 5-115
六二 4-260	九二 4-285	六二 4-314	六二 4-348	六二 5-31	九二 5-61	六二 5-96	九二 5-117
九三 4-263	九三 4-286	六三 4-318	九三 4-353	九三 5-35	六三 5-64	九三 5-99	六三 5-120
九四 4-267	九四 4-291	九四 4-320	六四 4-358	六四 5-42	九四 5-69	六四 5-101	九四 5-125
九五 4-270	六五 4-294	六五 4-324	六五 4-362	九五 5-44	六五 5-73	九五 5-102	六五 5-128
上九 4-271	上六 4-297	上九 4-327	上六 4-366	上九 5-46	上九 5-76	上六 5-104	上六 5-130

41.損	42.益	43.夬	44.姤	45.萃	46.升	47.困	48.井
卦詞 5-138	卦詞 5-172	卦詞 5-205	卦詞 5-240	卦詞 5-270	卦詞 5-302	卦詞 5-326	卦詞 5-365
初九 5-147	初九 5-177	初九 5-213	初六 5-243	初六 5-277	初六 5-307	初六 5-331	初六 5-373
九二 5-152	六二 5-180	九二 5-217	九二 5-249	六二 5-282	九二 5-309	九二 5-336	九二 5-376
六三 5-154	六三 5-185	九三 5-221	九三 5-252	六三 5-287	九三 5-312	六三 5-342	九三 5-381
六四 5-158	六四 5-192	九四 5-225	九四 5-256	九四 5-290	六四 5-313	九四 5-347	六四 5-384
六五 5-161	九五 5-194	九五 5-231	九五 5-259	九五 5-292	六五 5-316	九五 5-352	九五 5-386
上九 5-166	上九 5-198	上六 5-236	上九 5-263	上六 5-296	上六 5-318	上六 5-357	上六 5-388

49.革	50.鼎	51.震	52.艮	53.漸	54.歸妹	55.豊	56.旅
卦詞 6-24	卦詞 6-58	卦詞 6-97	卦詞 6-130	卦詞 6-162	卦詞 6-194	卦詞 6-227	卦詞 6-269
初九 6-31	初六 6-63	初九 6-105	初六 6-138	初六 6-167	初九 6-198	初九 6-234	初六 6-273
六二 6-34	九二 6-68	六二 6-107	六二 6-141	六二 6-171	九二 6-203	六二 6-239	六二 6-278
九三 6-36	九三 6-73	六三 6-112	九三 6-145	九三 6-175	六三 6-207	九三 6-247	九三 6-281
九四 6-41	九四 6-80	九四 6-115	六四 6-150	六四 6-180	九四 6-211	九四 6-253	九四 6-284
九五 6-45	六五 6-89	六五 6-117	六五 6-152	九五 6-183	六五 6-212	六五 6-256	六五 6-288
上六 6-47	上九 6-92	上六 6-122	上九 6-156	上九 6-187	上六 6-219	上六 6-258	上九 6-292

57.巽	58.兌	59.渙	60.節	61.中孚	62.小過	63.旣濟	64.未濟
卦詞 6-303	卦詞 6-337	卦詞 6-355	卦詞 6-385	卦詞 7-27	卦詞 7-61	卦詞 7-91	卦詞 7-127
初六 6-307	初九 6-340	初六 6-359	初九 6-392	初九 7-37	初六 7-68	初九 7-96	初六 7-135
九二 6-310	九二 6-342	九二 6-361	九二 6-396	九二 7-41	六二 7-71	六二 7-100	九二 7-137
九三 6-314	六三 6-344	六三 6-366	六三 6-398	六三 7-47	九三 7-74	九三 7-105	六三 7-138
六四 6-317	九四 6-345	六四 6-367	六四 6-400	六四 7-51	九四 7-76	六四 7-110	九四 7-141
九五 6-322	九五 6-348	九五 6-373	九五 6-403	九五 7-54	六五 7-81	九五 7-116	六五 7-145
上九 6-327	上六 6-350	上九 6-376	上六 6-405	上九 7-57	上六 7-85	上六 7-122	上九 7-149

譯註 周易四箋 2

Four Methods of Exposition on the Book of Change

옮긴이 **방인**(方仁)은 1980년에 서울대학교 인문대학 철학과를 졸업하였으며, 1983년에 한국학중앙연구원 부설 한국학대학원에서 「다산역학(茶山易學)사상에 대한 연구」로 석사학위를 취득하였다. 1995년에는 서울대학교 철학과에서 「태현(太賢)의 유식(唯識)철학연구」로 박사학위를 취득하였다. 다산역학과 관련해서는 「다산의 「역론(易論)」을 통해 본 卜筮의 모의실험적 기능」(『주역연구』 제4집, 한국주역학회, 1999) 등 7편의 논문을 발표하였으며, 중문(中文)으로는 「茶山易的辨證法」(『第五屆韓國傳統文化國際學術硏討會論文集』, 南京大, 2005) 등 2편, 영문(英文)으로는 "A Semiotic Approach to Understanding Tasan Chŏng Yakyong's Philosophy of Yijing"(*Review of Korean Studies*, Academy of Korean Studies, 2000) 등 3편의 논문을 발표하였다. 1989년 이래 경북대학교 인문대학 철학과 교수로 재직하고 있으며, 미국의 하버드대학 옌칭연구소와 캐나다의 브리티시 컬럼비아대학(UBC) 한국학연구소의 객원교수(Visiting Scholar)를 역임하였다.

옮긴이 **장정욱**(張正郁)은 1989년에 경북대학교 경상대학 회계학과를 졸업했으며, 동 대학원 철학과 박사 과정을 수료했다. 현재 대구와 인근의 대학에 출강하고 있으며, 도가(道家) 연구 동아리인 '삼현관(三玄觀)'의 모임을 이끌고 있다. 다산(茶山)의 『역학서언(易學緖言)』 중 「현산역간(玆山易柬)」(『다산학』 4호, 다산학술문화재단, 2003), 「사수고점박(沙隨古占駁)」(『다산학』 6호, 다산학술문화재단, 2005)을 번역하였고, 논문으로는 「노자(老子)의 현실인식과 사유와 실천」(경북대 석사논문, 1993), 「역상(易象)의 적용방식과 설정원리에 대한 분석 - 다산의 『周易四箋』을 중심으로」(대한철학회, 『철학연구』 75집, 2000), 「역사(易詞)에 나타나는 '유부(有孚)'의 의미 - 다산(茶山) 「역례비석(易例比釋)」의 '유부'례(有孚例)를 중심으로」(한국주역학회, 『주역연구』 제6집, 2001) 등이 있다.

역주譯註 주역사전周易四箋 2

1판 1쇄 발행 2007년 08월 20일
1판 2쇄 발행 2013년 04월 20일
1판 3쇄 발행 2020년 11월 20일
1판 4쇄 발행 2024년 05월 10일

지은이 / 다산 정약용
옮긴이 / 방인 · 장정욱
펴낸이 / 박성모
펴낸곳 / 소명출판
등록 / 제1998-000017호
주소 / 서울시 서초구 사임당로14길 15 서광빌딩 2층
대표전화 / (02)585-7840
팩시밀리 / (02)585-7848
somyungbooks@daum.net / www.somyong.co.kr

ⓒ 2013, 방인 · 장정욱

값 31,000원

ISBN 978-89-5626-263-5 94810
ISBN 978-89-5626-261-1 (전8권)

역주 주역사전 2

譯註 周易四箋

다산 정약용 지음
방인 · 장정욱 옮김

소명출판

일러두기

1. 이 책은 茶山 丁若鏞의 『周易四箋』(戊辰本, 24卷, 1808)을 완역하고 주석을 단 것이다.
2. 번역의 底本으로 삼은 것은 활자본 『周易四箋』(新朝鮮社本, 『與猶堂全書』, 1937)과 필사본 奎章閣 所藏 『周易四箋』과 國立中央圖書館 所藏 『周易四箋』이다. 略號로는 新朝鮮社本은 '新朝本'으로, 奎章閣本은 '奎章本'으로, 國立中央圖書館 所藏本은 '國中本'으로 표기하였다.
3. 新朝本, 奎章本, 國中本을 對校하여 오자(誤字)를 바로잡고, 이를 [校閱]로 표시하였다.
4. 각 조목은 원문과 번역문으로 나누어 실었다. 한글표기를 원칙으로 하되, 필요하다고 판단된 경우, 한글과 漢字를 병기하였다.
5. 원문은 '○' 표시로 구분한 것 외에 문단 구분이 없으나, 原文이 지나치게 긴 경우에는 적절히 나누어 문단 구분을 하였으며, '○' 표시는 그대로 살렸다.
6. 원문의 細注 부분은 원래의 위치에서 작은 글씨로 써주고, ≪ ≫로 표시해 주었다.
7. 원문에는 없으나, 의미맥락상 필요한 말은 [ ] 안에 넣었다.
8. 譯註는 脚注로 처리하였다. 『周易四箋』에서 인용하고 있는 해당 원전을 찾아 출전을 밝히고, 필요한 경우 원문을 실었으며, 인용이나 출전이 잘못된 경우 해당 원전에 근거해 바로잡았다.
9. 脚註에서 제시된 『周易四箋』 및 『易學緒言』의 典據는 新朝鮮社本의 卷數 및 面數에 의거하였다.
10. 신조선사본의 면수는 양면으로 되어 있으므로, 가·나로 나누어 표기하였다.
11. 『周易四箋』은 『四箋』으로, 그리고 『易學緒言』은 『緒言』으로 略號를 사용하였다.
12. 8卦의 离와 64卦의 離를 구별하여 표기하였다. 즉, 8卦 중의 하나로 쓰일 때에는 离로, 64卦 중의 하나로 쓰일 때에는 離로 표기하였다.
13. 본 역주본에서는 卦爻의 변화를 표시하기 위하여 기본적으로 '한글과컴퓨터'사의 8卦 폰트를 조합하여 사용하였다. 그러나 각 卦爻 앞에 오는 괘 그림 및 기타 본문 내의 괘 그림에는 예문서원에서 만든 64卦의 폰트를 사용하였다.
14. 각 卷의 前面紙에는 卦爻辭索引을 배치하여, 각각의 卦辭와 爻詞가 기재되어 있는 卷數와 面數를 쉽게 찾아볼 수 있도록 하였다. 여기에는 64卦의 384爻辭, 64卦辭, 用九·用六 등 모두 450개의 占筮例가 제시되어 있다.
15. 각 卷의 後面紙에는 爻變表를 배치하여 爻變의 모든 例를 일목요연하게 참고할 수 있도록 하였다. 여기에는 64卦의 384爻와 用九·用六 등 모두 386개의 爻變例가 제시되어 있다.

역자 서문

다산(茶山) 정약용(丁若鏞) 선생의 저서 『주역사전(周易四箋)』에 대해서 역자(譯者)가 처음으로 관심을 갖게 된 것은 한국정신문화연구원(현재 한국학중앙연구원의 前身)의 한국학대학원에서 「다산역학사상에 대한 연구」(1983)라는 제목으로 석사논문을 쓰게 되면서부터이다. 그 이후(以後) 벌써 20년의 세월이 훨씬 지나서, 이제 그 역서(譯書)의 출간을 눈앞에 두게 되니, 벅찬 감회를 억누를 수가 없다. 솔직히 말하자면, 『주역사전』을 연구하겠다고 나섰을 때는 그 가치를 충분히 인식하고 출발했다기보다는 실학사상가로서 새로운 사상사적 전환의 틀을 마련한 다산 정약용의 경학 관련 저술 중에서 미개척 분야를 연구해 보겠다는 의욕이 더 강했던 것이 사실이었다. 하지만 이때는 『주역사전』이 번역도 되어 있지 않았을 뿐 아니라, 다산역학에 관련된 선행 연구도 거의 찾아볼 수 없었기 때문에 텍스트의 독해(讀解)는 결코 호락호락하지 않은 난제(難題)였다. 이런 상황에서 역자는 학부 시절에 『맹자(孟子)』를 배우면서 인연을 맺게 된고(故) 함재(涵齋) 김재홍(金在泓 : 1916~2006) 선생님께서 평소 다산 정약용 선생의 『주역사전』이 중국의 어떤 역학대가의 저술에도 뒤지지 않는 독창성과 탁월성을 지니고 있음을 역설하시던 것을 상기하고, 찾아뵙고 가르침을 청하게 되었다. 돌이켜 생각해보면, 선생의 가르침이 없었더라면, 당시 석사논문은 물론이고, 오늘날 『주역사전』의 번역도 감히 시도하지 못하였을 것이다. 이 기회를 빌어 지난 해 세상을 떠나신 함재(涵齋) 선생님께 마음속 깊이 감사 드린다. 역자(譯者)는 그 이후 연구 주제를 바꾸어 「신라 태현(太賢)의 유식사상(唯識思想)」이라는 제목으로 박사논문을 쓰게 되었지만, 다산역학에 관한 관심은 한 번도 마음속을 떠난 적이 없었다. 박사논문을 마친 이후로 역자(譯者)의 연구 관심은 오히려 다산역학으로 다시 옮겨오게 되었다. 다산역학은 역자가 경북대학교 철학과 대학원에서 강의를 개설한 이래, 가장 많이 설강한 과목이 되었으며, 아울러 몇 편의 관련 논문도 발표하기에 이르렀다. 그러다가 한국학술진흥재단의 2000년 동서양학술명저번역 사업에 참여하게 되어, 제자 장정욱(張正郁)과 더불어 『주역사전』의 번역에 착수하게 되었다. 지원 당시 역자가 학술진흥재단의 다른 사업에 지원하고 있는 관계로 부득이하게 장정욱이 연구책임자가 되었으나, 전체적인 총괄과 마무리는 역자가 담당하게 되었다. 번역 작업은 일단 2002년에 완료되었으나, 그 이후에도 오류를 수정하고, 내용을 보완하는 작업을 계속하였다. 2005년 8월부터 일 년 동안 캐나다 밴쿠버에 있는 브리티시 컬럼비아 대학(UBC)의 한국학연구소의 초청으로 연구년을 보내면서, 최종적인 교정작업에 몰두할 수 있었다. 역자가 번역 작업을 하면서 특히 어려움을 많이 느낀 부분은 주역의 괘사(卦辭)와 효사(爻辭)의 번역이다. 다산은 해석방법론에 있어서 자신의 독창적인 방법론을 활용하고 있기 때문에, 이전(以前)의 역학자들로부터 현저하게 차별되는 방식으로 괘사와 효사를 해석하고 있다. 다산의 독특한 괘효사(卦爻辭)의 해석을 충실히 살리기 위해, 역자는 일단 괘효사를 직역 위주로 번역하였으나, 그것만으로는 의미가 충분히 드러나지 않아,

숨은 뜻을 괄호 안에 넣어 보충함으로써 그 문맥을 살리려고 시도하였다. 그러나 그 과정에서 번역해 놓고도 문맥이 통하지 않는 부분에 이르러서는 절망감을 느낀 적이 한두 번이 아니다. 역자는 괘사와 효사의 만족할 만한 번역을 얻을 때까지 역문(譯文)을 몇 번이고 다시 고쳤으며, 다산의 관점을 충실히 반영하기 위하여 최대한 노력하였다. 아울러, 가능한 한 역주(譯註)를 상세히 달아서 독자들의 이해를 돕도록 하였다. 이미 『주역사전』의 번역본(『자세히 풀어쓴 주역사전』, 이영희 역, 민창사, 2004)이 나와 있음에도 불구하고, 본 역서(譯書)가 의의를 가질 수 있다면, 그것은 바로 이 주석(註釋) 때문일 것이다.

번역 텍스트로는 1937년에 신조선사(新朝鮮社)에 의해 간행된 활자본과 규장각(奎章閣) 소장(所藏) 필사본을 주로 사용하였고, 번역과 아울러 양본(兩本)에 대한 텍스트 대교(對校) 작업을 병행하였다. 번역이 끝나갈 무렵에 다산학술문화재단의 도움으로 국립중앙도서관에서 소장하고 있는 『주역사전』의 또 다른 필사본을 입수하게 되어 교정 작업과 더불어 텍스트 교열(校閱)에 참조하였다. 역자가 『주역사전』의 번역에 착수할 당시에는 텍스트 교열 작업까지 목표로 한 것은 아니었지만, 다산학술문화재단이 기념비적 사업의 일환으로 의욕적으로 추진하고 있는 『여유당전서』의 정본(定本) 사업에 참여하게 된 것을 계기로 철저한 자세로 임하게 되었다. 텍스트 간의 이동(異同)을 대조하여, 그 차이를 밝힐 뿐 아니라, 그 중에서 어떤 것을 모범적 텍스트로 정할 것인지에 관해서도 역자의 견해를 밝혔다. 세 개의 텍스트가 모두 일치된 경우라 하더라도, 만일 다산이 인용한 전거(典據)가 잘못된 것이 확실한 경우에는 과감하게 그 잘못을 시정(是正)하고자 하였다. 역주에서 신조선사본(新朝鮮社本)은 '新朝本'으로, 규장각본은 '奎章本'으로, 국립중앙도서관본은 '國中本'으로 표기하였다. 그리고 번역서의 편집 체제와 관련하여, 신조선사본(8卷) 체제를 따르지 않고, 『주역사전』의 무진본(24卷) 체제를 근간으로 하여 권수 등을 표기함으로써, 고본(古本)의 원형(原形)을 제시하고자 하였다. 다만 24권으로 분권(分卷)하게 되면, 각권(各卷)의 분량이 너무 작아지는 문제도 있고 하여 각권을 표시하기는 하되, 3권씩 묶어 총8책(冊)의 체제로 묶기로 하였다. 그렇지만 각주에서 『주역사전』 및 『역학서언(易學緖言)』의 전거(典據)를 제시할 경우에는 신조선사본의 권수 및 면수에 의거하기로 하였다. 그것은 일반적으로 전거(典據) 제시의 경우에 신조선사본의 권수 및 면수를 제시하는 것이 통례(通例)이고, 필사본의 경우에는 활자본과는 달리 면수를 분명하게 확정하기 어렵기 때문이다. 권수가 이중적으로 표기됨으로써 독자들에게 혼란을 야기할 소지는 있겠으나, 무진본 권수는 오직 책의 고본의 원형을 드러내기 위한 용도로 사용되었을 뿐이고, 실제로 각주에서 인용문의 출처를 밝히는 용도로는 신조선사본의 권수, 면수가 사용되었다는 점을 미리 염두에 둔다면, 큰 혼란은 없으리라고 본다.

그러면 이제 『주역사전』의 학술적 가치에 대해 말해보기로 하자. 다산은 신유(辛酉)년(1801) 강진에 유배된 이후, 자신에게 닥친 불운을 오히려 학문을 닦을 수 있는 절호의 기회로 삼아, 『주역』 연구에 착수하게 된다. 「윤외심(尹畏心)에게 보낸 편지[與尹畏心書]」에서 전하는 다산의 술회에 따르다면, "계해년(1803) 늦은 봄부터 눈으로 보는 것, 손으로 잡는 것, 입으로 읊조리는 것, 마음으로 생각하는 것, 붓으로 기록하는 것으로부터 밥을 먹고 변소에 가며, 손가락 놀리고 배 문지르는 것에 이르기까지 어느 하나도 주역 아닌 것이라고는 없었다."(『與猶堂全書』 第1集 『詩文集』 「與尹畏心書」, 제19권 19~20면) 이처럼 자나깨나 오로지 『주역』 연구에 몰두한 결과 나온 다산의 『주역』 주석서가 바로 『주역사전』이다. 다산이 『주역사전』의 완성을 위해 쏟은 정성은 그야말로 엄청난 것이었다. 『주역사전』이 세상에 최초로 모습을 드러낸 것은 1804년에 펴낸 갑자본(甲子本, 八卷)이었으나, 다산은 이에 만족하지 않고 고치고 또 고치어, 을축본(乙丑本) 8권(1805), 병인본(丙寅本) 8권(1806), 정묘본(丁卯本) 24권(1807), 무진본(戊辰本) 24권(1808)의 개정본을 차례로 내기에 이르렀다. 갑자본에서 무진본에 이르기까지 무려 모두 4번의 개고(改稿)를 거친 셈인데, 아마도 다산의 저술 중에서 이처럼 정성을 기울인 저술은 없을 것이다. 이렇게 해서 탄생된 『주역사전』을 다산은 자신의 다른 어떤 저술보다도 더 소중히 여겼다. 다산은 『주역사전』이 하늘의 도움이 없었다면 결코 나올 수 없었을 "天助之文字(하늘의 도움을 얻어 지어낸 文字)"였다고 회고하고 있다. 다산은 자신의 두 아들에게 주는 편지(「示二子家誡」)에서 다음과 같이 당부하고 있다. "『주역사전』은 그야말로 내가 하늘의 도움을 얻어 지어낸 문자(文字)이다. 결코 사람의 힘으로 통할 수 있거나, 사람의 지혜나 생각으로 도달할 수 있는 바가 아니다. 이 책에 마음을 가라앉혀 깊이 생각하여 그 속에 담긴 오묘(奧妙)한 이치를 모두 통할 수 있는 사람이 있다면, 그는 바로 나의 자손이나 친구가 되는 것이니, 그런 사람이 천년에 한 번 나오더라도 배 이상 정을 쏟아 애지중지할 것이다[周易四箋 是 吾得天助之文字 萬萬非人力可通 智慮所到 有能潛心此書 悉通奧妙者卽子孫朋友 千載一遇 愛之重之 當倍常情]."(『與猶堂全書』 第1集 『詩文集』 卷18, 5나) 다산은 자신의 저술에 대해 아는 사람은 적고, 비난하는 사람은 많다는 사실에 대해 개탄하며, 만일 천명(天命)이 허락하지 않는다면, 차라리 불에 태워버려도 좋겠다고 말하면서도, 만일 자신이 저술한 책 중에서 『주역사전』과 『상례사전(喪禮四箋)』만이라도 전승해간다면, 나머지 책들은 그냥 없애버려도 좋겠다고 말한다. 다산의 『주역사전』이 지니는 진정한 가치를 처음으로 발견하고, 이를 격려한 사람은 다산의 중형(仲兄)이었던 손암(巽菴) 정약전(丁若銓)이었다. 『주역사전』이 완성되었을 당시 흑산도(黑山島)에 유배되어 있던 손암(巽菴)은 이를 읽어보고, 복희 · 문왕 · 공자의 세 성인 마음속의 오묘한 이치가 이제야 찬연하게 밝혀졌다고 기뻐하였다. 손암은 말하기를 "처음에는 놀라고, 중간에는 기뻤고, 나중에는 나도 모르게 무릎이 굽어졌다. 저자(著者)인 내 동생을 어떤 사람이라고 해야 좋을지 모르겠다. 미용(美庸) 저 자신도 모를 것이다"라고 하였다. 손암은 특히 「계사전」 중에서 고점법(古占法)에 대한 부분을 특별히 독립시켜 주석(註釋)한 「시괘전(蓍卦傳)」

에 대해서 감탄을 금치 못하였다. 손암은 말하기를 "주역사해(周易四解)는 그 어느 것이 장관(壯觀)이 아니오리마는 시괘전(蓍卦傳)에 이르면, 더욱 절기(絶奇)한 문자(文字)인 것이다[周易四解 孰非壯觀, 而至蓍卦傳 尤是絶奇文字]"라고 하였다. 손암과 더불어 다산의 당대에 『주역사전』의 가치를 높이 평가한 인물로는 아암(兒庵) 혜장(惠藏, 1772~1811) 선사(禪師)가 있었다. 혜장 선사는 다산이 강진 유배시에 친하게 지냈던 불승(佛僧)으로서, 유학(儒學)에 대해서도 박식(博識)을 자랑하던 사람이었다. 혜장은 전통적 역학(易學)에 대해서도 해박하였으나, 다산의 『주역사전』을 접하고 나서는 산승(山僧)이 20년 동안 역학(易學)을 공부한 것이 모두 헛된 일에 지나지 않았다고 고백하고, 그 이후로 40세라는 아까운 나이로 세상을 떠날 때까지 한결같이 다산 역학의 열성적인 전수자가 되었다.

그렇다면 다산의 『주역사전』의 대략적인 내용에 대해서 살펴보기로 하자. 『주역사전』의 '四箋'이란 글자 그대로는 '네 가지 주석'이라는 뜻이지만, 보다 구체적으로는 『주역』 해석을 위한 ① 추이(推移), ② 효변(爻變), ③ 호체(互體), ④ 물상(物象)의 네 가지 방법론을 가리킨다. 먼저 추이(推移)란 전통적인 역학방법론인 괘변설(卦變說)을 가리키고, 호체(互體)란 상괘(上卦)와 하괘(下卦) 외에 중간에서 괘를 취하는 것을 가리키며, 물상(物象)이란 괘사를 해석할 때 철저하게 「설괘전(說卦傳)」에 설명된 괘의 상징에 의거하여 해석하는 것을 가리킨다. 이 중에서 효변을 제외한 나머지 세 방법론은 역학사를 통해 전승되어 내려온 것이기 때문에, 새로운 것이 아닌 것처럼 보일 수도 있으나, 구체적으로 그 내용을 살펴보면, 보다 정밀한 해석이 가능하도록 다산에 의해서 새롭게 조직된 것임을 알 수 있다. 다산역학의 방법론 중에서 가장 독창적인 요소라고 부를 수 있는 것은 단연코 효변의 방법론이다. 다산은 이 효변법(爻變法)을 개발함으로써 첩첩산중 가로막고 있던 해석학적 난제를 단숨에 해결하는데 성공할 수 있었다. 효(爻)란 획(畫)과 구분되는 개념으로서, 획(畫)이 단순히 그어진 선(線) 이외의 것을 가리키지 않는 정태적 개념이라고 한다면 이와는 달리 효(爻)는 음(陰)에서 양(陽)으로, 혹은 양(陽)에서 음(陰)으로 변화된 상태를 가리키는 동태적 개념이라고 할 수 있다. 이 효변 개념은 역 해석자에게 코페르니쿠스적인 발상의 전환을 요구한다. 효변설(爻變說)을 따른다면, 음(陰)은 비록 음으로 표기되어 있다고 하더라도 사실은 노음(老陰)이기 때문에 이미 양으로 변동되고 있는 과정을 가리키며, 양(陽)은 비록 양으로 표기되어 있다고 하더라도 사실은 노양(老陽)이기 때문에 이미 음으로 변동되고 있는 과정을 가리킨다. 따라서, 효변설을 취하면, 대부분의 역학가들이 양(陽)으로 보고 있는 것을 반대로 음(陰)으로 보고, 대부분의 역학가들이 음(陰)으로 보고 있는 것을 오히려 양(陽)으로 보게 되는 것이다. 역학사상 효변을 통해 괘사를 해석한 역학자의 경우는 정말로 희귀하다. 주자(朱子)의 경우에도 점법(占法)에서는 효변설을 취하고 있으나, 괘사 해석에서는 전혀 효변을 취하고 있지 않다. 따라서, 효변설에 관한 한 다산은 거의 대부분의 역학자들이 취하고 있는 전통적 해석방식에 도전하고 있다고 보아도 과언이 아닐 것이다. 다산의 효변설이 역학사상 일대사건이 될 수 있는 것도 바로 이 효변설이 지니는 혁명적인 발상 때문이다. 그렇다면 다산은 어떻게 이 효변설에 착안하게 되었으며, 다른 대부분의 역학자들의 통설에 맞설 수 있는 용기와 확신을 지닐 수 있었을까? 그것은 바로 『춘추좌씨전』에 소개되어 있는 춘추관점(春秋官占)의 점서례(占筮例)를 통해서였다. 『춘추좌씨전』에는 건초구(乾初九)를 '乾之姤'라고 표기하고 있는 등의 예가 자주 등장하고 있는데, 여기서 '乾之姤'는 '乾의 姤'라고 읽으면 안 되고, '乾이 姤로 간다', 혹은 '乾이 姤로 변화한다'라고 읽어야 하는 것이다. 즉 이때 '之'는 문자 그대로 '갈 지(之)자'로 읽어야 하는 것이다. 이러한 용례는 『춘추좌씨전』에 17개, 『국어(國語)』에 3개가 나타나고 있다. 다산은 『춘추좌씨전』과 『국어』의 점서례(占筮例)에 대한 철저한 분석을 통해, 이것이 『춘추좌씨전』과 『국어』의 몇몇 사례에 국한되는 것이 아니라, 『주역』 64괘(卦) 384효(爻) 전체에 모두 적용되어야 하는 방법론임을 확신하게 된다. 역학의 정통적 계보가 단절되게 된 이유도 바로 이 효(爻)가 변동하는 법이 온전히 전수되지 못했던 데 있다. 효변을 취하지 않게 되면, 물상(物象)이 맞지 않게 되고, 물상이 맞지 않게 되자 「설괘전(說卦傳)」을 폐기하게 되니, 아예 『주역』을 올바로 해석하게 되는 길이 끊어져 버린 것이다. 그렇지만, 효변설을 취하고, 다시 변동된 물상을 「설괘전」에 대조해 본다면, 3백 84개의 효사(爻詞)가 글자마다 부합하고 글귀마다 계합(契合)하여 털끝만큼도 의심스럽거나 통하지 않는 것이 없게 된다는 것이다. 「윤외심(尹畏心)에게 보낸 편지[與尹畏心書]」에서 다산은 효변을 궁전(宮殿)의 천문만호(千門萬戶)를 모두 열 수 있는 열쇠에 비유하고 있다. 궁전 속에는 종묘의 아름다움과 백관의 풍부함이 모두 그 속에 있으나, 단지 자물쇠가 견고히 채워져 있어서, 그 문 앞에 누가 이르더라도 아무도 감히 내부를 엿볼 수 없는 상황이다. 그런데 여기에 하나의 만능열쇠가 있어, 그 열쇠만 손에 쥔다면, 궁전의 모든 문을 열 수 있으니, 그 열쇠로 외문(外門)을 열면 외문이 열리고, 중문(中門)을 열면 중문이 열리고, 고문(皐門)·고문(庫門)·응문(應門)·치문(雉門) 등이 차례로 열려, 결국에는 천문만호가 모두 활짝 열려 종묘의 아름다움과 백관의 풍부함을 모두 감상할 수 있게 되는 것과도 같다. 다산의 외손자인 방산(舫山) 윤정기(尹廷琦, 1814~1897)가 그의 저서 『역전익(易傳翼)』에서 이 효변을 주역 해석의 비밀문을 여는 "황금열쇠(金鑰匙)"라고 불렀던 것도 바로 이 때문이다. 요즈음의 말로 한다면 이른바 '마스터 키'(master key)와도 같은 것이 바로 효변이라 하겠다. 이처럼 일단 효변설을 취하게 되자, 다산은 『주역』의 해석학적 난제들을 파죽지세처럼 풀어 나갈 수 있었다. 뿐만 아니라, 다산은 효변설을 추이설(推移說) 등의 다른 방법론적 수단과 효과적으로 결합시킴으로써 마침내 만족할 만한 『주역』 전편의 해석에 성공하기에 이르렀다. 지금까지 역자(譯者)는 효변설을 중심으로 다산역학방법론의 의의를 설명하였으나, 보다 자세한 내용을 알기 위해서는 『주역사전』의 해제(解題)를 참조하기를 바란다.

이 번역본이 완성되기까지 도움을 주신 많은 분들께 이 자리를 빌어 감사를 드리고 싶다. 무엇보다도 동서양명저번역사업이라는 뜻깊은 사업을 통해, 『주역사전』의 학술적 가치를 세상에 널리 알릴 수 있는 기회를 부여해 준 한국학술진흥재단에 깊은 감사를 드리고 싶다. 아울러, 귀중한 자료인 『주역사전』의 국립중앙도서관 소장본을 구하여, 텍스트의 비교대조에 큰 도움을 주신 다산학술문화재단에 깊은 감사를 드린다. 그 다음으로 역자(譯者)는 경북대 철학과 대학원 수업을 통해 『주역사전』을 접하게 된 것을 계기로 이제는 다산역학에 관해서는 전문적인 학자의 수준으로 성장한 나의 제자 장정욱이 공역자(共譯者)로서 보여준 성실성과 각고(刻苦)의 노력에 대해 찬사를 보내고 싶다. 아울러 학업에 바쁜 와중에도 교정작업을 헌신적으로 도와준 경북대 철학과 대학원의 제자 김상현과 이정숙에게도 역시 고마움을 전하고 싶다. 그리고 이 역주본(譯註本)에서 64괘의 폰트(font)를 사용할 수 있도록 선뜻 허가해주신 예문서원 오정혜 사장님과 이를 주선해주신 계명대 홍원식 교수님께도 진심으로 감사의 말씀을 드리고 싶다. 책의 출판이 늦어지는데도 인내심을 갖고 기다려주신 소명출판의 박성모 사장님의 배려와 원문(原文)과 세주(細注)가 뒤엉켜서 어지럽던 원고를 전문적인 편집 작업을 통해 깔끔하게 정리해주신 편집진의 노고가 없었더라면, 이 책이 이렇게 세상에 나올 수 없었을 것이다. 그리고 마지막으로 이 번역이 시작해서 끝날 때까지 헌신적으로 뒷받침해주고, 성원을 아끼지 않은 나의 아내에게도 고마운 마음을 표하고 싶다.

『주역사전』 무진본(戊辰本) 발간
이백주년을 한 해 앞둔 2007년 7월에
경북대 연구실에서
방인 삼가 적음

譯註 周易四箋 2 _ 차례

3 역자 서문

周易四箋 戊辰本 卷之四

21 3. 수뢰 준(水雷 屯)
63 4. 산수 몽(山水 蒙)
92 5. 수천 수(水天 需)
119 6. 천수 송(天水 訟)

周易四箋 戊辰本 卷之五

149 7. 지수 사(地水 師)
180 8. 수지 비(水地 比)
211 9. 풍천 소축(風天 小畜)
244 10. 천택 리(天澤 履)

周易四箋 戊辰本 卷之六

271 11. 지천 태(地天 泰)
317 12. 천지 비(天地 否)
343 13. 천화 동인(天火 同人)
377 14. 화천 대유(火天 大有)

『**주역사전**』 **해제**(다산의 역경해석 방법론)와 **참고문헌**은
『周易四箋』 8권 말미에 수록하였습니다.

譯註 周易四箋 1

제무진본(題戊辰本)
사전소인(四箋小引)

周易四箋 戊辰本 卷之一

괄례표 상(括例表 上)
독역요지(讀易要旨)

周易四箋 戊辰本 卷之二

역례비석 상(易例比釋 上)

周易四箋 戊辰本 卷之三

1. 중천 건(重天 乾)
2. 중지 곤(重地 坤)

譯註 周易四箋 3

周易四箋 戊辰本 卷之七

15. 지산 겸(地山 謙)
16. 뇌지 예(雷地 豫)
17. 택뢰 수(澤雷 隨)
18. 산풍 고(山風 蠱)

周易四箋 戊辰本 卷之八

19. 지택 임(地澤 臨)
20. 풍지 관(風地 觀)
21. 화뢰 서합(火雷 噬嗑)
22. 산화 비(山火 賁)

周易四箋 戊辰本 卷之九

23. 산지 박(山地 剝)
24. 지뢰 복(地雷 復)
25. 천뢰 무망(天雷 无妄)
26. 산천 대축(山天 大畜)

譯註 周易四箋 4

周易四箋 戊辰本 卷之十

27. 산뢰 이(山雷 頤)
28. 택풍 대과(澤風 大過)
29. 중수 감(重水 坎)
30. 중화 리(重火 離)

周易四箋 戊辰本 卷之十一

역론(易論)
괄례표 하(括例表 下)
역례비석 하(易例比釋 下)
31. 택산 함(澤山 咸)
32. 뇌풍 항(雷風 恒)

周易四箋 戊辰本 卷之十二

33. 천산 둔(天山 遯)
34. 뇌천 대장(雷天 大壯)
35. 화지 진(火地 晉)
36. 지화 명이(地火 明夷)

譯註 周易四箋 5

周易四箋 戊辰本 卷之十三

37. 풍화 가인(風火 家人)
38. 화택 규(火澤 睽)
39. 수산 건(水山 蹇)
40. 뇌수 해(雷水 解)

周易四箋 戊辰本 卷之十四

41. 산택 손(山澤 損)
42. 풍뢰 익(風雷 益)
43. 택천 쾌(澤天 夬)
44. 천풍 구(天風 姤)

周易四箋 戊辰本 卷之十五

45. 택지 췌(澤地 萃)
46. 지풍 승(地風 升)
47. 택수 곤(澤水 困)
48. 수풍 정(水風 井)

譯註 周易四箋 6

周易四箋 戊辰本 卷之十六

49. 택화 혁(澤火 革)
50. 화풍 정(火風 鼎)
51. 중뢰 진(重雷 震)
52. 중산 간(重山 艮)

周易四箋 戊辰本 卷之十七

53. 풍산 점(風山 漸)
54. 뇌택 귀매(雷澤 歸妹)
55. 뇌화 풍(雷火 豊)
56. 화산 여(火山 旅)

周易四箋 戊辰本 卷之十八

57. 중풍 손(重風 巽)
58. 중택 태(重澤 兌)
59. 풍수 환(風水 渙)
60. 수택 절(水澤 節)

譯註 周易四箋 7

周易四箋 戊辰本 卷之十九

61. 풍택 중부(風澤 中孚)
62. 뇌산 소과(雷山 小過)
63. 수화 기제(水火 旣濟)
64. 화수 미제(火水 未濟)

周易四箋 戊辰本 卷之二十

춘추관점보주(春秋官占補註)

周易四箋 戊辰本 卷之二十一

대상전(大象傳)

譯註 周易四箋 8

周易四箋 戊辰本 卷之二十二

계사상전(繫辭上傳)
계사하전(繫辭下傳)

周易四箋 戊辰本 卷之二十三

시괘전(蓍卦傳)

周易四箋 戊辰本 卷之二十四

설괘전(說卦傳)

『주역사전(周易四箋)**』 해제** – 다산(茶山)의 역경해석 방법론
참고문헌

周易四箋 戊辰本 卷之四

3. 수뢰 준(水雷 屯)[1]

震下坎上 ○ 第三卦之正 ≪臨二之五 觀上之一≫

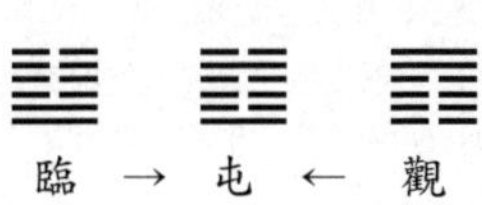

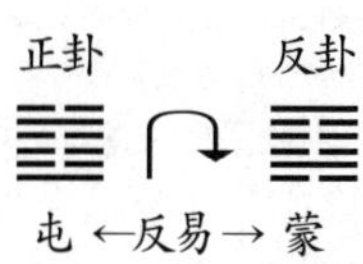

1) 다산에 따르면, 屯은 '둔'이 아니라, '준'으로 읽어야 한다. 다산은 "屯音肫, 今人, 多誤讀"이라고 말하고 있다. '肫'은 '순', '돈' 등으로도 읽히지만, 그 본음(本音)은 '준'이다(『教學 大漢韓辭典』. 교학사, 1998, 2627면).

震이 下卦이며, 坎이 上卦이다. ○第3卦의 正卦이다. ≪臨卦의 2가 5로 가고, 觀卦의 上이 1로 간다.≫

序卦傳曰 屯者 盈也 屯者 物之始生也

「序卦傳」에 말하였다. "준(屯)은 '가득 참'을 뜻하니, 준(屯)은 事物이 처음 생성되는 것이다."

○雜卦傳曰 屯 見而不失其居 ≪大离見 而坎爲居≫

○「雜卦傳」에 말하였다. "준괘(屯卦)는 [밖으로] 드러나지만, 그 거처(居處)를 잃지 않는다." ≪[屯卦의 初位에서 5位까지 합치면 大离인데] 大离는 드러남을 뜻하고, [上卦인] 坎은 머무름을 뜻한다.[2]≫

○朱子曰 屯字 象屮 穿地始出 而未申也 ≪楊誠齋云 物 勾[3]萌未舒曰 屯 世多難未泰曰 屯≫

○朱子가 말하였다. "'屯(준)'字는 새 싹(屮)이 땅을 뚫고 비로소 나와서, 아직 뻗지 못한 것을 象形한 것이다." ≪양성재(楊誠齋)[4]가 말하였다. "사물이 겨우 움터 나와서 활짝 펴지지 못한 것을[5] '屯(준)'이라 하고, 세상에 곤란함이 많아서 태평하지 못한 것을 '屯(준)'이라고 한다."≫

---

2) 坎이 '居'를 뜻한다는 것은 「說卦傳」이나 '今補'에는 나오지 않는다. 그러나 坎이 宮을 뜻하므로, 그 의미로부터 응용되어 적용된 것으로 생각될 수 있다.

3) [校閱] '굽을 勾(구)'字가 奎章本에는 "句"字로 나오지만, 誤字로 볼 수 없다. 句와 勾는 같은 뜻으로 통용된다. 『四箋』(卷8, 36가)에서는 "句"字로 "勾"를 대신하고 있다. 즉, 「說卦傳」의 "震, 反生"과 연관된 宋衷의 注에 대한 細註에서 "謂萌芽 自下而上 反句向生"이라고 말하고 있다.

4) 楊誠齋: 宋나라 때의 학자인 楊萬里(1127~1206)를 가리킨다. 저서로는 『誠齋易傳』(20卷)이 있다(伍華 主編, 『周易大辭典』, 中山大學出版社, 1993, 893면).

5) 구맹(句萌): 초목의 새 싹, 어린 새 싹, 구부러진 싹을 句라고 하고, 꼿꼿하게 바로 선 싹을 萌이라고 한다.

○鏞案[6] 卦自臨來 臨之時 震艸之萌 ≪兼畫震≫ 上戴坤土 ≪臨上坤≫ 雖已甲坼[7] ≪兌口坼[8]≫ 未及穿地 ≪上四陰≫ 移之爲屯 ≪二之五≫ 則震艸之萌 ≪下今震≫ 仰而穿地 ≪今互坤≫ 藹然 有春噓物茁之勢

臨 → 屯 ← 觀

○[鏞案] 준괘(屯卦)는 臨卦로부터 왔다. 臨卦의 때에는 震의 풀에서 [새] 싹이 나왔는데 ≪[臨卦를] 兼畫하면 大震의 형태≫ 위로 坤의 흙을 [머리에] 이고 있으니 ≪臨卦의 上卦가 坤≫ 비록 이미 그 껍질은 터져 있지만 ≪[臨卦의 下卦인] 兌의 입구(入口)가 터져 있음≫ 아직 땅을 뚫고 나오는 데까지는 이르지 못했다. ≪위로 네 개의 陰이 있다.≫

[그런데 臨卦로부터] 추이하여 屯卦가 되면 ≪[臨卦의] 2가 5로 감≫ 震의 풀로부터 나온 새 싹이 ≪[屯卦의] 下卦는 지금 震≫ 고개를 들고, 땅을 뚫고 나왔으니 ≪지금 屯卦의 2·3·4位는 互坤≫ 가득히 봄기운이 불어와 만물이 소생하는 기세가 있다.

不幸 坎險中生 生意未達 ≪震剛未至上≫ 一點坤土 尙戴勾[9]萌之上 ≪上一陰≫ 而中形勾曲 反有向下之勢 ≪上互艮 向下≫ 此 幾乎穿地 而未及出地也 ≪上本坤≫

---

6) [校閱] 奎章本에는 "鏞按"이라 나온다.
7) [校閱] "坼"字가 奎章本에는 本字로 나온다.
8) [校閱] "坼"字가 奎章本에는 本字로 나온다.
9) [校閱] 新朝本과 國中本에는 勾로 되어 있으나 奎章本에는 句로 되어 있다. 勾와 句는 같은 뜻으로 통용된다.

䷒ ䷂ ䷓

臨 → 屯 ← 觀

[그런데] 불행히도 坎의 험난함 속에서 생겨나, 그 살려는 의지가 아직 완전히 달성되지 못하고 ≪震의 剛이 上位에 이르지 못함≫ 한 점의 坤의 흙이 여전히 [연약하여] 구부러져 있는 새 싹(勾萌) 위에 얹혀 있는데 ≪[屯卦의] 上位에 한 개의 陰이 있음≫ 그 새 싹의 형태(屮形)가 이렇게 구부러져서, 오히려 아래로 향하는 기세가 있다. ≪[屯卦에서] 3·4·5의 上互卦가 艮이니, [그 形勢가] 아래로 향하고 있음≫ 이것은 거의 땅을 뚫고 나왔으나, 땅을 뚫고 [우뚝 솟아] 나오는 데까지는 아직 미치지 못한 것이다. ≪[臨卦의] 上卦가 본래 坤≫

屯之字義 本然 ≪丿象遇險也 乚象屮形勾曲≫ 故春字從屯也 ≪古作旾≫ 本德如是 故其在筮法 每有遇險之象 此所謂 屯者 難也 ≪屯音肫 今人多誤讀≫

'屯'字의 의미가 본래 이러한 것이니 ≪['屯'字의 上部의] '삐침 丿(별)'은 험난함을 만난 것을 象形한 것이고, [屯字의 세로획인] '乚'은 새 싹의 형태가 굽어 있음을 象形한 것≫ 따라서 '春(춘)'字도 '屯(준)'字에 의거한 것이다. ≪"春"의 古字는 '旾(준)'字이다.[10]≫ 글자의 본래 의미가 이와 같으니, 그 筮法에 있어서도 늘 험난함을 만나는 象이 있게 되는 것이다. 이런 의미에서 이른바 "屯은 험난함"이라고 하는 것이다.[11] ≪'屯'字의 발음은 "준(肫, zhūn)"이다. 현재 대부분의 사람들이 발음을 잘못 읽고 있다.≫

---

10) '春'字는 '艸', '屯', '日'이 합쳐진 글자로서, 풀(艸)이 햇빛(日)을 받아서, 비로소 싹이 돋으려고(屯) 한다는 뜻이다. 그래서, 새 싹이 돋는 계절인 봄을 뜻한다.

11) 許愼 撰, 段玉裁 注, 『說文解字注』, 上海古籍出版社, 1988, 21면에 "難也, 屯象艸木之初生, 屯然而難"이라고 하였다. 또한 杜預도 "屯險難, 所以爲固"라고 하였다(『四箋』 卷7, 17가). 그래서 이런 것들을 염두에 두고 "所謂"라는 표현을 한 것이겠다.

屯, 元亨, 利貞, 勿用有攸往, 利建侯.

屯은 크게 형통하고, 일을 맡아 처리함에 이로울 것이다. 갈 데가 있어도 가지 말 것이며, 제후(諸侯)를 세움에 이로울 것이다.

此 屯之不變者也 卦自臨來 ≪二之五≫ 臨之時 全卦爲震 ≪兼畫三≫ 善之長也 內卦爲兌 ≪地澤 臨≫ 義之和也 移之爲屯 ≪二之五≫ 則离位虛中 ≪二今柔≫ 上與五應 ≪五今剛≫ 此 元亨也 ≪又大离爲亨≫ 坎位中剛 ≪五今剛≫ 足以幹事 ≪上今坎≫ 此 利貞也 ≪宜於事≫

臨 → 屯 ← 觀

이것은 屯卦가 변하지 않는 경우이다. 屯卦는 臨卦에서 왔는데 ≪[臨卦의] 2가 5로 감≫ 臨卦인 때에는 전체 卦가 震의 형태이니 ≪[臨卦를] 兼畫하여 셋으로 보면 震≫ [이것은] '善之長',[12] 즉 '元'에 해당된다. [臨卦의] 內卦는 兌이니 ≪地澤 臨卦≫ [이것은] "義之和",[13] 즉 "利"에 해당된다.

[臨卦가] 推移하면 屯卦가 되니 ≪[臨卦의] 2가 5로 감≫ [1・2・3位의] 离의 자리에서 그 가운데를 비우고 ≪제2位가 현재 柔≫ 위로 제5位와 상

12) 善之長也 : 乾卦의 「文言」에 "元者, 善之長也"라고 하였는데, 다산은 "震爲仁, 又爲長子"라 설명하였다(『四箋』 卷1, 35나).

13) 義之和也 : 乾卦의 「文言」에 "利者, 義之和也"라고 했는데, 다산은 "兌爲義, 又爲和悅"이라 부연하였다(『四箋』 卷1, 35나).

응하니 ≪[屯卦의] 5位가 현재 剛≫ 이것이 "元亨"이다. ≪또한 [初位에서 제5位까지의] 大离도 역시 "亨"이 된다.≫ [4·5·6의] 坎位의 가운데가 剛이라 ≪제5位가 현재 剛≫ 일을 주간(主幹)하기에 충분하니 ≪[屯卦의] 上卦가 현재 坎≫ 이것이 "利貞"이다. ≪일[事]을 맡아 처리함에 적절하다.≫

○下震爲動 ≪又大塗≫ 宜若有往 然 卦自臨來 ≪二之五≫ 臨之二剛 往遇坎險 ≪上今坎≫ 遂以艮迷 ≪上互艮≫ 勿用有[14]往也

臨 → 屯 ← 觀

○[屯卦의] 下卦인 震은 움직임을 뜻하니 ≪또한 큰 길을 뜻함[15]≫ [그래서] 마땅히 어디로 갈 것처럼 보인다. 그러나 屯卦는 臨卦로부터 왔으니 ≪[臨卦의] 2가 5로 감≫ 臨의 두 번째 剛이 옮겨가서 坎의 험난함을 만나 ≪[屯卦의] 上卦가 지금 坎≫ 결국은 艮의 미혹함[16]이 되는 까닭에 ≪上互卦가 艮≫ "勿用有[攸]往", 즉 "갈 데가 있어도 가지 말라"고 한 것이다.

○[17] 卦自觀來 ≪上之一≫ 觀之時 坤國之內 ≪風地觀≫ 本無君長 ≪無震主≫ 移之爲屯 則天命下降 ≪巽爲命≫ 震主居內 ≪下今震≫ 利建侯也 臨之二剛 往正五位 ≪五爲君≫ 亦利建也

---

14) [校閱] 奎章本과 新朝本과 國中本에 모두 "攸"가 빠져 있다. 『四箋』(卷2, 1나)에도 이렇게 "攸"를 생략하여 언급하고 있다.

15) 震動은 荀九家가 震行이라고 한 것과 연관이 되는 듯하다. 茶山은 "兌震並有, 則爲言行之行; 艮震交現, 則爲行止之行"이라고 하였다(『四箋』 卷8, 36나). "大塗"는 「說卦傳」에 나오는 말이다.

16) 艮迷는 '今補'에 나오는데, 茶山은 「說卦傳」에 나오는 "徑路"와 연관하여 설명한다(『四箋』 卷8, 40나).

17) [校閱] 奎章本과 國中本에는 "○"표시가 있으나, 新朝本에는 없다.

䷒ ䷂ ䷓

臨 → 屯 ← 觀

○屯卦는 [또한] 觀卦로부터 왔다. ≪[觀卦의] 上이 1로 간 것이다.≫ 觀卦인 때에는 坤國의 내부에 ≪風地 觀卦≫ 본래 君長이 없었다. ≪震의 主人이 없다.[18]≫ [그런데 觀卦로부터] 추이하여 屯卦가 되면, 天命이 下降하여 ≪觀卦의 上卦인 巽은 命≫ 震의 주인이 내부에 자리잡으니 ≪[屯卦의] 下卦가 지금 震≫ "利建侯(제후를 세움에 이롭다)"라고 한 것이다. [한편] 臨卦의 두 번째 剛이 [옮겨]가서 제5位를 바로 잡으니 ≪제5位는 君主의 자리≫ 역시 [제후를] 세움에 이로운 것이다.

○案[19] 亨者 感通之意 或以离誠之孚格 或以二五之相應 其例不一 凡所謂 二五相應者 卜筮之道 紹天明也 上卦爲天 五者天心也 ≪心居中≫ 下卦爲人 二者 人心也 ≪下之中≫ 或二剛而五柔 或五剛而二柔 則知天人相應 此之謂 二五應也

○[案] "亨"은 감응(感應)하여 통한다는 의미이다. 또는 离의 정성(精誠)으로 감동시킴(孚格)이 있거나, 또는 제2位와 제5位가 相應하는 경우에 그렇게 ["亨"의 뜻이] 되는데, 그 사례(事例)가 동일하지 않다. 대개 이른바 "2와 5가 相應한다"는 것은 卜筮의 道가 天明을 이어 받음에 있기 때문이다. 上卦는 天에 해당되는데, [그중에서도] 제5位는 天心에 해당된다. ≪心은 가운데 자리한다.≫ [반면에] 下卦는 人에 해당되는데, [그중에서도] 第2位는 人心에 해당된다. ≪下卦의 中央이다.≫ 제2位가 剛이고, 제5位가 柔이거나, 혹은 제5位가 剛이고, 제2位가 柔이면, 곧 하늘과 사람이 서로 상응함을 알 수가 있으니, 이것을 이른바 "2와 5가

---

18) 震主는 우번(虞翻)의 說이다. 震卦의 '荀九家' 항목에 나온다.

19) [校閱] 新朝本과 國中本에는 "案"으로 되어 있으나, 奎章本에는 "按"으로 되어 있다.

應한다"고 하는 것이다.

䷂

彖曰 : 屯, 剛柔始交而難生, 動乎險中, 大亨貞. 雷雨之動, 滿盈, 天造草昧, 宜建侯, ≪句≫ 而不寧.

䷒ ䷂ ䷓

臨 → 屯 ← 觀

「彖傳」: 屯은 剛한 陽氣와 柔順한 陰氣가 비로소 교섭하여 어려움이 생겨남이니, 험난한 가운데서 움직여서, 크게 형통하고, 일을 맡아 처리할 수 있다.[20] 우레가 치고, 비가 퍼부어서 [온 세상에] 가득하고, 하늘이 [처음으로] 세상을 창조(創造)했을 때에는 [萬物이] 거칠고 어두운 상태로 있었으니, [이런 때에는] 마땅히 제후(諸侯)를 세워야 할 것이요, ≪句≫ 편안히 있을 겨를이 없다.

臨觀之時 剛柔不交 今 一升一降 而坎險以生 ≪上今坎≫ 此 剛柔始交而難生也

[辟卦인] 臨卦와 觀卦의 때에는 剛과 柔가 서로 교섭(交涉)하지 않다가, 이제 [屯卦로 되면서] 하나는 올라가고 하나는 내려감에, 坎의 험난함이[21] 이로써 생성되니 ≪[屯卦의] 上卦가 현재 坎≫ 이것을 가리켜 "剛柔

20) 이는 卦辭의 "元亨, 利貞"에 대한 해석이다.

21) 坎險은 '今補' 이외에 茶山이 추가로 보충한 것이다. 『四箋』(卷5, 28나) 등에 그 用

始交而難生"이라고 한 것이다.

○震在坎內 ≪下爲內≫ 動乎險中也

䷒ ䷂ ䷓

臨 → 屯 ← 觀

○[屯卦에서] 震이 坎의 안쪽에 있으니 ≪下卦는 內가 됨≫ "動乎險中" 이라고 한 것이다.

○屯者 盈也 臨觀之時 上下偏虛 ≪坤爲虛≫ 移之爲屯 雷動雨霈 ≪震與坎≫ 則上下俱盈 ≪皆得陽≫ 氣充天地 ≪三才位≫ 是 滿盈也 ≪震器之上 坎水盈滿 故屯本爲盈≫

䷒ ䷂ ䷓

臨 → 屯 ← 觀

○[「序卦傳」에서 말한 것처럼] 屯은 가득 참(盈)을 뜻한다. 臨卦와 觀卦의 때에는 각각 上下의 [어느] 한쪽으로 치우쳐 비어 있었다. ≪坤은 虛가 된다.[22]≫ [그런데] 屯卦로 추이하게 되면, 우레가 치고 비가 퍼부음에 ≪[屯卦는] 震과 坎으로 구성됨[23]≫ 곧 상하(上下)가 모두 가득 차게 되어 ≪[屯卦에서는 上下가] 모두 陽을 얻음≫ 기운(氣)[24]이 天地에 충만하게 되니 ≪[天地란 5·6(天), 1·2(地), 3·4(人)의] 삼재(三才)의 位에 의거한 말≫ 이것이

例가 나온다. 坎卦에 "習坎重險"(坎彖), "坎有險"(坎二)라고 한 것에 근거를 두고 있다.

22) "坤虛"는 荀九家 중 한 사람인 우번(虞翻)의 설이다(『四箋』 卷8, 35가).

23) "震雷"는 「說卦傳」에 나오는 말이고, "坎雨"는 '今補' 이외에 다산이 추가로 보충한 것이다(『四箋』 卷1, 16가; 『四箋』 권2, 9가 등에 용례가 나온다).

24) 다산은 古文字에 입각하여 "乾者, 氣也"라고 하였다(『四箋』 卷1, 35가). 따라서 屯卦에서 陽이 5位(天)와 初位(地)에 있는 것을 두고 "氣充天地"라고 한 것이겠다.

"滿盈"[의 뜻]이다. ≪震의 그릇 위에 坎의 물이 가득 차니,[25] 屯卦에는 본래 가득 참의 뜻이 있다.≫

○震草[26]坎昧 ≪反离明≫ 其象 荒蕪而晦蒙也 卦自觀來 天工所作 ≪巽爲工≫ 天造而草昧也 震主旣立 坎勞在前 ≪勞乎坎≫ 宜建侯[27]而不寧也 太古洪荒之初 始建君長 ≪震爲主≫ 則刱智開物 不遑自安也

臨 → 屯 ← 觀

○[屯卦의 卦象에는] 震의 풀(草)[28]과 坎의 어두움(昧)이 있으니 ≪坎은 离의 밝음과 상반되니, 어두움이 됨[29]≫ 그 象이 거칠고 황량하며, 어둡고 몽매하다. [또한] 屯卦는 觀卦로부터 왔으니, 하늘의 조화(天工)[30]로 만들어진 것이라서[31] ≪巽은 工의 뜻이 됨[32]≫ "天造(하늘이 세상을 창조함)"의 뜻이 되고, [또한] "草昧(처음에 어지럽고 혼미함)"의 뜻이 된다. [屯卦에서 보면] 震의 主人이 이미 세워지고, 坎의 노고(勞苦)가 앞에 있으므로 ≪"坎

25) "震器"는 다산이 '今補' 이외에 별도로 보충한 物象에 속하는데, 「說卦傳」의 "蒼筤竹"의 象으로부터 도출된 것이다(『四箋』 卷8, 35나). 그리고 "坎水"는 「說卦傳」에 나오는 말이다.

26) [校閱] 奎章本과 國中本에는 '草'가 '艸'字로 나온다.

27) [校閱] "宜建侯"의 "侯"가 新朝本에서는 "候"로 되어 있다. 新朝本의 "候"는 誤記이다.

28) 茶山의 '今補'에 나온다(『四箋』 卷8, 36나).

29) "离明"은 「說卦傳」의 "离也者, 明也"라는 구절에 근거해서 하는 말이겠다(茶山의 '今補'에는 나오지 않는다). 한편 "坎昧"도 '今補'에서 확인되지 않는다.

30) 天工 : 하늘이 하는 일, 하늘의 조화, 하늘의 기능, 신묘한 경지에 이른 기술.

31) 앞서 "上卦爲天"이라 하였다(『四箋』 卷2, 27가). 또 "氣充天地(三才位)"라고 하고(『四箋』 卷2, 27가), 5·6位가 '天'임을 지적하였는데, 이와 연관하여 "卦自觀來, '天'工所作"이라 말하는 것이겠다.

32) "巽 …… 爲工"은 「說卦傳」에 나온다.

에서 수고롭다"라는 말이 있음[33]》 "宜建侯而不寧", 즉 "마땅히 제후(諸侯)를 세워야 할 것이요, 편안히 있을 겨를이 없다"라고 한 것이다. 太古적 혼돈의 시초에 처음 君長을 세우니 《震은 主人이 됨》 지혜가 열리고, 사물이 자리를 잡기 시작하여, 스스로 편안할 겨를(遑)이 없는 것이다.

○案[34] 大亨貞 不言元利者 明元利二字 依亨貞 以成文 其義較虛 《字在上》 亨貞二字 去元利 亦成文 其義較實 《字在下》 元利二字之中 又元字 較實 利字 較虛 《利 宜也》 故曰 大亨貞也

○[案] [卦辭에서는 "元亨, 利貞"이라 하였는데, 「彖傳」에서] "大亨, 貞"이라고만 하고 '元'字와 '利'字를 언급치 않은 것은 '元'과 '利'라는 두 글자가 '亨'과 '貞'이라는 글자에 의거하여야만 문장이 성립되기 때문에, 그 의미가 상대적으로 중요치 않음을 밝힌 것이다. 《["元"·"利"라는 글자는 수식하는 것으로] 위에 붙게 됨》 [반면에] '亨'과 '貞'의 두 글자는 '元'과 '利'라는 글자가 없어도 또한 문장이 성립되는 까닭에, 그 의미가 ['元'字와 '利'字에] 비교해볼 때, 보다 실체적이다.[35] 《글자가 아래에 있게 된다.》 '元'과 '利'의 두 글자 중에는 또한 '元'字가 보다 중요하고, '利'字는 그 의미가 상대적으로 중요치 않다. 《'利'는 마땅함을 뜻한다.》 따라서 [卦辭의 "元亨, 利貞"을 해석함에 있어, '利'字를 빼고] "大亨, 貞"이라고만 한 것이다.

國語 公子重耳 筮得國 遇貞屯之卦 司空季子曰 吉 主震雷 長

33) 勞乎坎 : 「說卦傳」에 나오는 말이다.

34) [校閱] 奎章本에는 '案'이 '按'으로 되어 있다.

35) 한편, 다산은 "元"·"亨"·"利"·"貞"이 비록 [동등하게] 四德인 듯하지만, 占法에 있어서는 오직 '亨'字만이 [그 자체로] 판단의 언사(斷詞)가 될 수 있다라고 하였다(元亨利貞 雖若四德 然 其在占法 唯亨字 可爲斷詞; 『四箋』 卷1, 19나).

故曰 元 ≪善之長≫ 衆而順 嘉也 ≪嘉之會≫ 故曰 亨 ≪夾大离≫ 內有 震雷 故曰 利貞 ≪事之主≫ 若夫勿用有[36]攸往 ≪彖詞文≫ 小事不濟 ≪卦德大 故小事不能當≫ 一夫之行也

臨 → 屯 ← 觀

『國語』에 보면, 公子 중이(重耳)가 나라를 얻을 것인가에 대해 점쳐 "貞屯"의 卦, 즉 本卦(貞)가 屯인 경우를 얻었다.[37] 사공계자(司空季子)가 이를 두고 말하기를, "吉합니다. …… 內卦(主[38])가 震의 우레(雷)로서 '長'이 되므로, '元'이라 하는 것입니다. ≪['元'을] '善之長'이라고 함[39]≫ 뭇 백성들이 따름은 기쁨이 되니 ≪'亨'을 '嘉之會'라고 함[40]≫ 그러므로 '亨'이라 하는 것입니다. ≪屯卦는 初位에서 제5位까지만 끼워서 보면 大离가 됨[41]≫ 內卦에 震의 우레(雷)가 있으므로, '利貞'이라 하는 것입니다.[42] ≪[震의 君主는] 일을 주관함이다.[43]≫

대저 '勿用有攸往'이라고 한 것은 ≪[屯卦의] 彖詞에 나오는 글≫ 작은 일은 완수하지 못한다는 뜻이니[44] ≪卦의 성격이 크기 때문에, 작은 일은 [여기

---

36) [校閱] 新朝本에는 "勿用者攸往"으로 되어 있는데, "勿用有攸往"이 되어야 옳다.

37) 실제는 "貞屯悔豫, 皆八也"의 경우를 얻었는데, "悔豫"와 "皆八"은 일단 여기서 무관하고 또 언급하면 복잡하므로, 茶山이 생략하고 언급한 것이다.

38) "主雷與車(內爲主)."(『四箋』 卷7, 29가)

39) 善之長 : 乾卦의 「文言」에 나온다. 그리고 「說卦傳」에 震은 "長子"가 된다고 하였다.

40) 嘉之會 : 乾卦의 「文言」에 나온다.

41) 협착하면 그냥 离가 되지 大离라 할 것이 없다. 따라서 '夾'을 협착이라 번역하면 곤란하다.

42) 「春秋官占補註」의 "重耳反國之筮"에 나오는데, 문장에 차이가 있다(『四箋』 卷7, 29가).

43) 坎의 貞(屯의 外卦)과 震의 主(屯의 內卦)를 가지고 하는 말이다. 坎貞은 다산이 '今補' 이외에 또 보충한 것이고, 震主는 荀九家 우번(虞翻)의 說이다. 한편 「文言」 원문에는 "事之幹"이라 나오며, 앞의 文例를 염두에 두고 보면 "主"는 분명 誤字이다. 그러나 뜻이 통하지 않는 것은 아니니, 그대로 두는 것이 적절할 듯하다.

44) 『四箋』(卷7, 29가)에 나오는데, 문장에 차이가 있다.

에] 합당하지 않다는 뜻≫ 한 사람의 필부(匹夫)의 일에 해당하는 것일 뿐입니다"[45]라고 하였다.

○案[46] 筮立君者 遇此則吉 筮起程者 遇此則不吉

○[案] 君主를 세울 것을 점치는 자가 이 괘를 얻으면 吉하며, 여행을 떠나는 것에 대해 점치는 자가 이 괘를 얻으면 不吉하다.

初九 : 磐桓,[47] 利居貞, 利建侯. ○象曰 : 雖磐桓,[48] 志行正也, 以貴下賤, 大得民也.

初九 : 절름발이가 건듯이 머뭇거리지만, [그 뜻이 정도(正道)를 행하고자 하니, 비록 다리에 병이 들었더라도] 거처(居處)를 옮기거나 정하는 일은 이로우며, 제후(諸侯)를 세우는 일도 이로울 것이다. ○「象傳」: 비록 절름발이가 건듯이 머뭇거리더라도, 그 뜻이 정도(正道)를 행하고자 하며, 귀한 신분으로서 천한 자의 아래에 처신하니, 크게 백성을 얻을 것이다.

此 屯之比也 磐桓者 躄者之行也 ≪義見下≫ 卦自觀來 ≪上之一≫ 巽之兩剛 ≪觀上巽≫ 其象 股也 ≪巽爲股≫ 移之爲屯 則一股受

---

45) 즉 그 구절과는 무관하니 구애받을 것이 없다는 것이다.

46) [校閱] 奎章本에는 '案'이 '按'으로 되어 있다.

47) "磐桓"을 "반환(磐桓)"으로 읽지 않고, "반선(磐桓)"으로 읽는다는 것에 대해서는 다산의 주석을 참조할 것.

48) 茶山이 注에서 "磐桓, 讀作般還"라고 한 것에 근거해서, "磐桓"을 '반환'으로 읽지 않고, '반선'으로 읽는다.

病 ≪上今坎≫ 一股獨行 ≪下今震≫ 磐桓之行也 臨之震足 ≪臨大震≫ 一病一行 ≪二之五 爲坎≫ 亦此象也 初爲卦主 故言其本象

臨 → 屯 ← 觀

이것은 屯卦가 比卦로 변하는 경우이다. '반선(磐桓)'은 절름발이가 [멈칫멈칫] 걷는 것을 뜻한다. ≪뜻은 아래에 나온다.≫ 屯卦는 觀卦에서 나왔는데 ≪[觀卦의] 上이 1로 감≫ 巽의 위에 있는 두 개의 剛은 ≪觀卦의 上卦는 巽≫ 그 象이 허벅지(股)이다. ≪巽은 '股'이다.[49]≫

[그런데 觀卦로부터] 推移하여 屯卦가 되면, 한 쪽 다리가 病을 얻어 ≪[屯卦의] 上卦가 지금 坎≫ 다른 쪽 다리(股)로만 걷는 셈이니 ≪[屯卦의] 下卦가 지금 震≫ 절름거리며 걷는 것이다.

[屯卦의 또 다른 母卦인] 臨卦의 震의 다리가 ≪臨卦는 大震≫ 하나는 病들고 [또 다른] 하나는 걸으니 ≪[臨卦의] 2가 5로 가서 [屯卦에서보면 上卦가] 坎이 됨≫ 역시 이런 '반선(磐桓)'의 象이다. [屯卦에서] 初爻가 卦主가 되는 까닭에 [屯卦 初九의 之卦인 比卦의 變相을 말하지 않고] 그 [母卦인 屯卦의] 本象을 말한 것이다.

○ 居貞者 遷居之事也 ≪筮居 如卜居≫ 卦自觀來 ≪上之一≫ 剛自外遷 爲主於內 ≪來爲震≫ 坎宮旣固 震稼蕃鮮 ≪本坤田≫ 利居貞也

觀 → 屯

49) "巽爲股"라고 「說卦傳」의 近取에 나온다(『四箋』 卷8, 33가). '股'는 '허벅다리', '허벅지', '다리'를 뜻한다.

○“居貞”이란 거처(居處)를 옮기는 일을 말한다. ≪거처에 대해 시초점을 치는 것[筮居]은 거북점으로 거처에 대해 점치는 것[卜居]과 같다.≫ 屯卦는 觀卦로부터 왔는데 ≪[觀卦의] 上이 1로 감≫ 剛이 밖에서 옮겨와, 內卦의 주인이 되고 ≪[觀卦의 上位에 있던 剛이] 들어와 震이 됨[50]≫ 坎의 집(宮)[51]이 이미 견고(堅固)하고, 震의 농사가 풍성하니[52] ≪[觀卦에] 본래 坤의 밭[53]이 있음≫ “利居貞”, 즉 “거처를 옮기거나, 정하는 일에 이롭다”라고 한 것이다.

○卦自觀來 ≪上之一≫ 剛自外來 遂爲震主 ≪下今震≫ 以主坤國 ≪觀下坤≫ 利建侯也

觀 → 屯 → 比

○屯卦는 觀卦로부터 왔는데 ≪[觀卦의] 上이 1로 감≫ 剛이 밖에서 들어와 마침내는 震의 君主가 되어 ≪[屯卦의] 下卦가 지금 震≫ 坤國[54]의 정치를 주재(主宰)하니 ≪觀卦의 下卦는 坤≫ “利建侯(제후를 세우는 것이 이롭다)”라고 한 것이다.

其變爲比 ≪水地比≫ 比自復來 震主旣升 ≪一之五≫ 君位遂正 ≪五位[55]君≫ 亦利建也

---

50) “震爲主”를 말하는 것인데, 이는 荀九家 중 한 사람인 우번(虞翻)의 설이다(『四箋』 卷8, 36나).

51) 坎이 宮을 상징한다는 것은 荀九家의 說이다. 『四箋』에 “物之所歸, 有甍有翼 ≪中剛如屋脊≫, 其象宮也”라고 하였다(『四箋』 卷8, 38나).

52) 「說卦傳」에 震은 “蕃鮮”이라 하였는데, 震稼는 茶山의 기타 物象인 셈이다. 「說卦傳」에 震은 “於稼, 反生”이라는 말도 나온다.

53) “坤田”은 茶山의 ‘今補’에 나온다(『四箋』 卷8, 35나).

54) 坤이 나라(國)를 상징한다는 것은 우번(虞翻)의 說이다(『四箋』 卷8, 35가).

屯→初爻變→比←推移←復

그 屯卦가 爻變하여 比卦가 되는데 ≪水地 比卦가 됨≫ 比卦는 復卦로부터 왔으니, [이 경우도] 震의 主가 이미 위로 나아감에 ≪[復卦의] 1이 5로 감≫ 군주의 자리가 마침내 바르게 되니 ≪제5位는 '君'이 됨≫ 역시 "利建侯"인 것이다.

○巽股雖病 坎志克正 ≪上今坎≫ 震以行之 ≪上之一≫ 志行正也 忠而行敬 何往不居 无傷乎其病也

觀→推移→屯→初爻變→比

○[觀卦에서 屯卦로 推移함에] 巽의 허벅다리에 비록 病이 들었더라도, 坎의 뜻(志)[56]이 매우 바르고 ≪[屯卦의] 上卦가 지금 坎≫ 震으로써 [그 뜻을] 실행하니 ≪觀卦에서 上이 1로 감≫ "志行正(그 뜻이 올바름을 행하고자 함)"인 것이다. 충직하면서도 공경을 행하니, 어디를 간들 살지 못하겠는가! 그런 [다리를 저는] 병(其病)에도 [불구하고] 근심할 것(傷)이 없다.

○觀之上剛 本自至高之位 降於至卑之地 ≪上之一≫ 遂以震侯 ≪屯下震≫ 下於坤民 ≪今互坤≫ 以貴下賤也 民以坎歸 ≪萬物之所歸≫ 无思不服 ≪服於震≫ 大得民也

---

55) [校閱] 新朝本과 國中本에는 "五位君"으로 되어 있으나 奎章本에는 "五爲君"으로 되어 있다. "五爲君"이라고 해도, 의미는 통한다.

56) 坎이 志를 뜻한다는 것은 荀九家의 說이다(『四箋』 卷8, 38나).

䷓ ䷂ ䷇

觀 → 推移 → 屯 → 初爻變 → 比

○觀卦의 上位에 있던 剛이 至高의 자리에서 가장 비천한 자리로 내려와서 ≪[觀卦의] 上이 1로 감≫ 드디어 震의 제후(諸侯[57])로서 ≪屯卦의 下卦는 震≫ 坤의 백성[58]의 아래에 있으니 ≪지금 [屯卦에] 互坤이 있음≫ [이것을 가리켜] "以貴下賤"이라고 한 것이다.

백성들이 坎으로써 귀순하여 ≪[坎은] 萬物이 歸順하는 곳≫ 복종하지 않을 마음이 전혀 없으니 ≪震에 복종함≫ "大得民也"라고 말한 것이다.

○案[59] 磐桓 讀作般還 ≪桓 還 聲相近≫ 禮所云 般旋也 ≪投壺篇≫ 桓與邅叶 ≪讀作旋≫

○[案] '磐桓'[60]은 '반선(般還)'으로 읽는데 ≪'桓(환; huán)'과 '還(선; xuán)'은 그 발음이 서로 유사함[61]≫ 『禮記』에서 말한 바, '반선(般旋)'이 [바로] 그것이다. ≪『禮記』「투호(投壺)」篇에 나온다.[62]≫ [여기] '환(桓)'과 다음 六二에 나오는 '전(邅, zhān)'은 협운(叶韻)의 관계에 있다. ≪[따라서 여기 '桓'字는] '선(旋)'으로 읽는다.≫

---

57) 震侯는 우번(虞翻)의 說이다(『四箋』 卷8, 36가).

58) 坤이 백성(民)을 뜻한다는 것은 우번(虞翻)의 說이다(『四箋』 卷8, 35가).

59) [校閱] 奎章本에는 '案'이 '按'으로 되어 있다.

60) 磐桓 : ① 앞으로 나아가지 않는 모양, ② 머뭇거리고 결단하지 않는 모양.

61) '還'字의 발음을 '환(huán)'으로 보면, "聲相近"이란 말이 어색하다. 따라서 '돌 還(선)'字로 읽는 것이 옳은 것으로 보인다.

62) 반선(般旋) : 『禮記』「投壺」篇에 나오는 말이다. 즉, "賓再拜受, 主人般還, 曰辟, 主人阼階上拜送, 賓盤還, 曰辟(손님이 두 번 절하고, 화살을 받으려 하면, 주인이 옆으로 피하면서, 사양한다고 한다. 주인이 조계(阼階) 위에서 절하고 보내면, 손님이 조금 피하면서, 사양한다고 한다)." "반선왈피(般旋曰辟)"의 "반선(般旋)"은 감히 똑바로 대하지 못하고 조금 비켜섬을 뜻하고, "피(辟)"는 감히 재배(再拜)의 禮를 받지 못하고 피하는 것을 뜻한다(이상옥 역, 『禮記』 下, 명문당, 2003, 1489~1490면).

史記云 躄者 槃散行汲 ≪旋 散 聲相近≫ 植一足而運一足 其行盤還然也[63] ≪觀上之一 有此象≫ 陶潛詞云 撫孤松而盤桓 亦此意也 ≪盤桓者 左右兩足 一植一休 其形 如躄者之行≫

䷓ ䷂ ䷇

觀 → 推移 → 屯 → 初爻變 → 比

『史記』「平原君」「우경열전(虞卿列傳)」에 "절름발이가 기우뚱 기우뚱 절름거리며(槃散) 물을 길으러 갔다"라는 말이 있는데[64] ≪'旋(선)'字와 '散(산)'字는 그 발음이 서로 유사함≫ 한 쪽 다리를 세웠다가(植) 다른 한 쪽 다리를 움직이니, 그 걸어다님이 멈칫멈칫하는 것이다. ≪[앞서 언급했듯이] 觀卦의 上이 1로 감에는 이런 象이 있는 것이다.≫

도연명(陶淵明, 365~427)[65]의 「귀거래사(歸去來辭)」(詞)[66]에도 "무고송이반선(撫孤松而盤桓)", 즉 "외로운 소나무를 어루만지며 머뭇거리네"[67]라고 하였는데, 역시 이런 뜻이다. ≪여기 "반선(盤桓)"[68]이라는 것은 左右의 두 다리를 하나는 바로 세우고(植) 다른 하나는 [약간 비스듬히 뻗어] 쉬는 것(休)이니, 그 형태가 마치 절름발이가 걷는 것과 같다.≫

春秋傳 ≪昭七年≫ 孟縶之足 ≪縶 衛襄公子≫ 不良于[69]行 ≪足有疾≫

---

63) [校閱] 奎章本에는 "其足, 磐桓然也"로 되어 있다.

64) 躄者 槃散行汲 : 『史記』(卷76) 「平原君」「우경열전(虞卿列傳)」(第16)에 나오는 말이다. 즉, "平原君, 家樓臨民家. 民家有躄者, 槃散行汲(平原君의 집 樓閣이 民家를 굽어보고 있었다. 그 民家에는 절름발이가 살고 있어, 절름거리며 물을 긷고 있었다)"라고 함(사마천, 남만성 역, 『史記列傳』 上, 을유문화사, 1995, 170면).

65) 도잠(陶潛, 365~427) : 晉나라 사람으로 字가 淵明, 또는 元亮이다.

66) 여기서도 茶山은 "辭"를 "詞"라고 하였다.

67) 반선(盤桓) : 앞으로 나아가지 않고 주변에서 서성이는 것.

68) 위의 인용구는 그의 「歸去來辭」 중에 나오는 말로, 다섯 번째 은퇴이자 마지막 은퇴를 하면서 지은 것이다. 陶潛, 『陶淵明集全譯』, 貴州人民出版社, 1996, 284면; 박일봉 역, 『古文眞寶(文篇)』, 육문사, 2000, 28면.

孔成子 筮之 遇屯之比 史朝占之曰 弱足者 居 ≪利居貞≫ 侯主社稷 ≪利建侯≫ 不亦可乎

觀 → 推移 → 屯 → 初爻變 → 比

『春秋左傳』에 보면 ≪소공(昭公) 7年≫ [맏아들 격인] 맹집(孟縶)의 다리가 ≪집(縶)은 위(衛)나라 양공(襄公)의 아들≫ 걷는데 불편하였는데 ≪다리에 병이 있었음≫ [이렇게 불구인 그와 온전한 그의 동생 중에 누구를 제후로 세울 지에 대해] 공성자(孔成子)가 占筮하여 屯卦가 比卦로 변하는 점괘[70]를 얻었다.

사조(史朝)가 그것을 풀이하여 말하기를 "다리가 불편한 사람은 [편안히] 거처할 것이고 ≪[爻辭에] "利居貞"이라 함≫ 제후(諸侯)는 [왕성하게 활동하여] 사직(社稷)을 주관할 것입니다. ≪[爻辭에] "利建侯"라고 함≫ …… [맹집의 동생인 '元'을 다음 제후로 세우는 것이] 어찌 옳지 않겠습니까!"라고 하였다.[71]

○案 此文 磐桓之爲躄 審矣

○[案] 이 글을 살펴보더라도, "반선(磐桓)"이 절름발이(躄)를 묘사한 말이라는 것이 분명하다.[72]

---

69) [校閱] 新朝本과 奎章本과 國中本에 모두 "不良于行"으로 되어 있으나 『左傳』의 原文에는 "不良弱行"으로 되어 있다(『四箋』 卷7, 27나; 文璇奎 역, 『春秋左氏傳』 下, 명문당, 1987, 73면).

70) 屯卦 初九에 해당된다.

71) 「春秋官占補註」 '衛靈公之筮'(『四箋』 卷7, 27가).

72) 『左傳』에서 史朝가 말한 "弱足者, 居"는 『周易』 원문에서 각각 "磐桓"과 "利居貞"에 대응한다.

春秋傳 畢萬 筮仕於晉 《閔元年》 遇屯之比 辛廖 占之曰 吉 屯固比入 吉孰大焉 公侯之卦也 《詳見官占注》

觀→推移→屯→初爻變→比

『春秋傳』에 보면, 필만(畢萬)이 晉나라에 가서, 벼슬하는 일에 대해 점을 쳐서 《閔公 元年》 '屯之比', 즉 '屯卦가 比卦로 가는 경우'를 얻었는데, 신료(辛廖)가 그것을 풀이하여 말하기를, "吉합니다. 屯은 견고(堅固)하고, 比는 들어감(入)을 뜻하니, 吉함에 무엇이 이보다 크겠는가! …… 公侯에 연관된 卦입니다"라고 하였다. 《「춘추관점보주(春秋官占補注)」에 자세히 나온다.[73)]》

六二 : 屯如邅如, 乘馬班如. 匪寇婚媾, 女子, 貞, 不字, 十年乃字. ○ 象曰 : 六二之難, 乘剛也, 十年乃字, 反常也.

六二 : 험난함에 처하여, 배회하며 떠돌다가, 말을 타고 되돌아올 것이다. [도적이 아닐까 의심했으나] 도적이 아니라, 혼인을 맺고자 하는 상대(婚媾)로다. 여자가 정절(貞節)을 지켜[74)] 자식을 낳아 기르지 못하다가, 십년 만에야 자식을 낳아 기르게 될 것이다.[75)] ○「象傳」: 六二의 험난(險

73) 「春秋官占補註」의 '필만지서(畢萬之筮)'를 참조할 것(『四箋』 卷7, 16나; 文璇奎 역저, 『春秋左氏傳』 上, 명문당, 1987, 221면).

74) 다산은 「독역요지(讀易要旨)」 제17則 '인자'(認字)에서 '貞'에 세 가지 의미가 있다고 말하고 있다. 屯六二의 '貞'은 여자가 정절(貞節)을 지킨다는 의미의 '貞'이며, '貞'의 세 가지 의미 중에서 두 번째 의미에 해당된다(『四箋』 卷1, 18가).

難)함은 [陰이] 剛을 올라타고 있기 때문에 생긴 것이다. "[여자가] 십 년 만에야 자식을 낳아 기르는 것(十年乃字)"은 常道를 거스르는 것이다.

此 屯之節也 節自泰來 ≪三之五≫ 泰之時 震道無閼 ≪三陽本皆震≫ 剛升于上 ≪三之五≫ 遂成坎險 ≪升爲坎≫ 一似臨移之爲屯 ≪二之五 爲坎≫ 是 屯如也 ≪萃六三 宜看≫

臨 → 屯 → 節 ← 泰

이것은 屯卦가 節卦로 변하는 경우이다. 節卦는 泰卦로부터 왔는데 ≪[泰卦의] 3이 5로 감≫ 泰卦의 때에는 震의 길[76]에 [아무런] 막힘이 없었는데 ≪[泰卦의] 세 개의 陽은 본래 모두 震[77]≫ [節卦로 推移하게 되면] 剛이 上升하여 ≪[泰卦의] 3이 5로 감≫ 마침내 坎의 험난함[78]을 이루었다. ≪[泰卦의 3이] 상승하여 坎이 됨≫ [이런 과정은] 臨卦가 推移하여 屯卦로 되는 것과 유사하니 ≪[臨卦의] 2가 5로 가서 坎이 됨≫ 이것을 [가리켜] "屯如"라고 한 것이다. ≪萃卦 六三의 경우를 참고하여 보아야 한다.[79]≫

邅者 徊儃也 否交爲泰 ≪交易之≫ 坤臣出外 ≪泰上坤≫ 移之爲節 則坎險爲梗 ≪上今坎≫ 柔自外回[80] ≪五之三≫ 是 邅如也

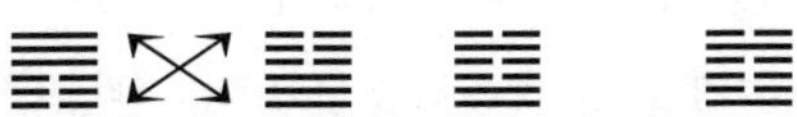

否 泰 → 節 ←爻變← 屯

75) 女子貞, 不字十年, 乃字: "十年'乃字'"에 초점이 있다고 보면, 이는 어색한 표현이다. "不字"에 초점을 두었다면 "十年不字"라고 했을 것이다.
76) 「說卦傳」에 震은 "大塗"가 된다고 함.
77) 이는 復卦의 下震이 점점 자라나서 泰卦로 된 측면을 말하는 것이다.
78) 坎險은 茶山의 「其他 物象」이다(『四箋』 卷8, 39가).
79) 萃六三: "萃如, 磋如 ……"; "모이다가 슬퍼하니라."
80) [校閱] "柔自外回"의 "回"가 新朝本에는 "囘"로 되어 있는데, "囘"는 "回"의 本字이다.

‘전(邅)’이란 ‘이리저리 왔다갔다하며 떠도는 것(佪儃)’을 뜻한다. 否卦를 交易하여 泰卦가 되면 ≪[否卦의 上卦와 下卦를] 交易함≫ 坤의 신하가 밖으로 나갔는데 ≪泰卦의 上卦는 坤≫ [泰卦로부터] 推移하여 節卦가 되면, 坎의 험난함이 가로막고 있는데 ≪[節卦의] 上卦가 지금 坎≫ 柔가 [이런 어려움을 무릅쓰고] 밖에서 되돌아오니[81] ≪[泰卦의] 5가 3으로 감≫ 이것을 가리켜 “邅如”라고 한 것이다.

○班者 還也 ≪讀之如 班師之班≫ 節自泰來 ≪三之五≫ 柔來乘乾 ≪五之三≫ 是 乘馬也 ≪隨大傳 亦以柔乘乾 爲乘馬≫ 屯自臨來 ≪二之五≫ 臨之兌女 依然復還 ≪節下兌≫ 乘馬班如也 臨之時 兌女乘剛 以致坎亂 ≪屯上坎≫ 今泰爲節 兌女乘剛 坎亂又作 ≪節上坎≫ 坤國大亂 ≪泰上坤≫ 乘馬班如 非謂是乎

臨 → 屯 → 節 ← 泰

○‘班’은 ‘還(되돌아옴)’을 뜻한다. ≪[“乘馬班如”의 ‘班’字를] “班師(군사를 거느리고 돌아옴)”의 ‘班’과 같은 뜻으로 읽는다.≫ 節卦는 泰卦로부터 왔는데 ([泰卦의] 3이 5로 감) 柔가 와서 乾의 위에 올라타니 ≪陰인 5가 3의 자리로 감[82]≫ 이것이 “乘馬(말을 타는 것)”이다. ≪隨卦와 연관하여, 「大傳」(「계사전」)에서도 역시 柔가 乾의 위에 올라타는 것을 두고 “乘馬”라고 하였다.≫

屯卦는 臨卦로부터 왔는데 ≪[臨卦의] 2가 5로 감≫ [屯卦로 되면서 兌女가 없어졌었는데, 屯卦가 효변하여 節卦로 되면] 臨卦의 兌의 여자가 다시 옛날의 모습으로 되돌아오니 ≪節卦의 下卦는 兌≫ [이것을 가리켜]

---

81) 원래 否卦의 상태로 되었으므로, ‘되돌아온다(回)’라고 한 것이다.

82) 엄밀히 따지면, 또는 결과적으로는 “☱”의 위에 陰이 올라타는 것이나, 본래는 ‘乾’이었으니 “乘乾”이라 한 것이겠다.

"乘馬班如", 즉 "말을 타고 되돌아온다"라고 한 것이다.

臨卦인 때에도, 兌의 여자가 剛을 타고 올라앉아, 坎의 난(亂)을 불러오더니 ≪屯卦의 上卦가 坎≫ 지금 泰卦가 節卦로 [추이하게] 되면, 그 兌의 여자가 [여전히] 剛을 올라타고 있어서, 坎의 난(亂)이 또 다시 발생하여 ≪節卦의 上卦도 坎≫ 坤의 나라가 큰 혼란에 빠지게 되니 ≪泰卦의 上卦는 坤≫ "乘馬班如"란 바로 이것을 두고 말하는 것이 아니겠는가?

○ 坎險在外 疑其爲寇 ≪坎爲盜≫ 二之旣變 兌女在內 ≪下今兌≫ 我旣有女 彼坎非盜 ≪內有配≫ 乃中男也 坎兌將合 ≪中男與少女≫ 匪寇婚媾也 夫婦嘉耦也 寇敵怨耦也 故寇與婚媾 得相疑也

屯 → 節 ← 泰

○[屯卦에서] 坎의 험난함이 밖에 [도사리고] 있어서, 그것이 도적(寇)이 아닌지 의심하였으나 ≪坎은 도적이 됨≫ 六二가 이미 爻變함에 兌의 여인이 안에 자리하여 ≪[節卦의] 下卦가 지금 兌≫ 우리 쪽에는 이미 여인이 있고, 저쪽의 坎은 도적이 아니라 ≪안에 배필이 있음≫ 곧 중년 남자(中男)인지라, 이 坎과 兌가 장차 결합할 것이므로 ≪각각 [坎의] 中男과 [兌의] 少女가 됨≫ "匪寇婚媾", 즉 "도적이 아니라, 혼인을 맺고자 하는 상대"라고 한 것이다. 夫婦가 좋은 상대자(嘉耦)라면, 도둑이나 적(寇敵)은 나쁜 상대자(怨耦)에 해당된다. 그러므로 여기서 [이웃나라나 상대와의 관계에서] '도적을 만나는 것(寇)'과 '혼인을 하는 것(婚媾)'을 두고 어느 쪽일까 서로 의심하게 되는 것이다.

○ 字者 乳也 臨之兌女 不以坤字 ≪不生子≫ 進而爲泰 ≪泰互兌≫ 猶不受孕 ≪泰無离≫ 女不字也 移之爲節 ≪三之五≫ 則离腹乃大 ≪中大离≫ 艮孩是産 ≪上互艮≫ 於是乎 字育也

臨 → 泰　　臨 → 屯 → 節 ← 泰

○'字'는 젖을 먹여 [자기가 낳은 자식을] 기르는 것(乳)을 뜻한다. 臨卦의 兌女는 坤이 있지만, [아이를] 임신하지 않고 있는데 ≪[少女이고, 艮이 없어] 아직 자식을 낳지 못함[83]≫ [辟卦의 消長의 측면에서] 이것이 진전하여 泰卦가 되어도 ≪泰卦에는 [2·3·4位에] 互兌가 있음≫ 여전히 아이를 배지 못한다. ≪泰卦에는 [임신 또는 "大腹"을 상징하는] 离가 없다.≫ 따라서 여인이 자식을 낳아 기르지 못하는 것이다.

[이런 泰卦가] 推移하여 節卦가 되면 ≪[泰卦의] 3이 5로 감≫ 离의 배가 이에 크게 불러 ≪[節卦는 2·3·4·5位의] 가운데가 大离≫ 艮의 어린아이를 낳으니 ≪[屯卦의 3·4·5位의] 上互卦가 艮≫ 이에 자식을 낳아 기르게 되는 것이다.

兩互爲頤 ≪節兩互≫ 自艮至震 又重始之 ≪八卦方位之序≫ 周而復始 厥數滿十 ≪艮至震 二年 又 巽至震 八年≫ 十年乃字也

節→兩互作卦→頤　　觀 → 屯 ← 臨

83) 泰卦는 어미(母)를 상징하는 坤도 있고 兌의 少女도 있어 임신의 象일 수 있으나, 아들(子, 艮孩)을 상징하는 것이 없다는 것이다.

[한편] 屯卦 六二의 之卦인 節卦로부터 兩互作卦하면 頤卦가 만들어진다. ≪節卦의 兩互卦를 취한 것≫ [그런데] 그 上卦인 艮에서 震까지와, 그리고 [震에서 艮까지] 또 다시 시작하는데 ≪八卦方位의 차례[84]에 따른 것≫ [이렇게] 두루 돌아 다시 시작함에 그 수(數)가 10으로 되니 ≪東北方인 艮에서 동쪽인 震까지가 2年이고, 또 [震에서 艮까지 헤아리는데] 震의 다음인 東南方인 巽에서 한 바퀴 돌아 東方인 震까지 [즉 艮까지 헤아리면] 되돌아오면 8年이 됨≫ "十年乃字(십 년 만에 자식을 낳아 기름)"인 것이다.[85]

曷云哉 卦有坎貞 ≪屯節 皆有坎≫ 女之貞也 亦有大离 ≪屯節 皆大离≫ 孕之象也 漸九五 宜參看 ≪又 頤六三 復之頤 有十年例≫

屯 → 節　　　漸　頤　復

어째서 그러한가? 卦에 坎의 貞[86]이 있으니 ≪屯卦와 節卦에 모두 坎이

---

84) 八卦方位之序 : 『四箋』에 도표가 나온다(『四箋』 卷1, 7가).
85) 艮에서 震까지 2년이며, 거꾸로 震에서 艮까지 8년이 된다. 그렇지만 茶山은 "周而復始"의 방식을 취해서, 10년이라는 숫자를 계산해내고 있다. 다산은 「易例比釋下」의 「8. 歲日月例」에서 10年이 산출될 수 있는 근거를 다음과 같이 설명하였다. "十年者, 卦有震艮, 則自艮至震, 旣爲二年, 自震至艮, 又爲八年; 故, 得爲十年. 然, 必有坤而後方得爲十者(屯復頤) 地數, 十也"라고 하였다(『四箋』 卷4, 24가).
86) "坎貞"은 茶山의 「其他 物象」에 나온다. 『四箋』(卷4, 40나)에도 그 용례가 나온다.

있음≫ 여자의 정절(貞)인 것이다. 또한 大离가 있으니 ≪屯卦와 節卦에 모두 大离가 있음≫ 아이를 밴 象인 것이다. 이는 漸卦 九五[의 "三歲不孕"의 文句]와 연관하여 보아야 한다. ≪한편 頤卦 六三과 '復之頤', 즉 復卦 上六에도 "十年"의 용례가 나온다.≫

○難者 坎險也 乘剛者 兌女也

○[「象傳」의] '難'은 坎의 험난함을 가리킨 것이고, '乘剛(剛을 올라타고 있음)'이란 兌의 少女를 가리킨다.

○泰移爲節 則震移爲艮 ≪三之五≫ 反常道也 ≪震大道≫ 無故守節 ≪艮爲節≫ 反常道也

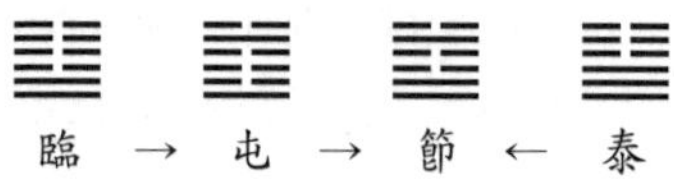

○泰卦가 推移하여 節卦가 되면, 震이 옮겨가서 艮이 되는 것이니 ≪[泰卦의] 3이 5로 감≫ "反常道", 즉 "常道에 反함"이 되는 것이다. ≪震은 大道가 된다.[87]≫ [여자가 아무런] 이유도 없이 수절(守節)하는 것은 ≪艮은 절개가 됨[88]≫ 常道에 反하는 것이다.

○案[89] 字與孳通 ≪獸育子 曰 牸≫ 坤爲子母 ≪說卦文≫ 故其占如是 恐非笄而字之義.

○[案] "字"는 "孳"와 뜻이 통한다. ≪짐승이 새끼를 기르는 것도 "牸"라고 한다.≫ 坤은 "子母"가 되는데 ≪「說卦傳」의 글[90]≫ 그러므로 그 占이 이와

87) 「說卦傳」에 震은 "大塗"라 함. 한편, 奎章本에는 "震爲道"라고 나온다.
88) 「說卦傳」에 "艮, …… 其於木也, 堅多'節'"이라 하였다.
89) [校閱] 奎章本에는 '案'이 '按'으로 되어 있다.

같다. 여기 "字"는 아마도 [『禮記』「曲禮」에서 말하는 "[女子는 정혼을 하면] 비녀를 꽂고, 字를 부른다(笄而字)"[91]는 뜻이 아닐 것이다.[92]

○賁六四 睽上九 宜參看

○[여기 "匪寇婚媾"란 구절은] 賁卦 六四와 睽卦 上九를 관련시켜 살펴보아야 할 것이다.[93]

䷂

六三 : 卽鹿无虞, 惟入于林中. 君子幾, ≪鄭玄本 作機≫ 不如舍, 往吝. ○象曰 : 卽鹿无虞, 以從禽也, 君子舍之, 往吝, 窮也.

六三 : 사슴을 쫓음에 [몰이꾼 역할을 할] 산지기가 없으니 [그것은] 오로지 [산지기가] 숲 속으로 들어갔기 때문이다. 君子라면 [이런 위험한] 기미를 알아 ≪鄭玄의 책에는 ['幾'字가] '機'字로 되어 있음≫ [그 쫓던 짐승을] 놓아주는 것만 같지 못하니, 계속 [그 짐승을 쫓아] 나아간다면, [그것은 허물을 고침에] 인색함이 될 것이다. ○「象傳」: "卽鹿无虞"라고 한 것은 [사냥에 탐닉한 나머지 위험한 상황인 줄도 모르고 오로지 짐승만을] 쫓는 것을 말한 것이다. [현명한] 君子라면 [당연히 이런 사냥

---

90) 「說卦傳」에는 "子母牛"라 나온다.

91) 『禮記』「曲禮上」에 "女子, 許嫁, 笄而字"라고 함. 여자가 혼인을 허락받으면, 15세에 비녀를 꽂고, 아직 혼인을 허락받지 못했으면, 20세가 되어 비녀를 지른다. 이 역시 成人의 도리이다. 그러므로 字를 부른다(송명호 역, 『禮記集說大全』 제1권, 높은밭, 2002, 162~163면).

92) 朱子가 이렇게 보았다(金碩鎭, 『周易傳義大全譯解』 上, 대유학당, 1996, 268면).

93) "匪寇婚媾"라는 말은 賁卦 六四와 睽卦 上九에도 나온다.

을] 포기해야 할 것이며, [계속 그 짐승을 좇아] 나아갈 경우에는 궁지(窮地)에 처하게 될 것이다.

此 屯之旣濟也 旣濟自泰來 ≪二之五≫ 兌澤震林 ≪泰兩互≫ 坤臣居之 ≪泰上坤≫ 其象 虞也 ≪虞 掌山澤之官 見周禮≫ 移之旣濟 則坎鹿在前 ≪上今坎≫ 乾王往從 ≪二之五≫ 是 卽鹿也 ≪卽 就也≫

䷂ ䷾ ䷊

屯 → 旣濟 ← 泰

이것은 屯卦가 旣濟卦로 변하는 경우이다. 旣濟卦는 泰卦에서 왔다. ≪[泰卦의] 2가 5로 간 것이다.≫ 兌의 연못과 震의 숲 속에 ≪泰卦의 兩互卦가 兌와 震≫ 坤의 신하가 머무르고 있으니 ≪泰卦의 上卦는 坤≫ 그 象이 산지기(虞)가 된다. ≪'우(虞)'는 山과 연못을 관장하는 관리인데, 『周禮』에 나온다.94)≫ [泰卦가] 推移하여 旣濟卦로 되면, 坎의 사슴이 앞에 있고 ≪[旣濟卦의] 上卦가 지금 坎≫ 乾의 王이 [그것을] 쫓아가니 ≪[泰卦의] 2가 5로 감≫ 이것이 "卽鹿(사슴을 좇음)"이다. ≪'卽'은 '就', 즉 '나아감'을 뜻한다.≫

林澤之地 遂無坤臣 ≪上坤亡≫ 佃无虞也 虞何去也 泰之三陽是本震林 ≪震之積≫ 坤之一陰 入于此中 ≪五之二≫ 唯入于林中也 ≪自外來曰 入≫ 外作禽荒 亂之本也 佃而无虞 王親卽鹿 其無害乎 离伏戈兵 ≪下今离≫ 坎隱弓弩 ≪中互坎≫ 幾可畏也

䷂ ䷾ ䷊

屯 → 旣濟 ← 泰

---

94) 『周禮』「地官司徒」에 「山虞」, 「澤虞」가 있다(陳戍國 點校, 『周禮·儀禮·禮記』, 岳麓書社, 1995, 45면; 鄭玄云, 『周禮注疏』, 上海古籍出版社, 1987, 246면, 248면).

숲과 못의 지역에 마침내 [그것을 관리할] 坤의 신하가 없게 되니 ≪[泰卦의 上卦인 坤이] 旣濟卦로 되면서 없어짐≫ 사냥함에 [몰이꾼 역할을 할] 산지기(虞)가 없는 것이다. 그렇다면 그 산지기는 어디로 간 것인가? 泰卦의 세 개의 陽은 본래 震의 숲이었는데 ≪泰卦의 세 개의 陽은 震이 축적된 것≫ [旣濟卦로 推移하게 되면] 坤의 陰이 이 숲 속으로 들어가니 ≪5가 2로 감≫ [이것이 바로] 오로지 숲 속으로 들어간 것에 해당된다. ≪밖에서 안으로 들어오는 것을 '入'이라고 한다.≫

[중요한 정사(政事)를 돌보지 않고] 밖에서 사냥에만 빠져 있음은 혼란의 근원이 된다. 사냥함에 산지기(虞)가 없는데도, 王이 직접 사슴을 좇으니, 그 [아무런] 해(害)가 없겠는가? 离는 무기(武器)를 숨겨둔 것이고 ≪[旣濟卦의] 下卦가 지금 离≫ 坎은 활과 화살(弓弩)을 숨겨 둔 것이니 ≪[旣濟卦의 2·3·4位에] 互坎이 있음≫ 그 기미(幾)가 가히 두려워할 만한 것이다.

○屯之兩互 其卦剝也 ≪下坤而上艮≫ 剝之六三 是爲重艮 ䷳ 艮自小過來 ≪四之上≫ 大坎之機 ≪兼畫坎≫ 君子知之 ≪震君子≫ 苟知其機 ≪坎爲知≫ 宜以艮止 ≪下艮止≫ 不如舍也 ≪捨其禽≫

○屯卦의 兩互卦로부터 [卦를 만들면] 그 卦가 剝卦가 된다. ≪下卦는 坤이 되고, 上卦는 艮이 된다.≫ 剝卦 六三은 [효변하면] 重艮卦가 된다. 重艮卦는 小過卦로부터 나왔는데 ≪[小過卦의] 4가 上으로 감≫ 大坎의 기미를 ≪小過를 兼畫하면 坎이 됨≫ 君子라면 파악할 것인데 ≪震의 君子≫ 진실로 그런 조짐을 안다면 ≪坎은 '知'가 됨≫ 마땅히 艮에 따라 멈추어야 하는 것이니 ≪[小過卦의] 下卦는 艮인데, 止를 뜻함≫ [따라서 그 짐승을 좇는 것을 멈추고] "不如舍", 즉 "놓아주는 것만 같지 못하다"라고 말한 것

이다. ≪[이 경우 결국] 그 [쫓던] 짐승을 놓아주는 것이다.≫

如其往矣 ≪四之上 爲艮≫ 移不得位 ≪剛居四與六≫ 其占 吝也 ≪不改過≫ 止則坎通 ≪下艮而[95)]坎通≫ 往則艮窮[96)] ≪四之上≫ 不如舍也

屯→兩互作卦→剝→3爻變→重艮 ← 小過

만약 그가 계속 나아간다면 ≪[小過卦의] 4가 上으로 가서 艮이 됨≫ 그렇게 옮겨가서도 [바른] 자리를 얻지 못하니 ≪剛이 陰의 자리인 제4位와 제6位에 자리함[97)]≫ 그 占이 '吝(잘못을 고치는데 인색함)'이 된다. ≪['吝'은] 잘못을 고치지 않음을 뜻한다.≫

[小過卦에서] 멈추게 되면, 坎의 通함이 있게 되고 ≪[小過卦의] 下卦는 艮이니, 멈춤의 뜻이 되고, [또 小過卦는 大]坎의 형태이니, 通함의 뜻이 됨≫ [重艮으로] 나아가면, 艮의 窮함에 처하게 되니 ≪[小過卦의] 4가 上으로 감≫ "不如舍"라고 말한 것이다.

○禽者 鹿也 ≪田所獲 曰 禽≫ 本以乾王 ≪泰下乾≫ 就彼坎鹿 ≪二之五≫ 是 從禽也

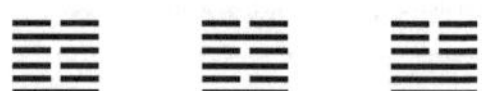

屯 → 旣濟 ← 泰

---

95) [校閱] "下艮而坎通"의 "而"가 奎章本과 國中本에는 "以"로 되어 있다.

96) [校閱] 新朝本과 國中本에는 "窮"이 "竆"으로 되어 있는데, "竆"은 '窮'의 本字이다.

97) 剛居四與六 : 이것은 重艮卦에서 剛이 제4位와 제6位에 있다는 뜻이 아니다. 重艮卦에서는 剛이 제6位에 있으나, 제4位에는 있지 않다. "剛居四與六"이라고 함은 小過卦의 제4位와 重艮卦의 제6位에 剛이 있는 것을 가리킨 것이다. 즉, 추이하기 前인 小過卦에서도 剛이 陰의 자리(제4位)에 있었는데, 推移하여 重艮卦로 가서도, 剛이 여전히 陰의 자리(제6位)에 있으므로, 가서도 허물을 고치지 않는 인색함(往吝)의 占이 되는 것이다.

○[「小象傳」의] '금(禽)'은 사슴(鹿)을 뜻한다. ≪사냥하여 잡은 것을 '禽'이라 한다.≫ 본래 乾의 王이었는데 ≪泰卦의 下卦는 乾≫ 저 坎의 사슴을 좇아가니 ≪[泰卦의] 2가 5로 감≫ 이것이 "從禽", 즉 "[사냥할] 짐승을 [탐내어] 좇은 것"이다.

○往吝窮者 明以剝變也 ≪取兩互≫ 艮本爲窮 ≪徑路象≫ 坎則通也 ≪以正卦 則[98]往而通≫ 捨通取窮 ≪捨正而取互≫ 戒禽荒也 ≪卦德 本屯邅≫

屯→兩互作卦→剝→3爻變→重艮 ← 小過

○"往吝, 窮"이라고 한 것은 剝卦로[부터] 변한 것임을 [분명히] 밝힌 것이다. ≪[屯卦의] 兩互卦를 취함[으로써 剝卦가 됨]≫ 艮은 본래 窮함이 되고 ≪좁은 길의 상징≫ 坎은 곧 通함이 되는데 ≪屯卦나 既濟卦의 正卦에 의거하면 나아가서 通하는 것이 됨≫ 이렇게 순통(順通)함을 버리고 곤궁(困窮)함을 취함은 ≪正卦를 버리고 互卦를 취함≫ 사냥하는 재미에만 빠지는 것을 경계한 것이다. ≪卦의 성격에 본래 '험난하여 머뭇거림'의 뜻이 있다.≫

○古本 鹿作麓 ≪虞翻 王肅本≫

○古本에는 '사슴 鹿(록)'字가 '산기슭 麓(록)'字로 나온다.[99] ≪우번(虞翻)과 왕숙(王肅)의 판본≫

---

98) [校閱] 奎章本과 國中本에는 "則"으로 되어 있으나, 新朝本에는 "即"으로 되어 있다.

99) 「이씨절중초(李氏切中鈔)」에 이 부분과 관련된 논의가 있다. 茶山은 만일 "卽麓無虞"라고 읽는다면, 屯卦의 卦象에는 오히려 잘 들어맞는 바가 있다고 주장한다. 왜냐하면 艮山과 震足이 합쳐져서 산기슭(麓)의 象을 구성하기 때문이다. 麓(록)은 산기슭(山足)을 뜻한다(議曰 周禮 山林之官 有大麓中麓之別 則讀之爲 卽麓無虞 好以卦象 則艮山震足 麓之象也 麓者 山足也;『易學緒言』卷3, 24면).

六四 : 乘馬班如, 求婚媾往, 吉无不利. ◯象曰 : 求而往, 明也.

六四 : 말을 타고 되돌아옴이니, 혼인(婚姻)할 대상을 求하여 [말을 타고] 나아간다면, 吉하여 이롭지 않음이 없을 것이다. ◯「象傳」: [혼인(婚姻)할 대상을] 求하여 나아가는 것은 [禮를 행함이] 밝은 것이다.

此 屯之隨也 隨自否來 柔自下升 ≪一之上≫ 乘彼乾馬 ≪否上乾≫ 是 乘馬也 臨之兌女 ≪屯本自臨來≫ 今忽復還 ≪隨上兌≫ 乘馬班如也 ≪班 還也≫ 遂以坎亂 ≪上大坎≫ 屯邅之卦也 ≪占 與六二 同≫

臨 → 屯 → 隨 ← 否

이것은 屯卦가 隨卦로 변하는 경우이다. 隨卦는 否卦로부터 왔는데, 柔가 아래에서 상승하여 ≪[否卦의] 1이 上으로 감≫ 저 乾의 말을 올라타니 ≪否卦의 上卦는 乾≫ 이것을 가리켜 "乘馬"라고 한 것이다. 臨卦의 兌女가 ≪屯卦는 본래 臨卦에서 왔음≫ 지금 갑자기 다시 돌아오니 ≪隨卦의 上卦는 兌≫ [이것을 가리켜] "乘馬班如"라고 한 것이다. ≪'班'은 '還'의 뜻이다.≫ 이리하여 마침내 坎의 난(亂)이 일어나니 ≪隨卦의 上部에 大坎의 형태가 있음≫ [어려움을 당하여 좌절하여] 배회하는 卦이다. ≪占이 屯卦 六二와 동일하다.[100]≫

◯ 今卦 隨也 艮壻在此 ≪下倒艮≫ 兌女在彼 ≪隨上兌≫ 婚媾

100) 屯卦 六二에도 "乘馬班如"라는 말이 있음을 상기시킨 것이다.

之卦 取牉合也 ≪取倒象≫ 柔自內往 ≪一之上≫ 遂獲兌女 求婚媾往也 嘉會以合 ≪中大离≫ 二五有應 ≪志相應≫ 吉 无不利也 ≪兌爲利≫

䷒ ䷂ ䷐ ䷋

臨 → 屯 → 隨 ← 否

○지금 卦가 隨卦인데, 艮의 사위는 여기에 있고 ≪隨卦의 下卦가 뒤집어진 艮≫ 兌女는 저 쪽에 있다. ≪隨卦의 上卦는 兌≫ 혼인(婚姻)의 卦는 반합(牉合)을 취함에 ≪倒象을 취함≫ [否卦에서 隨卦로 추이하는 과정에서 보면] 柔가 안에서 밖으로 나아가서 ≪[否卦의] 1이 上으로 감≫ 드디어 兌女를 얻으니, [이것은] "求婚媾往", 즉 "혼인을 하고자 나아가는 것"이 된다. 즐겁게 만나서 합치고 ≪가운데가 大离≫ 2와 5가 각각 陰과 陽으로 서로 상응하니 ≪뜻이 서로 應함≫ "吉하여, 이롭지 않음이 없는 것(吉无不利)"이 된다. ≪兌는 利가 된다.≫

○明者 离也 ≪中大离≫ 离所以行禮也 以屯難之義 則乘馬爲厲 ≪兌乘剛≫ 以婚配之占 則嘉會爲吉也

䷒ ䷂ ䷐ ䷋

臨 → 屯 → 隨 ← 否

○"明"이라고 한 것은 离를 가리키니 ≪[隨卦의] 가운데 大离가 있음≫ 离는 禮를 행함을 가리킨다. 곤란을 당함(屯難)의 뜻으로 본다면, [兌의] "乘馬"가 위험함(厲)이 된다. ≪兌는 陰이 剛을 올라타고 있는 것≫ [반면에] 혼인의 占으로 본다면 [离의] 좋은 만남(嘉會)이라 吉함이 되는 것이다.

○學稼云 大傳曰 服牛乘馬 盖取諸隨 隨者 乘馬之卦也

○學稼가 말하였다. "「大傳」(「繫辭下傳」)에서 말하기를, '服牛乘馬, …… 盖取諸隨', 즉 '소에 멍에를 달아 수레를 끌게 하고 말을 길들여 타는 것은…… 隨卦에서 그 원리를 얻은 것이다'라고 하였으니, 이 隨卦는 본래 乘馬와 연관된 卦이다."[101]

○學圃云 易例 艮爲求 ≪字從☶中有亅≫ 故雜卦 以觀爲求 ≪觀大艮≫

○學圃가 말하였다. "易例에 艮은 求함의 뜻이 된다. ≪'求'字는 글자의 형태로 보더라도 "☶"에 의거하여, 가운데 '亅'이 있는 것이다.≫ 그러므로 「雜卦傳」에서도 觀卦를 '求'라고 한 것이다." ≪觀卦는 大艮이다.≫

九五 : 屯其膏, 小貞吉, 大貞凶. ○象曰 : 屯其膏, 施未光也.

九五 : 그 혜택(惠澤)을 인색하게 베푸니, 작은 일에는 吉하겠지만, 큰 일은 흉할 것이다. ○「象傳」: "그 혜택을 인색하게 베푸니(屯其膏)", 그 [베푸는] 시혜(施惠)가 아직 [크게] 빛나지 않은 것이다.

此 屯之復也 觀之坤田 ≪本下坤≫ 震苗方生 ≪震爲稼≫ 而离以晅之 ≪中大离≫ 田其焦矣 ≪互坤田≫

101) 屯六四(屯之隨)의 之卦가 隨卦인데, 隨卦에 乘馬의 象이 본래 있음을 지적한 것이다.

䷓ → ䷂ ← ䷗

觀 → 屯 ← 復

이것은 屯卦가 復卦로 변하는 경우이다. 觀卦에는 坤의 밭이 있어서 ≪본래 觀卦의 下卦는 坤≫ 震의 새싹이 막 움트려고 하고 있는데 ≪震은 벼가 됨≫ 离[의 해]가 빛을 쪼여 그것들을 말리니 ≪屯卦의 가운데가 大离≫ 밭이 메말라 타 들어가고 있는 상황이다. ≪屯卦의 互坤이 田이 된다.≫

當此之時 坎雲在天 ≪坎在上≫ 膏澤將降 ≪鼎亦坎爲膏≫ 其跂望何如也 詩云 芃芃黍苗 陰雨膏之 此之謂也

䷂

屯

이런 때를 맞아, 坎의 구름이 하늘에 있어 ≪[屯卦에서] 坎이 上卦에 있음≫ 그 들판을 촉촉이 적실 단비(膏澤)가 장차 내릴 것 같음에 ≪鼎卦에서도 또한 坎을 '膏'라고 함≫ 그 애타는 소망(跂望)[102]이 어떠하겠는가? 『詩經』에 이르기를, "봉봉서묘(芃芃黍苗), 음우고지(陰雨膏之)", 즉 "더부룩이 자란 기장 싹을, 단비가 적셔주네"[103]라고 한 것도 바로 이런 상황을 노래한 것이다.

變而爲復 ≪上今坤≫ 則坤德吝嗇 ≪說卦文≫ 坎雲全消 ≪中剛亡≫ 屯其膏也 ≪古 以爲吝嗇之義≫ 屯者 吝也

102) 기망(跂望): 발돋움하여 바라봄. 『詩經』「衛風」「河廣」에 "跂予望之"라는 말이 나온다.

103) 芃芃黍苗, 陰雨膏之: 이 구절은 『詩經』「曹風」「下泉」과 「小雅」「魚藻之什」「黍苗」에 나온다(김학주 역주, 『詩經』, 명문당, 1984, 238면 「下泉」과 391면 「黍苗」).

觀 → 屯 → 復

[屯九五가] 爻變하여 復卦가 되면 ≪上卦가 지금 坤≫ 坤의 德은 인색(吝嗇)하고 ≪「說卦傳」에 나오는 글[104]≫ 坎의 구름은 모두 사라지니 ≪그 가운데 剛이 없어짐≫ "屯其膏", 즉 "그 은택(恩澤)을 인색하게 베푼다"라고 한 것이다. ≪古代에는 [이처럼 비가 오지 않는 상황을 '賞, 혹은 혜택 등을] 베푸는 것이 인색하다'는 뜻으로 삼았다.≫ [여기서] "屯"은 인색하다는 뜻이기도 하다.

○小貞者 小事也 大貞者 大事也

○'小貞'은 작은 일(小事)을 뜻하고, '大貞'은 큰 일(大事)을 뜻한다.

卦自觀來 ≪上之一≫ 陰進至四 ≪否而觀≫ 二陽僅存 移之爲屯 ≪上之一≫ 旣落一陽 動而爲復 ≪五爻動≫ 又滅一陽 陰功旣畢 ≪二陽亡≫ 五陰相聚 ≪上五陰≫ 陰德本小 ≪易例也≫ 小事吉也

否 → 觀 → 屯 → 復

屯卦는 觀卦로부터 왔다. ≪[觀卦의] 上이 1로 감≫ [觀卦를 보면] 陰이 제4位에까지 진전하여 ≪否卦에서 觀卦로 됨≫ 두 개의 陽이 겨우 남아 있었는데, [觀卦로부터] 推移하여 屯卦로 되면 ≪[觀卦의] 上이 1로 감≫ [그나마] 陽 하나가 떨어져 나가고, [屯卦의 九五爻가] 움직여서 復卦로 되면 ≪제5爻가 변동함≫ 또 한 개의 陽이 감소되는데, [이렇게] 陰의 작용(功)이 모두 합쳐져서 ≪[否卦에서 본다면] 두 개의 陽이 [결국] 사라짐≫ 다섯 개의

104)『四箋』卷8, 34나.

陰이 서로 모여든다. ≪[復卦의] 上部에 다섯 개의 陰이 모여 있다.≫ 陰의 성격은 본래 '작음'에 있으니 ≪[이는] 易例≫ 작은 일에는 吉한 것이다.

○卦自臨來 ≪二之五≫ 陽進至二 ≪自復進≫ 震德臨民 ≪臨大震≫ 升而爲屯 ≪二之五≫ 君位旣正 ≪五位君≫ 五之旣變 君剛遂滅 ≪五今柔≫ 大事凶也 ≪陽曰 大≫

復 → 臨 → 屯 → 復

○屯卦는 臨卦로부터 왔는데 ≪[臨卦의] 2가 5로 감≫ 陽이 제2位에까지 前進하니 ≪復卦로부터 나아감≫ 震의 [君主의] 德으로써 백성들에 임하는 것이다. ≪臨卦는 大震의 형태≫ [이런 상황에서 陽이] 상승하여 屯卦가 되면 ≪[臨卦의] 2가 5로 감≫ 군주의 지위도 이미 바르게 되었는데 ≪5位는 君主의 자리≫ 그러나 이 5爻가 이미 변하게 됨에, 君主를 상징하는 剛이 결국 소멸하니 ≪[復卦의] 제5位가 지금 柔≫ [군주가 하는] 큰 일은 흉한 것이다. ≪陽을 가리켜 '大'라고 한다.≫

○觀有巽施 ≪觀上巽≫ 屯旣無巽 ≪上今坎≫ 五之旣變 离光亦滅 ≪大离亡≫ 施未光也

觀 → 屯 → 復

○[屯卦의 母卦인] 觀卦에는 巽의 시혜(施惠)가 있었는데 ≪觀卦의 上卦는 巽≫ 屯卦에는 그런 巽이 없을 뿐만 아니라 ≪[屯卦의] 上卦가 지금 坎≫ 제5爻가 변하면 离의 빛이 또한 소멸하니 ≪[屯卦의 1·2·3·4·5의]

大离가 없어짐≫ "施未光", 즉 "베풂이 아직 빛나지 않은 것"이다.

○案[105] 周禮 太卜 凡國 大貞則 作龜 ≪立君遷國 爲大貞≫ 小事則 涖卜 ≪代王 主其卜≫ 又 小宗伯 凡國 大貞則 奉玉帛 ≪注 以貞爲事≫ 貞之爲事 審矣 又 漢 谷永傳 引此爻曰 小貞爲臣 大貞爲君 君吝則凶 臣吝則吉

○[案]『周禮』「春官」에 "太卜은…… 나라에 큰 일이 있으면, …… 거북점을 치며 ≪군주를 세우거나, 나라의 수도를 옮기는 것이 '大貞', 즉 큰 일에 해당됨≫ …… 작은 일의 경우는 그 占卜에 참여한다"라고 하였으며 ≪王을 대신하여 그 卜占을 주관함≫ 또한 [『周禮』「春官」에서 말하기를] "小宗伯은 나라에 큰 일(大貞)이 있으면 옥백(玉帛)을 받든다"라고 하였다. ≪그 注에 "貞"을 "事"라고 풀이하였다.[106]≫ [이런 것을 보더라도] '貞'이 '事'라는 의미가 됨은 분명하다. 또한『漢書』「곡영전(谷永傳)」에 이 爻를 인용하여 말하기를,[107] "'小貞'은 臣下에 해당되고, '大貞'은 君主에 해당하는데, 군주가 인색하면 흉하고, 신하가 인색하면 길하다"라고 하였다.[108]

○又案[109] 洪範云 作內吉 作外凶 龜筮之象 本無定吉 亦無定凶 小大內外 其占各異 不可拘也

---

105) [校閱] 奎章本에는 '案'이 '按'으로 되어 있다.

106)『周禮』의 注疏에 "以貞爲事"라는 구절이 명시적으로 나오지 않는다. 그래서 이렇게 번역한 것이다.

107) 이는『漢書』의 원문 인용이 아니고, 孟康의 注釋을 축약하여 인용한 것인 셈이다(班固 撰, 顔師古 注,『漢書』第11冊, 中華書局, 1983, 3470면, 3471면).

108) 臣吝則吉 :『論語』에 政治하는 자(從政)가 멀리해야 할 네 가지 惡德 중에 하나로, "猶之與人也, 出納之吝, 謂之有司(어차피 [똑같이] 남에게 주면서도 인색하게 구는 것을 有司(창고지기)같다라고 한다)"(장기근 역주,『論語』, 명문당, 1973, 473면; 성백효 역주,『周易傳義』上, 전통문화연구회, 1999, 389면)라 했는데, "有司"와 같은 小臣의 경우는 반대로 이것이 美德일 수도 있는 것이다.

109) [校閱] 奎章本에는 '案'이 '按'으로 되어 있다.

○[又案]『書經』「洪範」에 이르기를, "안에서 하는 일은 길하고, 밖에서 하는 일은 흉하다"라고 하였으니,[110] 복점(卜占)이나 시초점(蓍草占)의 象에는 본래 어떤 정해진 길함도 없는 것이고, 또한 어떤 정해진 흉함도 없는 것이다.

큰 것은 큰 것대로, 작은 것은 작은 것대로, 안의 일은 안의 일대로, 밖의 일은 밖의 일대로, 그 占이 각각 다르니 [하나의 동일한 효에서, 설령 하나는 길하고 하나는 흉하다는 식으로, 상반되는 것이 동시에 언급되더라도] 구애될 것이 없다.

○ 學稼云 盈而不散曰 屯 五雖不變 亦 屯其膏也 ≪雲在天而不降≫

䷂

屯

○學稼가 말하였다. "가득 차서, 흩어지지 않는 것을 '준(屯)'이라고 하니, 屯卦는 제5爻가 비록 변하지 않아도 역시 "준기고(屯其膏)", 즉 "그 혜택을 [축적해 두고] 베풀지 않음"이 된다." ≪坎[☵]의 구름이 하늘에 있고, 아래로 내려오지 않은 것이다.≫

䷩

上六 : 乘馬班如, 泣血漣如. ○象曰 : 泣血漣如, 何可長也.

---

110) 車相轅 譯,『書經』, 명문당, 1973, 190면.

上六 : 말을 타고 되돌아옴이니, [너무나 원통하여] 피눈물이 줄줄 흐른다. ○「象傳」: "피눈물이 줄줄 흐르니(泣血漣如)", [이러한 상태가] 어찌 오래 갈 수 있으리요?

此 屯之益也 卦位至上 外卦爲主 ≪易例也≫ 自外而觀 取倒象也 ≪謙觀 皆此例≫

屯 → 益

이것은 屯卦가 益卦로 변하는 경우이다. [이 上六처럼] 卦位가 제일 높은 경우에는 外卦를 중심으로 삼으니 ≪이는 易例이다.[111)]≫ 밖에서 관찰하여 뒤집힌 象을 취하는 것이다. ≪謙卦와 觀卦는 모두 이런 사례이다.[112)]≫

益倒則損 ䷨ 損自泰來[113)] ≪三之上≫ 柔自外來 乘此乾馬 ≪泰下乾≫ 是 乘馬也 臨之兌女 ≪屯本自臨來≫ 今忽復還 ≪損下兌≫ 乘馬班如也 ≪班 還也≫

臨 → 屯 → 益←反易→損 ← 泰

益卦를 뒤집으면 損卦가 되는데, 損卦는 泰卦에서 나왔다. ≪[泰卦의] 3이 上으로 감≫ 이런 상황에서 柔가 밖에서부터 안으로 들어와서, 이 乾

111) 아래 細註에서 언급되는 謙·觀卦가 이에 해당된다.
112) 茶山은 謙卦 上六을 설명하며, "上卦爲我, 而仍取倒象"이라 하였다(『四箋』 卷3, 4나). 觀卦 上九에서도 "此, 觀之比也. 比倒爲師 ≪義見上≫"이라고 하였다(『四箋』 卷3, 20나).
113) [校閱] 新朝本과 國中本에는 "益倒則損 ䷨ 損自泰來"라고 되어 있는 부분이, 奎章本에는 "倒而觀之, 其卦如損 ≪益倒, 則下兌上艮≫"이라고 되어 있다.

의 말을 올라타니 ≪泰卦의 下卦는 乾≫ 이것이 "乘馬"인 것이다.

臨卦의 兌女가 ≪屯卦는 본래 臨卦에서 왔음≫ 지금 [益卦를 反易하여 損卦가 되면] 갑자기 다시 귀환하니 ≪損卦의 下卦는 兌≫ [이것을 가리켜] "乘馬班如(말을 타고 돌아옴)"라고 한 것이다. ≪'班'은 돌아옴[還]을 뜻한다.≫

○觀移爲屯 則昔之巽眼 ≪觀上巽≫ 坎血今赤 ≪屯上坎≫ 是泣血也 雙行六點 ≪中三陰≫ 其落漣漣 ≪如淚落≫ 泣血漣如也

觀 → 屯 → 益

○觀卦가 추이하여 屯卦가 되는데, 옛날의 巽의 눈에 ≪觀卦의 上卦는 巽≫ 坎의 피가 [맺혀] 지금 붉으니 ≪屯卦의 上卦는 坎≫ [이것이] "泣血(피눈물)"인 것이다. 두 줄로 이어진(雙行) 여섯 개의 點을 보면 ≪屯卦 가운데 세 개의 陰≫ 그 떨어지는 것이 줄줄이 이어지는 모습이니 ≪마치 눈물을 흘리는 것 같은 모습≫ [이것을 가리켜] "泣血漣如", 즉 "피눈물이 줄줄 흐른다"라고 한 것이다.

曷云哉 上之旣變 巽眼如舊也 ≪如觀時≫ 其泣柰何 本以巽妃 ≪觀上巽≫ 困於兌妾 ≪臨下兌≫ 是以泣也

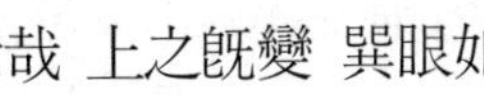

觀 → 屯 → 益　　觀 → 屯 ← 臨

어째서 그런가? 上爻가 이미 변하여 [益卦가 되어도] 巽의 눈이 옛날과 같으니 ≪觀卦의 때와 같음≫ 그 눈물을 어찌하겠는가! 본래 巽의 왕비(王妃)의 신분으로 ≪觀卦의 上卦는 巽≫ 兌의 첩(妾)에게 곤욕을 당하니 ≪臨

卦의 下卦는 兌≫ 이런 까닭에 우는 것이다.

○泣血漣如 屯之本象也 ≪爻未變≫ 坎血今收 ≪上今巽≫ 泣不可長也 ≪中孚上九 亦云 何可長≫

觀 → 屯 → 益

○"읍혈연여(泣血漣如)"는 屯卦의 本象에 해당된다. ≪爻가 아직 변하지 않은 상태≫ 그 坎의 피가 지금 [益卦에서] 거두어지니 ≪[益卦의] 上卦가 지금 巽≫ 우는 것이 오래 가지 않는 것이다. ≪中孚卦 上九의 「小象傳」에서도 또한 "何可長"이라고 하였다.114)≫

○案115) 屯者 嫡妾之難也 ≪觀之巽妃 臨之兌妾≫

觀 → 屯 ← 臨

○[案] 屯卦는 [남자의 입장에서 본다면] 본처(嫡)와 첩(妾)으로 [말미암아] 당하는 곤란[에 해당되는 점괘]이다. ≪觀卦의 上卦는 巽이니, 왕비(王妃)에 해당되고, 臨卦의 下卦는 兌이니, 첩(妾)에 해당된다.≫

114) 中孚卦 上九의 「小象傳」에서 "翰音登于天, 何可長也", 즉 "닭이 [소리치며] 하늘에 오르더라도 어찌 오래갈 수 있겠는가?"라고 함.

115) [校閱] 奎章本에는 '案'이 '按'으로 되어 있다.

【4. 산수 몽(山水 蒙)】

坎下艮上 ○第三卦之反 ≪臨一之上 觀五之二≫

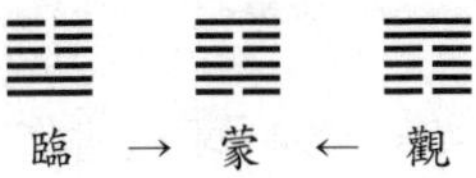

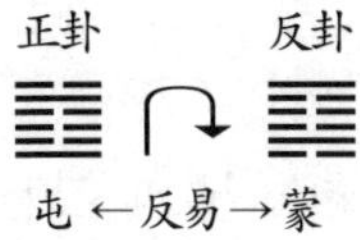

坎이 下卦이고, 艮이 上卦이다. ○第3卦의 反卦이다. ≪臨卦의 1이 上으로 가고, 觀卦의 5가 2로 간다.≫

序卦傳曰 蒙者 蒙也 物之穉也

「序卦傳」에서 말하였다. "蒙은 '어리다'의 뜻이니, 사물이 어린 것이다."

○雜卦傳曰 蒙 雜而著 ≪雜臨觀二卦之義 而其象著≫

○「雜卦傳」에서 말하였다. "蒙은 섞여서 나타남이다." ≪臨卦와 觀卦의 두 괘의 뜻을 섞어서, 그 象이 나타남이다.[116]≫

○ 鏞按 蒙者 覆也 卦自觀來 大艮之幪 ≪兼畫艮≫ 下覆坤民 ≪下四陰≫ 移之爲蒙 而其幪不改 此之謂 蒙也

---

116) 「雜卦傳」의 "蒙, 雜而著"를 다산이 "雜臨觀二卦之義而其象著"라고 풀이한 것은 그의 辟卦說에 근거한 것이다. 즉, 蒙卦는 臨卦와 觀卦로부터 변화된 것이므로, 蒙卦의 뜻에는 臨卦와 觀卦의 의미가 섞여 있다는 것이다.

蒙 ← 觀

○[鏞按] 蒙은 덮음(覆)의 뜻이다. 蒙卦는 觀卦로부터 왔는데, [觀卦의 때에는] 大艮의 덮개가 ≪[觀卦를] 兼畫하면 艮의 형태≫ 아래로 坤의 백성을 덮고 있었는데 ≪[觀卦의 두 개의 陽의] 아래 있는 네 개의 陰≫ 推移하여 蒙卦로 되어서도, 그 덮은 것이 고쳐지지 않으니, 이것을 蒙이라고 한다.

又 蒙者 穉也 卦自臨來 震艸之萌 ≪復一陽≫ 穿過坤土 ≪一之上≫ 始出地面 ≪三五坤≫ 而戴其芽甲 ≪上一陽≫ 其勢下垂 ≪艮下垂≫ 蒙茸之艸也 物生必蒙 此之謂也 蒙者 被也 移其初剛 ≪一之上≫ 戴之頭上 ≪上一陽≫ 如蒙被然也

臨 → 蒙

또 蒙은 [나이가] 어림(穉)[117]을 뜻한다. 蒙卦는 臨卦로부터 왔는데, 震의 풀의 싹(萌)이 ≪復卦의 한 개의 陽[을 가리킴]≫ 坤의 흙을 뚫고 지나서 ≪[臨卦의] 1이 上으로 감≫ 地面으로 비로소 나올 적에 ≪[蒙卦의] 3·4·5는 互坤≫ 그 새 싹(芽甲)[118]을 머리에 이고 있으면서 ≪[蒙卦의] 上位에 있는 한 개의 陽≫ 그 형세(形勢)가 아래로 드리우고 있으니 ≪艮은 아래로 드리우고 있는 모습≫ [그것은] 덮고 있는 무성한 풀인 것이다. 사물이 생겨날 적에는 반드시 어리니, 이것을 말하는 것이다. [또] 蒙에는 덮어씀(被)의 뜻이

117) '穉(치)'字는 '稚(치)'字와 同字이다.
118) 아갑(芽甲) : 草木의 처음 돋아난 자엽(子葉).

있으니, 그 初位에 있던 剛을 옮겨 《臨卦의 1이 上으로 감》 머리 위에 올려놓고 있으니 《[蒙卦의] 上位에 있는 한 개의 陽》 [그 卦象이] 덮어씌워진 모습과 같다.

蒙, 亨. 匪我求童蒙, 童蒙求我. 初筮告, 再三瀆, 瀆則不告. 利貞.

蒙은 형통함이다. 내가 동몽(童蒙)을 구하는 것이 아니라, 동몽(童蒙)이 나를 구하는 것이다. 처음 점치면 알려주거니와, 두 번 세 번 점친다면 [이는 神을] 모독(冒瀆)하는 것이니, 모독하면 [神이] 알려주지 않을 것이다. 일을 맡아 처리함에 이로울 것이다.

此 蒙之不變者也 卦自觀來 《五之二》 剛自五降 亦不失中 《彖傳云 時中》 上與五應 《剛柔應》 其占 亨也 《天時通》

臨 → 蒙 ← 觀

이것은 蒙卦가 변하지 않는 경우이다. 蒙卦는 觀卦로부터 왔다. 《[觀卦의] 5가 2로 간 것이다.》 [蒙卦의 제2位의] 剛은 [觀卦의] 제5位의 剛으로부터 내려왔으나, 그 中을 잃지 않았으며 《「彖傳」에서 "時中"이라고 함》 上位가 제5位와 더불어 '應'의 관계에 있으니 《剛과 柔가 상응함》 그 占이 亨通한 것이다. 《天時가 通함이다.》

○卦自臨觀來 《法見表》 臨爲大震 《兼三晝》 師長之卦也 《震爲長》 觀爲大艮 《兼晝三》 弟子之卦也 《艮爲童》 易例 內卦爲主 《外爲敵》 我者 震師自謂也 師不往教 《曲禮云 禮聞來學 不聞往敎》 匪我求也 唯彼艮童 自來求師 《五之二》 童蒙求我也 彼旣來求 《五之二》 我亦與之 《一之上》 剛之上升 《臨所移》 我所與也 故雜卦傳曰 臨觀之義 或與或求 《艮爲求》

臨 → 蒙 ← 觀

○蒙卦는 臨卦와 觀卦로부터 왔다. 《推移法은 表[119]에 나타난다.》 臨卦는 큰 震의 형태이니 《겸획하여 삼획괘[로 보면 震]》 師長의 卦이다. 《震은 長者가 된다.》 觀卦는 큰 艮의 형태이니 《겸획하여 삼획괘[로 보면 艮]》 弟子의 卦이다. 《艮은 童子가 됨》 易例에 따르면, 內卦가 主가 되니 《外卦는 敵이 됨》 "我"라고 함은 震의 스승이 자기를 가리켜서 말한 것이니, 스승이 가서 가르치는 것은 [교육의 禮가] 아니다. 《『禮記』「曲禮」에 말하였다. "禮에서는, [弟子가 스스로 스승에게] 가서 가르침을 받는다는 말은 들었어도, [스승이 스스로 제자에게] 가서 가르친다는 말을 들어보지 못하였다."[120]》 [따라서] "내가 [童蒙을] 求하는 것이 아닌 것(匪我求)"이며, 오직 저 艮의 童子가 스스로 와서 스승을 구하는 것이므로 《[觀卦의] 5가 2로 감》 "童蒙求我"라고 한 것이다. 저 [童蒙의] 쪽에서 이미 와서 [가르침을] 求하고 있고 《[觀卦의] 5가 2로 감》 나는 또한 [저 童蒙에게 가르침을] 주고 있다.

---

119) 『四箋』「推移表」를 가리킨다.

120) 『曲禮』 上(第一)의 原文의 "禮聞取於人, 不聞取人, 禮聞來學, 不聞往教" 중 일부인데, 문장 전체를 번역하면 다음과 같다. "禮에서는, 學을 강론하고, 道를 배움에 있어, 스스로 賢人에게 가서 배운다는 말은 들었어도, 현인을 자기에게 招致하여, 배운다는 말은 듣지 못했으며, [弟子가 스스로 스승에게] 가서 가르침을 받는다는 말은 들었어도, [스승이 스스로 제자에게] 가서 가르친다는 말을 들어보지 못했다."

≪[臨卦의] 1이 上으로 간 것이다.≫ 剛이 위로 올라감에 ≪臨卦로부터 옮겨짐≫ 나는 주고 있으므로, 「雜卦傳」에서 말하기를 “臨卦와 觀卦의 뜻은 혹 주거나 혹 구하는 것”이라고 한 것이다. ≪艮은 求함이 된다.≫

○初筮者 臨觀也 大震之艸 ≪臨大震≫ 仰詢天命 ≪觀上巽≫ 其象 筮也 ≪著曰 筮≫ 臨以兌問 ≪仰請之≫ 觀以巽告 ≪俯告之≫ 初筮告也 ≪巽者 兌口之倒≫ 再筮則臨移爲坎 ≪一之上≫ 三筮則觀移爲坎 ≪五之二[121]≫ 坎則爲瀆 ≪說卦文≫ 再三瀆也 ≪兌之言今亂≫ 巽命旣亡 ≪上今艮≫ 艮以含之 ≪艮止口之象≫ 瀆則不告也 大艮 神也 ≪觀卦云 神道設教≫ 旣瀆其神 又何告之 ≪上無巽≫

臨 → 蒙 ← 觀

○“初筮”라고 함은 臨卦와 觀卦에 의거한 말이다. [시초(蓍草)로 쓰는] 大震의 풀로 ≪臨卦는 大震의 형태≫ 天命을 우러러 물으니 ≪觀卦의 上卦가 巽≫ 그 象이 점대로 점치는 것(筮)이 된다. ≪시초(蓍草)를 ‘筮’라고 한다.[122]≫ 臨卦에서는 兌로써 묻고 ≪우러러 청함≫ 觀卦에서는 巽으로써 알려주니 ≪굽어보면서 알려줌≫ 첫 번째 시초점에서 알려주는 것이다. ≪巽은 兌의 입이 뒤집힌 모양이다.≫ 두 번째 시초점을 치면, 臨卦로부터 推移하여 坎이 되고 ≪[臨卦의] 1이 上으로 감≫ 세 번째 시초점을 치면 觀卦로

121) [校閱] 奎章本에는 “二之五”로 되어 있으나, 新朝本과 國中本에는 “五之二”로 되어 있다. “二之五”는 陰의 이동을 위주로 말한 것이고, “五之二”는 陽의 이동을 중심으로 말한 것이다. 그런데 推移하여 어떻게 坎이 형성되었는가를 설명하는 것이 목적이므로 “五之二”라고 하는 것이 더 적합하다.

122) ‘筮’字는 ‘竹’字와 ‘巫’字가 합쳐져서, 會意로 형성된 글자이다. ‘竹’字는 점대로 사용되는 비수리를 뜻하며, ‘巫’字는 무당을 뜻한다. 따라서 ‘筮’字는 점대, 혹은 그 점대를 써서, 점을 치는 것을 뜻한다.

부터 推移하여 坎이 된다. ≪[觀卦의] 5가 2로 간 것이다.≫ 坎은 곧 모독함이 되니 ≪「說卦傳」의 글[123]≫ 점을 두 번 세 번 거듭해서 치는 것은 신성을 모독하는 것이다. ≪兌의 말이 이제는 어지러워졌다.≫ 巽의 天命이 이미 없어지고 ≪上卦는 이제 艮≫ 艮으로써 입을 머금으니, ≪艮을 입을 다물고 있는 모양≫ 신성을 모독하였으니 알려주지 않는 것이다. [觀卦는 大艮의 모양인데] 大艮은 神이 된다. ≪觀卦[의 「彖傳」]에서 "神道設教", 즉 "神妙한 도道로써 教化를 베푼다"라고 하였다.≫ 이미 그 神을 모독하였으니, 또 어찌 알려주겠는가? ≪[觀卦의 上卦에는 巽이 있었으나, 蒙卦의] 上卦에는 巽이 없다.≫

○卦自臨來 ≪一之上≫ 本以兌利 ≪臨下兌≫ 移爲坎貞 ≪下今坎≫ 利於貞也 ≪宜幹事≫

臨 → 蒙

○蒙卦는 臨卦로부터 왔다. ≪[臨卦의] 1이 上으로 감≫ 본래 兌의 이로움이 있었는데, ≪臨卦의 下卦가 兌≫ [蒙卦로] 推移하게 되면, 坎의 貞이 되니 ≪[蒙卦의] 下卦가 지금 坎≫ 일을 맡아 처리함에 이로운 것이다. ≪일을 주간(主幹)함에 적당하다.≫

○按[124] 屯蒙 反對也 蒙不得爲元亨者 ≪蒙只亨利貞≫ 臨之初剛往不得位 ≪不得五≫ 乃以艮迷 失君道也 ≪屯得五≫

123) 「說卦傳」에는 "坎爲水, 爲溝瀆"이라고 하였음. 또 茶山은 "溝瀆者, 田水也"라고 하였으므로, 구독(溝瀆)이란 곧 밭도랑에 흐르는 물을 가리킨다. 여기 蒙卦에서 茶山이 "坎則爲瀆"이라고 한 것은 밭고랑에 흐르는 물이 깨끗할 수 없기 때문에 그렇게 말한 것이다.

124) [校閱] 奎章本에는 "按"으로 되어 있으나, 新朝本과 國中本에는 "案"으로 되어 있다.

臨→推移→蒙←反對→屯

○[按] 屯卦와 蒙卦는 서로 반대되는 괘이다. 蒙卦에서 "元亨"이 되지 못하는 것은 ≪蒙卦에서는 다만 "亨", [혹은] "利貞" 등이 있을 뿐이다.≫ 臨卦의 初剛이 옮겨가서도 그 [합당한] 지위를 얻지 못하다가 ≪[上位로 推移한 것이니, 제5位를 얻지 못한 것≫ 이에 艮으로써 미혹되었으니, 君道를 잃은 것이다. ≪[蒙卦에서는 제5位를 얻지 못하였으나, 屯卦에서는 제5位를 얻은 것이다.≫

○胡庭芳云 屯建侯 有君道焉 蒙求我 有師道焉 天地旣位 君師立矣

屯　蒙

○호정방(胡庭芳)[125]이 말했다. "屯卦에서 제후를 세운다고 함은 君道에 해당한다. 蒙卦에서 我를 구한다고 함은 師道에 해당한다. 天地가 이미 [정위(定位)하여] 그 자리를 定하였으니, [그 다음 순서로] 君道와 師道가 성립되는 것이다."[126]

○學稼云 初筮告者 物象也 筮家之詞 而以筮爲象 奇變之

125) 胡庭芳 : 宋元 교체기의 학자였던 호일계(胡一桂)를 가리킨다. 정방(庭芳)은 그의 字이며, 雙湖先生이라 불렀다. 『周易』을 論함에 있어, 주희(朱熹)의 학을 宗으로 삼았다. 저서로는 『周易本義附錄纂註』(15권)·『周易啓蒙翼外篇』(1권) 등이 있다.

126) 『備旨具解原本周易』(朝鮮圖書株式會社 編輯部 編纂), 205면, "雙湖 胡氏曰 乾坤之義…… 此 屯蒙 次 乾坤之義 屯建侯 有君道焉 蒙求我 有師道焉 天地旣位 君師立矣."

文也

○學稼가 말했다. "'初筮告'이라고 함은 物象에 해당된다. ['初筮告'이란] 筮家의 말인데, 筮占을 치는 것으로써 象을 취했으니, 奇妙하게 변화시킨 문장이라고 하겠다."

○童蒙之義 見下 ≪見六五≫

○"童蒙"의 뜻은 아래에 보인다. ≪蒙卦 六五에 보인다.[127]≫

孔子曰 无辭 不相接也 ≪無兌言≫ 無禮 不相見也 ≪無巽讓≫ 欲民之無[128]相褻也 易曰 初筮告 再三瀆 瀆則不告 ≪見表記≫

臨 → 蒙 ← 觀

孔子께서 [다음과 같이] 말씀하셨다. "[禮에 의한] 말로써가 아니면, 서로 사귀지 말고 ≪兌의 말이 없음≫ 禮로써가 아니면, 서로 보지도 말라고 하는 것은 ≪巽의 겸양이 없음≫ 백성들로 하여금 서로 욕되지 않게 하기 위함이다. 그러므로 『周易』에서 '初筮告, 再三瀆, 瀆則不告'라고 하였다."[129] ≪『禮記』「表記」에 보인다.[130]≫

---

127) 蒙卦 六五의 「象傳」에 "童蒙之吉, 順以巽也"라고 함.

128) [校閱] 奎章本에는 "無"로 되어 있으나, 新朝本과 國中本에는 "毋"로 되어 있다. "無"와 "毋"는 同字이다.

129) 정성과 진실성이 결여되면, 점을 쳐도 神이 알려주지 않는다는 『周易』의 말을 빌려서, 인간 관계에서도 誠과 敬으로써 대해야 한다는 뜻이다.

130) 『禮記』(貞) 卷26, 309면(學民文化社, 2000).

彖曰 : 蒙, 山下有險, 險而止, 蒙. 蒙亨, 以亨行, 時中也, 匪我求童蒙, 童蒙求我, 志應也, 初筮告, 以剛中也, 再三瀆, 瀆則不告, 瀆蒙也. 蒙以養正, 聖功也.

「彖傳」: 蒙卦의 象은 山 아래 험난함이 있는 것이니, 험난하여 멈추는 것이 蒙卦의 뜻이다. "蒙亨"은 형통함으로써 行하여, 상황에 맞추는 것(時中)을 말한 것이다. "匪我求童蒙, 童蒙求我"는 [스승과 제자의] 마음이 [서로] 응함을 말한 것이다. "初筮告"는 剛의 中으로써 말미암는 것이며, "再三, 瀆, 瀆則不告"는 神을 더럽혔기 때문이다.[131] 올바름을 기르는 교육을 통해서 몽매함을 바로잡는 것은 聖人의 공력(功力)[132]이다.

觀之五剛 降而爲二 《五之二》 皆不失中 此 君子之時中也 遂以震行 《二四五》 以亨行也 《本亨而移亦亨》

觀 → 蒙

○觀卦의 5剛이 내려와 2가 되니 《[觀卦의] 5가 2로 감》 모두[133] 中을 잃지 않은 것이다. 이것은 군자의 "時中"이다. 드디어 震으로써 行하니 《[蒙卦의] 2·3·4의 互卦는 震》 [이것을 가리켜] "以亨行", 즉 "형통함으

131) 여기서 "瀆蒙也"를 "神을 더럽혔기 때문이다"라고 번역한 것은 茶山이 주석에서 "瀆者, 濁也, 蒙者, 神也, 坎則爲瀆, 是 瀆蒙也"라고 한 것에 따른 것이다.

132) 聖功을 '聖人이 되는 공부'라고 풀이하지 않고, 聖人의 功力이라고 풀이한 것은 공부란 "下學而上達"하는 것이기는 하지만, 그 과정을 이끄는 교육을 하는 것은 결국 聖人이기 때문이다.

133) "皆(모두)"라고 한 것은 觀卦의 제5위의 剛과 蒙卦의 제2位의 剛을 가리킨 것이다.

로써 行함"이라고 한 것이다. ≪[觀卦의 제5位의 剛은] 본래도 형통하였는데, [蒙卦의 제2位로] 옮겨서도 형통하다.≫

○二剛五柔 師弟之志 相應也 ≪坎爲志≫

蒙

○[蒙卦에서] 제2位에는 剛이 있고, 제5位에는 柔가 있으니, [이는] 스승과 제자의 마음이 서로 호응(呼應)하는 것이다. ≪坎이 마음이 된다.≫

○剛中者 觀之五剛也 剛中則巽 ≪爲巽卦≫ 巽則告之 ≪巽口俯≫ 今不剛中 ≪五今柔≫ 乃不告也 ≪上不巽≫

觀 → 蒙

○"剛中"이라고 함은 觀卦의 제5位에 있는 剛을 가리킨다. [제5位가] 剛中이 되면, 巽이 형성되니 ≪[觀卦의 上卦가] 巽卦가 됨≫ 巽의 뜻은 곧 알려주는 것이 된다. ≪巽은 입을 아래로 향하고 있는 모습≫ [그런데] 지금 [蒙卦에서는 제5位의] 剛이 中을 얻지 못하였기 때문에 ≪제5位는 지금 柔≫ 이에 [神이] 일러주지 않는 것이다. ≪[蒙卦의] 上卦는 巽이 아니다.≫

○瀆者 濁也 蒙者 神也 ≪艮爲神≫ 坎則爲瀆 ≪說卦文≫ 是 瀆蒙也

蒙

○“瀆”이란 더럽힘을 뜻한다. [“瀆蒙”의] “蒙”이란 神을 가리킨다.[134] ≪[蒙卦의 上卦인] 艮은 神이 된다.≫ 坎은 더럽힘이다. ≪「說卦傳」의 글≫ 이것이 “瀆蒙”의 뜻이다.

○ 艮童之蒙 ≪觀大艮≫ 坤以養之 ≪上互坤≫ 坎志乃正 ≪下[135]今坎≫ 蒙以養正也 ≪養故正≫ 臨之初剛 起於至卑 ≪升高 必自卑≫ 達於最高 ≪一之上≫ 此 下學而上達也 君子之德 ≪臨大震≫ 艮以成之 ≪物之所成終≫ 此 聖功也 坎則爲功 ≪下今坎≫

臨 → 蒙 ← 觀

○艮의 童子가 몽매(蒙昧)함에 ≪觀卦는 大艮의 형태≫ 坤으로써 양육(養育)하여 ≪[蒙卦의] 上互卦가 坤≫ 坎의 마음이 이에 바르게 되니 ≪[蒙卦의] 下卦가 지금 坎≫ [이것을 가리켜] “蒙以養正”, 즉 “올바름을 養成하는 教育을 통해 몽매함을 바로잡음”이라고 한 것이다. ≪教育하는 까닭에 올바르게 된다.≫ 臨卦의 初位의 剛은 지극히 낮은 곳으로부터 일어나 ≪높은 데로 오르는 것은 반드시 낮은 곳으로부터 시작함≫ 가장 높은 곳까지 도달하니 ≪[臨卦의] 1이 上으로 감≫ 이것이 [바로] “下學而上達”, 즉, “아래로부터 배워서, 위에까지 도달함”이다. 君子의 德을 ≪臨卦는 大震의 형태≫ 艮으로써 완성하니 ≪艮은 物이 완성되고, 종결되는 곳≫ 이것은 聖人의 공력(功力)이다. 坎은 곧 功의 뜻이 된다. ≪[蒙卦의] 下卦가 지금 坎卦이다.≫

---

134) ‘蒙’字 자체에 ‘神’의 뜻이 있는 것은 아니다. 다산이 蒙을 神이라고 한 것은 蒙卦의 上卦에 艮이 있고, 蒙卦의 卦象이 艮을 덮어 쓰고 있는 형태이기 때문에 그렇게 풀이한 것이다.

135) [校閱] 奎章本과 國中本에는 “下今坎”으로 되어 있으나, 新朝本에는 “上今坎”으로 되어 있다. 前者가 옳다.

初六 : 發蒙. 利用刑人, 用說桎梏.[136] 以往, 吝. ○ 象曰 : 利用刑人, 以正法也.

初六 : 몽매함을 벗겨낼 것이다.[137] 죄인(罪人)에게 이로우니,[138] [발에 찬] 족쇄와 [손에 찬] 수갑을 벗겨낼 것이다.[139] 가더라도 [그 잘못을 고침에] 인색함이 있을 것이다. ○「象傳」: "죄인(罪人)에게 이로운 것(利用刑人)"은 정법(正法)으로써 다스리기 때문이다.

此 蒙之損也 發者 撥也 震之德也 《發 起也 揚也 宣也 開也》 卦自臨來 《一之上》 臨自復進 《一而二》 震華方藪 《復下震》 剛乃蒙之 《加一陽》 壅蔽之象也 《兌爲壅》 移之爲蒙 《一之上》 則撥開蒙蔽 《越中剛》 曠然外出[140] 《一之上》 其志宣暢 《無所蒙》 是 發蒙也 初其所發 《一之上》 故言其本象

---

136) 用說桎梏 : "용탈질곡(用說桎梏)"으로 읽는다.

137) "發蒙" : (다른 가능한 해석) ① 어리석음(몽매함)을 들어올려 제거함이다. ② 어리석음(몽매함)을 開發함이다.

138) "利用刑人"의 해석은 "刑人"을 어떻게 풀이하느냐에 따라 달라진다. "刑人"의 "刑"을 "사람에게 형벌을 주다"라는 의미로 보면, "利用刑人"은 "사람에게 형벌을 주는 것이 이롭다"는 의미가 된다. 그러나, 그 경우 족쇄와 수갑을 벗겨낸다는 뜻과 반대가 되어 문맥에 맞지 않는다. 高亨은 刑人을 형벌을 받은 사람, 즉 죄인의 뜻으로 풀이하였는데, 그것이 적합한 것으로 보인다. 또 그는 "利用"을 "利於"의 뜻과 같은 것으로 보았다(高亨 저, 김상섭 역, 『고형의 주역』, 예문서원, 1995, 115면).

139) "發蒙"과 "利用刑人, 用說桎梏"이 의미상으로 연결되어 있는 하나의 사건인 것은 아니다. 그러나 비록 "發蒙"과 "利用刑人, 用說桎梏"이 별개의 사건이라고 하더라도, "어리석음을 벗겨내는 것(發蒙)"이나 "족쇄와 수갑을 벗겨내는 것(用說桎梏)"이건 간에 모두 '벗겨낸다'는 점에서는 의미가 일치한다고 볼 수 있다. 다산의 아들 학포(學圃)가 註釋에서 "脫者, 發也 …… 其義, 一也"라고 한 것도 역시 兩者간의 의미상의 일치점에 대해서 밝힌 것이라고 생각된다.

140) [校閱] 新朝本에는 "曠然外出"로 되어 있으나 奎章本과 國中本에는 "曠然出外"로 되어 있다.

䷗ ䷒ ䷃

復→辟卦推移→臨→推移→蒙

○이것은 蒙卦가 損卦로 변하는 경우이다. ["發蒙"의] "發"은 '撥'[141]의 뜻이니, 그것은 震의 德이다. ≪發은 '일으킨다', '위로 올리다', '펴다', '열다'의 뜻≫ 蒙卦는 臨卦로부터 [추이되어] 온 것인데 ≪[臨卦의] 1이 上으로 감≫ 臨卦는 復卦로부터 前進해 온 것이다. ≪[陽畫이] 1畫에서 2畫으로 변함≫ 震의 꽃이 바야흐로 무성하게 피려고 할 즈음에 ≪復卦의 下卦가 震≫ 剛이 위에서 덮어버리니 ≪[復卦의 一陽에 다시] 한 개의 陽을 더함≫ 막고 가리는 상이다. ≪兌는 막힘의 뜻이 된다.≫ [그런데 臨卦로부터] 推移하여, 蒙卦가 되면 ≪[臨卦의] 1이 上으로 감≫ 덮어져서 막힌 것을 들어올리고 열어주어 ≪中剛을 뛰어넘음≫ 환하게 밝은 바깥으로 나가서 ≪[臨卦의] 1이 上으로 감≫ 그 뜻을 펼치니 ≪덮인 바가 없음≫ 이것을 가리켜 "發蒙"이라고 하는 것이다. 初畫이 그 發한 바에 해당되므로 ≪[臨卦의] 1이 上으로 감≫ 本象을 말하였다.[142]

○臨以震生 ≪本大震≫ 觀以艮殺 ≪本大艮≫ 移之爲蒙 則坎法中正 ≪得中道≫ 利用刑人也 ≪刑法也≫

䷒ ䷃ ䷓

臨 → 蒙 ← 觀

○臨卦에는 震의 生命이 있으나, ≪[臨卦는] 본래 大震의 형태≫ 觀卦에

141) '撥'字에는 ① 다스린다. ② 덜다, 제거하다. ③ 휘다. 휜 것이 반대쪽으로 휘다. ④ 튕기다. ⑤ 오므라진 것을 펴서 벌리다.

142) 初爻가 卦主이기 때문에 爻變을 취하지 않은 것이다. 즉 之卦인 損卦의 象을 취하지 않았다.

는 艮의 殺生이 있다. ≪[觀卦는] 본래 大艮의 형태≫ [그런데 臨卦와 觀卦로부터] 推移하여 蒙卦로 되면, 坎의 法律이 중용(中庸)과 정도(正道)를 취하게 되니 ≪中道를 얻음≫ "利用刑人", 즉 "죄인(罪人)에게 이롭다"라고 한 것이다. ≪刑은 法이다.143)≫

○ 桎者 足械也 梏者 手械也 ≪說文云≫ 臨則 震足之下 ≪臨互震≫ 蒙以震木 ≪復下震≫ 觀則 艮手之中 ≪觀大艮≫ 蒙以巽木 ≪觀上巽≫ 其象 桎梏也 移之爲蒙 則兩皆淸脫 艮手震足 ≪下互震≫ 無所拘係 用說桎梏也 ≪說音脫≫ 揚子方言曰 發者 稅也 稅者 脫也 ≪發脫意實同≫

臨 → 蒙 ← 觀

○ '질(桎)'은 발에 차는 형틀이며, '곡(梏)'은 손에 차는 수갑이다. ≪『說文』에서 [그렇게] 말함.≫ 臨卦에서는 震의 발 밑에 ≪臨卦의 下互는 震≫ 震의 나무를 덮어쓰고 있고144) ≪復卦의 下卦는 震≫ 觀卦에서는 艮의 손 가운데 ≪觀卦는 大艮의 형태≫ 巽의 나무를 덮어쓰고 있으니 ≪觀卦의 上卦는 巽≫ 그 모양이 족쇄와 수갑(桎梏)의 모습이다. [그런데 臨卦와 觀卦로부터] 推移하여 蒙卦로 되면 [손과 발의] 양 쪽 [형틀]에서 시원하게 벗어나서, 艮의 손과 震의 발이 ≪蒙卦의 下互卦는 震≫ [어디에도] 붙잡히거나 걸리는 바가 없게 되니 [이것을 가리켜] "用說桎梏", 즉 "[발에 찬] 족쇄

143) '刑'字의 왼쪽 부분은 법(法)이란 뜻도 나타내고, 동시에 음도 나타낸다. 따라서 법을 집행함에 있어 칼(刀)을 사용한다는 뜻에서 '죄인을 벌한다'는 뜻이 된다(이가원, 임창순 감수, 『동아 漢韓中辭典』, 동아출판사, 1987년, 140면).

144) "蒙以震木"이란 나무로 된 형틀을 발에 차고 있는 것이므로, 나무형틀이 발 밑에 있는 것이지, 발 위에 있는 것은 아니다. 따라서 엄밀히 말한다면, 震의 나무를 덮어쓰고 있다고는 말할 수 없을 것이다. 그러나 발에 형틀을 차고 있는 것도 일종의 형틀을 덮어쓰고 있는 것이라고 볼 수도 있다.

(桎)와 [손에 찬] 수갑(梏)을 벗긴다"라고 한 것이다. ≪'說'字의 발음은 '탈(脫)'이다.[145]≫ 양웅(揚雄)이 『方言』[146]에서 말하기를 "發은 탈(稅)의 뜻인데, 탈(稅)은 '脫(벗기다)'의 뜻이다"라고 하였다.[147] ≪'發'과 '脫'의 뜻은 실제로 동일하다.≫

○ 爻變則損也 ≪下今兌≫ 臨移爲艮 ≪一之上≫ 旣失其路 ≪艮爲迷≫ 泰移爲損 ≪三之上≫ 艮迷不改 ≪亦上艮≫ 以往則吝也 ≪不改過≫

臨 → 推移 → 蒙 → 初爻變 → 損 ← 推移 ← 泰

○[蒙卦의 初六이] 爻變하면 損卦가 된다. ≪[損卦의] 下卦는 이제 兌卦≫ 臨卦에서 [蒙卦로] 推移하게 되면, [上卦는] 艮이 되었으니 ≪[臨卦의] 1이 上으로 감≫ 이미 그 길을 잃어버린 것이다. ≪艮은 迷惑함이 됨≫ 泰卦로부터 推移하여, 損卦로 됨에도 ≪[泰卦의] 3이 上으로 감≫ 艮의 미혹됨은 여전히 고쳐지지 않으니 ≪[損卦의] 上卦도 역시 艮≫ 가게 되면, [잘못을 고침에] 인색하게 된다. ≪잘못을 고치지 않는다.≫

○正法者 坎也

○"正法"이란 [蒙卦의 下卦에 있는] 坎을 가리킨다.

---

145) 따라서 爻詞의 "用說桎梏"은 '용탈질곡'으로 읽혀야 한다.

146) 양웅(揚雄, B.C.53~A.D.18)이 편찬한 일종의 方言辭典으로서, 본래의 명칭은 "軒使者絶代語釋別國方言"이다. 이는 중국에서 최초로 편찬된 방언사전이며, 고대 어휘와 한어발전사의 연구를 위해 진귀한 자료가 된다. 揚雄의 『法言』은 이와 다른 별개의 저서로서 『論語』를 모방하여 저술된 것이다. 다산의 坤卦 六四의 註釋에서도 언급되어 있다.

147) '稅'는 세금을 뜻할 때에는 '세'로 읽으나, 벗을'脫(탈)'字와 통용되는 의미로 쓰일 때는 '탈'로 읽는다.

○按[148] 荀九家 以坎爲桎梏 謬矣

○[按] 순구가(荀九家)는 坎으로써 질곡(桎梏)의 뜻을 삼았는데, 잘못이다.

○學圃云 脫者 發也 脫於蓓蕾 則花發 脫於弓弦 則矢發 其義一也

○학포(學圃)가 말했다. "'脫'字는 '發'의 뜻이다. 꽃이 몽우리(蓓蕾)에서 벗어나면 꽃이 피어나게 되는 것과 활이 활시위에서 벗어나면 화살이 발사되는 것은 그 뜻에 있어 같다."

九二 : 包蒙, 吉. 納婦, 吉. 子克家. ○象曰 : 子克家, 剛柔接也.

九二 : 몽매함을 [용서(容恕)해줌으로써] 포용(包容)해주니, 吉할 것이다. [지아비가] 부인(婦人)을 맞아들이니 길할 것이다.[149] [家長이 죽으니] 자식이 가정(家庭)을 다스릴 것이다. ○「象傳」: 자식이 가정(家庭)을 다스릴 수 있는 것은 [자식의] 剛함과 [物의] 柔함이 [서로] 접(接)하기 때문이다.

此 蒙之剝也 卦自觀來 《五之二》 移之爲蒙 則坎之眚尤 《下今

148) [校閱] 奎章本에는 "按"으로 되어 있으나, 新朝本과 國中本에는 "案"으로 되어 있다.

149) 茶山의 주석을 받아들인다면, "納婦吉"과 "子克家"를 별개의 象으로 보는 것이 옳다. 즉 "納婦吉"은 지아비가 부인을 맞아들이는 象인 데 반해서, "子克家"는 집주인인 아버지가 돌아가시고, 아들이 아버지를 대신에 집안을 다스리는 象이다. 지아비가 부인을 맞아들이고 바로 죽는다는 것은 적합한 상황 설정으로 볼 수는 없을 것이다. 따라서 兩者를 별개의 象으로 보고, 句도 끊어서 읽기로 한다.

坎≫ 巽以包之 ≪上本巽≫ 是 包蒙也 蒙穉之時 不能无過 ≪坎爲罪≫ 含垢藏疾 自上包恕 訓蒙之道也 二爲卦主 故言其本象

觀 → 蒙

○이것은 蒙卦가 剝卦로 변하는 경우이다. 蒙卦는 觀卦로부터 왔는데 ≪[觀卦의] 5가 2로 감≫ 推移하여 蒙卦로 되면, 坎의 허물을 ≪[蒙卦의] 下卦가 지금 坎≫ 巽으로써 감싸주니 ≪[觀卦의] 上卦는 본래 巽≫ 이것이 "包蒙", 즉 "몽매함을 포용해주는 것"이다. 몽매하고 어린 때에는 허물이 없을 수 없으나 ≪坎이 罪가 됨≫ 더러움을 품어주고, 잘못된 곳은 감싸안아, 위에서 용서(容恕)로써 포용하는 것이 몽매한 자를 가르치는 道이다. 제2爻가 卦主인 까닭에 그 本象을 말하였다.

○卦自臨來 ≪一之上≫ 本以震夫 ≪臨大震≫ 迎巽婦而納之 ≪觀上巽也 五[150]之二≫ 以主坎室 ≪下今坎≫ 納婦吉也 ≪亦本象≫

臨 → 蒙 ← 觀

○蒙卦는 臨卦로부터 왔으니 ≪[臨卦의] 1이 上으로 감≫ 본래 震의 지아비가 ≪臨卦는 大震의 형태≫ 巽의 婦人을 맞이하여 받아들일 때 ≪觀卦의 上卦는 巽, [觀卦의] 5가 2로 감≫ 坎의 방(室)을 주관하므로 ≪[蒙卦의] 下卦는 지금 坎≫ [이것을 가리켜] "납부길(納婦吉)", 즉 "[지아비가] 婦人을 맞아들이니, 吉하다"라고 한 것이다. ≪["納婦吉"도] 역시 本象에 해당된다.≫

150) [校閱] 新朝本과 國中本에는 "五之二"로 되어 있는데, 奎章本에는 "上之二"로 되어 있다. 前者가 옳다.

○臨之初剛 本震主也 《復一陽》 升而爲艮 《一[151]之上》 艮則爲死 《萬物 終乎艮》 家主之亡也 互震之男 《臨互震》 遂主坎宮 《下今坎》 子克家也 《亦本象》

復→辟卦推移→臨→推移→蒙

○臨卦의 初剛은 본래 震主이었는데 《復卦의 한 개의 陽》 상승하여 艮이 되었다. 《[臨卦의] 1이 上으로 감》 艮은 곧 죽음이니 《萬物은 艮에서 終結됨》 家長이 죽은 것이다. [蒙卦의] 互震의 남자가 《[蒙卦의] 下卦는 지금 坎》 드디어 坎宮의 주인이 되었으니 《[蒙卦의] 下卦는 지금 坎》 [이것을 가리켜] "子克家", 즉 "자식이 家庭을 다스린다"라고 한 것이다. 《역시 本象에 해당된다.》

○剛柔接者 坎與坤 接也 《上互坤》 我剛物順 以馭家也

蒙

○"剛柔接"이라고 함은 [蒙卦의 下卦인] 坎과 坤이 접(接)함을 말한다. 《[蒙卦의 3·4·5位의] 上互卦는 坤》 나(我)는[152] 剛하고, 物은[153] [나를] 따르니, [이렇게 해서] 집이 다스려지는 것이다.

151) [校閱] 新朝本에는 "下之上"으로 되어 있으나 奎章本과 國中本에는 "一之上"으로 되어 있다. 後者가 옳다.
152) 나(我)는 蒙卦의 下卦인 坎의 中剛을 가리킨다.
153) 物은 蒙卦의 下互卦인 坤의 陰畫들을 가리킨다.

六三 : 勿用, ≪句≫ 取女見金, ≪句≫ 夫不有窮, 无攸利. ○象曰 : 勿用取女, 行不順也.

六三 : 아내로 맞아들이지 말아야 한다. ≪句≫ 여자를 취함에 금전(金錢)을 보니,[154] ≪句≫ 지아비가 몸을 둘 곳이 없으며, 이로울 바가 없을 것이다. ○「象傳」: "아내로 맞아들이지 말아야 한다(勿用取女)"라고 한 것은 [여자가 재물(財物)이 있게 되면] 그 행실(行實)에 있어 순종치 않음이 있기 때문이다.

此 蒙之蠱也 兌女在內 ≪下顚兌≫ 艮壻在外 ≪蠱上艮≫ 婚配之卦 本牉合也 ≪一倒而一正≫ 然而勿用 ≪勿用娶≫ 象不吉也

蒙→3爻變→蠱←推移←泰

○이것은 蒙卦가 蠱卦로 변하는 경우이다. [蠱卦에서] 兌女는 안에 있고 ≪[蠱卦의] 下卦는 뒤집힌 兌≫ 艮의 사위는 밖에 있으니 ≪蠱卦의 上卦는 艮≫ 혼배(婚配)의 卦는 본래 반합(牉合)을 취하는 것이다. ≪["牉合"이란] 한 쪽은 뒤집힌 모양을 취하고, 또 다른 한 쪽은 정상적인 모양을 취하는 것이다.≫ 그렇지만 "勿用"이라고 한 것은 ≪["勿用"이란] 장가들지 말라는 뜻≫ 象이 不吉하기 때문이다.

○蠱自泰來 ≪一之上≫ 下乾 金也 ≪說卦 乾爲金≫ 視此乾金 柔自

154) "見金夫"를 한 句로 보지 않는 이유에 대해서는 주석에서 설명함.

外來 ≪上之一≫ 取此兌女 ≪下顚兌≫ 取女見金也 ≪大离見≫ 哀彼艮壻 本以坤貧 ≪泰上坤≫ 得此女金 ≪得乾金≫ 乃有厥躬 ≪乃成艮≫ 夫不有躬也 ≪非本有之艮≫

蒙→3爻變→蠱← 推移←泰

○蠱卦는 泰卦로부터 왔는데 ≪[泰卦의] 1이 上으로 감≫ [泰卦의] 下卦인 乾은 金이니 ≪「說卦傳」에서 乾은 금(金)이 된다고 함≫ ["見金"이라고 함은] 이 乾金을 보는 것을 말한 것이다. 柔가 밖으로부터 와서 ≪[泰卦의] 上이 1로 감≫ 이 兌女를 얻었으니 ≪蠱卦의 下卦가 뒤집힌 兌≫ "取女見金"이라고 한 것이다. ≪[蠱卦의] 3·4·5·6의 大离로써 보는 것≫

애처롭도다! 저 艮의 사위여! 본래는 坤의 가난한 처지였다가 ≪泰卦의 上卦는 坤≫ 이처럼 여자와 金을 얻었으니 ≪乾의 금(金)을 얻음≫ 이에 그 몸(厥躬155))을 두게 되지만 ≪즉 艮을 이룸≫ 그것은 "夫不有躬", 즉 "지아비가 몸을 둘 바"가 아니다. ≪본래부터 있던 艮이 아니다.≫

婚姻論財 君子所恥 ≪程子曰 夷虜之道≫ 妻以財驕 行必不順 ≪孔子云≫ 丈夫於此 身不自有 ≪不有躬≫ 雖得其金 无攸利也 ≪兌爲利≫

혼인할 때 재물을 논하는 것은 군자가 부끄럽게 여기는 것이다. ≪程子가 말하기를 혼인할 때 재물을 논하는 것을 오랑캐들이나 하는 짓이라고 하였다.156)≫

---

155) 궐궁(厥躬): 『尙書』의 「太甲」·「說命」·「君奭」 등에 나오는 표현이다.

156) 茶山은 "婚姻論財, 君子所恥"를 程子의 說로서 언급하고 있으나, 이는 문중자(文中子), 즉 隋나라 왕통(王通)의 說로 소급된다. 즉 『小學』 「嘉言」(40章)에서는 "文中子曰, 婚娶而論財, 夷虜之道也"라고 하였다. 『明心寶鑑』 「治家」篇에도 동일한 文句가 인용되고 있다. 程子가 어디에서 혼인논재(婚姻論財)가 이부지도(夷虜之道)라고 말했는지 알 수 없다. 다만, 『易傳』의 蒙卦 六三의 注에서 程伊川은 다음과 같이 말하고 있는데,

처(妻)가 재물로써 교만하게 되면, 행실(行實)에 있어 반드시 순종치 않음이 있으리니 ≪孔子가 [그렇게] 말함≫ 이렇게 되면 장부(丈夫)는 몸을 자연스럽게 두지 못하게 될 것이니 ≪몸을 두지 못함≫ 비록 金을 얻더라도 이로운 바가 없을 것이다. ≪兌가 이로움이 된다.≫

○本以坤順 ≪泰上坤≫ 今乃艮迷 ≪蠱上艮≫ 行不順也 ≪互震行≫

蒙→3爻變→蠱← 推移←泰

○본래 坤으로써 순종하다가 ≪泰卦의 上卦는 坤≫ 이제 艮의 미혹함이 되었으니 ≪蠱卦의 上艮≫ 행실에 순종하지 않음이 있는 것이다. ≪[蠱卦의] 互震은 행실을 뜻한다.≫

○案[157] 左傳 女惑男曰 蠱 ≪又 楚子元 欲蠱文夫人≫ 爻變爲蠱 故其占 如是也 漸與歸妹 皆乾變爲兌 ≪亦乾金≫ 而不言勿用者 卦既非蠱 無此不利也

否 → 漸　　　泰 → 歸妹

○[按] 『左傳』에서 여자가 남자를 유혹하는 것을 가리켜 '蠱'라고 하

그 취지는 동일하다고 말할 수 있다. "女之從人, 當由正禮, 乃見人之多金, 說而從之, 不能保有其身者也, 无所往而利矣(여자가 사람을 쫓음은 마땅히 正禮를 따라야 하는데, 사람이 돈이 많은 것을 보고, 기뻐하여 쫓는다면 이는 그 몸을 지키지 못한 자이니, 가는 곳마다 이로움이 없는 것이다)."(성백효 역주, 『周易傳義』 上, 전통문화연구회, 1999, 241면)

157) [校閱] 奎章本에는 '案'이 '按'으로 되어 있다.

였다. ≪또 초(楚)나라의 자원(子元)이 문공(文公) 부인을 유혹코자 하였다.158)≫ [蒙六三이] 爻變하여 蠱卦가 된 까닭에 그 점이 이와 같다. 漸卦와 歸妹卦는 모두 [蠱卦와 마찬가지로] 乾이 변하여 兌가 된 경우이지만159) ≪역시 乾金이 있음≫ "勿用"이라고 하지 않은 것은 괘가 이미 蠱卦가 아니어서,160) 이런 不利함이 없기 때문이다.

○又按 用躬叶韻 ≪用音庸≫ 且禽陰深諶 本叶東韻 風楓終隆 本叶侵韻 則金於古韻 亦當與躬 叶161) 宜以勿用爲句也 象傳云 勿用取女者 括二句而爲一句 本其文例也 ≪諸家 皆以見金夫爲句 不知何解≫

○[又按] '用(용)'字와 '躬(궁)'字는 협운(叶韻)의 관계에 있다. ≪'用'의 발음은 용(庸)≫ 그리고 禽, 陰, 深, 諶은 본래 東韻으로서 협운(叶韻)의 관계에 있으며, 風, 楓, 終, 隆은 본래 侵韻으로서 협운(叶韻)의 관계에 있다. 그런데 ["取女見金"의] '金'은 古韻의 체계에서는 ["夫不有窮"의]

---

158) 『春秋左氏傳』 魯나라 '莊公 28年'條에 보면, 楚나라의 영윤(令尹) 자원(子元)이 죽은 楚 文王의 부인을 유혹하기 위해 궁실 옆에다 건물을 짓고 은나라 탕왕이 시작했다는 만의 춤을 추게 하였다. 그 음악 소리를 듣고 부인은 울면서, "돌아가신 왕께서는 이 춤을 군대를 훈련하는 데 사용하셨다. 지금 令尹은 원수들을 치는 데는 생각이 없고 未亡人의 곁에서 하고 있으니 이상하지 아니한가"라고 하였다. 시종 하나가 이 사실을 子元에게 알리니, 子元이 "부인은 원수를 잊지 않고 있는데 오히려 내가 잊고 있구나" 하며 군사를 동원하여 정나라를 쳤다고 한다.

159) 漸卦와 歸妹卦는 모두 女子가 시집가는 것에 해당되는 卦이므로, 다산이 여기서 비교한 것이다. 漸卦의 경우는 혼인괘이므로, 牉合을 취한다. 漸卦는 否卦로부터 변화된 괘로서, 上卦가 巽이지만, 뒤집힌 兌로 본 것이다. 따라서 否卦의 上卦인 乾이 변하여, 兌로 된 것이라고 볼 수 있다. 반면에, 歸妹卦는 혼인괘에 속한다는 점에서는 漸卦와 같지만, 兌女가 內卦에 있다. 歸妹卦는 泰卦로부터 변한 것이므로, 역시 下卦인 乾이 변하여 兌로 된 것에 해당된다.

160) 漸卦와 歸妹卦의 경우에는 男子가 女子의 돈에 팔려서 장가가는 卦가 아니기 때문에 이렇게 말한 것이다.

161) [校閱] 新朝本과 國中本에는 "且禽陰深諶, 本叶東韻, 風楓終隆, 本叶侵韻, 則金於古韻, 亦當與躬, 叶"의 부분이 있으나, 奎章本에는 빠져 있다.

‘躬’과 더불어 협운(叶韻)의 관계에 있으므로, 당연히 “勿用”으로써 句를 끊어야 한다. 「象傳」에서 “勿用取女”라고 한 것은 두 句를 묶어서 하나의 句로 삼은 것이니, 그 文例가 본래 그러한 것이다.162) ≪諸家들이 “見金夫”를 一句로 삼고 있으니, 어떻게 해석할 것인지 알지 못한다.163)≫

䷿

六四 : 困蒙, 吝. ○ 象曰 : 困蒙之吝, 獨遠實也.

六四 : 몽매(蒙昧)함으로 말미암아 곤란(困難)한 처지에 놓이게 되었는데도, [허물을 고침에] 인색하다. ○ 「象傳」 : 몽매(蒙昧)함으로 말미암아 곤란(困難)한 처지에 놓이게 되었는데도, [허물을 고침에] 인색하니, 홀로 [君子의] 성실(誠實)함으로부터 멀어지는 것이다.

此 蒙之未濟也 未濟自否來 ≪五之二≫ 剛自外來 遂被圍掩 ≪見困卦≫ 譬如蒙穉之人 離羣就朋 ≪坤爲朋≫ 爲衆164)所揜 ≪坤爲衆≫ 眚尤自出 ≪坎多眚≫ 是 困蒙也

162) 다산은 “勿用, 取女見金”으로 句를 끊어 읽고 있다. 따라서 “勿用見金”은 “勿用”과 “取女見金”을 합쳐서 만든 句가 된다.

163) 예컨대 程傳에서는 “勿用取女니, 見金夫하고, 不有躬하니 无攸利하니라”로 句를 끊어 읽었다. 또 程子는 “是, 女之見金夫也”라고 말하고 있는데, 이러한 해석에 따르면, 돈많은 金夫를 보고, 결혼하는 것은 남자가 아니라 女子이다. 朱子도 마찬가지로, “女之見金夫而不能有其身之象也”라고 함으로써, 程傳의 해석을 따르고 있다. 程子와 朱子의 이러한 해석은 물론 茶山의 해석과는 크게 차이가 난다. 즉 茶山은 “取女見金”으로 끊어 읽어서, 女子도 취하고, 金도 취하는 것으로 해석하고 있다.

164) [校閱] 奎章本과 國中本에는 “爲衆所揜”으로 되어 있으나 新朝本에서는 “爲象所揜”으로 되어 있다. 前者가 옳다.

蒙→4爻變→未濟←推移←否

○이것은 蒙卦가 未濟卦로 변하는 경우이다. 未濟卦는 否卦로부터 왔으니 ≪[否卦의] 5가 2로 감≫ 剛이 밖으로부터 왔다가 마침내 포위되게 되었다. ≪困卦에 [그러한 例가] 보인다.≫ 비유하면 마치 몽매하고 어린 사람이 무리로부터 떨어져 친구에게로 향하다가 ≪坤이 친구가 됨≫ 여러 사람들에게 붙잡힌 것과 같다. ≪坤이 무리가 된다.≫ 재앙이 자신으로부터 나왔으니 ≪坎卦는 많은 재난을 뜻함≫ 이것이 "困蒙"의 뜻이다.

○二剛五柔 本不得位 ≪蒙本象≫ 否之旣移 ≪五之二≫ 此象不改 ≪如蒙時≫ 其占吝也 ≪不改過≫

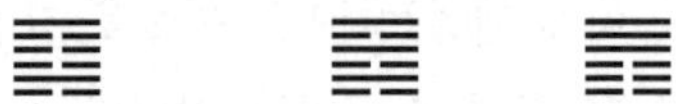

蒙→四爻變→ 未濟←推移←否

○[蒙卦에서] 제2位의 剛과 제5位의 柔는 본래 [합당한] 지위를 얻지 못하였는데[165] ≪蒙卦의 本象≫ 否卦로부터 이미 推移하여 [未濟卦가 되어서도] ≪[否卦의] 5가 2로 감≫ [中正을 얻지 못한] 이 象은 고쳐지지 않으니 ≪蒙卦의 때와 같음≫ 그 占이 인색함이 된다. ≪잘못을 고치지 않는다.≫

○實者 乾也 ≪三陽實≫ 否之中剛 離君子而遠游 ≪五之二≫ 獨

165) 제2位는 柔에 적합한 자리인데, 剛이 있고, 제5위는 剛에 적합한 자리인데, 柔가 있기 때문에 그렇게 말한 것이다. 初位, 제3位, 제5位는 奇數의 자리이므로, 陽이 있어야 합당한 자리이며, 제2位, 제4位, 上位는 偶數의 자리이므로, 陰이 있어야 합당한 자리이다.

遠實也

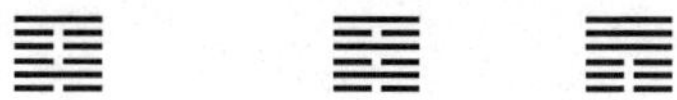

蒙→四爻變→ 未濟←推移←否

○"實"이라고 한 것은 乾을 가리킨다. ≪3陽이 實에 해당한다.≫ 否卦의 中剛이 君子로부터 떨어져 멀리 떠나가니 ≪5가 2로 감≫ [이것을 가리켜] "獨遠實", 즉 "홀로 [君子의] 誠實함으로부터 멀어진다"라고 한 것이다.

六五 : 童蒙, 吉. ○象曰 : 童蒙之吉, 順以巽也.

六五 : 童子가 [위로] 어른을 모시고 있으니,[166] 吉할 것이다. ○「象傳」: 童子가 어른을 모심으로써 吉한 것은 겸손함으로써 순종(順從)하기 때문이다.

此 蒙之渙也 童蒙之義 上有戴也 ≪父兄師長 皆在上≫ 卦自觀來 ≪五之二≫ 觀爲大艮 ≪兼畫三≫ 本童子也 ≪艮少男≫ 然 觀之艮童 實其互艮 ≪三五艮≫ 艮童之上 又戴一剛 爲之蒙蔽 此之謂 童蒙也 ≪上有戴≫ 移之爲蒙 ≪五之二≫ 則童[167]而不蒙 ≪只上艮≫ 五之旣變

166) "童蒙, 吉"은 직역(直譯)한다면, "童子가 위로 덮어쓰고 있으니, 길하다"라고 해야 되겠지만, 茶山이 註釋에서 "童蒙之義, 上有戴也 ≪父兄師長 皆在上≫"이라고 하였으므로, "童蒙"을 "童子가 어른을 모시고 있다"라고 해석하였다.

167) [校閱] 奎章本과 國中本에는 "童而不蒙"으로 되어 있으나 新朝本에는 "過而不蒙"

童蒙如舊 ≪上剛疊≫ 是 童蒙也 ≪童有戴≫ 巽而不驕 ≪上今巽≫ 童蒙之吉也

觀→ 推移→蒙 →5爻變→渙

○이것은 蒙卦가 渙卦로 변하는 경우이다. “童蒙”은 [머리] 위로 이고 있는 것을 뜻한다. ≪父·兄·師·長은 모두 [자신보다] 위에 있는 존재이다.≫ 蒙卦는 觀卦로부터 왔다. ≪[觀卦의] 5가 2로 감≫ 觀卦는 大艮이니 ≪觀卦를 兼畫하면 大艮의 형태≫ 본래 童子의 卦象이다. ≪艮은 少男≫ 그러나 觀卦의 艮童은 실제로는 上互卦의 艮이 ≪3·4·5가 艮≫ 艮의 童子의 위에 또 다시 한 개의 剛을 [머리 위에] 얹어, 덮여져서 가려지게 되니, 이것을 가리켜 “童蒙”이라고 하는 것이다. ≪위에 얹혀 있다.≫ [그런데 觀卦로부터] 推移하여 蒙卦가 되면 ≪[觀卦의] 5가 2로 감≫ 童子는 있으나, [머리 위로] 덮어쓰고 있지는 않다.168) ≪다만 上艮이 있을 뿐이다.≫ [그런데] 제5爻가 이미 변하여 [渙卦로 되면 다시] 童子가 덮어쓰고 있는 상황(童蒙)은 以前과 마찬가지이니 ≪[渙卦의 제5位와 제6位에] 위로 剛이 중첩(重疊)되어 있음≫ 이것이 “童蒙”이다. ≪童子의 머리 위로 얹혀 있는 것이 있다.≫ 巽으로써 [겸양하여] 교만하지 않으니 ≪[渙卦의] 上卦가 지금 巽≫ 이것을 가리켜 “童蒙之吉”이라고 한 것이다.

○觀之時 艮童柔順 不陵其上 ≪上有戴≫ 移之爲蒙 ≪五之二≫ 艮童之位 升於最高 ≪互艮爲上艮≫ 其象不順 五之旣變 童降一級

으로 되어 있다. “童而不蒙”이라고 해야 뜻이 더 자연스러운 것은 사실이나, “過而不蒙”이라고 해서 뜻이 통하지 않는 것은 아니다.

168) 新朝本에는 “過而不蒙”으로 되어 있다. 蒙卦는 觀卦의 5가 2로 가서 성립된 괘이다. 따라서 “過”란 觀卦의 5가 2로 간 것을 지칭한 것이라고 볼 수 있다.

≪上艮爲互艮≫ 遂以巽讓 ≪上今巽≫ 順以巽也

觀→ 推移→蒙→5爻變→渙

○觀卦의 때에는 艮의 童子가 유순(柔順)하여 윗사람을 능멸(陵蔑)하지 않았는데 ≪머리 위에 이고 있음≫ 推移하여 蒙卦가 되면 ≪[觀卦의] 5가 2로 감≫ 艮의 童子의 지위가 가장 높은 데까지 올라가니 ≪互艮이었는데 上艮이 됨≫ 그 象이 순종치 않음이 된다. 제5爻가 이미 변함에 [渙卦로 되면] 艮의 童子가 한 단계 내려와서 ≪上艮이었는데 互艮이 됨≫ 마침내 巽의 겸양(謙讓)을 보이니 ≪[渙卦의] 上卦는 지금 巽≫ [이것을 가리켜] "順以巽也"이라고 한 것이다.

○學圃云 童子不冠 蒙其髮髦 ≪巽爲髮≫ 故謂之童蒙

○학포(學圃)가 말했다. "童子는 冠을 쓰지 않으니,[169] [童子가] 덮어 쓰고 있는 것은 [결국] 머리털이다. ≪巽이 머리털이 된다.≫ 그러므로 '童蒙'이라고 하는 것이다."

上九 : 擊蒙, 不利爲寇, 利禦寇. ○象曰 : 利用禦寇, 上下順也.

169) 관례(冠禮)를 거치지 않으면, 童子가 成人이 되지 못한다. 冠禮는 아이의 세계에서 어른의 세계로 들어가는 유교적 전통사회의 성년식(成年式)으로, 상투를 틀고 갓을 씌우는 의식이 주가 된다.

上九 : 몽매함을 격파(擊破)하니,[170] 도적에게는 불리하지만, 도적을 막는데 이로울 것이다. ○「象傳」: 도적을 막는데 이롭다고 한 것은 上下가 [서로] 따르기 때문이다.

此 蒙之師也 蒙之所以爲蒙 以上艮也 今 長子居中 ≪二四震≫ 坤衆前驅 ≪三五坤≫ 而艮剛遂破 ≪上剛坼≫ 有若行師擊敵 而決其壅蔽 是 擊蒙也 ≪擊破之≫

蒙→上爻變→師

○이것은 蒙卦가 師卦로 변하는 경우이다. 蒙卦가 蒙卦인 까닭은 上卦인 艮으로 말미암는 것이다. 지금 長子는 가운데 머물고 있고 ≪[蒙卦의] 2·3·4의 互震≫ 坤의 군중(群衆)이 앞으로 내달려 ≪3·4·5의 互坤≫ 마침내 艮의 剛을 격파해버리니 ≪[蒙卦의 上九가 爻變하여, 師卦로 되면] 上位의 剛이 터짐≫ 마치 장수가 군사를 동원하여 敵을 격파하고, 가로막힌 것을 터뜨리는 것과 같으니, 이것이 바로 "격몽(擊蒙)"의 뜻이다. ≪'擊'은 부수는 것이다.≫

○蒙之上艮 倒之則震也 ≪自外來 故取倒象≫ 震自外蔽 以犯坤國 ≪三五坤≫ 是 賊將也 ≪震本將帥之卦≫ 上九旣變 賊將遂殞[171] ≪艮

---

170) 여기서 "擊蒙"과 "不利爲寇, 利禦寇"는 별개의 象이 아니라, 의미적으로 연관된 하나의 象으로 보아야 한다. "擊蒙"은 문자적으로는 "몽매함을 부수는 것"을 뜻하지만, 그 문맥으로 본다면, "몽매한 [도적의] 무리를 격파하는 것"을 뜻하게 된다. 그것은 茶山이 註釋에서 "有若行師擊敵而決其壅蔽 是 擊蒙也"라고 하였기 때문이다. 茶山은 蒙卦의 上卦인 艮이 실제로는 뒤집어진 震으로서, 밖에서 들어오는 도적을 상징한다고 보고 있다. 그러므로 이 도적이 위를 덮고 있어 막고 있는 세력이 되는 것이다. 여기서 "蒙"字에 "위를 덮고 있음"이라는 뜻과 "무지몽매함"이라는 뜻의 兩義性이 존재한다. 도둑은 외부에서 쳐들어온, 덮고 있는 세력이자, 무지몽매한 무리들인 것이다.

今滅≫ 是 不利爲寇 而利禦寇也

蒙→上爻變→師

○蒙卦의 上卦에 있는 艮을 뒤집으면 震이 된다. ≪[도적이] 밖으로부터 오는 까닭에 뒤집힌 象을 취한다.≫ 震이 밖으로부터 가리워 덮음으로써 坤의 나라를 침범하니 ≪[蒙卦의] 3·4·5가 坤≫ 이는 도적의 장수(將帥)이다. ≪震은 본래 將帥의 卦≫ 上九가 이미 爻變함에 마침내 도적의 장수가 무너지니 ≪艮이 이제 소멸됨≫ 이것이 도적에게는 불리하지만, 도적을 막는 자에게는 이로움이 되는 까닭이다.

○上坤互坤 ≪上今坤≫ 恰有二坤 上下順也 ≪坤爲順≫ 禦寇之法 上下相順 然後 敵可克也

蒙→上爻變→師

○[蒙卦 上九가 효변하여 師卦로 되면] 上卦도 坤이며, 互卦도 坤이니 ≪上卦가 지금 坤≫ 두 개의 坤이 있는 것과 흡사(恰似)하니, 上下가 서로 따르는 것이 된다. ≪坤은 따름의 뜻≫ 도적을 막는 방법은 上下가 서로 따른 뒤에야 敵을 이길 수 있는 것이다.

171) [校閱] 新朝本과 國中本에는 "賊將遂殞"이라고 되어 있으나 奎章本에는 "賊將遂隕"이라고 되어 있다. 뜻은 같다.

【5. 수천 수(水天 需)】

乾下坎上 ○第四卦之正 ≪大壯五之四 中孚三之上≫

乾은 下卦이고, 坎은 上卦이다. ○제4괘의 正卦이다. ≪大壯卦의 5가 4로 가고, 中孚卦의 3이 上으로 간다.≫

○序卦傳曰 需者 飮食之道也

○「序卦傳」에서 말했다. "需는 음식(飮食)의 道이다."

○雜卦傳曰 需 不進也

○「雜卦傳」에서 말했다. "需는 나아가지 않음이다."

○程子曰 乾 健之性 必進者也 坎 險爲之阻 故須待而後進也

○程子가 말했다. "乾은 건장(健壯)함의 성질로 말미암아 반드시 나아가며, 坎은 험난(險難)함의 성질로 말미암아 가로막는다. 그러므로 모름지기 기다린 뒤에야 앞으로 나아가는 것이다."

○鏞案[172] 需者 須也 卦自大壯來 陽進至四 震道無閡 ≪上[173]震

行≫ 移之爲需 ≪五之四≫ 則坎險在前 乾行不進 若有需待然者 此其所以名需也

大壯 → 需

○[鏞案] 需는 기다림을 뜻한다. 需卦는 大壯卦로부터 왔으니 [大壯卦의 때에는] 陽이 前進하여 제4位에 이르고, 震의 길에 막힘이 없었는데 ≪[大壯卦의 上卦인] 震은 行을 뜻함≫ 推移하여 需卦가 되면 ≪[大壯卦의] 5가 4로 감≫ 坎의 험난함이 앞을 가로막으니, 乾의 行進이 더 이상 나아가지 못하는지라, 마치 기다리고 있는 것과 같다. 이것이 卦의 명칭이 '需'인 까닭이다.

需者 懦也 ≪怯懦也≫ 乾馬之健 而見險不進 ≪坎在前≫ 懦之甚矣 考工記 所云 馬不契需者 此也

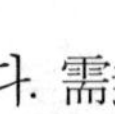

需

[또] 需는 겁내는 것을 뜻한다. ≪겁내고 나약한 것≫ 乾의 말이 [아무리] 건장(健壯)하더라도 험난한 것을 보고서는 나아가지 못하니 ≪坎[의 험난함]이 앞에 있음≫ [이것은] 매우 무서워하기 때문이다. 『周禮』「考工記」[174]에 "마불계수(馬不契需)",[175] 즉 "[하루에 수천 리를 가더라도] 말

---

172) [校閱] 奎章本에는 '案'이 '按'으로 되어 있다.

173) [校閱] 奎章本에는 "上震行"이 아니라, "士進行"으로 되어 있는데, 필사 과정에서의 誤記로 보인다.

174) 『周禮』「考工記」는 유교에서 이상적인 세계로 생각하는 周代의 문물과 제도에 대해 서술한 책이다. 현행본은 『周禮』의 天·地·春·夏·秋·冬의 六官 중 일찍이 상실

이 겁이 많거나 나약하지 않다"[176]라고 말한 것도 이것을 말한다.

又其爲字 從雨從天 ≪天古文作兲≫ 雨在天則雲也 純陽在下 ≪乾三陽≫ 离日晅之 ≪上互离≫ 兌巫之禱 ≪下互兌≫ 庶幾孚格 ≪离爲孚≫ 而坎雨在天 ≪在乾上≫ 澤不下降 人所企待 莫此若也 此之謂 需也

需

또 '需'字는 '雨'字를 따르고, '天'字를 따르고 있다. ≪天은 古文에서는 兲라고 씀≫ 비[☵]가 하늘[☰] 위에 있으면 구름이 된다. 純陽은 아래에 있고, ≪[需卦의 下卦에] 乾의 三陽이 있음≫ 离의 태양이 [坎의 물을] 말려버리니 ≪[需卦의] 上互卦가 离≫ [이처럼 극심한 가뭄을 당해] 兌의 무당이 [비가 오기를] 기도(祈禱)하니[177] ≪下互가 兌≫ 그 정성이 거의 하늘에 통할 만하다. ≪离는 孚가 됨≫ 坎의 비는 하늘에 있지만 ≪[需卦에서 坎이] 乾 위에 있음≫ 그 혜택(惠澤)이 아래로 내려오지 않으니, 사람들이 기대(企待)하는 바가 이처럼 간절한 것은 없을 것이다. 이것을 가

된 冬官 대신에 前漢 成帝(B.C.32~B.C.7) 때 편입된 것이다.

175) 계수(契需) : ① 말발굽이 상하여 길이 먼 것을 두려워하는 것, ② 말이 겁이 많거나 나약한 것(『東亞漢韓中辭典』, 동아출판사, 1987, 288면 참조). 한편, 鄭司農은 '계(契)'가 『詩經』「大雅」「文王之什」「緜」의 "爰契我龜(이에 우리 거북이를 지져서)"(成百曉 譯註, 『詩經集傳』 下, 전통문화연구회, 1999, 206면)의 "계(契)"字와 의미가 같다고 하였다(『周禮』 二, 坤, 學民文化社, 1997, 1034면).

176) 馬不契需 : 『周禮』「冬官」「考工記」의 「輈人」에 나오는 句이다. 즉, "進則與馬謀, 退則與人謀, 終日馳騁, 左不楗, 行數千里, 馬不契需, 終歲御, 衣衽不敝(나아가면 말과 함께 꾀하고, 물러나면 사람과 함께 꾀한다. 종일토록 말을 달리더라도 말이 피곤하지 않고, 하루에 수천 리를 가더라도 말이 겁이 많거나, 나약하지 않다. 한 해가 다 가도록 수레를 운행해도 의복이 떨어지지 않는다)"이라고 함.

177) '需'字는 '雨'와 '而'가 합쳐서 된 會意문자로서, '이(而)'는 머리털을 밀고, 수염을 기른 무당의 象形이라고 한다. 비오기를 기다리는 무당의 뜻에서 기다려 구하다의 뜻을 나타내게 되었다고 한다(李相殷 監修, 『漢韓大字典』, 민중서림, 1990, 2218~2219면).

리켜 '需'라고 한다.

又 需者 疑也 中孚之時 信而無疑 ≪大离信≫ 移之爲需 則坎疑在前 所以需也 左傳曰 需者 事之賊 ≪哀十四年≫ 此之謂也

中孚 → 需

또 '需'는 의심함을 뜻한다. 中孚卦의 때에는 믿어 의심치 않았는데 ≪[中孚卦는] 大离의 형태이니, 믿음을 뜻함≫ [中孚卦로부터] 推移하여 需卦로 되면, 坎의 의심이 앞에 있으니, 이것이 [卦名이] '需'가 되는 이유이다. 『左傳』에 "의심하여 머뭇거리는 것은 일을 망치는 적(賊)이다"(需者, 事之賊)라고 하였으니[178] ≪애공(哀公) 14년≫ 이것을 두고 한 말이다.

需, 有孚, 光亨, ≪句≫ 貞吉, 利涉大川.

需는 믿음이 있음이니, 빛나고 형통하며, ≪句≫ 일을 맡아 처리함에 길하니, 큰 내를 건너는 것이 이로울 것이다.

---

178) 需事之賊 : "주저주저한다는 것은 일의 賊이다."(文璇奎 역, 『春秋左氏傳』 下, 명문당, 1987, 490면) 그 注에 "言需疑則害事"라고 되어 있다. 또 『左傳』의 '哀公 6年'에 "需, 事之下也(주저하는 것은 일을 추진함에 있어 가장 좋지 못한 것이다)"(같은 책, 440면)라고 했는데, 그 注에 "需, 疑也"라고 하였다(諸橋轍次, 『大漢和辭典』 卷12, 大修館書店, 昭和 55年, 49면).

○此 需之不變者也 卦自中孚來[179] ≪三之上≫ 中孚者 大离也 ≪兼畫三≫ 移之爲需 ≪三之上≫ 离誠亦孚 ≪上互离≫ 需有孚也

大壯 → 需 ← 中孚

○이것은 需卦가 변하지 않는 경우이다. 需卦는 中孚卦로부터 왔다. ≪[中孚卦의] 3이 上으로 감≫ 中孚卦는 大离인데 ≪兼畫하여 三畫卦[로 보면 离의 형태]≫ 추이(推移)하여 需卦가 되더라도 ≪[中孚卦의] 3이 上으로 감≫ 离의 정성(誠)에 또한 믿음(孚)까지 있으니, ≪[需卦의] 上互卦가 离≫ [이것을 가리켜] "需有孚"라고 한 것이다.

○又自大壯來 ≪五之四≫ 本以震主 上進一步 ≪四之五≫ 以正君位 ≪五今剛≫ 中有离孚 ≪三五互≫ 嘉之會也 离光旣明 是 光亨也

大壯 → 需

○또 需卦는 大壯卦로부터 오니 ≪[大壯卦의] 5가 4로 감≫ [大壯卦의 제4位에 있는 剛은] 본래 震의 主人이었는데, 위로 한 걸음 나아가서 ≪[大壯卦의] 4가 5로 감≫ 君主의 자리를 바르게 다스리는 것이다. ≪[需卦의] 제5位가 지금 剛≫ 가운데 离의 믿음이 있으니 ≪3·4·5가 互离≫ 즐겁게 모이는 것이다.[180] 离의 光明이 이미 밝으니, 이것이 "光亨", 즉 "빛나고 형통함"이다.

---

179) [校閱] 奎章本과 國中本에는 "來"로 되어 있으나, 新朝本에는 "者"로 되어 있다. 後者의 "者"는 誤記이다.

180) "嘉之會"는 乾卦의 「文言」에 나오는 말이다(元者, 善之長也. 亨者, 嘉之會也. 利者, 義之和也. 貞者, 事之幹也).

○於坎之位 ≪四五六≫ 坎德貞固 ≪上今坎≫ 幹事則吉 ≪貞 事也≫

需

○坎位에서 ≪4·5·6位[는 본래 坎位][181]≫ 坎의 德이 곧고 견고(堅固)하니 ≪[需卦의] 上卦가 지금 坎≫ 일을 맡아 처리하면, 吉한 것이다. ≪貞은 일을 뜻함.≫

○中孚之時 道路不通 ≪震艮之路以离塞≫ 移之爲需 則柔自下升 ≪三之上≫ 踰彼坎川 ≪上今坎≫ 利涉大川也

中孚 → 需

○中孚卦의 때에는 道路가 통하지 않았었는데 ≪[中孚卦에 있는] 震과 艮의 道路가[182] 大离로 말미암아 막히게 됨≫ 推移하여 需卦로 되면, 柔가 아래로부터 올라가서 ≪[中孚卦의] 3이 上으로 감≫ 저 坎의 河川을 건너게 되니 ≪[需卦의] 上卦가 지금 坎≫ [이것을 가리켜] "利涉大川"이라고 말한 것이다.

---

181) 일반적으로 1, 2, 3位는 离位가 되고, 4, 5, 6位는 坎位가 된다. 이것은 2, 4, 6位에 陰이 오는 것이 합당하고, 1, 3, 5位에 陽이 오는 것이 합당한 것으로 보는 관점에서 그렇게 말한 것이다.

182) 震과 艮은 모두 길이지만, 震은 큰 길에 해당하는 데 반해서, 艮은 작은 길(徑路), 샛길에 해당된다.

䷄

彖曰 : 需, 須也. 險在前也, 剛健而不陷, 其義, 不困窮矣. 需有孚光亨貞吉, 位乎天位, 以正中也. 利涉大川, 往有功也.

「彖傳」: 需는 기다림이다. 험난함이 앞에 있으나, [비록] 강건(剛健)하지만 [구덩이에] 빠지지 않을 것이니, 그 의리(義理)가 곤궁(困窮)함에 처하는 일은 없을 것이다. "需, 有孚, 光亨, 貞吉"이라고 한 것은 天位의 자리에서 正中을 얻었기 때문이다. "利涉大川"이라고 한 것은 [大川을 건너]가면 功을 세우게 될 것임을 말한 것이다.

○需 須 諧聲也

○'需'字와 '須'字는 해성(諧聲)[183]이다.

○坎則爲陷 ≪坎者 土竇也≫ 然 三陽不進 以待其時 雖健而不陷也 坎亦爲通 ≪說卦文≫ 不困窮矣

䷄

需

○坎은 [구덩이에] 빠짐이다. ≪坎은 흙구덩이≫ 그러나 세 陽이 前進하지 않고 때를 기다리고 있으니, [그처럼 기다리는 때에는] 비록 강건(剛健)

183) 諧聲 : 後漢의 허신(許愼)이 『說文』에서 수립한 漢字의 구성 원리인 六書法 중의 하나인 형성(形聲)을 가리킨다. 六書法이란 문자의 구조 용법을 ① 상형(象形), ② 지사(指事), ③ 회의(會意), ④ 형성(形聲), ⑤ 가차(假借), ⑥ 전주(轉注)의 여섯 가지로 나눈 것을 말한다. 형성(形聲)이란 동음어의 글자가 동일한 문자로 되는 것을 피하기 위하여, 그 한편에 표의적(表意的)인 변(邊)을 사용하는 것이다. 예컨대 방(坊 · 紡 · 訪 · 枋) 등은 이러한 방법으로 만들어졌으며 이 중에서 '方'을 성부(聲符), '土 · 糸 · 言 · 木'을 의부(意符)라 한다.

하지만, [구덩이에] 빠지는 일은 없다. 坎은 또한 通함이 되니 ≪「說卦傳」의 글≫ 곤궁(困窮)함에 빠지지 않는 것이다.

○大壯之時 剛不得位 ≪陽居四≫ 今進得五 ≪陽居陽≫ 位乎天位 ≪五位天≫ 以正中也 ≪上之中≫

大壯 → 需

○大壯卦의 때에는 剛이 그 地位를 얻지 못하였었는데 ≪陽이 제4位에 머물러 있음≫ 이제 [需卦가 되면] 나아가 제5位를 얻으니 ≪陽이 陽位에 있음≫ 天位에 자리잡음으로써 ≪제5位가 天位가 됨≫ 正中을 얻게 된 것이다. ≪上卦의 中≫

○中孚之移 柔往爲坎 ≪三之上≫ 坎則有勞 ≪以幹事≫ 往有功也

中孚 → 需

○中孚卦가 [需卦로] 推移함에, 柔가 가서 坎이 된다. ≪[中孚卦의] 3이 上으로 감≫ 坎은 곧 노력(勞力)함을 뜻하니 ≪[坎의 勞苦로써] 일을 처리함≫ [이것을 가리켜] "往有功", 즉 "[건너]가서 功을 세우게 됨"이라고 말한 것이다.

初九 : 需于郊, 利用恒, 無咎. ○象曰 : 需于郊, 不犯難行也, 利用恒無咎, 未失常也.

初九 : 교(郊)에서 [제사를 드리며, 天命을] 기다릴지어다.[184] 항상(恒常) 변하지 않는 道를 지키는 것이 이로울 것이며, 허물이 없을 것이다. ○「象傳」: "需于郊"라고 한 것은 [제사를 드리면서, 天命을 기다릴 것이지] 험난함을 무릅쓰면서 나아가지 말라는 뜻이며, "利用恒, 無咎"라고 한 것은 [새로운 法을 만들어 내는 것보다는 차라리 예부터 전해져 내려오는] 상도(常道)를 잃지 말라는 뜻이다.[185]

○此 需之井也 井自泰來 柔自外入 《五之一》 伏而不出 《下今巽》 其義 需也 《不前進》 乾天之下 《下本乾》 巽以潔齊[186] 《下今巽》 殺彼坤牛 《一之五》 祭天之卦也 祭天曰 郊 《見同人》 需于郊也 需者 何也 巽爲天命 《九家易》 待于郊者 天命也 武王陳于商郊 俟天休命 當此占也

○이것은 需卦가 井卦로 변하는 경우이다. 井卦는 泰卦로부터 왔으니, 柔가 밖으로부터 들어와서 《[泰卦의] 5가 1로 감》 엎드려서 나가지

184) 이 번역은 茶山이 주석에서 "需者, 何也, 巽爲天命, 待于郊者, 天命也"라고 한 것을 따른 것이다.

185) "未失常者, 未失舊也"라는 다산의 주석을 따라서 이렇게 번역한 것이다.

186) 新朝本에는 "濟"로 되어 있으나, 奎章本이나 國中本에는 "齊"로 되어 있다. 여기서는 後者를 따른다.

않으니 ≪[井卦의] 下卦가 지금 巽≫ 그 뜻이 기다림이 된다. ≪앞으로 나가지 않음≫ 乾의 하늘 아래에서[187)] ≪[泰卦의] 下卦가 본래 乾≫ 巽으로써 재계(齋戒)하고 ≪[井卦의] 下卦가 지금 巽≫ 저 坤의 소를 죽이니 ≪[泰卦의] 1이 5로 감≫ 하늘에 제사지내는 괘이다. 하늘에 제사지내는 것을 '郊'라고 하니 ≪同人卦에 나옴≫ [이것을 가리켜] "需于郊", 즉 "郊에서 기다린다"라고 한 것이다. 그러면 무엇을 기다리는 것인가? 巽은 天命이니 ≪荀九家[188)]의 易≫ 郊에서 기다리는 것은 [다름 아닌] 天命이다. 武王이 商나라의 교(郊)에서 진(陳)을 치고 하늘의 밝은 명을 기다린 경우가 이 占卦에 해당된다.[189)]

○中孚之時 ≪卦自中孚來≫ 其德巽順 ≪上本巽≫ 移之爲需 則卦

---

187) 泰卦에서 乾天이 下卦에 있으니, "乾天之下"라는 말이 적당치 않다고 생각될 수도 있다. 그러나 泰卦에서 井卦로 推移하게 되면, 乾의 제일 아래 畫이 변하여 巽으로 되므로, "乾天의 아래"라는 말이 성립되는 것이다.

188) 陸德明의 『經典釋文』 序錄에 荀九家의 이름이 열거되어 있는데, 이에 따르면 荀九家란 ① 京房, ② 馬融, ③ 鄭玄, ④ 宋衷, ⑤ 虞翻, ⑥ 陸績, ⑦ 姚信, ⑧ 翟子玄, ⑨ 荀爽의 아홉 명의 역학자를 가리킨다. 荀九家의 대표자인 荀爽(128~ 190)은 古文易(費氏易)을 발흥시킨 인물로 일컬어지며, 字는 慈明이다(심경호 역주, 『주역철학사』, 예문서원, 1994, 677면 참조).

189) 武王이 文王 9年(문왕이 9년에 붕어하였으나 무왕은 문왕의 연호를 계속 사용함)에 商나라 주왕(紂王)을 토벌하기 위해, 필에서 제사를 올리고 동쪽으로 가서 군대를 사열하고 맹진(盟津)에 이르렀을 때, 800명의 제후가 모였다. 軍師인 상보(태공망)가 각 제후들에게 江을 건너 진격할 것을 명령하였다. 武王이 江을 건너서 江 가운데 이르자, 흰 물고기가 왕의 배로 튀어올라, 무왕은 몸을 굽혀서 집어들어 제사를 올렸다. 강을 다 건너자 불덩이가 하늘에서 떨어지더니, 왕이 머무는 지붕에 이르렀을 때 그것이 붉은 까마귀로 변해서, 울었다. 이때, 제후들이 모두 紂는 정벌할 수 있습니다"라고 말했으나, 무왕은 "그대들은 아직 天命을 모르니, 정벌할 수 없소!"라고 하고는 병사를 이끌고 되돌아갔다. 商나라 주왕(紂王)을 정벌한 것은 이로부터 2년이 지난 뒤의 일이다. 주(紂)의 포학함이 더욱 심해져서, 왕자 비간(比干)을 죽이고 기자(箕子)를 감금했다는 소문이 들리자, 武王은 제후들을 동원하여 주왕(紂王)의 정벌에 나섰다. 武王의 참모인 呂尙이 군대를 商나라 郊外의 목야(牧野)에 모아서, 선제공격을 하여 쳐들어가니, 商의 군대는 대패하고, 주왕(紂王)은 스스로 불에 뛰어 들어, 목숨을 끊었다. 이로서 商나라가 망하고 武王이 周나라를 세웠다.

德剛險 ≪乾而坎≫ 初之既變 巽德依舊 ≪下今巽≫ 由舊之謂 恒 ≪恒常也≫ 利用恒也 筮而遇是者 勿刱新法 宜遵舊常也

中孚 → 需 → 井

○中孚卦의 때에는 ≪需卦는 中孚로부터 옴≫ 그 德이 공손하고 순종하였으나 ≪[中孚卦의] 上卦가 본래 巽≫ [中孚卦부터 推移하여] 需卦로 되면, 卦의 성격(德)이 剛하고 험난하다. ≪[剛의 성격의] 乾과 [험난함의 성격의] 坎≫ [그런데 需卦의] 初爻가 이미 변하더라도, 巽의 성질은 以前과 같다. ≪[井卦의] 下卦가 지금 巽≫ 옛것을 따르는 것을 '恒'이라고 하니 ≪'恒'은 恒常됨을 뜻함≫ [이것을 가리켜] "利用恒", 즉 "恒常의 道를 지키는 것이 이롭다"고 한 것이다. 점쳐서 이런 점괘를 만나는 사람은 새로운 法을 만들어 낼 것이 아니라, 옛날의 常道를 좇는 것이 마땅하다.

○泰之時 柔以乘剛 ≪坤在上≫ 今也 剛升得五 ≪井上坎≫ 柔降爲巽 ≪五之一≫ 是 無咎也 ≪善補過≫

需 → 井 ← 泰

○泰卦의 때에는 柔가 剛을 올라타고 있었는데 ≪坤이 上卦≫ 이제는 剛이 올라가서 제5位를 얻고, ≪井卦의 上卦가 坎≫ 柔가 내려와 巽이 되니 ≪[泰卦의] 5가 1로 감≫ 이것이 "無咎"가 되는 까닭이다. ≪허물을 잘 보완한다.≫

○坎險在前 ≪井上坎≫ 退以巽伏 ≪五之一≫ 不犯難而前行也

需 → 井 ← 泰

○坎의 험난함이 앞에 있어 ≪井卦의 上卦가 坎≫ 물러나 巽으로써 숨으니 ≪[泰卦의] 5가 1로 감≫ 어려움을 무릅쓰면서까지 앞으로 나아가지 않는 것이다.

○未失常者 未失舊也 ≪巽如舊≫

○"未失常"은 옛 것을 잃지 않음을 의미한다. ≪巽이 以前과 마찬가지로 있다.≫

九二 : 需于沙, 小有言, 終吉. ○象曰 : 需于沙, 衍在中也, 雖小有言, 以吉終也.

九二 : [냇물을 건너가지 말고] 모래밭에서 [안전하게] 기다려야 할 것이다. [냇물을 건너가지 않고 남아 있는 행동에 대해서] 조금 [헐뜯는] 말이 있기는 하나, 끝에 가서는 吉할 것이다.[190] ○「象傳」: "모래밭에서 기다리는 것(需于沙)"은 넓고 평평한 땅이 [냇물] 가운데 있기 때문이니, 비록 조금 [헐뜯는] 말이 있더라도 끝에 가서는 吉할 것이다.

○此 需之旣濟也 旣濟自泰來 柔自外來 ≪五之二≫ 以离自防 ≪下[191]今离≫ 其義 需也 ≪不前進≫ 本以坤土 ≪泰上坤≫ 滾於坎水

---

190) 終吉 : (다른 가능한 해석) 마침내 吉할 것이다.

≪上今坎≫ 移爲离燥 ≪五之二≫ 其象爲沙 ≪土沾水而乾≫ 需于沙也 ≪程子曰 坎爲水 水近則有沙[192]≫ 譬彼涉水 ≪旣濟者 濟川之象≫ 朋雖涉險 ≪上二陰≫ 我則退俟 ≪五之二≫ 其義 吉也 詩云 招招舟子 人涉卬否 ≪匏有苦葉篇≫ 此之謂也 需者 須也

需 → 旣濟 ← 泰

○이것은 需卦가 旣濟卦로 변하는 경우이다. 旣濟卦는 泰卦로부터 왔다. 柔가 밖으로부터 왔는데 ≪[泰卦의] 5가 2로 감≫ 离로써 스스로 가로막고 있으니 ≪[旣濟卦의] 下卦가 지금 离≫ 그 뜻이 기다림이 된다. ≪前進하지 않음≫ 본래 坤의 땅이었는데 ≪泰卦의 上卦가 坤≫ [지금] 坎의 물이 흐르고 있다. ≪[旣濟卦의] 上卦가 이제 坎≫ [旣濟卦로] 推移되어 [그 땅의 물이] 离[의 햇빛]에 의해 건조(乾燥)되면, 그 象이 모래가 되니 ≪흙이 물에 적셔졌다가, 마름≫ [이것을 가리켜] "需于沙"라고 한 것이다. ≪程子가 말하기를, "坎은 물이니, 물 가까이에는 모래가 있다"라고 하였다.≫ 저 물을 건너는 상황에 비유하자면 ≪旣濟卦는 물을 건너는 象≫ 친구들은 비록 험한 냇물을 건넜어도 ≪上卦의 2陰[193]≫ 나는 물러나서 기다릴지니 ≪[泰卦의] 5가 2로 감≫ 그 뜻이 吉한 것이다. 『詩經』에서 "招招舟子, 人涉卬否", 즉 "뱃사공이 손짓하여 부르고 또 불러서, 남들은 물을 건너도, 나는 안 가려네"라고 한 것도 ≪『詩經』「國風」, 「패풍(邶風)」의 「포유고엽(匏有苦葉)」[194]篇에 나옴≫ 이

191) [校閱] 新朝本에는 "上今离"로 되어 있으나, 奎章本과 國中本처럼 "下今离"가 되어야 옳다.

192) [校閱] 奎章本에는 "水近則有汝"로 되어 있는데, '汝'는 '沙'의 誤記이다.

193) 旣濟卦의 제4位와 제6位의 陰을 가리킨 것이다.

194) 『詩經』「國風」, 「패풍(邶風)」의 「포유고엽(匏有苦葉)」篇에 나오는 구절로서, 原文은 다음과 같다. "招招舟子, 人涉卬否, 人涉卬否, 卬須我友(뱃사공이 손짓하여 부르고 또 불러서 남들은 물을 건너도, 나는 안 가려네, 남들은 건너도 나는 안가는 것은, 나는 내 벗을 기다리기 때문이네)." 다산의 泰卦 九二의 주석에서도 引用되고 있다.

것을 말한 것이다. "需"는 기다림의 뜻이다.

○ 兌之口舌 ≪下互兌≫ 今變爲坎 ≪下互坎≫ 險言爲謗 ≪坎爲險≫ 小有言也 我以离辨 ≪下今离≫ 不失其位[195] ≪位得正≫ 是 終吉也 譬彼涉川[196] 人涉卬否 ≪五之二≫ 人必有言 ≪不與共患難≫ 然而勿恤者 我終吉也 ≪不犯難≫

需 → 旣濟 ← 泰

○ 兌의 입과 혀가 ≪[需卦의] 下互卦가 兌≫ 지금은 변하여 坎이 되었으니 ≪下互卦는 坎≫ 험한 말은 곧 비방하는 말인지라 ≪坎이 험함이 됨≫ [이것을 가리켜] "小有言", 즉 "조금 [비방하는] 말이 있다"라고 한 것이다. 나(我)는 离로써 [事理를 잘] 분별해서 ≪[旣濟卦의] 下卦가 지금 离≫ 그 자리를 잃지 않으니 ≪位가 올바름을 얻음≫ [이것이] "終吉", 즉 " 끝에 가서는 吉함"의 까닭이다. 저 냇물을 건너는 것에 비유하자면, 사람들이 건너갈 때, 나는 건너가지 않으므로 ≪[泰卦의] 5가 2로 감≫ 사람들이 반드시 [이러쿵저러쿵] 말하게 마련이지만 ≪환란(患難)에 함께 참여하지 않음에 대해 비난≫ 그럼에도 불구하고 걱정할 것이 없다고 말하는 것은 내가 끝에 가서는 길하기 때문이다. ≪어려움을 범하지 않는다.≫

○ 衍者 寬平之地 ≪楊愼云≫ 左傳 有昌衍 漢書 有鄘衍 卽所謂 墳衍也 离體中寬 ≪乾九二≫ 衍在中也

○"연(衍)"은 넓고 평평한 땅을 뜻한다. ≪양신(楊愼)[197]이 [그렇게] 말하였

195) [校閱] 新朝本과 國中本에는 "不失其正"으로 되어 있고, 奎章本에는 "不失其位"로 되어 있다.

196) [校閱] 奎章本에는 "川"으로 되어 있으나, 新朝本과 國中本에는 "水"로 되어 있다.

다.》『左傳』에는 "창연(昌衍)"[198]이라는 말이 있고, 『漢書』에는 "부연(鄜衍)"[199]이라는 말이 있으니, "衍"이란 이른바 "분연(墳衍)",[200] 즉 '물가에 있는 평지'를 말하는 것이다. 离의 形體를 보면, 가운데가 넓으니 《乾九二를 참조》 [이것을 가리켜] "衍在中", 즉 "넓고 평평한 땅이 가운데 있다"라고 한 것이다.

○旣濟爲卦 六位皆正 《皆得位》 以吉終也

䷾

旣濟

○旣濟卦는 여섯 位가 모두 올바른 자리를 얻은 까닭에 《모두 제 자리를 얻음》 "以吉終也", 즉 "吉함으로써 끝마친다"라고 한 것이다.

○鄭玄易 沙作沚 《形相近》 孟喜本 沙下有衍字 《爻詞之沙下》

○鄭玄의 易에서는 '沙'字를 '沚'字로 썼다. 《형태가 서로 유사함》 孟喜本에서는 '沙'字 밑에 '衍'字가 있다. 《爻詞의 '沙'字 아래에 ['衍'字가] 있다.》

---

197) 양신(楊愼, 1488~1559) : 明나라 중기의 학자·문학자, 字는 용수(用修), 號는 승암(升菴)이다. 經學과 시문이 탁월하였으며, 박학하기로 이름이 높았다. 저서에 『丹鉛總錄』·『升菴集』·『檀弓叢訓』·『奇字韻』·『古音駢字』·『古音叢目』·『古音獵要』·『古音餘』·『古音附錄』·『古音略例』·『轉注古音略』·『石鼓文音釋』·『六書索隱』·『經子難字』 등이 있다.

198) 창연(昌衍) : 『左傳』(僖公 29年)에 "二十九年春, 介葛盧來朝, 舍于昌衍之上", 즉 "29년 봄에 [東夷의 나라인] 介의 王인 갈로(葛盧)가 내조(來朝)하여, 노나라 땅 昌衍에 머물렀다"라는 기록이 있음.

199) 부연(鄜衍) : '부(鄜)' 땅에 있는 平地의 이름, 『史記』「封禪書」에 "其口止於鄜衍"이라는 말이 있음(諸橋轍次, 『大漢和辭典』 卷11, 大修館書店, 昭和 55年, 308면).

200) 분연(墳衍) : 물가(水涯)의 低地를 가리킨다. "분연(墳衍)"이란 말은 『周禮』「地官」「大司徒」에 나오는 말이다. 또 그 注에 "水涯曰 墳, 下平曰, 衍"이라고 하였다(諸橋轍次, 『大漢和辭典』 卷3, 大修館書店, 昭和 55年, 263면).

九三 : 需于泥. 致寇至. ○象曰 : 需于泥, 災在外也. 自我致寇, 敬愼, 不敗也.

九三 : [험난한 곳으로 더 이상 나아가지 말고] 진흙에서 기다려야 할 것이다.[201] [나 자신의 경망스러운 행동으로 말미암아] 도적을 불러들이게 될 것이다. ○「象傳」: 진흙에서 기다리는 것(需于泥)은 재앙이 밖에 있기 때문이다. 나 스스로 도둑을 불러들인 것이 되었으나, 공경(恭敬)함과 신중(愼重)함으로써 행동한다면 패(敗)하지 않을 것이다.

○此 需之節也 節自泰來 柔自外來 ≪五之三≫ 兌以自脫 ≪脫於險≫ 其義 需也 ≪不前進≫ 本以坤土 今沾坎水 ≪上今坎≫ 遂爲兌澤 ≪下今兌≫ 其象爲泥 ≪見震卦≫ 需于泥也

需 → 節 ← 泰

○이것은 需卦가 節卦로 변하는 경우이다. 節卦는 泰卦로부터 오니, 柔가 밖으로부터 와서 ≪[泰卦의] 5가 3으로 감≫ 兌로써 스스로 벗어나니 ≪험난함에서 벗어남≫ 그 뜻이 '需'이다. ≪앞으로 나아가지 못함≫ 본래 坤의

201) "需于泥"와 "致寇至"를 연속(連續)해서 읽지 않고, 일단 "需于泥"에서 句를 끊은 것은 "需于泥"와 "致寇至"를 별개의 사건으로 판단했기 때문이다. 만일 이 爻辭를 "需于泥니 致寇至리라"라고 읽는다면, 그 해석은 "진흙에서 기다리니, 도적을 불러들이게 될 것이다"가 된다. 그 경우, 진흙에서 기다리는 것은 도적을 불러들이는 원인이 된다. 그러나 다산은 註釋에서, "兌以自脫 ≪脫於險≫ 其義 需也 ≪不前進≫"이라고 말하고 있다. 다산의 해석을 따른다면, 진흙에서 기다리는 것은 일단 험난한 것으로부터 벗어나서, 위험한데로 나아가지 않고 기다리는 것이 된다. 그렇다면 진흙에서 기다리는 것이 결코 도적을 불러들이는 원인은 될 수는 없을 것이다.

땅이었는데, 이제 坎의 물을 적셔 ≪[節卦의] 上卦가 이제 坎≫ 드디어 兌의 연못이 되었으니 ≪[節卦의] 下卦가 이제 兌卦≫ 그 꼴이 진흙의 형상이다. ≪震卦에 [그러한 用例가] 나옴[202]≫ 그러므로 "需于泥", 즉 "진흙에서 기다린다"라고 말한 것이다.

○ 坤之三陰 本我敵也 ≪泰上坤≫ 今爲坎盜 是 强寇[203]也 一陰來犯 ≪五之三≫ 致寇至也

䷄ ䷻ ䷊

需 → 節 ← 泰

○ 坤의 세 개의 陰은 본래 나의 敵이었는데 ≪泰卦의 上卦는 坤≫ 이제 坎의 도둑이 되었으니 이것은 강도(强盜)이다. 한 개의 陰이 와서 침범하니 ≪[泰卦의] 5가 3으로 옴≫ "致寇至", 즉 "도둑을 불러들인 것"이 된다.

○ 兌爲毁折 ≪說卦文≫ 災在外也 ≪乾體毁其外≫ 离則爲防 ≪防其外≫ 兌則爲毁 ≪毁其外≫ 衍在中 ≪九二[204]文≫ 災在外 文相照也

䷄ ䷻ ䷊

需 → 節 ← 泰

○ 兌는 부서지고 꺾여짐이니 ≪「說卦傳」의 글≫ "재앙이 밖에 있는 것(災

202) 진흙(泥)의 象이 震卦에도 있다는 뜻이다. 즉 震卦 九四의 爻詞에 "震遂泥"라는 말이 있는데, 茶山은 주석에서 "坤土之上, 爰有坎水, 其象, 泥也(坤의 땅 위에 여기에 坎의 물이 있으니, 그 象이 진흙에 해당된다)"라고 풀이하고 있다.

203) [校閱] 新朝本과 國中本에는 "强寇"로 되어 있으나 奎章本에는 "强盜"로 되어 있다. 어느 경우나 뜻은 통한다.

204) [校閱] 奎章本에는 "九三"으로 되어 있는데, 新朝本과 國中本처럼 "九二"가 되어야 옳다.

在外)"이다. ≪乾의 形體의 바깥이 허물어짐[205]≫ 离는 막는 것이 되지만 ≪그 밖을 막음≫ 兌는 허무는 것이 된다. ≪그 밖을 허물어버림≫ "衎在中"과 ≪需卦 九二의 글[206]≫ "災在外"의 문장이 서로 조응(照應)한다.

○我者 乾也 ≪泰下乾≫ 緣我妄動 ≪三之五≫ 寇乃內犯 ≪五之三≫ 自我致寇也

需 → 節 ← 泰

○내 쪽은 乾이다. ≪泰卦의 下卦는 乾≫ 나의 망령된 행동으로 말미암아 ≪[泰卦의] 3이 5로 감≫ 도둑이 안으로 침범하게 되었으니[207] ≪[泰卦의] 5가 3으로 감≫ "自我致寇"라고 한 것이다.

○坎以敬之 ≪坎直中[208]≫ 艮以止之 ≪今互艮≫ 是 敬愼也 二剛猶存 ≪下今兌≫ 是 不敗也

需 → 節 ← 泰

---

205) "乾體毁其外"의 "乾體"가 需卦의 下卦에 있는 乾을 가리킨 것으로 보아야 할지, 아니면, 泰卦의 下卦에 있는 乾을 가리킨 것으로 보아야 할지는 분명치 않다. 왜냐하면, 需卦 九三이 효변하면서 節卦로 되는 경우에도 "乾體"의 바깥 부분이 허물어지게 되지만, 泰卦가 推移하여 節卦로 되는 경우에도 역시 "乾體"가 허물어진 것이 되기 때문이다. 어느 경우에나, 乾이 변하여 兌가 된 것이니, 두 경우 모두에 해당된다고 볼 수도 있겠다.

206) 奎章本에는 "衎在中"이 需卦 九三에 나오는 글이라고 하였으나, "衎在中"은 需卦 九三이 아니라 需卦 九二에 나온다.

207) 앞의 "三之五"는 陽剛의 움직임을 중심으로 본 것이고, 지금의 "五之三"은 陰柔의 움직임을 중심으로 관찰한 것이다.

208) [校閱] "坎直中"의 "中"이 新朝本에는 "牛"로 되어 있으나 誤記이다.

○坎으로써 공경(恭敬)하고[209] ≪坎은 가운데가 곧음≫ 艮으로써 멈추니 ≪지금 [節卦의 3·4·5位는] 互艮≫ 이것이 "敬愼"이다. 제2位의 剛이 아직 남아 있으니 ≪[節卦의] 下卦가 이제 兌≫ 이것이 "不敗"의 원인이 된다.

六四 : 需于血, 出自穴. ○象曰 : 需于血, 順以聽也.

六四 : 피를 흘리며 [天命을] 기다릴 것이니, [그렇게 天命을 기다리면, 험난한] 구덩이로부터 나가게 될 것이다. ○「象傳」: "피를 흘리면서도 [天命을] 기다리는 것(需于血)"은 [하늘이 내리는 命을] 듣고 순종(順從)하기 때문이다.

○此 需之夬也 大壯之移 ≪卦自大壯來≫ 柔自外來 ≪五之四≫ 遂以坎伏 ≪上今坎≫ 其義 需也 ≪不前進≫ 坎則爲血 ≪說卦文≫ 需于血也 本以震足 ≪本上震≫ 今乃离刖 ≪离兵斷≫ 是以血也 旣犯其難 ≪四則犯坎體≫ 又何需矣 然而須[210]之者 聽于天也 ≪內有乾≫ 推移之跡 在四 ≪五之四≫ 故言其本象

大壯 → 需

○이것은 需卦가 夬卦로 변하는 경우이다. [需卦는] 大壯卦로부터

209) 坎이 '敬'의 뜻이 된다는 것은 茶山의 '今補'에서 나온다(『四箋』 卷8, 38나).
210) [校閱] 奎章本과 國中本에서는 "需"로 되어 있으나, 新朝本에서는 "須"로 되어 있다. 뜻은 같다.

推移한 것이니 ≪需卦는 大壯卦로부터 옴≫ 柔가 밖으로부터 와서 ≪[大壯卦의] 5가 4로 감≫ 드디어 坎으로써 숨으니 ≪[需卦의] 上卦가 이제 坎≫ 그 뜻이 기다림(需)이 된다. ≪앞으로 나아가지 못한다.≫ 坎은 피(血)니 ≪「說卦傳」의 글≫ ["需于血"이란 곧] 피(血)[를 흘리는 상황]에서 기다리는 것이다. 본래 震의 발이었는데 ≪본래 [大壯卦의] 上卦는 震≫ 지금 [需卦에서는] 발꿈치를 베이게 되었으니 ≪离의 兵器로 베임≫ 이런 까닭으로 피가 난 것이다. 이미 그 곤란함에 처하게 되었는데 ≪[지금 六四의 자리에 있으니] 제4位는 곧 坎의 体를 침범하고 있음≫ 또 무엇을 기다리는 것인가? 그럼에도 불구하고 기다리는 것은 天命을 듣고자 하는 것이다. ≪[需卦의 內卦에] 乾이 있음≫ 推移의 자취가 제4位에 있으므로 그 本象을 취한 것이다.211)

○變而爲夬 兌以脫之 ≪上今兌≫ 脫于難也 ≪脫于坎≫ 本以坎窞 ≪上本坎≫ 今爲兌脫 ≪上今兌≫ 出自穴也

大壯 → 需 → 夬

○[그런데 需卦의 六四爻가] 변하여 夬卦가 되면, 兌로써 벗어나게 되니 ≪[夬卦의] 上卦가 지금 兌≫ 어려움에서 벗어나는 것이다. ≪坎[의 곤란함]에서 벗어남≫ 본래 坎의 구덩이였는데 ≪[需卦의] 上卦가 본래 坎≫ 이제 兌로서 탈출(脫出)하니 ≪[夬卦의] 上卦는 이제 兌≫ "出自穴"이라고 말한 것이다.

○坎則爲耳 ≪上本坎≫ 耳司聽也 本有乾天 ≪需下乾≫ 聽于天也

211) 大壯卦의 4가 5로 올라가서, 需卦가 되었으므로, 推移의 자취가 제4位에 있다고 말한 것이다. 제4爻가 卦主인 것은 아니다. 卦主는 제5爻이다.

柔降于陽 《大壯五之四》 順以聽也 旣犯于難 至於見血 而猶待天命 《順以聽[212]》 順之至也 故其變爲脫險之象

䷡ ䷄

大壯 → 需

○坎은 곧 귀니 《[需卦의] 上卦는 본래 坎》 귀는 듣는 기능을 담당한다. 본래 乾의 하늘이 있으니 《需卦의 下卦는 乾》 [듣는다고 함은] 하늘로부터 듣는 것이다. 柔가 陽이 있던 위치로 내려오니 《大壯卦의 5가 4로 감》 [이것을 가리켜] "順以聽", 즉 "[天命을] 듣고 순응함"이라고 한 것이다. 이미 어려움에 처하여, 피를 보게 됨에 이르게 되었음에도 불구하고, 오히려 天命을 기다리니 《[天命을] 듣고 순종함》 순종(順從)함의 지극함이다. [이처럼 天命에 순종하는 까닭에] 그러한 상황이 변해서, 험난함에서 벗어나는 象이 되는 것이다.

䷄

九五 : 需于酒食, 貞吉. ○ 象曰 : 酒食貞吉, 以中正也.

九五 : 술과 음식을 즐기면서 기다릴지니, 일을 맡아 처리하면 길할 것이다. ○「象傳」: "술과 음식을 즐기면서 기다리며, 일을 맡아 처리하면 길한 것(酒食貞吉)"은 中正을 얻었기 때문이다.

---

212) [校閱] 奎章本에는 "巽以順"으로 되어 있으나, 新朝本과 國中本에는 "順以聽"으로 되어 있다. 大壯卦나 需卦에는 巽이 없으므로 "巽以順"은 적절치 않은 것으로 보인다.

○ 此 需之泰也 大壯者 兼兌也 ≪本大兌≫ 兌則爲食 ≪兌爲口≫ 移之爲需 ≪四之五≫ 坎乃爲酒 ≪虞氏云≫ 需于酒食也 需之爲難 ≪行不進≫ 險在前也 ≪坎在前≫ 旣至於五 則前無坎險 飮食宴樂 無不吉也 五爲卦主 故言其本象

大壯 → 需 → 泰

이것은 需卦가 泰卦로 변하는 경우이다. 大壯卦는 겸획(兼畫)하면 兌이니 ≪본래 大兌≫ 兌는 곧 음식을 상징한다. ≪兌는 입이 됨≫ [大壯卦로부터 推移하여] 需卦가 되면 ≪[大壯卦의] 4가 5로 감≫ 坎은 곧 술이 되니 ≪虞翻의 說≫ "需于酒食"이라고 한 것이다. [需卦에서] 가지 못하고 기다리게 만드는 어려움은 ≪가려고 하지만 나아가지 못함≫ 앞을 가로막고 있는 험난함이다. ≪坎이 앞에 있다.≫ [그러나] 이미 제5位에 다다르면, 앞을 가로막고 있는 坎의 험난함이 없어지니, 음식(飮食)으로 잔치를 베풀어 즐기더라도, 길하지 않음이 없는 것이다. 제5爻는 卦主이므로 그 本象을 말한 것이다.

○三剛自强 ≪下本乾≫ 坎德貞固 ≪上今坎≫ 幹事吉也

大壯 → 需

○제3位의 剛은 스스로 强하고 ≪[需卦의] 下卦가 본래 乾≫ 坎의 德은 곧고도 견고하니 ≪[需卦의] 上卦는 지금 坎≫ 일을 주간(主幹)함에 길한 것이다.

○剛自下升 《四之五》 遂正五位 是 中正也

䷡ ䷄

大壯 → 需

○剛이 아래로부터 올라가서 《[大壯卦의] 4가 5로 감》 마침내 제5位에서 正을 얻었으니 이것이 "中正"이다.

○易例 上坎下离則 爲烹飪之象 《火溫水》

䷄

需

○易例에 따르면, 위에 坎의 水가 있고 아래에 离의 火가 있으면 삶아 익히는 형상이 된다. 《불이 물을 [뜨겁게] 데우는 것이다.》

䷄

上六 : 入于穴. 有不速之客三人來, 敬之, 終吉. ○象曰 : 不速之客, 來, 敬之, 終吉, 雖不當位, 未大失也.

上六 : [도망쳐서] 구멍에 들어가게 될 것이다.[213] 초청하지 않은 손님이 세 사람 올 것이니, 공경하여 모시면 마침내 길할 것이다. ○「象

---

213) 茶山의 아들 學圃가 "入于穴 自爲一象 與下文 不相干"라고 말하고 있으므로, 學圃의 說에 따라, "入于穴"에서 句를 끊었다. 즉, "入于穴"은 스스로 하나의 象을 형성하니, 아래의 ["有不速之客三人 ……" 이하의] 문장과는 서로 관계가 없다.

傳」: "초청하지 않은 손님이 오더라도 공경하여 모시면 마침내 길한 것(不速之客, 來, 敬之, 終吉)"은 비록 합당한 자리는 아닐 지라도, 아직 크게 [예(禮)를] 잃지 않았기 때문이다.

○此 需之小畜也 小畜自夬來 ≪上之四≫ 柔自外來 ≪上之四≫ 其義 入也 本以坎穴 ≪坎爲窞≫ 今乃巽入 ≪說卦文≫ 入于穴也 六四之出自穴 此爻之入于穴 皆逃難者之占也 ≪追亡者 亦宜≫

需 → 小畜 ← 夬

이것은 需卦가 小畜卦로 변하는 경우이다. 小畜卦는 夬卦로부터 왔다. ≪[夬卦의] 上이 4로 간 것이다.≫ 柔가 밖으로부터 오니 ≪[夬卦의] 上이 4로 감≫ 그 뜻이 "들어옴(入)"이 된다. 본래 [需卦의 上卦에서는] 坎의 구덩이였는데 ≪坎은 구덩이[214]가 됨≫ [이제 需卦 上六이 효변하여 小畜卦가 되면] 巽의 들어감이 되니 ≪「說卦傳」≫ [이것을 가리켜] "入于穴"이라고 한 것이다. 需卦 六四에서 "出自穴"이라고 한 것과 지금 需卦 上爻에서 "入于穴"이라고 한 것은 모두 도망가는 자의 점괘이다. ≪逃亡者를 좇는 점에도 마찬가지로 해당된다.≫

○巽者 主位也 ≪禮 主人坐於東南≫ 乾者 賓位也 ≪坐賓於西北≫ 今巽在外 ≪在上卦≫ 乾反居內 ≪客先入≫ 是 不速之客也 ≪巽主人 未嘗迎客而入≫ 乾爲三人 ≪損卦文≫ 內卦爲來 ≪泰卦文≫ 三人來也 ≪程子

214) 「序卦傳」에서는 "坎者, 窞也", 즉 "坎은 구덩이"라고 하였다. 茶山은 「說卦傳」의 주석에서 兌를 구멍(孔穴)의 뜻으로 보는 우번(虞翻)의 說을 소개하고, 이러한 우번(虞翻)의 說은 아무런 근거도 없는 잘못된 주장이라고 주장한다. 구덩이(窞)의 뜻이 되는 것은 坎이지 兌가 아니다(虞說 非也 坎則爲窞 兌爲孔穴 又何據也).

云≫ 本以坎敬 ≪上本坎≫ 今又巽順 ≪上今巽≫ 兌以饋之 ≪下互兌≫ 离以成禮 ≪上互离≫ 是 終吉也

䷄ ䷈

需 → 小畜

○巽은 주인의 자리이며 ≪禮에 주인은 동남쪽에 앉음≫ 乾은 손님의 자리이다. ≪손님은 서북쪽에 앉는다.[215]≫ 지금 巽의 주인은 밖에 있고 ≪[小畜卦의] 上卦에 있음≫ 乾의 손님은 도리어 안에 있으니 ≪손님이 먼저 들어감≫ 이는 "초대하지 않은 손님(不速之客)"이 된다. ≪巽의 주인이 손님을 영접한 적이 없는데도 들어온 것이다.≫ 乾은 세 사람을 상징하며 ≪損卦의 경우를 참조할 것[216]≫ 內卦의 기준에서 보면 오는 것이니 ≪泰卦의 글을 참조할 것[217]≫ 세 사람이 온 것이다. ≪程子가 [그렇게] 말함≫ 본래 [需卦에서] 坎으로써 공경하다가, 이제 [小畜卦에서] 巽으로써 공손하게 하고 ≪[小畜卦의] 上卦가 지금 巽≫ 兌로써 음식을 대접하며 ≪[小畜卦의] 下互卦가 兌≫ 离로써 禮를 이루니 ≪[小畜卦의] 上互卦가 离≫ 마침내 길한 것이다.

詩云 釃酒有藇 旣有肥羜 以速諸父 寧適不來 微[218]我有咎 ≪速召也 迎也≫ 不速而來 咎實在我 可不敬乎 需者 飮食之道也 故戒之如此

---

215) 易例에 따르면, 巽이 主人이 되며, 乾은 賓客이 된다. 「說卦傳」에 따르면, 乾은 서북쪽이 되며, 巽은 東南쪽이 된다. 따라서 주인은 서북쪽에 앉고, 손님은 동북쪽에 앉는 것이 禮이다.

216) 損卦 六三: "三人行 則損一人, 一人行 則得其友 ○象曰: 一人行 三則疑也(세 사람이 동행하면, 한 사람을 잃고, 한 사람이 가면, 그 친구를 얻는다. ○象曰: 한 사람이 가는 것은 세 사람이 가면 [서로] 의심하기 때문이다)." 損卦는 泰卦로부터 왔는데, 泰卦의 下卦인 乾을 세 사람으로 보았다.

217) 泰卦의 彖詞에서 "小往大來"라고 하였다.

218) [校閱] 奎章本에는 "微"가 俗字로 되어 있다.

『詩經』「小雅」「벌목(伐木)」에서 말하기를 "거른 술이 아름답구나. 살찐 새끼 양을 잡아, 친가(親家)쪽의 친척[219]들을 불렀으니, 어쩌다 일이 있어 못 온다고 했으나, 나를 탓하는 일 행여 없기 바라네"라고 하였다.[220] ≪"速"은 부르는 것이니 맞이하는 것이다.≫ 부르지도 않았는데 왔다면 [초대하지 않은] 그 허물이 실제 나에게 있음이니, [어찌] 공경하지 않을 수 있겠는가? 需는 음식(飮食)의 道인 까닭에 경계하기를 이처럼 한 것이다.

○巽宜在下 ≪主人降≫ 乾宜在上 ≪賓位尊≫ 今乃乖反 ≪巽在上≫ 雖不當位 ≪上六變則陽居陰≫ 旣敬旣禮 未大失也 剛不失中 ≪五本剛≫ 未大失也 ≪陽曰 大≫

需 → 小畜 ← 夬

○巽[의 주인]은 아래에 있어야 마땅하고 ≪主人이 내려옴≫ 乾[의 손님]은 위에 있어야 마땅하다. ≪손님의 위치는 존귀하다.≫ [그런데] 지금은 오히려 반대로 되었으니 ≪巽[의 주인]이 小畜卦에서는 위에 있음≫ 비록 그 地位는 不當한 것이지만 ≪[需卦의] 上六이 변하면, [小畜卦로 되어] 陽이 陰에 머무름≫ 이미 공경(恭敬)하고, 이미 禮도 갖추었으니 "아직 크게 [禮를] 잃지 않은 것(未大失)"이다. [또] 剛은 中을 잃지 않았으니 ≪제5位가 본래 剛≫ [이 또한] "未大失"이 된다. ≪陽을 가리켜 "大"라고 한다.≫

○按[221] 觀六四 姤九二 皆以乾巽爲賓主 ≪據鄕飮酒義≫

---

219) 諸父 : 天子는 同姓인 諸侯를 父라고 했고, 제후는 동성인 大夫를 父라 하였음.
220) 同人卦 六二, 離卦, 鼎卦 九二에서도 이 詩가 인용되고 있다. 인용된 부분에는 약간 차이가 있다.
221) [校閱] 奎章本에는 "按"으로 되어 있으나, 新朝本과 國中本에는 "案"으로 되어 있다.

○[按] 觀卦 六四[222]와 姤卦 九二[223]는 모두 乾과 巽으로써 손님과 주인을 삼았다. ≪『禮記』「鄕飮酒義」[224]에 근거함≫

○又按 坎爲穴者 其兩陰爲穴也 ≪故四六爲穴 習坎之初與三爲窞≫

○[又按] 坎이 구덩이가 되는 것은 두 개의 陰이 구덩이가 되기 때문이다. ≪이러한 까닭에 [需卦에서는] 제4位[225]와 제5位가 구덩이가 되고, 習坎卦에서는 初位와 제3位가 구덩이가 된다.[226]≫

○學圃云 入于穴 自爲一象 與下文 不相干

○학포(學圃)가 말했다. "'入于穴'은 스스로 하나의 象을 형성하니, 아래의 ['有不速之客三人' 以下의] 문장과는 서로 관계가 없다."

---

222) 觀卦 六四에 대한 주석에서 茶山은 "易例, 巽爲主人 ≪東南方≫ 乾爲賓也 ≪西北方≫"이라고 하였음.

223) 姤卦 九二(爻詞: 包有魚, 无咎, 不利賓 ○象曰: 包有魚, 義不及賓也)의 주석에서, 다산은 "乾賓在上 ≪坐西北≫ 巽主在下 ≪坐東南≫"라고 말하고 있다. 또 茶山은 姤卦 九二의 주석에서 "需觀, 皆以乾巽, 爲賓主", 즉 "需卦와 觀卦에서, 모두 乾과 巽을 각각 손님과 주인으로 간주한 用例가 있다고 말하고 있다.

224) 『禮記』의 「鄕飮酒義」는 『儀禮』의 '鄕飮酒[禮]'를 가리킨 것으로 볼 수 있다. 한편 「說卦傳」에서 乾賓을 설명할 때도 또한 鄕飮酒[義](즉 『禮記』)를 언급하고 있다. 이상에서 「鄕飮酒義」나 「鄕飮酒禮」를 꼭 『禮記』나 『儀禮』의 편명으로 볼 필요가 없기도 하겠다. 즉 '鄕飮酒하는 儀式'의 뜻으로도 볼 수도 있다. 「鄕飮酒禮」는 향촌(鄕村)의 유생(儒生)들이 향교(鄕校)나 서원(書院)에 모여서 禮로써 주연(酒宴)을 함께 즐기는 의례(儀禮)를 말한다. 향음주례는 그 고을 관아의 首領이 주인이 되고, 학덕과 연륜이 높은 이를 큰 손님으로, 그 밖의 유생(儒生)들을 손님으로 모시고 이루어졌다. 주연을 마치면 사회자가 마을 사람들 앞에서 부모에게 효도하고, 형제간의 화목하며, 이웃간에 서로 잘 어울리기를 권장하는 글을 읽었다. 향음주례의 목적은 주인(主人)과 손님 사이의 예절바른 주연(酒宴)을 통하여 연장자를 존중하고, 유덕자를 높이며, 禮法과 같은 풍속을 일으키는 데 있었다.

225) 需卦 六四의 爻詞에 "需于血, 出自穴"이라고 한 것을 가리킨다.

226) 習坎卦의 初六에서 "入于坎窞"이라고 하였고, 六三에서도 역시 "入于坎窞"이라고 하였으니, "入于坎窞"은 "坎의 구덩이에 들어감"을 뜻한다.

6. 천수 송(天水 訟)

坎下乾上 ○第四卦之反 ≪遯二之三 中孚四之一≫

遯 → 訟 ← 中孚　　　　需←反易→訟

坎은 下卦이고, 乾은 上卦이다. ○第4卦의 反卦이다. ≪遯卦의 2가 3으로 가고, 中孚卦의 4가 1로 간다.≫

○雜卦傳曰 訟 不親也

○『雜卦傳』에서 말했다. "訟은 친하지 않은 것이다."

○朱子曰 已險彼健 訟之道也

○朱子가 말했다. "자기는 위태롭고 상대는 굳세니, 訟事의 道이다."[227]

○鏞案[228] 卦自中孚來 ≪四之一≫ 中孚之時 下兌上巽 兩口相向 ≪上顚兌≫ 中成大离 ≪二五夾≫ 已有對辯[229]之象 ≪离爲辨≫ 而我

227) 朱子의 『周易本義』에 나오는 말을 다산이 축약해서 인용한 것이다. 즉 『周易本義』에 "又爲已險而彼健, 皆訟之道也"라고 하였다(『周易集註』, 명문당, 1976, 50면).

228) [校閱] 奎章本에는 '案'이 '按'으로 되어 있다.

229) [校閱] 奎章本과 國中本에는 "辯"으로 되어 있으나, 新朝本에는 "辨"으로 되어 있다.

和彼順 ≪下兌而上巽≫ 不至爭訟 移之爲訟則 我險彼剛 兩相疑阻 ≪坎爲疑≫ 第以王法 ≪乾王而坎律≫ 辨其曲直 ≪离爲辨≫ 此之謂 訟 訟者 公言也

䷼ ䷅

中孚 → 訟

○[鏞案] 訟卦는 中孚卦로부터 왔다. ≪[中孚卦의] 4가 1로 간 것이다.≫ 中孚卦의 때에는 下卦는 兌이고, 上卦는 巽이니, 두 입이 서로 마주보고 있는 모양이다. ≪[中孚卦의] 上卦는 [巽이니] 뒤집혀진 兌의 형상≫ 가운데로는 大离의 모양을 형성하니 ≪2·3·4·5의 互卦≫ 거기에는 이미 상대와 변론(辯論)하는 형상이 있다. ≪离가 분별함이 됨≫ 그렇지만 나는 화친(和親)하고자 하고, 상대방 쪽에서는 따르고자 하니 ≪[中孚卦의] 下卦는 兌이며, 上卦는 巽≫ 송사(訟事)로 다투는 데까지는 이르지 않는다. [中孚卦로부터] 推移하여, 訟卦가 되면, 나는 위태롭고, 상대는 굳세니, 양쪽이 서로 의심하는 것이다.[230] ≪坎이 의심이 됨≫ 차례로 王法으로써 ≪乾은 王이며, 坎은 律이 됨≫ 그 [是非·善惡의] 바르고 바르지 않은 것(曲直)[231]을 분명히 가려내니 ≪离가 분별함이 됨≫ 이것을 가리켜 訟이라고 하는 것이다. 訟이란 公的인 말을 가리킨다.

○本乎天者 親上 ≪天與火≫ 本乎地者 親下 ≪水附地≫ 今 水天同卦 非類也 故不親

○하늘에 근본을 둔 것은 위와 친근하고 ≪天과 火는 같은 종류를 형성함≫ 땅에 근본을 둔 것은 아래와 친근하다.[232] ≪물은 땅에 붙어 있음≫ 지

230) 의조(疑阻): ① 의심함, ② 저지함, 막음. 疑阻는 의저(疑沮)와 뜻이 같다.
231) 곡직(曲直): ① 굽은 것과 곧은 것, ② 사악함과 정직함, 正邪, 善惡, 是非, ③ 노래의 가락. 여기서는 ②의 뜻이다.

금 [訟卦 안에서] 水와 天이 같은 괘에 속해 있지만, 같은 종류는 아니기 때문에[233] [그 성질이] 친하지 않다.

䷅

訟, 有孚, ≪句≫ 窒惕中, ≪句≫ 吉,[234] 終凶.[235] 利見大人. 不利涉

---

232) 乾卦 九五의 「文言」에 나오는 孔子의 말로서, "本乎天者, 親上, 本乎地者, 親下, 則各從其類也"라는 말이 있다.

233) 다산은 乾卦 九五에서 『禮記』 「表記」의 "水土, 親而不尊, 火天, 尊而不親"의 구절을 인용하면서, 이것이 바로 "本乎天者, 親上, 本乎地者, 親下"를 가리키는 말이라고 한다. 즉 水와 土가 한 종류(一類)를 구성하고, 또 火와 天이 역시 한 종류(一類)가 된다고 한다. 그러므로 訟卦의 天과 水는 같은 범주에 속하는 것으로 볼 수 없다.

234) 다산은 아래 주석에서 "九家諸易, 皆以中吉爲句, 誤矣. 中與凶, 叶韻. ≪彖傳連言吉者, 總言之也, 非以中吉爲句.≫"라고 함. 즉, 「彖傳」에서 연결해서 읽었으나, 그 경우 "吉"은 문장 전체에 대해 말한 것이지, "中吉"로써 句를 삼은 것이 아니다. 따라서 吉은 中과 연결해서 읽으면 안 된다.

235) 이 구절의 해석과 斷句法과 해석에 있어 茶山은 伊川의 『易傳』과는 큰 차이를 보인다. 먼저 句를 끊는 방식에서 보면, 『易傳』에서는 "訟은 有孚나 窒하야 惕하야 中은 吉코 終은 凶하니"로 斷句하고 있는 반면에, 茶山은 "窒惕中 ≪句≫"을 한 의미단위로 보고, 끊어야 한다는 것을 明示하고 있다. 이러한 讀解는 해석에 큰 차이를 불러오게 되는데, 伊川은 『易傳』에서 "訟之道, 必有其孚實中, 無其實, 乃是誣妄, 凶之道也, 卦之中實, 爲有孚之象, 訟者, 與人爭辯而待決於人, 雖有孚, 亦須窒塞未通, 不窒則已明, 无訟矣, 事既未辯, 吉凶, 未可必也, 故有畏惕, 中吉, 得中則吉也, 終凶, 終極其事則凶也"라고 풀이하고 있다. 가장 큰 차이는 伊川이 "窒"을 '질색(窒塞)', 즉 "막혀서 통하지 않음(窒塞未通)"으로 풀이하고 있는 데 반해서, 茶山은 그것을 "窒者, 實也, 實心以敬天"이라고 풀이하고 있는 데 있다. 즉 茶山에 따르면, "窒"은 '막혀서 통하지 않는 상태'를 의미하는 것이 아니라, "誠實함으로 가득찬 마음", 즉 "實心"을 지칭하는 말이다. 그리고 "惕(두려워함)"의 내용에도 차이가 있으니, 伊川의 경우에는 訟事를 앞두고, 吉凶이 결정되지 않아, 두려워하는 것인 데 반해서, 茶山의 경우에는 天命을 공경하고, 두려워하는 것을 뜻한다. 또 伊川은 "中"을 "中吉"에 붙여서, "中을 얻으면, 吉한 것"으로 풀이하는 데 반해서, 茶山은 "中"을 "窒惕中"에 붙여, "그 마음을 誠實함으로 채워서, 天命을 두려워하는 것"으로 보고 있는 점도 역시 다른 점이다.

大川.

訟은 믿음이 있음이니, ≪句≫ 誠實한 마음을 가득 채워 [天命을 恭敬하고] 두려워하는지라,[236] ≪句≫ 길하나, 끝은 흉할 것이다. 大人을 만나는 일은 이로울 것이다. 큰 내를 건너는 것은 이롭지 않을 것이다.

○此 訟之不變者也 卦自中孚來 ≪四之一≫ 移之爲訟 亦以离孚 ≪二四互≫ 是 有孚也

中孚 → 訟

○이것은 訟卦가 변하지 않는 경우이다. 訟卦는 中孚卦로부터 왔는데 ≪[中孚卦의] 4가 1로 감≫ [中孚卦로부터] 推移하여, 訟卦가 되어도, 또한 离의 믿음으로써 하니 ≪[中孚卦의] 2·3·4의 互卦는 离≫ 이것이 "有孚"이다.

○又自遯來 ≪二之三≫ 遯之時 离位虛中 ≪一二三≫ 上畏天命 ≪互巽命≫ 其心 惕也 移之爲訟 ≪二之三≫ 則坎剛中實 ≪下今坎≫ 敬以直內 ≪敬天命≫ 窒惕中也 ≪坎爲穴 其中剛爲窒≫ 窒者 實也 實心以敬天 其占 吉也

遯 → 訟

---

236) "窒惕中"을 "誠實한 마음으로 [天命을 恭敬하고] 두려워함"이라고 번역한 것은 茶山이 주석에서 "窒者, 實也, 實心以敬天"이라고 하였기 때문이다. "窒"은 '막다', '막히다', '차다', '가득차다' 등의 뜻을 지니는데, 茶山의 풀이대로 한다면, "窒"은 "가득찬 마음", 즉 "實心"을 지칭하는 것이며, 이는 虛心에 반대되는 말이다.

○또 訟卦는 遯卦로부터 왔으니 ≪[遯卦의] 2가 3으로 감≫ 遯卦의 때에는 离位의 한 가운데가 비어 있어 ≪1·2·3은 [본래] 离位≫ 위로 天命을 경외(敬畏)하니 ≪[遯卦의] 下互卦인 巽은 天命을 상징함≫ 그 마음이 두려워하는 것이다. [遯卦로부터] 推移하여 訟卦로 되면 ≪[遯卦의] 2가 3으로 감≫ 坎의 剛으로 中을 채우고 ≪[訟卦의] 下卦가 지금 坎≫ 공경함으로써 [나의] 안[의 마음]을 바르게 하니[237] ≪天命을 공경함≫ [이것을 가리켜] "窒惕中", 즉 "誠實한 마음을 가득 채워 [天命을 恭敬하고] 두려워함"이라고 한 것이다. ≪坎은 구멍이니, 그 가운데 剛이 있으면 가득차게 된다.≫ '窒'은 '가득참(實)'을 뜻하니, 마음을 誠實함으로 채워, 하늘을 공경하니, 그 占이 길한 것이다.

○終凶者 爭訟之占也 我險彼健 艮剛今[238]折 ≪遯下艮 今斷≫ 艮則爲終 ≪說卦文≫ 終有凶也 ≪又 三爲下終≫

遯 → 訟

○"終凶", 즉 "끝이 흉하다"라고 한 것은 訟事의 占에 해당되니, 나는[239] 위태롭고 상대는[240] 剛健한 상황이다. 艮의 剛이 지금 꺾이니 ≪遯卦의 下卦는 艮인데, 이제 [訟卦로 되면] 艮의 형태가 斷絶됨≫ 艮은 곧 끝이 되므로 ≪「說卦傳」의 글[241]≫ 끝에 가서 흉함이 있는 것이다. ≪또 제3位는 下

237) "敬以直內"는 坤卦 六二의 「文言」에서 孔子가 한 말로서 "義以方外"와 對句가 된다.

238) [校閱] 新朝本과 國中本에는 "艮剛今折"이라고 되어 있으나 奎章本에는 "艮剛遂折"로 되어 있다.

239) 「訟卦」의 '下卦'인 '坎'을 가리킨다. 坎險의 뜻은 茶山이 '今補' 以外에 별도로 보충한 것이다(『四箋』 卷8, 39가 등의 용례를 참조할 것). 『周易』 「坎卦」에 "習坎重險"(坎彖), "坎有險"(坎二)이라고 한 것에 그 根據가 있다.

240) 訟卦의 上卦인 乾을 가리킨다. 「說卦傳」에 "乾, 健也"라고 하였음.

241) 「說卦傳」에 "艮, 東北之卦也, 萬物之所成終而成始也, 故曰, 成言乎艮"이라고 함.

卦의 끝이 된다.≫

○遯之時 乾君在上 ≪說卦 乾爲君≫ 是 大人也 柔自下升 ≪二之三≫ 相見乎离 ≪下互离≫ 遂得巽命 ≪上互巽≫ 利見大人也

遯 → 訟

○遯卦의 때에는 乾君이 위에 있으니 ≪「說卦傳」에 乾은 임금이라고 함≫ 이것이 "大人"이다. 柔가 아래로부터 올라가서 ≪[遯卦의] 2가 3으로 감≫ 离에서 서로 만나게 되었는데 ≪[訟卦의] 下互卦가 离≫ 마침내 巽의 명령을 받게 되었으니 ≪上互가 巽≫ [이것을 가리켜] "利見大人"이라고 한 것이다.

○ 中孚之時 震舟兌澤 ≪下兌而互震≫ 其象利涉 ≪中孚之卦詞≫ 移之爲訟 則柔自上墜 ≪四之一≫ 入于澤底 ≪下本兌≫ 遂爲坎水 ≪下今坎≫ 不利涉大川也 ≪舟中之民 墜入于舟下[242]≫

中孚 → 訟

○中孚卦의 때에는 震의 배와 兌의 연못이 있으니 ≪下卦는 兌이고, 下互卦는 震≫ 그 卦象이 물을 건너는 데 이롭다. ≪中孚의 卦詞[243]≫ [그런데 中孚卦로부터] 推移하여 訟卦로 되면, 柔가 위로부터 추락(墜落)하여

242) [校閱] 新朝本과 國中本에는 "墜入于舟下"로 되어 있으나 奎章本에는 "墜入于舟中"으로 되어 있다. 前者가 옳다.

243) 中孚卦의 彖辭에 "豚魚, 吉, 利涉大川, 利貞"이라고 함.

≪[中孚卦의] 4가 1로 감≫ 연못 바닥으로 빠졌는데 ≪[中孚卦의] 下卦가 본래 兌≫ 드디어 坎의 물로 되었으니 ≪[訟卦의] 下卦가 이제 坎≫ 큰 내를 건너는 것이 이롭지 못한 것이다. ≪배 안에 탄 사람이 떨어져서 배 밑으로 빠지게 된다.[244]≫

○案[245] 鄭玄本 窒作咥 ≪聲誤也≫ 馬融 讀作躓 ≪亦聲誤≫ 又 九家諸易 皆以中吉爲句 誤矣 中與凶 叶韻 ≪彖傳連言吉者 總言之也 非以中吉爲句≫

○[案] 鄭玄本에는 '질(窒)'字가 '질(咥)'字로 되어 있다. ≪소리의 유사성으로 인한 착오≫ 馬融은 '窒'字를 '지(躓)'字로 읽음 ≪역시 소리의 유사성으로 인한 오류≫ 또 荀九家의 여러 易도 모두 '中吉'로써 句를 삼았으나, 잘못이다. '中'字와 '凶'字는 협운(叶韻)이다. ≪「彖傳」에서 연결해서 읽었으나, 그 경우 "吉"은 문장 전체에 대해 말한 것이지, "中吉"로써 句를 삼은 것이 아니다.≫

彖曰 : 訟, 上剛下險, 險而健, 訟. 訟有孚窒惕中吉, 剛來而得中也. 終凶, 訟不可成也. 利見大人, 尙中正也. 不利涉大川, 入于淵也.

「彖傳」: 訟은 위는 강하고 아래가 험난한 것이니, 험난하고 健壯한 것이 訟[卦의 象]이다. "訟, 有孚, 窒惕中, 吉"이라고 한 것은 剛이 와서 中을 얻은 것을 말한 것이다. "終凶"이라고 한 것은 訟事가 成事될 수 없음을 말한 것이다. "利見大人"이라고 한 것은 위로 올라가서 中正을 이루기 때문이다.[246] "不利涉大川"이라고 한 것은 연못에 빠지기 때문이다.

---

244) 奎章本에는 "舟中之民, 墜入于舟中"으로 되어 있으나 新朝本과 國中本처럼 "舟中之民, 墜入于舟下"가 되어야 의미가 통한다. 舟中에 있는 사람이 떨어졌는데, 다시 舟中에 있을 수는 없을 것이다. 배에 타고 있는 사람이 배 밑의 물에 떨어진 것이라야 옳다.

245) [校閱] 奎章本에는 '案'이 '按'으로 되어 있다.

○卦自遯來 ≪三之二≫ 剛來而得中也 ≪朱子曰 訟自遯來≫

遯 → 訟

○訟卦는 遯卦로부터 왔으니 ≪[遯卦의] 3이 2로 감≫ 剛이 와서 中을 얻은 것이다. ≪朱子가 말하였다. "訟卦는 遯卦로부터 왔다."≫

○凡諸萬物 艮以成之 ≪說卦文≫ 今艮旣亡 ≪遯下艮 今亡≫ 勞而無成 ≪下今坎≫ 訟不可成也

遯 → 訟

○무릇 모든 만물은 艮으로써 이루어진다. ≪「說卦傳」의 글≫ 이제 艮이 벌써 없어져 ≪遯卦의 下卦는 艮인데, 이제 없어짐≫ 노력하여도 成事되는 것이 없으니 ≪下卦는 이제 坎≫ 이것이 "訟不可成"이라고 말한 이유이다.

○尙者 上也 柔之旣上 ≪二之三≫ 下乃中正 ≪下今坎≫ 尙中正也

遯 → 訟

○"尙"이란 위로 올라감이니, 柔가 이미 위로 올라가고 ≪[遯卦의] 2가

246) 다산은 주석에서 "尙者, 上也, 柔之旣上 ≪二之三≫ 下乃中正 ≪下今坎≫ 尙中正也", 즉 "'尙'이란 위로 올라감이니, 柔가 이미 위로 올라가고 ≪[遯卦의] 2가 3으로 감≫ 下卦는 中正이 되니 ≪[訟卦의] 下卦는 이제 坎≫ [이것을 가리켜] '尙中正'이라고 한 것이다"라고 하였다.

3으로 감≫ 下卦는 中正이 되니 ≪[訟卦의] 下卦는 이제 坎≫ [이것을 가리켜] "尙中正"이라고 한 것이다.

○柔自上[247]墜 ≪中孚四之一≫ 沒于澤底 ≪下本兌≫ 入于淵也 兌則爲淵 ≪乾九四≫ 坎爲流水 不曰 淵也

中孚 → 訟

○柔가 위로부터 떨어져서[248] ≪中孚卦의 4가 1로 감≫ 연못바닥에 가라앉으니 ≪[中孚卦의] 下卦는 본래 兌≫ [이것을 가리켜] "入于淵"이라고 한 것이다. 兌는 곧 연못이니 ≪乾卦의 九四[를 참조할 것][249]≫ 坎은 흐르는 물이니, [흐르는 물을] 연못이라고는 하지 않는다.[250]

初六 : 不永所事, 小有言, 終吉. ○象曰 : 不永所事, 訟不可長也, 雖小有言, 其辨明也.

---

247) [校閱] 新朝本과 國中本에는 "柔自上墜"로 되어 있으나 奎章本에는 "柔自下墜"로 되어 있다. 前者가 옳다.

248) 奎章本에는 "柔自下墜"로 되어 있으나 이는 細注에서 "中孚四之一"이라고 하였으므로, 분명히 잘못된 것이다. 新朝本과 國中本처럼, "柔自上墜"가 되어야 中孚의 4가 1로 가는 卦象에 맞게 된다.

249) 乾卦 九四의 爻詞에 "或躍在淵"이라고 함.

250) "入于淵"의 "淵"은 訟卦 자체의 卦象에서는 나오지 않고, 訟卦의 母卦인 中孚卦로부터만 나올 수 있음을 지적한 것이다.

初六: 송사(訟事)를 오래 끌지 말 것이니, 조금 [헐뜯는] 말이 있더라도, 끝에 가서는 길할 것이다. ○「象傳」: "不永所事"라고 한 것은 송사(訟事)를 오래 끌어서는 안 된다는 것이니, 비록 조금 [헐뜯는] 말이 있더라도 그 [옳고 그름을] 분별하는 것은 분명할 것이다.

○此 訟之履也 坎以幹事 ≪訟下坎≫ 訟所事也 初之旣變 坎事遂已 ≪下今兌≫ 不永所事也 曷然哉 兌者 決折也 ≪說卦文≫ 訟旣決折 又何事焉

訟 → 履

○이것은 訟卦가 履卦로 변하는 경우이다. 坎은 일을 맡아서 처리함(幹事)을 뜻하니 ≪訟卦의 下卦가 坎≫ 訟事할 일이 있는 것이다. 初六이 이미 변함에, 坎의 일은 드디어 그치니 ≪[訟卦의] 下卦가 지금 兌≫ [이것을 가리켜] "不永所事", 즉 "訟事를 오래 끌지 않음"이라고 한 것이다. 어째서 그러한가? 兌는 터뜨려 끊어트림이니 ≪「說卦傳」의 글[251]≫ 訟事가 이미 결판(決判)나 버렸는데, 다시 訟事할 일이 어찌 있겠는가?

○ 兌之口舌 ≪中孚之下兌≫ 移爲坎險 ≪一之四≫ 險言爲謗 ≪需九二≫ 小有言也 遂爲大离 ≪履大离≫ 辨之克明 ≪离爲明≫ 是 終吉也

中孚 → 訟 → 履

251) "說卦文"이란 「說卦傳」에 나오는 글을 의미하겠지만, "兌者 決折也"라는 말이 「說卦傳」에 나오는 것은 아니다. 다만 "兌爲澤 …… 爲毁折 爲附決"이라는 말은 있다. 따라서 "決折"이란 "毁折"의 '折'과 "附決"의 '決'을 합친 말이다.

○[中孚卦의] 兌의 입과 혀가 ≪中孚卦의 下卦는 兌≫ [訟卦로] 推移하게 되면, 坎의 험난함이 된다. ≪[中孚卦의] 1이 4로 감≫ 험한 말이란 곧 비방(誹謗)하는 말이므로 ≪需卦의 九二[252]≫ "小有言", 즉 "조금 말이 있다"라고 한 것이다. [訟卦 初六이 爻變하여, 履卦로 되면] 드디어 大离의 형상이 되어 ≪履卦는 [통틀어] 大离의 형상≫ 변론(辯論)함이 더 없이 분명하니[253] ≪离는 밝음을 뜻함≫ 이것이 "終吉(그 終局에는 길함)"이 되는 까닭이다.

○旣以兌決 ≪下今兌≫ 不可長也

訟 → 履

○이미 兌로써 터트려졌으니 ≪[履卦의] 下卦가 지금 兌≫ "不可長(오래 끌어서는 안 됨)"이라고 한 것이다.

○辨者 分別也 兩剛之間 一陰中劈 故离則爲辨

訟 → 履

○"辨"이란 分別함을 뜻하니, [离의 꼴은] 두 개의 剛 사이에 한 개의

---

252) 需卦 九二에서도 "小有言, 終吉"이라고 하였음. 또 다산이 그 주석에서 "兌之口舌 ≪下互兌≫ 今變爲坎 ≪下互坎≫ 險言爲謗 ≪坎爲險≫"이라고 한 것도 訟初六의 경우와 유사하다.

253) 克明은 본래 『書經』「周書」편에 "克明德愼罰(덕을 밝히고 벌을 신중히 다루도록 하라)"는 말에서 나온 말로서, ① 속속들이 똑똑히 밝힘, ② 더없이 자세하고 분명함의 뜻이다.

陰이 가운데서 [그 사이를] 갈라놓고 있는 형상이므로, [履卦의 下互卦인] 离는 분별함이 되는 것이다.

九二 : 不克訟, 歸而逋, 其邑人三百戶, 無眚. ○象曰 : 不克訟, 歸逋竄也, 自下訟上, 患至掇也.

九二 : [송사(訟事)를 일으킨 사람이] 송사(訟事)를 이길 수 없어서, 돌아가서 도망을 치니, 그 읍(邑)의 주민인 삼백호(三百戶)에는[254] 재앙이 없을 것이다.[255] ○「象傳」: [송사(訟事)를 일으킨 사람이] 송사(訟事)를 이길 수 없어서, 돌아가서 도망쳐 숨은 것이다. 아랫사람이 윗사람을 상대로 송사를 벌이지만,[256] 우환(憂患)의 다가옴이 멈출 것이다.[257]

---

254) 여기서 "其邑人이 三百戶이면"의 懸吐를 취하지 않았다. 이러한 懸吐는 『易傳』의 "三百戶, 邑之至小者, 若處强大, 是, 猶競也, 能无眚乎"와 『本義』의 "邑人三百戶, 邑之小者, 言自處卑約, 以免災患, 占者, 如是則无眚矣"이라는 풀이를 반영한 것이다. 그러나 邑人이 三百戶의 소규모라는 것이 재앙이 없는 것의 조건이 될 수는 없다. 伊川은 三百戶의 작은 邑이라고 하더라도, 强大하게 처신한다면, 재앙이 없을 것으로 풀이하였다. 반면에 朱子는 三百戶의 작은 규모의 邑人이라도 스스로 낮고 儉約하게 처신한다면 재앙이 없게 되는 것이다. 어느 경우에나, "其邑人이 三百戶이면" 재앙이 없는 것이 아니라, 합당한 처신을 할 때, 재앙이 없는 것이다. 한편, 茶山에 따르면, 재앙이 없는 것은 訟事를 벌이던 주인이 도망가서, 우환이 멈춘 것일 뿐이다.

255) 伊川의 『易傳』의 경우에는 "三百戶, 邑之至小者, 若處强大, 是 猶競也, 能无眚乎"라고 하였으니, "三百戶처럼 작은 邑人이라도 强大하게 대처한다면, 재앙이 없을 것"으로 풀이하였다. 朱子의 『本義』의 경우에도, "邑人三百戶, 邑之小者, 言自處卑約, 以免災患, 占者, 如是則无眚矣"라고 하였으니, 伊川과 비슷하게 풀이한 것이다.

256) 『易傳』과 『本義』에서는 "自下訟上"이 "患至輟"의 원인적 조건이 되는 것으로 해석하였다. 반면에, 다산의 해석은 程子와 朱子의 해석과는 다르다. 茶山은 "訟者旣逃, 坎患亦息"라고 하였으니, 즉 訟事를 벌이던 자가 도망가서, 憂患이 없어진 것으로 해석하였다. 그러므로 "自下訟上이나"로 현토(懸吐)하는 것이 옳다.

○此 訟之否也 否則下坤 《天地否》 坤可克乾乎 我弱彼剛 《柔則弱》 我曲彼直 《陰爲撓》 我卑彼尊 我變彼確 《坎變而乾不動》 無一而可敵 不克訟也

䷅ ䷋

訟 → 否

○이것은 訟卦가 否卦로 변하는 경우이다. 否卦의 下卦는 坤이니 《天地 否卦》 坤이 [어찌] 乾을 이길 수 있겠는가? 나는 유약(柔弱)한데, 상대방은 강건(剛健)하며 《柔는 곧 弱함》 나는 굽었는데, 상대방은 곧으며 《陰은 구부러짐》 나는 비천한데, 상대방은 존귀하며, 나는 변하지만, 상대방은 확고하니 《[訟九二가 爻變하여 否卦로 되면] 坎은 변동하지만, 乾은 움직이지 않음》 어느 한 방면에서라도 적수(敵手)가 되지 못하므로, "不克訟(송사에 이길 수 없다)"라고 한 것이다.

○逋者 遯也 《卦本自遯來》 上乾下艮 《下互艮》 否亦遯也 《天山卦》 遯則爲逋 《巽爲逃》 訟主逋也 《二本爲訟主》 坎本爲歸 《說卦文》 歸而逋也

䷅ ䷋ ䷠

訟 → 否 ← 遯

257) 茶山의 이 구절의 풀이는 伊川과 朱子의 해석과 크게 틀리다. 伊川은 『易傳』에서 이 구절의 의미를 "自下而訟其上, 義乖勢屈, 禍患之至, 猶拾掇而取之, 言易得也"라고 풀이하였다. 즉 "아래로부터 위를 상대로 訟事하니, 義理상으로도 어긋나고, 세력으로도 굽히니, 禍와 患亂의 당도함이 마치 그저 줍는 것처럼 취하게 되니, 쉽게 [환란을] 얻음을 말한 것이다"라고 하였다. 반면에, 茶山은 아래로부터 위를 상대로 송사하는 것은 같지만, 송사를 벌이던 상대가 도망감으로써, 憂患이 그치는 것으로 해석하였다. 한편, 朱子의 『周易本義』에서는 "患至輟也"를 "掇, 自取也", 즉 환란이 온 것은 [訟事를 벌인 자가] 스스로 초래한 것으로 해석하였다.

○"逋"란 도망감을 뜻한다. ≪否卦는 본래 遯卦로부터 왔음[258]≫ [否卦의] 上卦는 乾이며, 下卦는 艮이니 ≪[否卦의] 下互卦가 艮≫ 否卦도 역시 [遯卦와 마찬가지로] 도망감을 뜻하는 괘이다. ≪天山卦라는 점에서 동일함[259]≫ 도망감이란 곧 달아남을 의미하니 ≪巽은 도망침을 뜻함[260]≫ 訟事를 벌이던 주인이 도망간 것이다.[261] ≪九二는 본래 訟卦의 卦主≫ 坎은 본래 돌아감이 되니 ≪「說卦傳」에 나옴[262]≫ "歸而逋", 즉 "돌아와서 도망간다"라고 한 것이다.

○ 邑人者 坤民也 ≪坤爲邑≫ 否以泰交 ≪天地交[263]≫ 泰則上坤地數十也 ≪坤爲旬≫ 交之爲否 否又下坤 ≪上而下≫ 地數 十也 以十乘十 其數 百也 ≪十者十≫ 上接互巽 ≪上互巽≫ 巽爲三倍 ≪說卦文≫ 其數 三百也 ≪百者三≫ 仍當艮門 ≪下互艮≫ 三百戶也 ≪戶門也≫ 坎則多眚 ≪說卦文≫ 今坎旣滅 ≪下今坤≫ 三百戶之無眚也 訟者 雖逋 邑人平安也

258) 否卦가 遯卦로부터 온 것은 十二辟卦의 推移를 말한 것이다. 즉 否卦는 姤卦에서 遯卦로 되고, 다시 遯卦에서 否卦로 변화되는 것이다.

259) 否卦의 上卦는 乾이고, 下互卦는 艮이니, 遯卦와 마찬가지로 天과 山으로 구성된 卦로 볼 수 있다는 뜻이다.

260) 「繫辭傳」에서 "巽, 稱而隱"이라고 하였고, 「雜卦傳」에서는 "巽, 伏也"라고 하였음. 이러한 '隱伏'의 의미로부터 '遯'의 뜻은 도출된 것이다.

261) 다산은 '今補'에서 巽이 主人이 된다고 하였다. "自下訟上"이라고 하였으니, 訟卦의 下卦인 坎이 上卦인 乾을 상대로 訟事를 벌이는 상황이며, "不克訟"이라고 하였으니, 그 訟事에서 결코 이길 수 없는 상황이며, "歸而逋"라고 하였으니, 결국 訟事를 벌이던 주인이 도망가게 되고, "患至掇"이라고 하였으니, 마침내 우환(憂患)이 끝났음을 말한 것이다.

262) 「說卦傳」에 "坎者, 水也, 正北方之卦也, 勞卦也, 萬物之所歸也"라고 함.

263) [校閱] 新朝本과 國中本에는 "天地交"로 되어 있으나 奎章本에는 "地天交"로 되어 있다.

泰　　否

○邑人이란 坤의 백성을 가리킨다. ≪坤이 邑이 됨[264]≫ 否卦는 泰卦로써 交易된 것이니 ≪天과 地가 交易함≫ 泰卦에서는 곧 上卦가 坤인데, 地數는 10이다.[265] ≪坤이 10이 됨≫ 交易하여 否卦가 되면, 否卦도 또한 下卦는 坤이다. ≪坤卦가 上卦에 있었는데, 이제 下卦에 있음≫ 地數가 십(10)이니, 십과 십을 곱하면, 그 수가 일백(100)이 된다. ≪십이 열 번≫ 위로는 巽과 접하니 ≪上互가 巽≫ 巽은 세 배가 되니 ≪「說卦傳」에 나옴[266]≫ 그 수가 삼백(300)이다. ≪百이 세 번≫ 그런데 삼백이라는 숫자에 艮의 門이 배당되니 ≪下互卦가 艮≫ 이것이 "三百戶"인 것이다. ≪戶는 門≫ 坎은 즉 허물이 많음이나 ≪「說卦傳」의 글[267]≫ 이제 坎이 이미 소멸하였으니 ≪下卦가 이제 坤≫ 삼백호(三百戶)의 집에 허물이 없어진 것이다. 訟事를 벌이던 자가 도망갔으나, 마을 사람들은 平安한 것이다.

○譬彼艮鼠 ≪下互艮≫ 入于坎穴 ≪互巽入≫ 歸逋竄也 ≪鼠入穴曰 竄≫

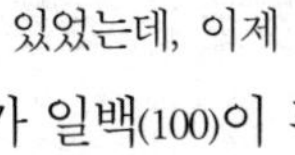

訟　→　否

○저 艮의 쥐에[268] 비유해보면 ≪[否卦의] 下互卦가 艮≫ 쥐가 坎의 구멍

---

264) "坤爲邑"은 본래 荀九家의 物象이다. 그런데 茶山은 坤뿐만 아니라, 艮도 역시 邑이 된다고 하였다.

265) 「說卦傳」에 "坤 …… 爲均"이라고 하였는데, 『周禮』에 따르면, '均'의 뜻은 '旬'과 通하며, 旬은 10의 數를 가리키는 것이다. 따라서 茶山은 地數를 10으로 보는 것이 易例라고 한다(『四箋』「說卦傳」 중 坤卦 설명을 참조할 것).

266) 「說卦傳」에 "巽 …… 爲近利市三倍", 즉 "이익에 가까이 해서, 세 배의 이익을 남김"이라고 함.

267) 「說卦傳」에 "坎 …… 爲多眚"이라고 함.

에 들어가니 ≪[否卦의] 上互卦는 巽이니, 들어감을 상징≫ "歸逋竄", 즉 "돌아가서 도망가 숨는 것"이 된다. ≪쥐가 구멍에 들어가는 것을 '찬(竄)'이라고 한다.≫

○ 水卑天[269]高 ≪物之位≫ 又坎在下 ≪乾在上≫ 自下而訟上也 訟者旣逃 坎患亦息 ≪坎今亡≫ 患至掇也 掇讀作輟 ≪形聲近≫ 止也 已也

訟 → 否

○ 물은 낮으며, 하늘은 높은 것이 [自然의] 이치인데[270] ≪[自然 속의] 사물의 위치가 그러함≫ 또 [訟卦에서] 坎이 아래에 있으니 ≪[訟卦에서] 乾은 위에 있음≫ 아래에서 위를 상대로 송사(訟事)하는 것이다. 송사를 벌이던 자가 이미 도망감에, 坎의 우환도 따라서 쉬니 ≪[訟卦 九二가 효변함에] 坎이 지금 없어짐≫ "患至掇", 즉 "우환(憂患)의 도래함이 멈추는 것"이다. '掇'字는 '철(輟)'로 읽히니 ≪형태와 소리에 있어 유사함≫ 멈춤을 뜻하며, 그침을 뜻한다.[271]

---

268) 「說卦傳」에 "艮 …… 爲鼠"라는 말이 나온다.

269) [校閱] 新朝本과 國中本에는 "水卑天高"로 되어 있으나 奎章本에는 "水卑山高"로 되어 있다. 前者가 옳다.

270) 新朝本과 國中本에는 "水卑天高"로 되어 있으나 奎章本에는 "水卑山高"로 되어 있다. 訟卦에는 水와 天이 있고, 否卦에는 水와 山이 있으므로, "水卑天高"는 本卦(訟卦)의 象을 "水卑山高"는 之卦의 象을 가리킨다고 볼 수도 있을 것이다. 그러나 계속해서 "又坎在下 ≪乾在上≫ 自下而訟上也"라 말하고 있으므로, 이것은 아래에 있는 坎(水)이 위에 있는 乾(天)을 상대로 訟事를 벌이고 있는 상황을 가리킨다. 따라서 "水卑山高"가 아니라, "水卑天高"가 되어야 옳다. 이처럼, "自下而訟上"하는 상황은 訟卦 九二가 효변하게 되면, 송사를 벌이던 자가 이미 도망감에, 坎의 우환도 따라서 쉬게 되는 상황("訟者旣逃, 坎患亦息 ≪坎今亡≫")으로 바뀌게 된다.

271) 茶山은 '掇'字를 伊川의 『易傳』이나, 朱子의 『本義』와는 상당히 다르게 풀이하고 있다. 伊川은 『易傳』에서 "禍患之至, 猶拾掇而取之, 言易得也"라고 하였으니, "拾掇", 즉 "줍는 것"으로 풀이하였고, 朱子의 『本義』의 경우에는 "掇, 自取也"라고 해석하였다.

○九家易 掇音隊 亦謬矣

○荀九家의 易에서는 '철(掇)'字를 '隊'[272]로 읽으나, 역시 잘못이다.

六三 : 食舊德, 貞, 厲, 終吉. 或從王事, 無成. ○象曰 : 食舊德, 從上吉也.

六三 : 옛 德을 먹으니, 일을 맡아 처리하면 위태로움은 있겠으나, 마침내 길할 것이다. 혹시 王의 일을 따르더라도, 성사(成事)되는 것이 없을 것이다. ○「象傳」: 옛 덕을 먹으니, 위를 따르면 길할 것이다.

○此 訟之姤也 訟自遯來 《二之三》 大巽之順 《本兼巽》 移之爲險 《移爲坎》 三之旣動 巽順如舊 《卦今姤》 是 舊德也 中孚之時 《訟自中孚來》 以三爲口 《中孚之下兌》 今乃茹剛 《口以食》 以充离腹 《互离 今實中》 食舊德也

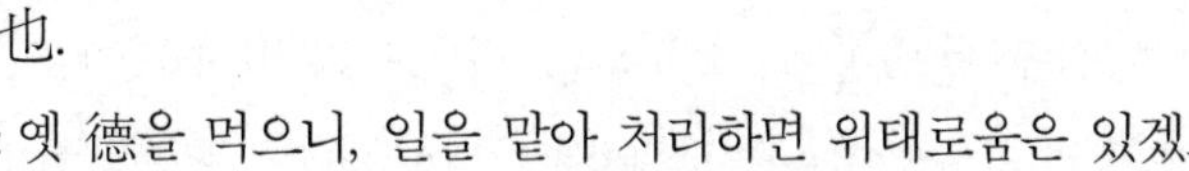

遯 → 訟 → 姤　　　中孚 → 訟 → 姤

○이것은 訟卦가 姤卦로 변하는 경우이다. 訟卦는 遯卦로부터 왔으니 《[遯卦의] 2가 3으로 감》 [遯卦의 때에는] 大巽의 순종함이 있었는데 《兼畫하면 巽》 [訟卦로] 推移하게 되면, 험난함으로 된다. 《[訟卦로] 推

272) 隊는 무리라는 뜻일 때에는 '대'로 읽고, 떨어진다는 뜻일 때에는 '추'로 읽는다.

移하게 되면, [下卦가] 坎이 됨≫ 제3爻가 이미 변동하여, [姤卦로 되면, 卦는 이미 변동하였으나] 巽의 순종함은 以前과 같으니 ≪訟卦가 이제 姤卦로 변함≫ 이것이 [바로] "舊德(옛 덕)"인 것이다.

中孚卦의 때에는 ≪訟卦가 中孚卦로부터 옴≫ 第3位가 입에 해당되었는데 ≪中孚의 下卦가 兌≫ 이제 [訟卦 六三이 효변하여 姤卦로 되면] 剛을 먹어 ≪입으로 먹음≫ 离의 배를 채우니 ≪[訟卦의 互离卦가] 이제 가운데가 가득 채워짐≫ [이것을 가리켜] "食舊德", 즉 "옛 德을 먹는다"라고 한 것이다.

○ 中孚之時 兌以乘剛 ≪下本兌≫ 其象 厲也 移之爲訟 ≪一之四≫ 坎德雖貞 ≪移[273]爲坎≫ 陰猶據三 ≪非其位≫ 是 貞厲也 ≪以幹事則危≫ 三之旣變 卦德巽順 ≪下今巽≫ 一陰自卑 伏於五陽 ≪天風姤≫ 是 終吉也

中孚 → 訟 → 姤

○中孚의 때에는 兌가 柔로써 剛을 타는 꼴을 하고 있으니 ≪[中孚卦의] 下卦가 본래 兌≫ 그 象이 위태롭다. [그런데 中孚卦로부터] 推移하여 訟卦로 되면 ≪[中孚卦의] 1이 4로 감≫ 坎의 德에 곧음이 있더라도 ≪推移하여, [訟卦의 下卦가] 坎이 됨≫ 陰이 오히려 제3位에 머무르니 ≪[제3位는] 그 [陰이 머무를 만한 합당한] 자리가 아님≫ [이것을 가리켜] "貞厲"라고 말한 것이다. ≪["貞厲"는] 일을 主幹하여 처리하면 위태롭다는 뜻이다.≫ [그러나] 제3爻가 이미 변하여 [姤卦로 되면] 下卦의 성질이 巽의 順從함으로 되어

273) [校閱] 奎章本에는 "離爲坎"으로 되어 있으나 新朝本과 國中本에는 "移爲坎"으로 되어 있다. 後者가 옳다.

≪[姤卦의] 下卦가 지금 巽≫ 하나의 陰이 자신을 낮추어서 다섯 陽의 밑에 엎드리니 ≪天風 姤卦≫ 이것이 "終吉"이라고 한 까닭이다.

○本以坎勞 ≪下本坎≫ 上從乾王 ≪從巽命≫ 從王事也 其位可疑 ≪三在上下間≫ 疑則或之 ≪見乾卦≫ 或從王事也 坎之旣變 ≪坎今亡≫ 巽爲不果 ≪說卦文≫ 勞而無成也 ≪易例 每三云 無成≫

訟 → 姤

○본래 坎으로써 노역(勞役)하고 ≪[訟卦의] 下卦가 본래 坎≫ 위로는 乾의 임금을 따르니 ≪巽의 명령을 따름≫ "從王事"라고 말한 것이다. 그 자리가 미심쩍으니 ≪제3位는 上卦와 下卦의 사이에 있음≫ 미심쩍은 경우에 "或……"이라고 하는 것이니 ≪乾卦에 [그 用例가] 보임≫ "或從王事"라고 한 것이다.[274] [訟六三이 爻變하여 姤卦로 되면] 坎이 이미 변하여 ≪[訟卦의 下卦인] 坎은 [姤卦에서] 이미 없어짐≫ 巽으로 되니, 巽은 열매를 맺지 못함을 상징하므로 ≪「說卦傳」에 나옴[275]≫ 노력하여도 성과가 없는 것이 된다. ≪易例에 매번 제3位에서 "無成"이라고 하였다.[276]≫

○巽以順之 ≪下今巽≫ 以從君命 ≪乾爲君≫ 從上吉也

訟 → 姤

274) "或從王事"라는 말은 坤卦 六三에도 나온다.
275) 「說卦傳」에 "巽 …… 爲不果"라고 함.
276) 坤卦 六三에서 "含章可貞, 或從王事, 无成有終"이라고 한 것이 그 例이다.

○ 巽으로써 순종하여 ≪[姤卦의] 下卦가 지금 巽≫ 主君의 명령을 따르니 ≪乾은 임금≫ "從上吉", 즉 "위를 따르면 길하다"라고 한 것이다.

九四 : 不克訟. 復卽命,[277] ≪句≫ 渝,[278] 安貞, 吉. ○ 象曰 : 復卽命, 渝, 安貞, 不失也.

九四 : [상대방은] 송사(訟事)에서 [나를] 이기지 못할 것이다. 다시 명(命)에 나아가게 될 것이며, ≪句≫ [상황이] 변하였으니, 안정(安靜)된 일을 하면 길할 것이다. ○「象傳」: 다시 명(命)에 나아가게 될 것이며, [상황이] 변하였으니, 안정(安靜)된 일을 하면, [명(命)을] 잃어버리는 일이 없을 것이다.

○ 此 訟之渙也 易例 外卦爲敵 ≪內爲我≫ 今之不克 敵人之不克也 ≪四者 上之始≫ 我以坎直 ≪下本坎≫ 彼以巽撓 ≪說卦文≫ 我以坎剛 彼以巽退 我正其法 ≪坎爲律≫ 彼屈其辭 ≪兌口之向下≫ 不克訟也

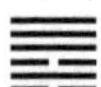

訟 → 渙

---

277) 일반적으로 "復卽命"의 '復'을 '돌아올 (복)'으로 읽고 있다. 이 경우, "復卽命"은 "돌아와 命에 나아가"로 해석된다. 그러나 다산은 細註에서 "復, 又也"라고 말하고 있기 때문에, '다시 (부)'로 읽어야 할 것으로 생각된다.

278) 渝 : '투'로 읽는다.

○이것은 訟卦가 渙卦로 변하는 경우이다. 易例에서 外卦는 敵이 되니 ≪內卦는 我≫ 지금 이기지 못하는 것은 敵이 [나를] 이기지 못하는 것이다.[279] ≪제4位는 上卦의 시작≫ 나는 坎의 곧음을 지녔는데 ≪[渙卦의] 下卦가 본래 坎≫ 상대는 巽으로 구부러져 있으며 ≪「說卦傳」≫ 나는 坎의 剛함을 지녔는데, 상대는 巽으로써 물러나며, 나는 그 法을 바르게 하는 데 반해서 ≪坎이 法律이 됨≫ 상대는 자신의 말을 굽히니 ≪兌의 입이 아래로 향하고 있음≫ [이것을 가리켜] "不克訟", 즉 "[상대방은] 訟事에서 [나를] 이길 수 없다"라고 말한 것이다.

○卽者 就也 卦自中孚來 剛自下升 ≪一之四≫ 以就巽命 ≪上本巽≫ 柔自上降 ≪四之一≫ 失其巽命 ≪巽變乾≫ 今也 渙自否來 柔自下升 ≪二之四≫ 以就巽命 ≪上今巽≫ 復卽命也 ≪復 又也≫

中孚 → 推移 → 訟 → 四爻變 → 渙 ← 推移 ← 否

○"卽"은 나아감(就)을 뜻한다. 訟卦는 中孚卦로부터 왔으니, 剛이 아래로부터 올라가 ≪[中孚卦의] 1이 4로 감≫ 巽의 命令에 나아가는 반면에 ≪[中孚卦의] 上卦는 본래 巽≫ 柔는 위로부터 내려와 ≪[中孚卦의] 4가 1로 감≫ 그 巽의 명령을 잃어버리게 된다. ≪[中孚卦의 上卦인] 巽이 변하여 [訟卦의] 乾으로 됨≫ [그런데] 지금에 이르러서는, 渙卦가 否卦로부터 오니, 柔가 아래로부터 올라감으로써 ≪[否卦의] 2가 4로 감≫ 巽의 명령에 나아가게 된다. ≪[渙卦의] 上卦는 지금 巽≫ 그러므로 "復卽命"이라고 말한 것이다. ≪"復"은 '다시'를 뜻한다.≫

---

279) 訟卦 九二에도 "不克訟"이라 되어 있지만, 그 경우는 내가 상대방을 이기지 못하는 경우였던 데 반해서, 지금 訟卦 九四의 경우는 반대로 敵이 나를 이기지 못하는 경우이다.

○渝者 變也 爻旣變 則安貞吉也 ≪渙之占≫ 渙自否來 ≪二之四≫ 本以坤安 ≪否下坤≫ 今爲坎固 ≪渙下坎≫ 安貞吉也 ≪安貞者安靜之事≫ 左傳 畢萬之筮 以坤爲安 ≪閔元年≫ 坤之彖 宜參看

訟→四爻變→渙←推移←否

○"渝(투)"는 '달라진다'는 뜻이니, [訟卦의 九四의] 爻가 이미 변하면 [渙卦로 되어] "安貞吉", 즉 "安靜된 일을 하면 길한 것"이 된다. ≪渙卦의 占≫ 渙卦는 否卦로부터 왔으니 ≪[否卦의] 2가 4로 감≫ 본래 坤의 편안함이 있었는데 ≪否卦의 下卦는 坤≫ 이제 坎의 견고함이 되니 ≪渙卦의 下卦가 坎≫ "安貞吉"이라고 한 것이다. ≪"安貞"이란 편안하고 고요한 일을 뜻한다.[280]≫ 『左傳』「필만지서(畢萬之筮)」에서 坤을 편안함의 뜻으로 풀이한 例가 있다.[281] ≪閔公 元年≫ 坤卦의 彖辭를 마땅히 참고해 보아야 한다.[282]

○中孚之移 ≪四之一≫ 失其巽命 ≪變爲乾≫ 今巽如舊 ≪上今巽≫ 是 不失也

中孚→推移→訟→四爻變→渙

280) 『四箋』「易例比釋」의 '安貞例'를 참조할 것. 茶山은 "安之爲字, 象女在室中, 所以應坤德也", 즉 "安이라는 글자는 女子가 집안에 있는 것을 형상한 것이니, 따라서 坤의 德에 상응한다"라고 하였다.

281) 『左傳』「필만지서(畢萬之筮)」에 "六體不易, 合而能固, 安而能殺, 公侯之卦也"라고 하였는데, 杜預의 注에 "比合, 屯固, 坤安, 震殺"이라고 하였다.

282) 坤卦의 彖辭에서도 역시 "安貞吉"의 用例가 있음.

○中孚卦에서 訟卦로 推移함에 ≪[中孚卦의] 4가 1로 감≫ 그 巽의 명령을 잃어버렸었는데 ≪巽이 변하여 乾으로 됨≫ 이제 巽이 옛날과 마찬가지로 있으니 ≪[渙卦의] 上卦가 지금은 巽≫ 이것이 "不失", 즉 "[命令을] 잃어버림이 없는 것"이 되는 까닭이다.

○學稼云 始也 剛者卽命 今也 柔者卽命 亦爭訟之象也

○學稼가 말했다. "처음엔 剛이 명령에 나아가나, 지금은 柔가 命令에 나아가니, 이 역시 다투고 訟事하는 형상이다."

九五 : 訟, 元吉. ○象曰 : 訟元吉. 以中正也.

九五 : 訟事에 君主가 길할 것이다. ○「象傳」: "訟事에 君主가 길함(訟元吉)"은 中正을 지켰기 때문이다.

○此 訟之未濟也 未濟自否來 ≪五之二≫ 下坤 訟民也 上乾 聽訟之君也 移之未濟 則乾君上明 ≪上今离≫ 坎法下正 ≪五之二≫ 訟將明斷 ≪离爲斷≫ 訟元吉也 ≪聽訟者 雖司寇字牧之官 皆是[283]君道≫ 元者 君道也 ≪五爲君位 故元吉≫

訟 → 未濟 ← 否

283) [校閱] 新朝本과 國中本에는 "是"로 되어 있으나, 奎章本에는 "有"로 되어 있다.

○이것은 訟卦가 未濟卦로 변하는 경우이다. 未濟卦는 否卦로부터 왔으니 ≪[否卦의] 5가 2로 감≫ [否卦의] 下卦인 坤은 訟事를 벌이는 백성이며, 上卦인 乾은 송사(訟事)를 듣는 君主이다. [否卦로부터] 推移하여 未濟卦로 되면, 乾의 君主는 위에서 밝게 빛나고 ≪[未濟卦의] 上卦가 지금 离≫ 坎의 법률이 아래에서 바로 잡아져서 ≪[否卦의] 5가 2로 감≫ 訟事가 장차 명백하게 결단(決斷)되는 까닭에 ≪离는 決斷함이 됨≫ "訟元吉", 즉 "訟事에 크게 길하다"라고 한 것이다. ≪訟事를 듣는 자가 비록 司寇[284]나 고을수령이라고 할지라도 모두 君道에 해당된다.≫ "元"은 君道를 가리킨 것이다. ≪제5位는 君位이므로 "元吉"이라고 한 것이다.≫

○ 离明在中 ≪五今柔≫ 是 中正也 乾坤坎离 易之四正也 ≪卦形正≫ 震巽艮兌 易之四偏也 ≪卦形斜≫ 故易傳 每遇坎离 必言中正

訟 → 未濟 ← 否

○离의 밝음이 가운데 있으니 ≪제5位가 지금 柔≫ 이것이 "中正"이다. 乾・坤・坎・离는 易의 4正卦며 ≪卦의 형태가 단정함≫ 震・巽・艮・兌는 易의 4偏卦이다. ≪괘의 형태가 치우쳐 있음≫ 그러므로 「易傳」에서 坎卦와 离卦를 만나면 반드시 中正을 말한다.

284) 司寇 : 오늘의 법무부 장관에 해당되는 직책, 孔子가 大司寇의 職을 지냈다고 함.

上九 : 或錫之鞶帶, 終朝三褫之. ○ 象曰 : 以訟受服. 亦不足敬也.

上九 : 혹시 큰 가죽허리띠(鞶帶)를 하사(下賜)받는 일이 있더라도, 조회(朝會)를 끝마치기 전에 세 번 벗게 될 것이다. ○「象傳」: 송사(訟事)로써 명복(命服)을 [하사(下賜)]받는 일이 있더라도 또한 공경(恭敬)할 것이 못된다.

○ 此 訟之困也 鞶帶者 革帶也 ≪字從革≫ 革帶者 韠帶也 ≪義見下≫ 困自否來 ≪二之上≫ 乾衣坤裳 本所有也 ≪天地否≫ 移之爲困 則坤裳有美 一剛中橫 ≪下今坎≫ 其象 帶也 遂爲互离 ≪二四互≫ 离則爲革 ≪剛在外 以裏柔膚≫ 是 鞶帶也 乾王在上 ≪否上乾≫ 巽以施命 ≪三五互≫ 錫鞶帶也 ≪賜命服之帶≫

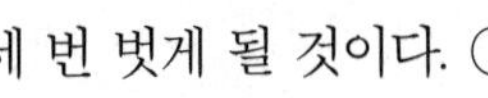

訟 → 困 ← 否

○ 이것은 訟卦가 困卦로 변하는 경우이다. 반대(鞶帶)[285]는 가죽띠(革帶)를 가리키니 ≪글자가 '가죽 革(혁)'字를 따름≫ 혁대(革帶)는 필대(韠帶)[286]를 말한다. ≪뜻이 아래에 나타남≫ 困卦는 否卦로부터 왔다. ≪[否卦의] 2가 上으로 간 것이다.≫ 乾의 上衣와 坤의 치마는 본래부터 [否卦에] 있던 것이었으나, 推移하여 困卦로 되면, 坤의 아름다운 치마에 한 개의 剛이

285) 鞶帶 : 가죽으로 만든 큰 띠.

286) 韠帶 : 슬갑(膝甲)과 큰 띠, 폐슬, 朝服을 입을 때, 가슴에 늘여, 무릎을 가리는 것이 '필(韠)'이고, '대(帶)'는 허리에 차는 띠를 말한다. 禮裝 때, 착용한다.

가운데를 가로지르고 있으니 ≪[困卦의] 下卦가 지금 坎≫ 그 꼴이 허리띠의 모습이다. 드디어 互卦의 离가 되니 ≪[困卦의] 2·3·4의 互卦[는 离]≫ 离는 곧 가죽(革)이 되니 ≪바깥쪽에는 剛한 것이 있고 속에는 부드러운 피부가 있는 것[이 가죽]≫ 이것이 "반대(鞶帶)", 즉 "큰 가죽허리띠"인 것이다. 乾의 임금이 위에 있고 ≪否卦의 上卦는 乾≫ 巽으로 명령을 내려 ≪[否卦의] 3·4·5의 互卦[는 巽]≫ 반대(鞶帶)를 하사하는 것이다. ≪命服[287]의 허리띠를 하사함≫

三褫之象 取於中孚 ≪見下文≫ 卦有二辟 ≪亦自遯≫ 象不一定 ≪見益卦≫ 或錫之也 或之者 疑之也

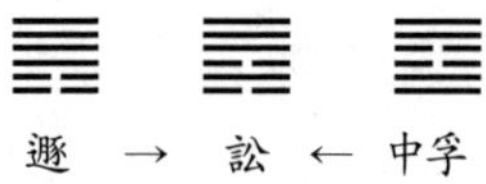

세 번 옷을 빼앗기는 ["삼치(三褫)"의] 象은 中孚卦에서 취한 것이다. ≪아래 글에 보임≫ 訟卦는 두 개의 벽괘(辟卦)를 취하니 ≪[訟卦는 中孚卦뿐 아니라] 遯卦로부터도 왔음≫ 象이 일정하지 않다. ≪益卦에 [그러한 "或"字의 用例가] 보인다.[288]≫ 그러므로 "혹석지(或錫之)", 즉 "혹시 [큰 가죽허리띠(鞶帶)를] 하사(下賜)받는 일이 있을 수 있다"라고 가정한 것이다. "혹시"라고 한 것은 미심쩍다는 말이다.

○ 褫者 脫衣也 ≪說文云≫ 中孚之時 卦有兩兌 ≪上顚兌≫ 兌則爲脫 ≪說卦文≫ 再褫之也 今也 困自否來 ≪上之二≫ 又一兌

287) 命服: 士에서 上公에 이르는 一命으로부터 九命까지의 각 계급에 따른 일정한 制服을 가리킴.

288) 益卦 六二에 "或益之, 十朋之龜, 弗克違"라고 하였고, 또 益卦 上九에 "莫益之, 或擊之"라고 함.

脫 ≪上今兌≫ 三褫之也 朝者 朝會也 否移爲困 則乾君坤臣 ≪天地 否≫ 相見乎离 ≪二四互≫ 朝會之象也 卦位已終 ≪上九爻≫ 終朝而三褫也

中孚→推移→訟→上爻變→困←推移←否

○"치(褫)"는 옷을 벗는 것을 말함이니 ≪『說文』에서 [그렇게] 말함≫ 中孚卦의 때에는 卦에 두 개의 兌가 있으니 ≪[中孚卦의 下卦는 兌이며] 上卦는 뒤집혀진 兌≫ 兌는 곧 벗겨짐이니 ≪「說卦傳」에 나옴≫ [옷이] 두 번 벗겨진 것이다. 이제 否卦로부터 困卦로 推移하게 되면 ≪[否卦의] 上이 2로 감≫ 또 다시 한번 벗겨지니 ≪[困卦의] 上卦가 지금 兌≫ [이것을 가리켜] "三褫之"라고 한 것이다. "朝"란 [朝廷에서의] 조회(朝會)를 가리킨다. 否卦가 推移하여 困卦로 되면, 乾의 君主와 坤의 臣下가 ≪天地 否卦≫ 离에서 서로 상견례(相見禮)를 가지니 ≪[困卦의] 2·3·4의 互卦는 离≫ 조회(朝會)를 갖는 象이다. 卦의 위치가 이미 끝에 해당되니 ≪上九爻≫ 조회를 끝마치기 전에 세 번 벗게 되는 것이다.

○中孚之時 兩口相訟 ≪上顚兌≫ 則乾衣坎帶 皆由訟而得之也 旣無勳德 雖有坎而何敬 ≪下今坎≫ 古者 大夫相訟 ≪屢見春秋傳≫

中孚→推移→訟

○中孚의 때에는 두 입이 서로 [시비곡절을] 다투더니 ≪[中孚卦의] 上卦는 뒤집힌 兌≫ 乾의 옷과 坎의 혁대는 모두 송사(訟事)를 통해 얻은 것이었다. [그러나] 이미 공훈(功勳)과 덕망(德望)이 없으니, 비록 坎[의 象]

이 있다고 하더라도 어찌 공경할 수 있겠는가? ≪[訟卦의] 下卦가 이제 坎≫ 옛날에 大夫가 서로 송사(訟事)를 벌리던 일이 있었다. ≪『春秋傳』에 [大夫들이 訟事를 벌렸던 일이] 자주 보인다.[289]≫

○案[290] 玉藻云 韠 長三尺 肩 革帶 博二寸 ≪韠而角 日 肩≫ 又曰 一命 緼韍[291] 再命 赤韍 ≪韍韠也≫ 鞶帶者 命服之帶也 揚雄玄經 其周首日 帶其鉤鞶 錘以玉環 ≪鉤 所以縣韠[292]≫ 鞶者 韠帶也 所以加於裳也 ≪蔽膝加於裳≫

○[案]『禮記』「玉藻」에서 말하였다. "무릎덮개(韠)[293]는 그 길이(長)가 삼척(三尺)[294]이고, 어깨와 혁대(革帶)의 그 폭(博)이 이촌(二寸)[295]이다"이라고 하였다.[296] ≪슬갑의 모퉁이 부분을 '肩'이라고 함≫ 또 말하기를 "一命[297]이 사용하는 것은 온불(緼韍, 주홍빛 폐슬)[298]이고, 再命[299]이 사용하

---

289) 예컨대『呂氏春秋』「離謂」에 따르면, 春秋時代의 鄭의 대부 등석(鄧析)은 鄭나라 재상 子產이 공포한 법률을 아전인수격으로 교묘하게 해석하여, 訟事에서 이기고자 하면 항상 이겼다. 마침내 鄭나라는 크게 어지러워지고, 백성들의 議論이 들끓자, 자산은 등석(鄧析)을 사형에 처하여 거리에 내걸었다(김근 譯註,『呂氏春秋』卷2, 민음사, 1994, 468~470면「八覽」).

290) [校閱] 奎章本에는 '案'이 '按'으로 되어 있다.

291) [校閱] 新朝本과 國中本에는 "緼韍"로 되어 있으나 奎章本에는 "緼紱"로 되어 있다. 아래 細注에서 "韍紱同"이라고 하였으므로, 뜻은 같다.

292) [校閱] 新朝本에는 "鞸"로 되어 있으나 奎章本과 國中本에는 "韠"로 되어 있다.

293) 韠 : 슬갑(膝甲), 무릎덮개.

294) 三尺 : 한 자에 해당됨.

295) 二寸 : 두 치에 해당됨.

296)『禮記』「玉藻」에서의 引用句는 중간 부분이 생략된 문장이다. "韠, '下廣二尺, 上廣一尺', 長三尺, '其頸五寸', 肩, 革帶, 博二寸." 즉, 중간의 '下廣二尺, 上廣一尺'과 '其頸五寸'의 부분이 생략되어 있다. 전체를 연결하여 해석하면, 다음과 같다. "무릎덮개는 아래의 넓이가 2자이고, 윗부분의 넓이가 1자이고, 길이가 3자이며, 목 부분의 넓이가 5치이고, 어깨와 혁대의 폭이 2치이다."(李相玉 譯,『禮記』中, 자유문고, 2000, 190면)

297) 일명(一命) : 命은 관등(官等)을 뜻하는 것으로서, 一命에서 九命까지 있는데, 一命은 諸侯의 上士에 해당된다.

298) 緼韍 : 솜과 가죽으로 만든 祭服의 주홍빛 폐슬(蔽膝)을 가리킨다. 불(韍)은 필(韠)의 일종인 무릎덮개를 뜻한다.

는 것은 적불(赤韍, 붉은빛 폐슬)이다"라고 했다.[300] ≪韍은 韠帶[301]를 말한다.≫ 반대(鞶帶)는 命服(계급에 따른 제복)의 띠를 말하니, 양웅(揚雄)의 『太玄經』의 '주(周)' 수(首[302])에서 말하기를 "대기구반(帶其鉤鞶), 추이옥환(錘以玉環)",[303] 즉 "가죽띠를 허리에 두르고, 玉의 고리[304]로써 드리운다"라고 하였다. ≪'구(鉤)'는 가죽띠를 메는 곳[305]≫ "반(鞶)"은 필대(韠帶)이니. 치마에 덧붙여 입는 것이다. ≪蔽膝[306]은 치마 위에 입는 것이다.≫

困之六二曰 朱紱方來 困之九五曰 困于赤紱 ≪韍紱同≫ 困自否來 本有衣裳之象 ≪天地否≫

訟→上爻變→困←推移← 否

困卦 六二에서는 "주불방래(朱紱方來)", 즉 "주홍빛 제복(朱紱)[307]을 입

299) 再命 : 大夫에 해당된다.

300) 『禮記』「玉藻」에서 "一命, 縕韍, 再命, 赤韍"의 문장은 "博二寸" 이후에 바로 연속해서 나온다. "一命, 縕韍, 再命, 赤韍"의 문장도 역시 생략된 문장으로서, 原文은 다음과 같다. "一命, 縕韍幽衡, 再命, 赤韍幽衡(一命이 사용하는 것은 적황색의 무릎덮개와 검은 색의 佩玉이고, 再命이 사용하는 것은 붉은 색의 무릎덮개와 엷은 초록색의 佩玉이다)."(李相玉 譯, 『禮記』 中, 자유문고, 2000, 190면)

301) 韠帶 : 訟卦 上九의 앞의 주석을 참조할 것.

302) 『太玄經』에서 '首'는 『周易』의 '卦'에 해당된다.

303) 帶其鉤鞶, 錘以玉環 : 『太玄經』의 '周'首의 次四에 나오는 句이다. '周'首의 次四에는 "帶其鉤鞶, 錘以玉環, 測曰 : 帶其鉤鞶, 自約束也"로 되어 있다. 또 그 注에 "鞶, 革帶也"라고 하였다. 또 '옥(玉)'은 君子의 德을 상징하는 것이며, '환(環)'은 '몸가짐에 아무런 결점이 없는 것(周旋無缺)'을 상징하는 것이라고 한다(『太玄經』, 臺灣中華書局印行, 中華民國 63年, 4면).

304) 玉環 : 玉의 고리, 본래 고리모양의 玉을 환옥(環玉)이라고 한다.

305) '구(鉤)'는 '대구(帶鉤)', 즉 혁대의 두 끝을 서로 끼워 맞추는 자물단추를 뜻한다.

306) 蔽膝 : 예복(禮服)의 무릎가리개, 궤배(跪拜)할 때 쓰던 것.

307) 茶山은 困卦 六二의 주석에서 『說文』의 "天子赤紱, 諸侯朱紱"라는 說을 인용하고 있다. 즉, 天子는 붉은 색 폐슬을 착용(着用)하고, 諸侯는 朱紱을 착용한다는 것이다. 또 『禮記』「玉藻」의 "一命縕韍, 再命赤韍"이라는 說도 인용하고 있다. 여기서 一命이

은 제후(諸侯)가 바야흐로 올 것이다"라고 하고, 困卦 九五에서는 "곤우적불(困于赤紱)", 즉 "붉은 제복(赤紱)을 입은 大夫의 신분에 곤궁함에 처하다"라고 말하였다.[308] ≪불(紱)과 불(韍)은 같음≫ 困卦는 否卦로부터 왔으니, [否卦에는] 본래 옷과 치마의 형상이 있다. ≪天地 否卦≫

○鄭玄易 褫讀作拕 ≪鄭云 得意而頻拕之≫ 大謬矣 褫者 脫也 兌以脫之也

○鄭玄易에서는 '치(褫)'를 ['잡아끌다'는 뜻의] '타(拕)'로 읽으니[309] ≪鄭玄이 말하기를 "뜻을 얻어 자주 잡아끌다"라고 함≫ 큰 잘못이다. '치(褫)'는 벗는 것을 뜻하니, 兌로써 벗는 것이다.

란, 제후(諸侯) 중에서 上士에 해당되며, 온불(縕韍)이란 赤黃色의 폐슬을 가리킨다. 이러한 說을 종합해본다면, "朱紱方來"에서 "朱紱(주홍빛 폐슬을 입은 사람)"은 다름 아닌 제후(諸侯)가 되며, 제후 중에서도 일명(一命)이 된다.

308) 茶山은 困卦 六五의 註釋에서, "赤紱三百, 曹人之所譏也. 詩云. 彼其之子, 不稱其服, 困九五之謂也(즉, 大夫 행세를 하는 붉은 폐슬을 입은 사람이 삼백이나 됨은 曹나라 사람들에게 조롱의 대상이었으니, [즉]『詩經』[「曹風」「候人」]에서, '彼其之子 不稱其服', [즉] '저 분네들, 그 옷과 어울리지 않네'라고 한 것도 [바로] 困卦九五와 같은 상황을 일컫는 것이다)"라고 하였다.

309)『經典釋文』에 "褫, 鄭本作拕", 즉 "정현(鄭玄)은 치(褫)를 [잡아끌다는 뜻의] 타(拕)로 썼다"고 하였다.

周易四箋 戊辰本 卷之五

【7. 지수 사(地水 師)】

坎下坤上 ○第五卦之正 ≪復一之二 剝上之二≫

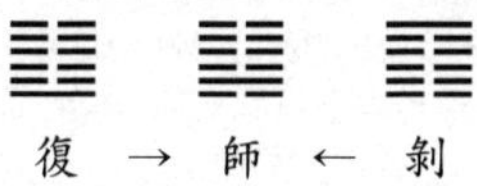

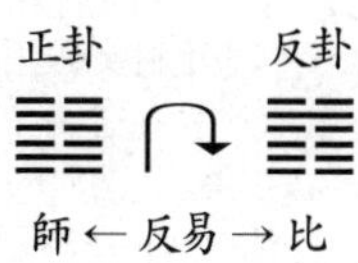

坎이 下卦이고, 坤이 上卦이다. ○第5卦의 正卦이다. ≪復卦의 1이 2로

가고, 剝卦의 上이 2로 간다.≫

序卦傳曰 師者 衆也

「序卦傳」에서 말하였다. “師는 무리(衆)이다.”

○雜卦傳曰 比樂師憂 ≪皆以下卦爲主人≫

○「雜卦傳」에서 말하였다. “比는 즐거움이며, 師는 근심이다.” ≪모두 下卦로써 主人을 삼았다.≫

○程子曰 比一陽 在上 君象也 師一陽 在下 將帥之象也

䷇ ↔ ䷆

比 ↔ 師

○程子가 말하였다. “比卦의 한 개의 陽은 위에 있으니 君主의 象이며, 師卦의 한 개의 陽은 아래에 있으니 장수(將帥)의 象이다.”

○朱子曰 坎險坤順[1] 古者 寓兵於農

○朱子가 말했다. “坎은 험난함이며, 坤은 順함이니, 옛적에 ‘寓兵於農’,[2] 즉 농민의 향리조직에 군대의 조직을 결합시키는 정책을 시행하

---

1) [校閱] 奎章本과 新朝本과 國中本에 모두 “坎險坤地”로 되어 있으나 “坎險坤順”으로 고치는 것이 타당한 것으로 보인다. 朱熹의 『周易本義』에는 “坎險坤順, 坎水坤地, 古者 寓兵於農”으로 되어 있다. 다산이 이 문장을 축약하면서, “坤順, 坎水”를 생략한 것이라고도 볼 수 있지만, “坎險”에 대비되는 것은 “坤順”이지, “坤地”는 아니다.

2) 寓兵於農 : 고대 중국에서 농사를 지으면서 병역에 의무를 갖게 하는 제도로서, 향리조직(鄕里組織)을 군대(軍隊)의 편제(編制)와 결합시킨 제도를 말한다. 農民은 평상시에는 농사에 힘쓰다가, 戰時에는 軍人으로 전환되게 된다. 관중(管仲)이 宰相이 되면서 이러한 兵農一致制를 시행했다고 하는데, 『管子』의 「立政」·「乘馬」·「小匡」篇 등에 그 내용이 실려 있다. 삼국시대에 兵農一致制는 魏의 조조(曹操)에 의해서 둔전제

였다."

○鏞案[3] 師者 以一而帥衆也 ≪字從一從帥≫ 弟子群集 以一人而帥之則 名之曰 師[4]也 卒伍衆盛 以一人而帥之則名之曰 師[5]也 周制 五百人爲旅 五旅爲師 ≪二千五百人≫ 師者 衆也 立一將謂之軍師 師者 法也 人之模範也 ≪字從巾 將之旗也≫

○[鏞按] '師'는 많은 사람들(衆)을 통솔하는 한 사람을 말한다. ≪'師'字가 '一'字를 좇으며, '帥'字를 좇는다.≫ 제자들의 무리가 모였을 때, 통솔하는 한 사람을 '師(스승)'라고 부른다. [또] 卒과 伍의[6] [군대(軍隊)의] 무리가 많이 모였을 때, 통솔하는 한 사람을 '師(장수)'라고 부른다. 周나라 제도에 따르면, 오백 명의 사람을 '旅'라고 하고, '五旅'를 '師'라고 한다.[7] ≪['五旅', 즉 '一師'는] 이천오백 명≫ [또] 師는 많은 사람들(衆)을 뜻하니, 한 명의 장수(將帥)를 세우는 것을 '軍師'라고 한다. [또] 師는 法이니, 사람들이 모범으로 삼는 것이다. ≪師字가 '두건 巾(건)'字를 좇으니, 장수(將帥)의 깃발을 의미함≫

(屯田制)라는 새로운 토지제도와 결합하여 실시되었다.

3) [校閱] 奎章本에는 '案'이 '按'으로 되어 있다.

4) [校閱] 新朝本과 國中本에는 "師"로 되어 있으나 奎章本에는 "帥"로 되어 있다. 前者가 옳다.

5) 商代에 이미 𠂤(師)·旅로 편제된 정규군이 있었음이 甲骨卜辭를 통해 입증되고 있다. '師'字의 좌측에 있는 '𠂤'는 '師'字의 오래된 어원을 보여주고 있다. 卜辭를 통해 보면 商代에는 정비된 전체 군인을 통칭하여 '𠂤'라고 불렀다(吳浩坤·潘悠 著, 梁東淑 譯, 『중국갑골학사』, 동문선, 2002, 380~381면).

6) 『周禮』에 따르면, 다섯 사람이 모이면, '伍'가 되고, '伍'가 다섯 모이면 '兩'이 되며, 兩이 넷 모이면 '卒'이 된다고 함. 즉 伍는 다섯 사람, 그리고 卒은 백 명의 사람이 된다.

7) 『周禮』에 다섯 사람이 '伍'가 되고, '伍'가 다섯 모이면 '兩'이 되며, 兩이 넷 모이면 '卒'이 되고, '卒'이 다섯 모이면 '旅'가 되며, '旅'가 다섯 모이면 '師'가 되며, '師'가 다섯 모이면 '軍이 된다고 함(五人爲伍, 五伍爲兩, 四兩爲卒, 五卒爲旅, 五旅爲師, 五師爲軍). 즉 5(伍)×5=25(兩), 25(兩)×4=卒(100), 100(卒)×5=500(旅), 500(旅)×5=2500(師), 2500(師)×5=軍이 된다.

以卦象則 一陽居中 ≪內之中≫ 以領五陰 衆之師[8]也 坤爲國邑 坎爲溝洫 ≪有田象≫ 皆所以出兵也 坎之車馬 前驅坤衆 亦兵象也 兵家類 有師卦陣 蓋 是卦 前驅四翼 大將居中 後勁有備 ≪如今之攔後親兵≫ 實行陣之象也

䷆

師

卦象으로 본다면, 하나의 陽이 가운데 머무르면서 ≪內卦의 中≫ 다섯 陰을 영도(領導)하니, 많은 사람들(衆)의 우두머리(師)가 된다. [師卦에서] 坤은 나라의 고을을 상징하며, 坎은 [전답(田畓) 사이에 있는] 도랑(溝洫)을 상징하니 ≪밭의 형상이 있음≫ 모두 兵士를 내보내는 곳이다. 坎의 거마(車馬)를 채찍질하여, 坤의 무리를 앞으로 내모니, [이 역시] 兵士의 형상이다. 兵家의 類에 사괘진(師卦陣[9])이라는 것이 있다고 하니, 그것은 아마도 이 師卦에 前方으로는 사익진(四翼陳[10])을 펼쳐서 내몰고, 大將이 중앙(中央)에 머물면서, 後方으로는 굳세게 방비(防備)하여 ≪예컨대 오늘날[11] "攔後[12]親兵[13]", 즉 "난후군(攔後軍)으로써 後方을 방비하고, 兵士를 친히 거느림"이라고 하는 것과 같음≫ 실제로 陣을 펼치는 象이 있기 때문일 것이다.

---

8) [校閱] 奎章本에는 "師"로 되어 있으나 新朝本과 國中本에는 "帥"로 되어 있다. "師"가 되어야 더 적합하나, "帥"로 되어도 틀린 것은 아니다.

9) 師卦陣 : 古陣法의 하나로서, 伏羲氏가 王天下하기 위해서, 만든 것이라고 전해진다. 古陣法에는 '사괘진(師卦陣)' 이외에도 훤원씨(軒轅氏)가 만들었다는 '악기진(握奇陣)', 周나라 武王의 때에, 周公이 만들었다는 '농병진(農兵陣)' 등이 있다고 한다.

10) 四翼 : 師卦의 3·4·5·6位의 陰이 마치 날개를 펼친 듯 하므로, 그 象을 가리킨 것이다.

11) 朝鮮時代 정조(1777~1800) 때에는 난후군(攔後軍)의 한 부대를 난후별대(攔後別隊)라고 하였는데, 한 초(哨)의 기마병을 두 부분으로 나누어 왕이 거동할 때 각각 앞뒤에 도열하였다.

12) 난후(攔後) : 朝鮮時代에 부대의 뒷부분을 경계하는 임부를 띤 군대를 난후군(攔後軍)이라고 하였다. 또 부대의 뒷 부분을 경계할 임무를 지닌 군사를 난후사(攔後士)라고 하였으며, 부대의 뒷 부분을 경계할 임무를 지닌 장수를 난후장(攔後將)이라고 하였다.

13) 親兵 : 임금이나 대장이 친히 거느리던 군사.

䷆

師貞 ≪二字句≫, 丈人, 吉, 无咎.

軍師에 관련된 일이니, ≪["師貞"의] 두 개의 글자가 句가 됨≫ 전쟁에 경험이 많은 노련한 장군(丈人)14)이라야 吉하고, 허물이 없을 것이다.

此 師之不變者也 師貞者 軍旅之事也 ≪貞 事也≫ 謂凡軍旅之事 唯丈人爲吉

이것은 師卦가 변하지 않는 경우이다. "師貞"이란 軍旅15)에 관련된 일을 뜻한다. ≪"貞"은 일을 뜻함≫ 무릇 軍旅에 관련된 일은 오직 丈人이 맡아야 吉한 것이라고 말한 것이다.

○ 卦自復剝來 ≪升降之≫ 復一陽 丈人也 ≪震長男≫ 剝一陽 小人也 ≪艮小16)男≫ 軍旅之事 有進無退 師退則 知其敗衄17)也 師進則 知其氣壯也 剝一陽 退而返18)內 ≪上之二≫ 此 小人之敗事也 復一陽 進而向外 ≪一之二≫ 此 丈人之圖功也 故曰 軍旅之事 唯丈人吉 ≪貞 事也≫ 出師而遇是卦 未必皆吉 所任者是 君子乎 師必有功 ≪自復來之占≫ 所任者 是 小人乎 師必誤事 ≪自剝來之象≫ 若以年齒則 少年之將 不如宿將 ≪如趙括 廉頗≫ 此之謂 丈人吉

---

14) 茶山은 "丈人"의 의미를 "若以年齒則, 少年之將, 不如宿將, 此之謂 丈人吉"로 풀이하고 있다. 즉 丈人이란 "숙장(宿將)", 즉 "전쟁에 경험이 많은 노련한 장군"의 뜻으로 풀이하고 있다.

15) 軍旅 : ① 군대, 兵士, ② 전쟁.

16) [校閱] 新朝本과 國中本에는 "少"로 되어 있으나, 奎章本에는 "小"로 되어 있다.

17) [校閱] "衂"는 "衄"의 俗字이므로, 正字로 바꿨다.

18) [校閱] 新朝本과 國中本에는 "反"으로 되어 있으나, 奎章本에는 "返"으로 되어 있다.

䷗ ䷆ ䷖

復 → 師 ← 剝

○師卦는 復卦와 剝卦로부터 왔다. ≪[復卦의 1陽이] 올라가거나 [剝卦의] 1陽이 내려감≫ 復卦에 있는 하나의 陽은 "丈人"에 해당되며 ≪震은 長男≫ 剝卦에 있는 하나의 陽은 "小人"에 해당된다. ≪艮은 小男≫ 軍隊를 부리는 일에 있어서는 진격은 있을 수 있어도, 퇴각은 있을 수 없다. 만일 장수가 퇴각한다면, 싸움에 졌음[19]을 알 것이며, 만일 장수가 진격한다면, 그 기운이 힘차다는 것을 알 것이다. 剝卦의 하나의 陽은 물러나서 되돌아오니 ≪[剝卦의] 上이 2로 감≫ 이것은 小人이 패배한 사건이요, 復卦의 하나의 陽이 나아가서 밖으로 향하니 ≪[剝卦의] 1이 2로 감≫ 이것은 丈人이 功을 도모(圖謀)하는 것이다. 그러므로 軍旅에 관한 일은 오직 丈人이 맡아야 吉하다고 한 것이다. ≪貞은 일을 뜻함≫ 군사를 내보냄에 있어 이 괘를 만나면 모두가 꼭 길하다고는 말할 수 없다. 만일 소임(所任)을 맡은 자가 君子라면, 장수(將帥)에게 반드시 功이 있을 것이며 ≪復卦로부터 온 占≫ 만일 소임(所任)을 맡은 자가 小人이면, 그 將帥에게 반드시 그르치는 일이 있을 것이다. ≪剝卦로부터 온 象≫ 만약 나이(年齒)로 말할 것 같으면 젊은 將帥가 노련한 장수(宿將)만 같지 못한 까닭에 ≪조괄(趙括)과 염파(廉頗)의 故事를 참조할 것[20]≫ 이것을 일러 "丈人吉"이라고 한 것이다.

---

19) 패뉵(敗衄) : 싸움에 짐. 패배(敗北)와 같은 뜻이다.

20) 戰國시대 趙나라 효성왕(孝成王) 때, 秦나라의 大軍이 趙나라를 공격해 왔는데, 王은 염파(廉頗)를 장수로 하여 秦나라와 대전(對戰)하게 하였다. 강한 秦나라의 공격을 막기 위해 염파(廉頗)가 계책을 써서, 응전(應戰)을 하지 않자, 秦나라는 이간책(離間策)을 써서 趙나라 왕을 속이게 염파(廉頗) 대신에 조괄(趙括)로 장수(將帥)를 교체하도록 하였다. 조괄(趙括)은 名將이었던 아버지 조사(趙奢)의 후광(後光)을 입고, 將帥가 된 인물로서, 아버지의 병서(兵書)를 맹목적으로 추종할 뿐, 임기응변을 모르고 兵書에 쓰인 대로만 對戰하다가, 秦나라의 교란전술에 말려, 40~50만 명의 병사들이 戰士하는 참패를 당하고 만다. 『史記』「廉頗藺相如列傳」에 그 傳記가 실려 있다.

○卦自剝來 ≪上之二≫ 始迷失道 ≪剝上艮≫ 今乃得中 ≪上之二≫ 亦以得道 ≪互震道≫ 是 无咎也

剝 → 師

○師卦는 剝卦로부터 왔으니 ≪[剝卦의] 上이 2로 감≫ 처음엔 헤매어 길을 잃어버렸었는데 ≪剝卦의 上卦는 艮≫ 이제 中을 얻었으니 ≪[剝卦의] 上이 2로 감≫ 역시 그로 말미암아 道를 얻은 것이니 ≪[師卦의 2·3·4位의] 互震이 道≫ 이것이 "无咎"라고 한 까닭이다.

○按 揚雄 玄經 衆首 ≪擬師卦≫ 之贊 曰 丈人摧挐[21] 此謂 剝之艮山 今頹也 然 艮不得爲丈人

○[按] 양웅(揚雄, B.C.53~A.D.18)의 『太玄經』의 '衆'首[22]의 ≪『太玄經』의 '衆'首는 『周易』의 師卦를 모방한 것≫ 贊[23]에서 "장인최나(丈人摧挐)"[24]라고 하였으니, 이것은 剝卦의 艮山이 지금 허물어짐을 말한 것이다. 그러나 艮이 丈人이 되는 것은 아니다.

21) [校閱] 宋陸本에는 "丈人摧挐"의 "丈"이 "大"로, "挐"가 "拏"로 적혀 있다. 王本에는 "摧"가 "推"로, "拏"가 "奴"로 적혀 있다. 여기서는 范本을 따른다.

22) 『太玄經』의 '首'는 周易의 '卦'에 해당된다. 『周易』에 64卦가 있듯이, 『太玄經』에는 81首가 있다. 『太玄經』의 '測'은 周易의 象에 해당된다. 즉 '測'은 贊을 해석한 것이다.

23) 『太玄經』의 '贊'은 『周易』의 '爻'에 해당된다. 『太玄經』에는 81首가 있고, 매 首마다 9贊이 있으니, 모두 81×9=729贊이 있다.

24) 丈人摧挐 : 『太玄經』 卷3 衆(臺灣中華書局印行, 民國 63年, 4면)에 나오는 구절, "丈人摧挐"는 謀事함에 있어 착하지 못하면 丈人으로서 스스로 자기 집안을 허물어트리는 것과 같다는 것을 뜻함. "丈人"은 집의 家長이며, "挐"는 妻子를 뜻한다.

䷆

彖曰 : 師, 衆也, 貞, 正也. 能以衆正, 可以王矣. 剛中而應, 行險而順, 以此毒天下, 而民從之, 吉. 又何咎矣.

「彖傳」: 師는 많은 사람들(衆[25]))이며, 貞은 올바름이다. 많은 사람들(衆)을 올바르게 다스릴 수만 있다면 왕(王) 노릇을 할 수 있을 것이다. 剛이 中을 얻어 相應하며, 험난한 곳을 갈지라도 順從하니, 이로써 [軍師를 일으키게 되면] 天下에 해독(害毒)이 [불가피하게] 발생하겠지만,[26)] [그럼에도 불구하고] 백성들이 따를 것이니, 吉할 것이다. 또 무슨 허물이 있겠는가?

易之爲道 唯正事是筮 故謂事爲貞 《事之固》 貞者 正也 乾坤坎离 四正之卦也 《卦形 不偏畸》 四正之中 幹事者 坎也 卦有坎貞 所以正也 五陰爲衆 《坤爲衆》 能以衆正也 我德中正 物乃歸之 《說卦 坎爲歸》 衆所歸往 謂之王也

易의 道는 오직 올바른 일(正事)에 대해서만 점치는 데 있다.[27)] 그러므

---

25) 甲骨卜辭에 이미 '衆' 혹은 '衆人'이 나타난다. 갑골문에서 '衆'은 태양 아래에 세 사람이 모여 있는 모습으로 象形되어 있다. '衆' 혹은 '衆人'은 商代의 중요한 농업 생산자였다. 商代의 '衆' 혹은 '衆人'이 노예인지, 자유민인지, 또는 공동체 사회의 구성원인지, 아니면 노예주 계급인지에 대해서 학자들 간에 커다란 의견 차이가 있다(吳浩坤·潘悠 著, 梁東淑 譯, 『중국갑골학사』, 동문선, 2002, 400면).

26) "毒天下"의 뜻에 대해서 『伊川易傳』에서는 "師旅之興, 不无傷財害人, 毒害天下, 然而民心從之者, 以其義動也, 古者, 東征西怨, 民心從也"로 풀이하였다. 그리고 朱子의 『周易本義』에서는 "毒, 害也, 師旅之興, 不无害於天下, 然, 以其有是才德, 是以, 民悅而從之也"로 풀이하였다. 즉 程伊川이 "毒天下"를 "毒害天下"로 풀이하는 해석을 朱子도 따르고 있는데, 결국 "毒天下"란 군대를 일으킴으로 말미암아 財産이나 人命의 손실(傷財害人)이 불가피함을 뜻하고 있다. 한편, 茶山은 "施坎險於坤土, 毒天下也"라고 풀이하고 있으니, 전체적인 문맥(文脈)은 伊川과 朱子의 해석과 크게 다르지 않다고 하겠다.

로 일컫기를 일(事)은 "貞"이 된다고 하니 ≪["貞"은] 일의 견고(堅固)함을 뜻함≫ "貞"은 곧 올바름(正)이다. 乾·坤·坎·离는 [易의] 4正卦니 ≪卦形이 치우치지 아니함≫ 4正卦 중에서 일을 주간(主幹)함에 해당되는 괘는 坎卦이다. 師卦에는 坎의 곧음(貞)이 있으니, 그로써 올바르게 함이다. 5陰은 무리(衆)가 되니 ≪坤이 무리가 됨≫ [坎의 곧음을 통해] 中正을 얻는 것이다. 나의 德이 中正을 얻으니, 이에 物이 나에게 돌아오니 ≪「說卦傳」에 坎은 '돌아옴'의 뜻이 된다고 함≫ 많은 사람들(衆)이 귀순(歸順)하는 바가 되는 사람을 일컬어 '王'이라고 한다.

○二五相與 ≪五則柔≫ 剛中而應也 震行坤順 ≪下互震≫ 行險而順也 施坎險於坤土 ≪本純坤≫ 毒天下也 衆陰歸順 ≪坎爲歸≫ 民從之也[28]

師

○2와 5의 상호관계를 보면 ≪[師卦의 제2位는 剛이며] 5는 柔≫ [제2位의] 剛이 中位에 있으면서 [제5位의 柔와 더불어] 應하고 있다. 震은 나아감(行)을 상징하며, 坤은 순종함을 상징하니 ≪[師卦의] 下互卦는 震≫ 험난한 곳으로 나아가더라도 따르는 것이다. 坎의 험난함이 坤의 땅에 널리 퍼지니 ≪본래 순수한 坤[29]≫ [이것을 가리켜] "毒天下", 즉 "[군대를 일으키게 되면] 天下에 해독(害毒)이 [불가피하게] 발생하게 된다"라고 한 것이

27) 茶山은 「易論」에서 "唯事之出於公正之善, 而其成敗禍福, 有不能逆睹而懸度之者, 於是乎, 請之也", 즉 "다만, 일이 공정한 善에 바탕하여 있으나, 그 成·敗와 禍·福에 있어, 미리 알아, 그것을 헤아릴 수가 없을 때, 이 경우에만, 그에 대해 하늘에 물어 보는 것"이라고 함.

28) [校閱] 奎章本에는 "民從之"로 되어 있으나, 新朝本과 國中本에는 "民從之也"로 되어 있다.

29) 師卦는 剝卦로부터 왔는데, 剝卦의 下卦는 본래 坤이므로, 이렇게 말한 것이다.

다. 陰의 무리가 돌아와 순종하니 ≪坎은 돌아옴이 됨≫ "民從之"라고 한 것이다.

初六 : 師出以律, 否臧, 凶. ○ 象曰 : 師出以律, 失律, 凶也.

初六 : 장수(將帥)가 출정(出征)할 때는 군율(軍律)로써 함이니, [군율(軍律)에] 순종치 않고 거스른다면, 흉할 것이다. ○「象傳」: 장수(將帥)가 출정(出征)할 때는 군율(軍律)로써 함이니, 군율(軍律)을 잃는다면 흉할 것이다.

此 師之臨也 卦自復來 ≪一之二≫ 震帥初出 ≪震爲出≫ 以居中位 ≪一之二≫ 而坎律乃成 ≪下今坎≫ 師出以律也 ≪坎爲法≫ 本在初位 ≪復一陽≫ 故初爻言之

復 → 推移 → 師 → 初爻變 → 臨

이것은 師卦가 臨卦로 변하는 경우이다. 師卦는 復卦로부터 왔으니 ≪[復卦의] 1이 2로 감≫ 震의 장수(將帥)가 처음으로 출정(出征)함에, 中位에 머무르고 ≪[復卦의] 1이 2로 감≫ 坎의 규율이 이루어지니 ≪[師卦의] 下卦는 지금 坎≫ [이것을 가리켜] "師出以律", 즉 "장수(將帥)가 출정(出征)할 때는 군율(軍律)로써 함"라고 한 것이다. ≪坎은 法이 됨≫ 본래 [師卦의] 將帥는 [復卦의] 初位에 있었던 것이므로 初爻에서 [장수(將帥)의 출정(出征)을] 언급하였다.

○否者 逆也 臧者 順也 ≪左傳文 見下≫ 初之既變 兌以一陰 下乘二剛 ≪下今兌≫ 其德 逆也 ≪反巽順≫ 雖有坤順 ≪卦五陰≫ 兌以逆之 否其臧也 ≪逆其順≫ 坎律遂失 ≪坎今亡≫ 不亦凶乎 朱子曰 否臧謂不善也

師→初爻變→臨

○"否"는 거스르는 것(逆)이요, "臧"은 따르는 것(順)이다. ≪『左傳』의 글이 아래에 나옴≫ [師卦의] 初爻가 이미 변하여 [臨卦로 되면] 兌의 하나의 陰으로써 아래 두 개의 剛을 올라타게 되니 ≪[臨卦의] 下卦는 지금 兌≫ 그 성질이 거스르는 것이 된다. ≪巽의 순종함의 성격과는 반대≫ 비록 坤의 순종함이 있더라도 ≪師卦의 5陰≫ 兌로써 거스르니, 그 순종함에 거스르는 것이다. ≪그 順從함에 거스름≫ [師卦 初六이 효변하여 臨卦로 되면] 坎의 규율을 드디어 잃어버리게 되니 ≪[師卦의] 下卦의 坎이 이제 [臨卦에서는] 없어짐≫ 또한 흉하지 아니하겠는가? 朱子가 말하기를, "否臧은 착하지 않음(不善)을 일컫는다"라고 하였다.[30]

○坎之法律 ≪荀九家≫ 兌以失之 ≪脫失也≫ 是 失律也 師之方出 惟[31]以法律 律其善惡 律其順逆 今失其律 所以凶也

---

30) 師卦 初六에 대한 주석에서. 朱子는 "否臧, 謂不善也"라고 하였다(朱子 原著, 白殷基 譯註, 『譯註 周易本義』, 여강출판사, 1999, 118면). 이는 朱子가 다산과 마찬가지로 "否臧"을 "臧하지 않다"라는 방식으로 읽었다는 것을 의미한다. 즉 茶山과 朱子는 "否臧"을 "否와 臧"처럼 상호 대립되는 개념을 병렬적으로 배치한 것으로 읽지 않고, '否'字를 臧에 대한 否定語로 보았다는 점에서 견해가 일치하고 있다. 그러나 엄밀히 말한다면, 茶山과 朱子의 해석이 그 내용적 측면에서 반드시 일치한다고는 볼 수 없다. 왜냐하면, 다산은 "부장(不臧)"을 "不順"의 뜻으로 해석한 반면에, 주자는 "不善"의 뜻으로 해석하였기 때문이다.

31) [校閱] 新朝本과 國中本에는 "唯"로 되어 있으나, 奎章本에는 "惟"로 되어 있다.

○坎의 法律을 ≪荀九家[에 따르면, 坎은 法律이 됨]≫ 兌로써 잃게 되니 ≪벗겨져 잃음≫ 이것이 "失律", 즉 "軍律을 잃는 것"이다. 군사(軍師)가 바야흐로 출정(出征)하려고 할 적에, 오직 법률(法律)로써 그 선악(善惡)을 다스리고, 그 순종함과 거스름(順逆)을 다스려야 하는 법인데, 이제 그 규율을 잃었으니, 이것이 흉한 까닭이다.

○案[32] 司馬遷 律書 全論行師之法 ≪見史記≫ 古之義也 故師者 率也 率者 律也 ≪字相通≫ 律者 坎律也

○[案] 사마천(司馬遷)이 『史記』「律書」[33]에서 軍師를 부리는 법을 오로지 논하였으니 ≪『史記』에 보임≫ 이것은 [軍師에 관한] 古代의 뜻이다. 그러므로 師는 곧 통솔함(率)을 뜻하며, 통솔은 곧 규율(律)을 뜻하니 ≪'率(솔)'字와 '律(율)'字가 서로 통함≫ 律이란 坎의 규율을 가리킨다.

≪學稼云 臨以萃交 萃爲大坎 臨則失之≫ 左傳 荀首之言 ≪宣 十二年≫ 釋此爻曰 執事順成爲臧 ≪衆順之爲臧≫ 逆爲否 ≪逆將令爲惡≫ 有律以如己也 ≪先自律己 使衆如己也≫ 故曰 律否臧

臨　萃

≪學稼가 말하였다. "地澤 臨卦는 澤地 萃卦로부터 交易된 것이니, 萃卦에는 大坎의 형상이 있었으나 臨卦에서는 그 象을 잃어버린 것이다."≫ 『左傳』의 순수(荀首)의 말 가운데 ≪선공(宣公) 12년≫ 이 爻를 해석하여 [다음과 같이] 말하

---

32) [校閱] 奎章本에는 '案'이 '按'으로 되어 있다.

33) 율서(律書) : 사마천(司馬遷)의 『史記』는 크게 ① 本記(12편), ② 表(10편), ③ 書(8편), ④ 世家(30편), ⑤ 列傳(70편) 등의 다섯 부분 130편으로 되어 있다. 이 중에서 書는 모두 8편으로 구성되어 있다. 서(書)는 禮·祭禮·天文 등 정치·경제·문화 전반에 걸쳐 상세히 서술하고 있다. 律書는 그 중의 하나로서, 주로 軍事와 六律에 대해 다루고 있다.

였다. "일을 집행함에 있어 순조롭게 이루는 것이 '臧'이 되며, ≪무리가 따르는 것이 '臧'≫ 거스르는 것이 '否'가 되니, ≪장수의 명령에 거스르는 것이 惡≫ 軍律을 적용할 때 자기에게 적용하듯이 하는 까닭에 ≪먼저 自己가 [모범을 보여] 軍律로써 스스로를 다스리고, [그 後에] 衆人으로 하여금 자기를 따르게 함≫ [『周易』에] '律否臧'이라고 한 것이다."

○案[34] 否者 塞也 坎則爲通 ≪說卦文≫ 兌以壅之 ≪左傳云 川壅爲澤≫ 所以否也 左傳之文 似[35]以律否臧爲句 然 出律叶韻 且 象傳之文 明以律字 屬上句

○[案] 否는 막힘(塞)을 상징하고, 坎은 通함을 상징한다. ≪「說卦傳」의 글≫ 兌는 막힘을 상징하니 ≪『左傳』에서 말하였다. "냇물이 막히면, 연못이 된다."[36]≫ 이것이 "否"라고 한 이유이다. 『左傳』의 문장에서 마치 "律否臧"으로 한 句를 삼는 것 같이 보인다. 그러나 '出(출)'字와 '律(율)'字가 협운(叶韻)의 관계에 있고, 또 「象傳」의 문장에 분명히 "律"字를 上句에 속하게 하였다.

○又案[37] 左傳 鄭伯伐宋 ≪隱 十一年≫ 書法曰[38] 告則書 師出臧否 亦如之

○[又案] 『左傳』에 "鄭伯이 宋을 征伐하였다"라고 하였으니[39] ≪隱公 11年≫ 書法[40]에 "告則書", 즉 "[史官은] 告하는 경우에만 기록한다"

---

34) [校閱] 奎章本에는 '案'이 '按'으로 되어 있다.

35) [校閱] 奎章本에는 다른 글자로 되어 있으나 "似"와 같은 글자이다.

36) 『左傳』(宣公 12年)의 '知莊子之語'에 "衆散爲弱, 川壅爲澤, 有律, 以如己也, 故曰, 律否臧"이라고 함. 「春秋官占補註」의 '知莊子之語'를 참조할 것(『四箋』 卷7, 22 가).

37) [校閱] 奎章本에는 '案'이 '按'으로 되어 있다.

38) [校閱] "書法曰"이 奎章本에는 없으나, 新朝本과 國中本에는 있다.

39) 『左傳』의 '隱公 11年'에 "冬十月, 鄭伯以虢師伐宋(겨울철 10월에, 鄭나라 군주가 괵(虢)의 군대로 宋나라를 정벌하였다)"라고 함.

40) 여기서 "書法"이란 '春秋筆法'을 가리킨다. '春秋筆法'이란 지극히 압축적인 표현을

라고 하고,[41] "師出臧否 亦如之", 즉 "군대를 출동하여 그 승패에 대해서도 또한 이와 같이 한다"라고 하였다.

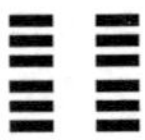

九二 : 在師中, 吉, 无咎, 王三錫命. ○ 象曰 : 在師中吉, 承天寵也, 王三錫命, 懷萬邦也.

九二 : [삼군(三軍)을 지휘하는] 장수(將帥)가 중군(中軍)에 있으니, 길하고 허물이 없을 것이며, 王이 세 번이나 命을 하사(下賜)할 것이다. ○「象傳」: 장수(將帥)가 중군(中軍)에 있어 길한 것은 天子의 총애(寵愛)를 받기

통해 역사를 명백하게 기술하는 방법을 말하는데, 중국역사서술의 모범으로 수천 년간 전승되어 내려왔다. "鄭伯伐宋"에서 "鄭伯"이란 鄭나라의 군주를 가리키는데, 그가 伯爵이므로 鄭伯이라고 한 것이다. 그런데 鄭伯이라고 적은 것은 鄭나라의 군주도 옳지 않은 점이 있다는 의미를 함축하고 있다고 한다. "鄭伯伐宋"이라고 한 記述을 鄭伯에 관한 또 다른 역사기록인 "夏五月, 鄭伯 克段", 즉 "여름 5월, 鄭伯이 자신의 아우 段을 이겼다"라는 서술과 비교해보면, 어떤 경우에는 '伐'이라고 하고, 어떤 경우에는 '克'이라는 표현을 쓰고 있다. 이러한 用語의 차이는 역사에 대한 史家의 평가의 관점을 반영한다. "夏五月, 鄭伯 克段"에서, 토벌이나 처벌이라는 말을 쓰지 않고, 극(克)이라는 표현을 사용한 것은 '단(段)'도 큰 도읍을 다스리고 있어 정백(鄭伯)에 필적할 만했기 때문이다. 반면에 '伐'은 정벌이 명분과 정당성을 지니고 행해졌다는 의미를 함축하고 있다. 아우라고 하지 않고, 곧바로 段이라고 한 것은 段도 역시 아우로서 잘못한 일이 있었기 때문이다. 이처럼, 글자 한 字 한 字에 역사적 평가를 반영시키는 것이 이른바 '春秋筆法'인 것이다.

41)『左傳』'隱公 11年'의 다음의 구절을 참조할 것. "冬十月, 鄭伯以虢師伐宋, ……, 宋不告命, 故不書, 凡諸侯有命, 告則書, 不然則否. 師出臧否, 亦如之. 雖及滅國, 滅不告敗, 勝不告克, 不書于策(겨울에 鄭나라가 宋나라를 정벌하였는데, 宋나라는 이 일을 알리지 않았으므로,『春秋』의 經文에는 이 사건을 기록하지 않았다는 뜻이다. 무릇 제후가 使者를 보내어 어떤 사건에 대한 그 나라 군주의 말을 고해오면, 史官은 그 일을 기록하는 것이지만, 그렇지 않은 경우에는 기록하지 않는다. 이것은 군대를 출동하여 그 승패를 알리는 경우에도 마찬가지이다. 즉, 비록 나라를 멸망시킴에 있어서도, 졌다는 것을 알리지 않거나, 勝戰에 그 승리를 告하지 않으면, 史官은 그 사실을 策에 기록하지 않는 것이다)."(文璇奎 역,『春秋左氏傳』上, 명문당, 1987, 90면)

때문이요, 王이 세 번이나 命을 내리는 것은 만방(萬邦)을 [마음속에] 품고 있기 때문이다.

此 師之坤也 卦自復剝來 ≪上下之≫ 復剝之時 亦以一陽 帥其衆陰 ≪皆五陰≫ 然 或失則卑 ≪復一陽≫ 或失之亢 ≪剝一陽≫ 皆不足以馭衆 ≪無坎歸≫ 移之爲師 則將乃居中 ≪內之中≫ 以馭坤衆 ≪領五陰≫ 在師中也 ≪在衆中≫ 周制 大國三軍 其上軍下軍 皆偏將 其中軍爲大將 ≪見左傳≫ 此所謂 中權也 在師中之義也

復 → 師 ← 剝

이것은 師卦가 坤卦로 변하는 경우이다. 師卦는 復卦와 剝卦로부터 왔으니 ≪復卦로부터 올라가거나 剝卦로부터 내려감≫ 復卦와 剝卦의 때에는 하나의 陽으로써 陰의 무리를 통솔하였으나 ≪[復卦와 剝卦에는] 모두 5陰이 있음≫ 그렇지만 간혹 너무 낮은 데로 빠져버리거나 ≪復卦의 하나의 陽≫ 간혹 너무 높은 곳으로 치우쳐 버리는 잘못을 범하니 ≪剝卦의 하나의 陽≫ 모두 많은 사람들을 거느리기에는 부족하다. ≪坎으로 歸順함이 없음≫ [그런데 復卦와 剝卦로부터] 推移하여 師卦가 되면, 장수(將帥)가 중앙(中央)에 머무르면서 ≪內卦의 中≫ 坤의 군중(群衆)을 거느리니 ≪五陰을 영도함≫ 이것이 "在師中"의 뜻이다. ≪군중 가운데 있음≫ 周나라의 制度에 따르면, 大國에 삼군(三軍)[42]의 제도가 있는데, 上軍과 下軍은 모두 편장(偏將)이 맡고, 그 中軍은 대장(大將)[43]이 맡는다고 하였으니 ≪『左傳』에 보

42) 商代에 이미 𠂤(師)·旅로 편제된 정규군이 있었음이 甲骨卜辭를 통해 확인되고 있다. 商代의 三𠂤는 『左傳』에 기록된 春秋시대 三軍제도의 기원일 것으로 추정된다(吳浩坤·潘悠 著, 梁東淑 譯, 『중국갑골학사』, 동문선, 2002, 380면).

43) 大將이라는 명칭은 『左傳』에 나오지 않는다. 『左傳』(僖公 27年)에서는 中軍을 거느리는 장수를 '원수(元帥)'라고 했는데, 元帥는 將帥의 長으로서, 총사령관격이었다.

임[44]》 이 中軍을 가리켜 이른바 '중권(中權)'[45]이라고 하는 것이니, "在師中"의 뜻도 이에 따른다.

○卦自剝來 《上之二》 始迷失道 《剝上艮》 今乃得中 《上之二》 是 无咎也 此爲卦主 故占與彖同

䷖ ䷆

剝 → 師

○師卦는 剝卦로부터 왔으니 《[剝卦의] 上이 2로 감》 처음에는 길을 잃었으나 《剝卦의 上卦는 艮》 이제 中을 얻었으니 《[剝卦의] 上이 2로 감》 이것이 "无咎"라고 한 이유이다. 이 [九二]爻는 [師卦의] 卦主이므로 그 占이 彖辭와 더불어 같은 것이다.[46]

○王者 乾也 《乾爲君》 乾之三陽 一索得震 《說卦文》 爲復一陽 《得乾之初剛》 一錫命也 又索得艮 爲剝一陽 《得乾之終剛》 二錫命也 移之得坎 《自復剝而移》 爲師一陽 《得乾之中剛》 王三錫命也 震爲諸侯 《虞氏云》 此 錫爵也 艮爲邑土 《艮爲城》 此 錫土也 《詩所云 錫山土田》 坎爲車馬 《見說卦》 此 錫乘也 坎則爲功 《勞乎坎》 所以錫也

---

44) '偏將'이라는 명칭은 '僖公 10年'에 나오며, 上軍·中軍·下軍 등의 명칭은 '僖公 27年'에 나온다. 그리고 '三軍'이라는 명칭은 '僖公 27年' 등 『左傳』의 여러 곳에서 나온다.

45) 中權 : 中軍이 군략(軍略)을 세우는 것을 뜻한다. 혹은 단순히 中軍을 가리켜 中權이라고도 한다. 『左傳』의 '宣公 12年'에 "中權後勁"이라는 말이 나오는데, 이는 三軍 중에서, 主將이 있는 군대로써 權謀를 쓰고, 後軍은 精兵을 모은 군대로써, 용감히 싸워 강함을 뜻한다.

46) "吉, 无咎"라는 占이 師卦의 彖詞와 九二에 공통적으로 나오는데, 그 이유를 설명한 것이다.

復 → 師 ← 剝 乾 震 艮 坎

○"王"은 [卦象으로는] 乾이니 ≪乾이 君이 됨≫ 乾의 세 陽이 한 번 求함(一索)에 震을 얻어서 ≪「說卦傳」의 글≫ 復卦의 一陽이 되니 ≪乾의 初位의 剛을 얻음≫ [이것은] 첫 번째로 命을 下賜한 것이 되고, 다시 한번 求함에 艮을 얻어, 剝卦의 一陽이 되니 ≪乾의 終位의 剛을 얻음≫ 두 번째로 命을 下賜한 것이 된다. [그런데] 推移하여 下卦가 坎이 되면 ≪復卦와 剝卦로부터 推移됨≫ 師卦의 한 개의 陽이 되니 ≪乾의 가운데 剛≫ 이것이 "王三錫命", 즉 "王이 세 번 命을 下賜함"이 된다. 震은 諸侯가 되니 ≪우번(虞翻)의 說≫ 이것은 작위(爵位)를 하사한 것이며, 艮은 邑의 土地가 되니 ≪艮은 城≫ 이것은 땅을 하사한 것이다. ≪『詩經』「大雅」「蕩之什」「江漢」에서 말하기를 "錫山土田",[47] 즉 "山川과 土地를 하사한다"라고 하였음≫ 坎은 車馬가 되니 ≪「說卦傳」≫ 이것이 수레를 하사한 것이다. 坎은 功이 되니 ≪坎에서 勞力함≫ [그 세운 功으로 말미암아] 王이 하사하는 것이다.

○乾之所有 ≪卽三陽≫ 無不予之 ≪初中終≫ 承天寵也

○乾의 소유물을 ≪즉 3陽을 가리킴≫ 베풀지 않음이 없으니 ≪[乾卦의] 初・中・終[을 모두 나에게 줌]≫ 이것이 "承天寵", 즉 "天子의 총애(寵愛)를 받는 것"이다.[48]

○懷者 藏于心也 坎則爲心 ≪說卦文≫ 坤以藏之 ≪說卦文≫ 可

47) 『詩經』「大雅」「蕩之什」「江漢」에 나오는 文句로서, 王이 召公에게 策命을 내려주는 말을 기술한 것이 그 내용이다. "釐爾圭瓚, 秬鬯一卣. 告于文人, 錫山土田. 于周受命, 自召祖命. 虎拜稽首, 天子萬年. 虎拜稽首, 對揚王休, 作召公考, 天子萬壽(너에게 규찬(圭瓚)과 검은 기장술 한동이를 내려주며, 文人에게 아뢰어, 山天과 土地를 하사하노니, 岐周에 가 命을 받아서, 召祖가 命을 받았던 곳으로부터 하노라. 虎가 절하고 머리를 조아리니, 天子께서 萬壽를 누리소서)."

48) 임금의 총애를 받는 것을 '승총(承寵)'이라고 한다.

以懷也 坤爲萬國 《地數十》 懷萬邦也 二爲卦主 故言其本象

○"懷"는 '마음속에 간직함(藏于心)'의 뜻이며, 坎은 곧 마음(心)이 되니 《「說卦傳」의 글》 坤으로써 간직함으로써 《「說卦傳」의 글[49]》 마음속에 품는 것이다. 坤은 萬國이 되니 《地數는 十》 이것이 "회만방(懷萬邦)", 즉 "萬邦을 [마음속에] 품는 것"이다. 九二爻가 [師卦의] 卦主가 되므로 本象을 말한 것이다.

○案[50] 周禮 典命云 車服旗斿之數 皆如其命之數 以此言之 經云 三錫 未必取物象也

○[案]『周禮』「典命」[51]에서 말하기를, "수레(車)·옷(服)·깃발(旗斿)의 數를 모두 그 命[52]의 숫자로써 한다"[53]고 하였으니, 이런 말로써 미루어 본다면, 『易經』에서 "三錫"이라고 말한 것도 반드시 物象을 취한 것이라고 할 수는 없다.[54]

六三 : 師或輿尸, 凶. ○象曰 : 師或輿尸, 大无功也.

---

49) "坤以藏之"라는 말은 「說卦傳」의 八卦의 卦德을 설명하는 부분에 나옴.

50) [校閱] 奎章本에는 '案'이 '按'으로 되어 있다.

51) 典命 : 왕이 내리는 작위 임명의 명령 전달을 맡은 관리, 『周禮』에서는 典命의 직제에는 총 17명이 있는데, 제후들의 다섯 등급의 작위와 모든 신하의 다섯 등급의 명을 관장한다고 함. 『周禮』에서는 「典命」은 「春官」 「宗伯」에 속해 있음.

52) 命은 관등(官等)을 뜻하는 것으로서, 一命에서 九命까지 있다. 一命은 諸侯의 上士에 해당되며, 재명(再命)은 大夫에 해당된다.

53) "車服旗斿之數, 皆如其命之數"는 『周禮』 「典命」에 나오는 글을 그대로 인용한 것이 아님. 原文에는 "其宮室車旗衣服禮儀 各眡其命之數"로 되어 있음(『周禮』 乾, 학민문화사, 1997, 551면).

54) '一命', '再命' 등의 명칭의 '一', '再' 등이 '하나', '둘' 등의 숫자 개념이 아니라, 官等의 명칭인 것처럼, '三錫'도 역시 數 개념으로서가 아니라, 일반명사로서 사용되었을 가능성을 말한 것이다.

六三 : 軍師가 或 시체를 수레에 싣게 될 수도 있으니, 흉할 것이다. ○「象傳」: "師或輿尸"라고 한 것은 크게 功을 세운 것이 없음을 말한 것이다.

此 師之升也 升自小過來 《四之二》 小過之時 艮尸在下 《艮爲死》 震車在上 《雷山卦》 移之爲升 則車自外入 《四之二》 以載艮尸 《巽爲載》 此 輿尸也 若自臨來 《一之三》 幸無此象 《無輿尸之象》 象不兩合 其占疑也 疑則或之 《見乾卦》 師或輿尸也

이것은 師卦가 升卦로 변하는 경우이다. 升卦는 小過卦로부터 왔으니 《[小過卦의] 4가 2로 감》 小過의 때에는 艮의 시체가 아래에 있고 《艮이 死가 됨》 震의 수레는 위에 있는데 《雷山 小過卦》 推移하여 升卦로 되면, 수레가 밖으로부터 들어와 《[小過卦의] 4가 2로 옴》 艮의 시체를 실으니 《巽이 실음이 됨》 이것이 "輿尸", 즉 "시체를 수레에 싣는 것"이다. [다른 한편] 臨卦로부터 推移하여 온 卦象에는 《[臨卦의] 1이 3으로 감》 다행히도 이러한 象이 없다. 《수레에 시체를 싣는 象이 없음》 象이 두 경우 일치하지 않으므로, 그 占이 미심쩍은 것이다. 미심쩍기 때문에 "或……"이라고 한 것이니 《乾卦에 [그러한 用例가] 보임[55]》 [이것을 가리켜] "師或輿尸"라고 한 것이다.

○坎則有功 今坎旣滅 《下今巽》 巽德撓屈 《見說卦》 是 无功也 剛而不固 《三今剛》 大无功也 《陽曰 大》

---

55) 乾卦 九四에 "或躍在淵"이라고 한 것을 가리킨다.

師 → 升

○坎은 功을 세운 것이 있는 것이다. [그런데 師卦의 六三이 爻變하여, 升卦로 되면] 이제 [師卦에 있던] 坎은 벌써 소멸하였고 ≪[升卦의] 下卦가 이제 巽≫ 巽의 성질은 구부러짐에 있으니 ≪「說卦傳」에 보임≫ 이것이 "功이 없는 것(无功)"이다. 剛이면서 견고하지 않으니 ≪[升卦의] 제3爻가 이제 剛≫ "大无功", 즉 "크게 功을 세운 것이 없다"라고 말한 것이다. ≪陽을 가리켜 "大"라고 한다.≫

○案[56] 小過之卦 本以頤交 ≪山雷 易≫ 頤自臨來 震帥出征 ≪二之上≫ 遂以艮死 ≪頤上艮≫ 反乎本國 ≪交之爲小過≫ 此 小過之艮尸也 ≪外艮爲內艮≫

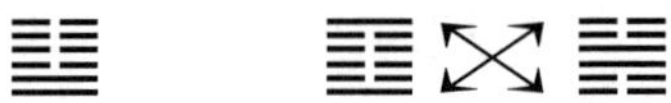

臨 → 推移 → 頤 小過

○[案] 小過卦는 본래 頤卦와 交易의 관계에 있으며 ≪山과 雷가 交易됨≫ 頤卦는 臨卦로부터 왔으니, 震의 장수(將帥)가 出征하였다가 ≪[臨卦의] 2가 上으로 감≫ 드디어 艮에서 죽어 ≪頤卦의 上卦는 艮≫ 本國으로 되돌아옴이다.[57] ≪頤卦가 交易하면 小過卦가 됨≫ 이것이 小過卦의 艮의 시체인 것이다. ≪[頤卦에서는] 外卦가 艮이었으나, [小過卦에서는] 內卦가 艮이다.≫

---

56) [校閱] 奎章本에는 '案'이 '按'으로 되어 있다.

57) 茶山은 泰卦初九의 註에서 師卦六三의 "師或輿尸"의 경우는 "北征凶"의 경우라고 하였다.

六四 : 師左次, 无咎. ○ 象曰 : 師左次无咎, 未失常也.

六四 : 군사(軍師)가 진영(陣營)을 [삼십 리(里)] 후퇴(後退)시키니, 허물이 없을 것이다. ○「象傳」: "師左次无咎"라고 말한 것은 以前에 있던 것을 잃지 않았기 때문이다.

此 師之解也 左次者 退師也 ≪義見下≫ 解自小過來 ≪三之二≫ 小過之時 震帥出外 艮以爲次 ≪艮爲廬次 見旅卦≫ 移之爲解 則師退一舍 ≪三之二≫ 坎以居之 ≪下今坎≫ 師左次也

師→四爻變→解←推移←小過

이것은 師卦가 解卦로 변하는 경우이다. "左次"란 軍師를 퇴각(退却)시키는 것을 뜻한다. ≪뜻이 아래에 나타남≫ 解卦는 小過卦로부터 왔으니 ≪[小過卦의] 3이 2로 감≫ 小過卦의 때에는 震의 장수(將帥)가 밖으로 나가, 艮의 진영(陣營)에서 머무르게 되었는데 ≪艮은 오두막집[58]이니, 旅卦에 [그 用例가] 보임[59]≫ [그런데] 推移하여 解卦가 되면, 군대가 30里(舍)를 더 물러나서 ≪[小過卦의] 3이 2로 감≫ 坎에서 머무르게 되니 ≪下卦는 지금 坎≫ 이것이 "師左次", 즉 "군사(軍師)가 진영(陣營)을 [삼십 리(里)] 후퇴(後退)시키는 것"이다.

58) 廬次 : 오두막집, 초막, 숙소.

59) 旅卦 九三에 "旅焚其次"라는 말이 나오는데, 茶山은 주석에서 "艮以爲次(爲廬舍)"라고 함.

○解自臨來 ≪一之四≫ 兌本乘剛 ≪臨下兌≫ 今剛旣升 ≪一之四≫ 是 无咎也

師→ 4爻變 →解←推移←臨

○解卦는 臨卦로부터 왔으니 ≪[臨卦의] 1이 4로 감≫ 兌는 본래 剛을 타고 있었지만 ≪臨卦의 下卦는 兌≫ 이제는 剛이 이미 상승하니 ≪[臨卦의] 1이 4로 감≫ 이것이 "无咎"가 되는 까닭이다.

○常者 舊也 爻之旣變 不失舊震 ≪今 上震爲帥≫ 未失常也 ≪需初九 亦同≫

師→四爻變→解

○"常"이란 以前의 것(舊)을 말함이니, [師卦 六四의] 爻가 이미 변하[여 解卦로 되]더라도 以前부터 있던 震을 잃지 않으니 ≪지금 [解卦의] 上卦의 震은 將帥≫ "未失常", 즉 "以前에 있던 것을 잃지 않은 것"이다. ≪需卦의 初九도 역시 같은 경우이다.[60]≫

○案[61] 春秋傳 凡行師 再宿爲信 過信爲次 ≪止息也≫ 左次者 退舍也 ≪三十里 爲舍≫ 兵家尙右 故以退爲左 ≪尙右故 上將軍居右 偏將軍居左≫ 八陣圖 前衝爲右 後衝爲左

○[案]『春秋左氏傳』에 무릇 군대(軍隊)를 행진시킬 때에, [한 곳에서]

60) 需卦 初九의 「小象傳」에서도 "未失常也"라고 함.

61) [校閱] 奎章本에는 '案'이 '按'으로 되어 있다.

이틀 밤을 묵는 것(再宿)을 '信'이라고 하고, 이틀 밤보다 더 묵는 것을 '次'라고 하니[62] ≪[한 곳에서] 멈추어 쉬는 것≫ "左次"란 [군대를] 30里 후퇴(後退)시키는 것을 뜻한다. ≪30(里)을 '舍'라고 함[63]≫ 병가(兵家)에서는 오른쪽을 숭상하는 까닭에, 퇴각(退却)하는 것을 '左'라고 한다. ≪[兵家에서는] 오른쪽을 숭상하는 까닭에, 상장군(上將軍)은 오른쪽에 배치되고, 편장군(偏將軍)[64]은 왼쪽에 배치된다.[65]≫ 팔진도(八陣圖)[66]에서도 전충(前衝)은 오른쪽에 서고, 후충(後衝)은 왼쪽에 선다.

○學稼云 此亦 四多懼

○學稼가 말하였다. "[군대를 퇴각시키는 占卦를 六四爻에 배치한]

---

62) 『左傳』의 '莊公 3年'條에 "凡師一宿爲舍, 再宿爲信, 過信爲次(군대가 하룻밤을 묵는 것을 '舍'라고 하고, 이틀 밤을 묵는 것을 '信'이라고 하고, 이틀 밤보다 더 묵는 것을 '次'라고 한다)"라고 함.

63) 군대가 하루에 걷는 거리가 30里가 된다고 함.

64) 偏將軍과 上將軍은 戰國時代의 官職이다.

65) "偏將軍居左, 上將軍居右"는 老子의 『道德經』 第31章에 나오는 말인데, 茶山은 앞뒤 문장을 바꿔서 언급하고 있다. 이처럼 方位를 정하는 것은 경사스런 일은 왼쪽을 크게 여기고 흉한 일에는 오른쪽을 크게 여기기 때문이라고 한다. 전쟁은 사람을 많이 죽이는 일이기 때문에 일종의 喪禮로 취급된다.

66) 팔진도(八陣圖)는 제갈공명(諸葛孔明)에 의해 발명된 것으로 전해지나, 실제로 제갈공명이 八陣圖를 만든 것인지는 알 수 없다. 아마도, 군사(軍師)로서의 제갈공명의 탁월한 역량이 八陣圖와 그를 자연스럽게 연관시키게 했을 것으로 추측된다. 八陣圖는 『三才圖會』·『諸葛武侯集』 등에 그 내용이 전해지고 있는데, 전투 때에 前進하여 전투하는 陣과 후방에서 지원해주는 陣이 최대의 위력을 발휘할 수 있도록 잘 조직되어 있다는 점이 장점이다. 八陣圖는 八卦로부터 따온 것으로 보이며, 64개의 소부대와 그 배후에 대기하는 유병(遊兵)으로 구성되어져 있다. 一小隊는 50명의 병사에 다섯 명의 기수를 합해서 55명으로 구성되어 있고, 一陣은 모두 八小隊로 구성되므로 440명이 된다. 따라서 八陣은 440명×8=3,520명이 된다. 天後衝의 네 개의 부대에 '風雲'이라 불리는 두 개씩의 부대를 합한 것이 1호. 그 다음이 순서대로 2호, 3호가 된다. 이 진형에서는 전투가 시작되어 지휘관인 중군(中軍)이 명령을 내리면, 각 진지의 1, 2, 5, 6호가 전진해서 제1진(第一陣)을 만들고 두 번째의 명령으로 3, 4, 7, 8호가 전진한다. 유병(幼兵)은 正兵인 팔진(八陣)과는 달리 '기병(奇兵)'으로 불리어졌다. 전투시의 유병(幼兵)의 역할은 매우 커서, 때로는 양동대(陽動隊)로서 때로는 선진(先陣)으로서 임기응변의 역할을 담당했던 것으로 보인다.

이것은 제4位가 두려움이 많은 자리이기 때문이다."

六五 : 田有禽. 利執言, 无咎. 長子帥師, 弟子輿尸, 貞, 凶. ○ 象曰 : 長子帥師, 以中行也, 弟子輿尸, 使不當也.

六五 : 밭에 날짐승이 있다. 사명(辭命)[67]을 받드는 것이 이로우니, 허물이 없을 것이다. 큰 아들(長子)은 군대를 통솔할 것이요, 작은 아들(弟子)[68]은 시체를 [수레에] 싣게 될 것이니, 올바르고 굳건함이 있더라도 흉할 것이다. ○「象傳」: "長子帥師"는 中位에서 행동함을 말하는 것이요, "弟子輿尸"는 [그] 명령(命令)이 부당(不當)하였기 때문[에 생긴 결과]이다.

此 師之坎也 坎自臨觀來 《升降之》 本以坤田 《二卦 皆有坤》 今見坎豕 《卽田豕》 田有禽也 艮山之下 震林之間 《上下互》 車馬旣攻 《下本坎》 徒御具嘽 《坤爲衆》 田獵之象也

師→ 六五爻變→坎　　　　臨 → 坎 ← 觀

이것은 師卦가 坎卦로 변하는 경우이다. 坎卦는 臨卦와 觀卦로부터

67) 사명(辭命) : 春秋시대에 諸侯들이 서로 왕래하는 사이에 쓰는 修辭言語.
68) 弟子 : 스승으로부터 가르침을 받는 弟子가 아니라, 長子에 대응되는 개념으로서 弟子를 지칭하는 것으로 보아야 한다. 즉 長子가 [맏]兄이라면, 弟子는 아우가 된다.

왔으니 ≪[臨卦로부터] 상승하고, [觀卦로부터] 하강함≫ 본래 坤의 밭이었는데 ≪두 괘에 모두 坤이 있음≫ 지금 坎의 돼지를 보니 ≪즉 밭의 돼지≫ 이것이 "田有禽", 즉 "밭에 날짐승이 있는 것"이다. 艮의 山 아래 震의 숲 사이로 ≪坎卦의 上互卦인 艮과 下互卦인 震의 사이를 말함≫ 마차가 벌써 공격하고 있으니 ≪[習坎卦의] 下卦는 본래 坎≫ 馬夫와 下人들이[69] 함께 짐승을 몰아 가면서 ≪坤이 무리가 됨≫ 밭에서 사냥하는 象이다.

○執言者 奉辭也 ≪程子云≫ 古者 師出無名 謂之不義 故執言而後 聲罪 聲罪而後 致討 先王之法也 田獵亦然 春蒐以養苗 秋獮以護禾 皆所以除田害也 坤田有豕 害我震稼 ≪二四震[70]≫ 斯可以執言也 言之奈何 田獵非樂 爲除害也 征伐非樂 爲問罪也 ≪除民害≫ 以卦象則 坎自臨來 ≪一之五≫ 說言乎兌 ≪臨下兌≫ 亦自觀來 ≪上之二≫ 艮以執之 ≪大艮手≫ 利執言也

○"執言"이란 [天子로부터] 사명(辭命)을 받드는 것이니 ≪程子의 說≫ 옛적에 군대를 출정(出征)시킬 적에 아무런 명분도 없는 것을 '不義'라고 하였다. 그러므로 사명(辭命)을 받은 이후에야 罪를 성토(聲討)하고, 罪를 성토한 이후에야 토벌(討伐)하는 데 이르는 것이 先王의 法이다. 전렵(田獵)의 경우도 역시 그러하니, 봄사냥(春蒐[71])을 할 때에는 곡식의 싹을 기르기 위해서 하며, 가을 사냥(秋獮)을 할 때에는 벼를 보호하기

---

69) 도어(徒御): 교구꾼과 馬夫, 從者들. 下人.

70) [校閱] 新朝本에는 "三四震"으로 되어 있는데, "二四震"이 되어야 옳다. 國中本과 奎章本에는 "二四震"으로 되어 있다.

71) 春蒐: 봄철에 하는 사냥. 『爾雅』「釋天」에 "春獵曰 蒐"라고 함.

위해서 하니, 이러한 것들은 모두 밭의 害를 제거하기 위해서 하는 것이다. 坤의 밭에 돼지가 있으니, [그 밭의 돼지는] 내 집의 익은 벼이삭을 해칠 수 있다. ≪[習坎卦의] 2·3·4가 互震≫ 이것이 [天子의] 말씀을 받드는 명분이 된다.

그러면, 그 말씀이란 무엇을 말하는가? 사냥은 즐기기 위한 것이 아니라, 단지 해악(害惡)을 제거하기 위해서 하는 것이다. [이와 마찬가지로] 정벌(征伐)은 즐기기 위한 것이 아니라, 罪를 묻기 위해서 하는 것이다. ≪백성들에게 끼치는 害를 제거하기 위한 것이다.≫ 卦象으로써 말한다면, 坎卦는 臨卦로부터 왔으니 ≪[臨卦의] 1이 5로 감≫ 말씀을 즐거워하는 兌의 象이 있고 ≪臨卦의 下卦는 兌≫ 또 觀卦로부터 왔으니 ≪[觀卦의] 上이 2로 감≫ [손으로] 붙잡는 艮의 象이 있으므로 ≪觀卦는 大艮의 형상이니, 손을 상징함≫ "利執言", 즉 "辭命을 받드는 것이 이롭다"라고 한 것이다.

○臨之時 兌以乘剛 ≪臨下兌≫ 今剛旣升 ≪一之五≫ 是 无咎也

師→ 五爻變→坎← 推移 ←臨

○臨卦의 때에는, 兌에 [柔가] 剛을 올라탄 象이 있지만 ≪臨卦의 下卦는 兌≫ 이제 [習坎卦에서는] 剛이 이미 상승하였으니 ≪[臨卦의] 1이 5로 감≫ 이것이 "無咎"가 되는 까닭이다.

○長子者 臨之大震也 ≪兼畫三≫ 弟子者 觀之大艮也 ≪兼畫三[72]≫ 臨之初剛 進而得中 ≪一之五≫ 遂以坎律 ≪坎爲法≫ 帥彼坤衆 ≪上本坤≫ 長子帥師也 ≪震長男≫ 觀之上剛 退而歸內 ≪上之二≫

72) [校閱] 新朝本에는 "兼畫二"로 되어 있는데, "兼畫三"이 되어야 옳다.

遂以坎輿 ≪降爲坎≫ 載彼艮尸 ≪上互艮≫ 弟子輿尸也 ≪艮少男≫

師→五爻變→坎

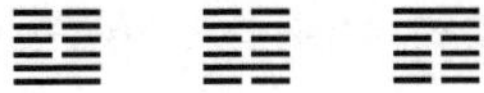

臨 → 坎 ← 觀

○“長子”란 臨卦의 大震을 가리키며 ≪[臨卦를] 兼畫해서 三畫卦[로 만들면 震]≫ “弟子”는 觀卦의 大艮을 가리킨다. ≪觀卦를 兼畫해서 三畫卦로 만든 것≫ 臨卦의 初剛이 나아가서 中을 얻어 ≪[臨卦의] 1이 5로 감≫ 드디어 坎의 법률(法律)로써 ≪坎이 法≫ 저 坤의 大衆을 통솔하니 ≪[臨卦의] 上卦는 본래 坤≫ 이것이 “長子帥師”, 즉 “큰 아들이 군대를 통솔하는 것”이다. ≪震은 長男, 즉 큰아들이다.≫

觀卦의 上位에 있는 剛이 물러나 內卦로 들어와서 ≪[觀卦의] 上이 제2位로 감≫ 드디어 坎의 수레에 ≪[觀卦의 5가] 내려와서 坎이 됨≫ 저 艮의 시체를 싣게 되니 ≪[習坎卦의] 上互卦는 艮≫ [이것을 가리켜] “弟子輿尸”, 즉 “작은 아들은 시체를 싣는다”라고 한 것이다. ≪艮은 少男, 즉 막내아들이다.≫

○貞凶者 師之本象 我强彼弱 ≪坎爲强≫ 不戰而勝也 五之既變 敵國亦强 ≪上亦坎≫ 二五不應 外內无與 ≪失其應≫ 軍旅之事不其凶乎 坎德雖貞 ≪正而固≫ 其占不吉

師→5爻變→坎

○“貞凶”이라고 한 것은 師卦의 本象에서 나(我)는 강하고, 상대(彼)는 약해서 ≪坎이 强함이 됨≫ 싸우지 않아도 승리할 수 있었으나, [師卦의] 제5爻가 이미 변하여 [習坎卦로 되면] 敵國도 역시 강해지고 ≪[習坎卦의] 上卦도 역시 坎≫ 2와 5가 相應하지 않게 되어, 안팎으로 서로 협조(協

助)하는 바가 없게 된 것을 가리킨 것이다. ≪그 상응하는 바를 잃어버린 것이다.≫ [그러니] 軍師에 관한 일이 [어찌] 흉하지 아니할 것인가? 비록 坎의 貞한 德이 있더라도 ≪['貞'은] 바르고 굳건함을 뜻함≫ 그 占이 不吉한 것이다.

○以中行者 坎也 ≪有互震 故謂之行≫

○"以中行"이라고 한 것은 坎을 가리킨 것이다. ≪[習坎卦에] 互卦의 震이 있으므로 "行"이라고 한 것이다.≫

○使者 令也 觀之巽命 命此艮童 ≪上之二≫ 使不當也

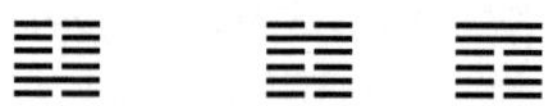

師→五爻變→坎 ← 觀

○"使"란 명령함(令)을 뜻한다. 觀卦에서 巽의 命을 내려, 이 艮의 동자(童子)에게 명령하였는데 ≪[觀卦의] 上이 2로 감≫ "[그] 命令을 내린 것이 不當한 것(使不當)"이다.

○案[73] 帥者 律也 ≪帥 率 律 相通≫ 坎則爲律 ≪上今坎≫

○[案] "帥"는 규율로써 통제함의 뜻(律)이니 ≪'帥'字와 '率'字와 '律'字는 서로 통함≫ 坎이 律이 된다. ≪[習坎卦의] 上卦는 지금 坎이다.≫

○程子曰 師之興 必以蠻夷猾夏 寇賊姦宄 爲生民之害 然後奉辭以誅之 若禽獸 入于田中 侵害稼穡 則獵取之 如此而動 乃得无咎 若秦皇漢武 皆窮山林 以索禽獸者也

73) [校閱] 奎章本에는 '案'이 '按'으로 되어 있다.

○程子가 말했다. “군대를 일으키는 것은 반드시 오랑캐가 중국을 어지럽히고, 도적들이 간사한 짓을 하여, 백성들에게 폐해(弊害)가 되므로[74] [天子의] 명령을 받들어 토벌하는 것이다. 마치 날짐승들이 밭 가운데 들어가, 벼와 곡식을 침해하면 사냥해서 잡는 것과 같다. 이처럼 행동해야 비로소 허물이 없는 것이지만, 진시황제(秦始皇帝)와 한무제(漢武帝)의 경우는 모두 山林을 뒤져서 짐승을 좇은 것에 불과하다.[75]”

䷆

上六 : 大君有命, 開國承家, 小人勿用. ○ 象曰 : 大君有命, 以正功也, 小人勿用, 必亂邦也.

上六 : 大君[76]이 命令을 내려서, 국가를 창건(創建)하고, 가업(家業)을 계승하니, [이처럼 중요한 시기에는] 小人을 쓰지 말아야 한다. ○「象傳」: “大君有命”은 [군사(軍師)의] 올바른 공로(功勞)로 말미암는 것이요, “小人勿用”이라고 한 것은 [小人을 쓸 경우] 나라를 반드시 혼란에 빠트리기 때문이다.

---

74)『伊川易傳』의 原文에는 “爲生民之害”와 “然後”라는 말 사이에 “不可懷來”라는 말이 들어 있다. 만일 原文처럼 “不可懷來”라는 말을 넣어서 해석하면, 다음과 같이 된다. “군대를 일으키는 것은 반드시 오랑캐(蠻夷)가 중국을 어지럽히고, 도적(寇賊)들이 간사한 짓을 하여, 백성들에게 폐해(弊害)가 되니, [회유할 수 없게 된 뒤에야] [天子의] 명령을 받들어 토벌하는 것이다.”

75) 程伊川의 原文에는 문장 末尾에 “非田有禽也”라는 구절이 있다. 따라서 그 구절을 보충하여 해석하면 다음과 같이 된다. “秦始皇帝와 漢武帝 같은 경우는 모두 山林을 뒤져서 짐승을 좇은 자이며, 밭에 짐승이 있어서 농사를 침해한 경우가 아니다.”

76) “大君”이라는 명칭은 履卦 六三의 “武人爲于大君”, 臨卦 六五의 “大君之宜”에서도 나타난다.

此 師之蒙也 蒙自臨來 《一之上》 臨爲大震 《兼畫三》 是 大君也 《震爲主》 又自觀來 《五之二》 觀有上巽 是 有命也 《巽爲命》 移之爲蒙 則由內達外 《一之上》 自上布下 《五之二》 大君有命也 坎之功勞 艮以成之 《上今艮》 軍功既畢 《終乎[77]艮》 於是乎有命也

師→上爻變→蒙

臨 → 蒙 ← 觀

이것은 師卦가 蒙卦로 변하는 경우이다. 蒙卦는 臨卦로부터 왔는데 《[臨卦의] 1이 上으로 감》 臨卦는 大震의 형태이니 《[臨卦를] 兼畫하면 三畫의 震》 이것이 大君이다. 《震은 主人》 또 蒙卦는 觀卦로부터 왔는데 《[觀卦의] 5가 2로 감》 觀卦에는 위에 巽이 있으니, 이것이 "有命", 즉 "命令을 내리는 것"이 된다. 《巽이 命이 됨》 [그런데] 推移하여 蒙卦가 되면, 안에서 밖으로 도달(到達)하고 《[臨卦의] 1이 上으로 감》 위에서 아래로 포고(布告)하니 《[觀卦의] 5가 2로 감》 이것은 "大君有命", 즉 "大君이 命令을 내리는 것"이 된다. 坎의 공로(功勞)를 艮으로써 이루어 《[蒙卦의] 上卦가 지금 艮》 군사(軍師)의 功이 이미 끝마쳤으므로 《艮에서 마침》 여기에 "有命", 즉 "命을 내림"이 있는 것이다.

○坤之國邑 《卦本坤》 闢以艮門 《上今艮》 是 開國也 《字從門》 坎之家室 《下本坎》 承以艮手 《上今艮》 是 承家也 《承從手》 艮者小人也 《見泰否》 蒙自臨來 《一之上》 黜小人而遠之 《上今艮》 放之坤國之外 《今互坤》 小人勿用也

77) [校閱] 奎章本과 新朝本에는 "乎"로 되어 있으나, 國中本에는 "于"로 되어 있다.

䷆ ䷃ ䷒

師→上爻變→蒙← 推移 ←臨

○坤의 國邑에서 ≪師卦에는 본래 坤이 있음≫ 艮의 門을 여니 ≪[蒙卦의] 上卦는 지금 艮≫ 이것이 "開國", 즉 "國都를 여는 것"이다. ≪'開'字는 '門'字에서 나온 글자≫ 坎의 家室에서 ≪[師卦의] 下卦는 본래 坎≫ 艮의 손으로써 받드니 ≪上卦는 이제 艮≫ 이것이 "承家", 즉 "家業을 계승하는 것"이 된다. ≪'承'字는 '手'字에서 나온 글자≫ 艮은 小人이다. ≪泰卦와 否卦에 [그 用例가] 보임[78]≫ 蒙卦는 臨卦로부터 왔다. ≪[臨卦의] 1이 上으로 간 것이다.≫ 小人을 물리쳐 멀리 내보내어 ≪[蒙卦의] 上卦는 이제 艮≫ 坤國 밖으로 내쫓으니 ≪이제 [蒙卦의] 上互卦는 坤≫ [이것을 가리켜] "小人勿用"이라고 한 것이다.

○正功者 坎也 ≪坎爲正≫ 邦者 坤國也 若使上艮之一剛 稍遷而入于內 則坤國必亂也 ≪陰陽雜≫

䷆ ䷃

師→上爻變→蒙

○"正功"이란 坎을 가리키며 ≪[蒙卦의 下卦인] 坎은 正의 뜻이 됨≫ "邦"이란 坤의 나라를 가리킨다. 만약 [蒙卦의] 上卦에 있는 艮의 한 개의 剛이 점점 옮겨져서 안으로 들어온다면, 坤의 나라가 반드시 혼란에 빠질 것이다.[79] ≪陰과 陽이 뒤섞인 것이다.≫

---

78) 泰卦의 「彖傳」에 "內君子而外小人, 君子道長, 小人道消也"라고 하였는데, 茶山이 주석에서 "小人者 艮也"라고 하였다. 그리고 否卦의 「彖傳」에서 "內小人而外君子, 小人道長, 君子道消也"라고 하였는데, 茶山은 "自姤至坤 小人道也 ≪由艮成≫"이라고 함으로써, 艮을 小人으로 보았다. 또 否卦의 卦辭에 "否之匪人"이라고 하였는데, 茶山은 "匪人者, 小人也"라고 하고, 艮을 小人으로 보았다.

【8. 수지 비(水地 比)】

坤下坎上 ○第五卦之反 ≪復一之五 剝上之五≫

剝 → 比 ← 復

正卦 反卦

師←反易→比

坤이 下卦이고, 坎이 上卦이다. ○第5卦의 反卦이다. ≪復卦의 1이 5로 가고, 剝卦의 上이 5로 간다.≫

序卦傳曰 比者 比也

「序卦傳」에서 말하였다. "比는 친함이다."

○程子曰 物之相切比無間 莫如水之在地上 故爲比也 ≪五剛居君位 衆所親附 而上亦親下 故爲比≫

○程子가 말하였다. "사물이 상호간에 밀접하게 붙어 있어서 아무런 틈도 없는 것이 물이 땅 위에 있는 것 만한 것이 없다. 그러므로 比가 된

79) "若使上艮之一剛, 稍遷而入于內"라고 한 것이 觀卦에서 蒙卦로 변하는 推移의 방식을 가리킨 것이라고 보기는 힘들다. 觀卦의 上互卦가 艮이고, 觀卦에서 蒙卦로 推移하게 되면, 제5位의 剛이 제2位로 이동하기는 하지만, 이것은 한 번에 안으로 들어오는 것이지, 조금씩 안으로 옮겨오는 것(稍遷而入于內)은 되지 못할 것이다. 만약 艮의 一剛 아래로 조금씩 내려오게 되면, 그 一剛은 제5位에도 있을 수 있고, 제4位에도 있을 수 있다. 그러나 이러한 推移法이란 존재하지 않으므로, 이것은 卦의 실제적 변화를 가리킨 것이라기보다는 단순한 가정이라고 하겠다.

다." ≪제5位의 剛이 君位에 머무르니 무리가 親하고 붙는 바가 된다. 위에서 아래를 친하게 함도 또한 比가 된다.≫

○ 鏞案[80] 比者 密也 ≪說文云≫ 相與周密也 ≪字書云 二人爲从[81] 反从爲比≫ 四正之中 火天爲類 ≪氣在上≫ 水地爲類 ≪質在下≫ 故孔子於火天之卦 ≪卽乾之大有≫ 曰 本乎天者親上 本乎地者親下 則各從其類也 表記曰 火天 尊而不親 水土 親而不尊 皆此義也

○[鏞案] '比'字는 '密'의 뜻이니 ≪『說文』에서 말함≫ 서로 같이 있으면서 두루 밀접하게 있는 것이다. ≪字書에 말하기를, "두 사람이 있는 것이 '从(종)'字[82]가 되고, 그 '从'字를 뒤집은 것이 '比'字가 된다"라고 하였다.≫ 4正卦 중에서, 火와 天이 같은 종류가 되고 ≪氣는 [上升하여] 위에 있음≫ 水와 地가 같은 종류가 된다. ≪質은 [下降하여] 아래에 있음≫ 그러므로 孔子가 火天의 卦에서 ≪[乾九五인] 乾之大有를 가리킴≫ "하늘에 근본한 자는 위로 친하고, 땅에 근본한 자는 아래로 친하니 각각 그 종류를 친한다"라고 말하였고, 『禮記』「表記」에서 "火와 天은 존귀하지만, 서로 가까이 하지 아니하고, 水와 土는 서로 가까이 하지만, 존귀하지 않다"라고 하였으니, 모두 이런 뜻이다.

水之在地 無隙可入 人君之親比其臣 如水附地 則爲國乎 何有 卦自復來 震主旣升 ≪一之五≫ 遂正君位 ≪五君位≫ 以率坤臣 ≪本五陰≫ 君德也 君德宜比 故卦以比名

80) [校閱] 奎章本에는 '案'이 '按'으로 되어 있다.
81) [校閱] 奎章本과 國中本에는 "从"으로 되어 있고, 新朝本에는 "從"으로 되어 있다. "从"이 "從"의 古字이기 때문에, 뜻은 같다고 말할 수 있으나, 지금 "從"의 글자형성의 원리를 설명하고 있으므로, "从"으로 고치는 것이 옳다고 본다.
82) '从'字는 '從'字의 古字이다.

䷗ ䷇

復 → 比

땅에 물이 있으면, 그 사이에 들어갈 틈이 없으니, 人君이 그 臣下를 친하게 가까이함에 마치 물이 땅에 붙는 것과 같이 한다면, 나라를 다스림에 무슨 어려움이 있겠는가? 比卦는 復卦로부터 왔으니, 震의 主人이 이미 올라가서 ≪[復卦의] 1이 5로 감≫ 마침내 君의 地位를 바르게 함으로써 ≪제5位가 君位≫ 坤臣을 거느리니 ≪5陰이 坤의 臣下≫ 이것이 君主의 德이다. 君主의 德은 마땅히 이와 같아야 하므로, 괘를 比卦로 命名한 것이다.

䷇

比吉. 原筮, 元永貞, 无咎. 不寧方來. 後夫凶.

[君主가 臣下를] 친하게 하면, [君主가] 吉할 것이다. 거듭 占筮해서, 오랜 시간이 걸리는 일을 시작함이니, 허물이 없을 것이다. [열심히 일하여] 편안히 쉴 틈이 없으면, [백성들이] 바야흐로 [돌아]올 것이다. 개가(改嫁)하여 만난 남편(後夫)[83]은 흉할 것이다.

此 比之不變者也 比吉者 親比坤臣 ≪義見上≫ 罔不歸順 ≪坎與坤≫ 君道之吉也

이것은 比卦가 변하지 않는 경우이다. "比吉"이라고 한 것은 坤의 신

83) 後夫 : 改嫁하여 만난 남편.

하를 친하게 가까이 하면 ≪뜻이 위에 나타남≫ [臣下가 君主에게] 歸順하지 않음이 없을 것이니 ≪[‘歸’의 뜻의] 坎과 [‘順’의 뜻의] 坤이 있음≫ 君道가 吉함을 가리킨 것이다.

○原筮者 再筮也 ≪周禮 原蠶 左傳 原田 皆再也≫ 蓍卦之法 八卦而小成 ≪大傳文≫ 此 初筮也 因而重之 乃得外卦 此 再筮也 再筮得坎 ≪坎在上≫ 原筮而貞也 ≪坎爲貞≫

䷇

比

○“原筮”는 곧 再筮의 뜻이다. ≪『周禮』의 原蠶[84]과 『左傳』의 原田[85]에서 [‘原’은] 모두 ‘再’의 뜻이다.[86]≫ 시괘(蓍卦)의 法은 [먼저] “八卦而小成”[87]하는 것이니 ≪「繫辭傳」의 글≫ 이것이 ‘初筮’이다. 初筮하여 小成卦를 얻고, 다시 그것을 중복적으로 결합시켜 ≪八卦에 의거하여 그것을 거듭함[88]≫ 外卦를 얻으니, 이것이 ‘再筮’이다. 再筮하여 坎을 얻었으므로 ≪[比卦의] 坎이 上卦≫ 原筮하여 貞하게 된다고 말한 것이다. ≪坎이 貞이 된다.≫

○元者 始也 ≪萬物所資始≫ 永貞者 久長之事也 ≪周禮 大祝求

---

84) 原蠶 : 두 번째 치는 누에, 즉 夏蠶과 秋蠶을 가리킴.

85) “聽輿人之誦 曰 原田每每, 舍其舊而新是謀 公疑焉.”(『左傳』 ‘僖公 28年’)

86) ‘原’은 ‘거듭함’, ‘再次함’의 뜻이다.

87) “八卦而小成”은 內卦가 성립되는 과정을 가리킨다.

88) 「繫辭傳」에 “八卦成列, 象在其中矣, 因而重之, 爻在其中矣”라는 말이 나온다. 茶山은 “因而重之”의 뜻에 대하여 “因而重之者, 十有八揲, 而得六畫, 以成一卦, 或屯或蒙, ≪卽重卦≫ 不是別爲一卦, 只是連加六畫, 故曰, 因而重之也”라고 풀이하였다. 즉 “因而重之”란 18차례 揲蓍하여 6개 畫을 얻어서 하나의 重卦를 이룬 것인데, 屯·蒙 등이 ≪즉 重卦≫ [삼획괘와는] 별개로 하나의 卦를 이룬 것이 아니고, 다만 6개 畫을 연속해서 첨가한 것이므로, “因而重之(팔괘에 의거하여 그것을 거듭한다)”라고 말한 것이다.

永貞≫ 致役乎坤 ≪下今坤≫ 坎功貞固 ≪上今坎≫ 幹事之卦也 坤德無疆 ≪上本坤≫ 其象[89] 永也 卦自復來 ≪一之五≫ 震以始之 ≪復下震≫ 元永貞也 ≪始永事≫ 萃九五 宜參看

復 → 比

○"元"이란 비롯함(始)이며, ≪萬物이 바탕으로 하여 비롯하는 바≫ "永貞"이란 오래 길게 가는 일(久長之事)을 말함이다. ≪『周禮』「大祝」에 "大祝이 長久한 事業을 기원한다"[90]라고 하였다.≫ 坤에서 힘들여 일하고 ≪下卦가 이제 坤≫ 坎의 功이 곧고 굳으니 ≪上卦가 이제 坎≫ 일을 맡아서 처리함에 해당되는 괘이다. 坤德이 끝이 없으니 ≪上卦는 본래 坤≫ 그 象이 영원함이 된다. 比卦는 復卦로부터 왔으니 ≪[復卦의] 1이 5로 감≫ 震으로써 시작하니 ≪復卦의 下卦는 震≫ 이것이 "元永貞"이다. ≪오래갈 일을 시작하는 것이다.≫ 萃卦 九五[의 경우]를 마땅히 참조해야 한다.[91]

○卦自剝來 ≪上之五≫ 剝之一陽 本自匪據 ≪陽居六≫ 今降于五 ≪陰陽皆得位≫ 是 无咎也 ≪善補過≫

剝 → 比

89) 新朝本과 國中本에는 "其事永也"로 되어 있으나, 奎章本에는 "其象永也"로 되어 있다.

90)『周禮』「大祝」에 다음과 같은 말이 있다. "육축(六祝)의 점사를 관상하는데 조상귀신과 하늘귀신과 땅귀신을 섬김으로써 복과 상서로움을 희구하며 영원한 일을 구한다(掌六祝之辭 以事鬼神祇 祈福祥 求永貞)." 여기서 육축(六祝)은 다음과 같다. "順祝, 年祝, 吉祝, 化祝, 端祝, 策祝."(『周禮』「大祝」) '永貞'이란 年祝이나, 化祝 등 오랜 시일이 걸리는 長久한 사업을 가리킨다. "年祝"은 나라가 오래 지속되도록 비는 것이며, "化祝"은 백성들을 敎化시키는 일이 잘 되도록 비는 것이다.

91) 萃九五의 爻詞에 "萃有位, 无咎, 匪孚. 元永貞 悔亡"이라고 하였으니, 역시 "元永貞"이라는 말이 있음.

○比卦는 剝卦로부터 왔다. ≪上이 5로 간 것이다.≫ 剝卦의 하나의 陽은 본래 자신이 머무를 곳이 아니건만 ≪陽이 제6位에 머무르고 있음≫ 이제는 제5位로 내려오니 ≪陰과 陽이 모두 지위를 얻음≫ 이것이 "无咎"가 되는 까닭이다. ≪허물을 잘 보완하는 것이다.≫

○坎爲勞卦 ≪說卦文≫ 君道憂勤 ≪五君位≫ 是 不寧也 坤之萬民 ≪本五陰≫ 坎以歸附 ≪水地附≫ 不寧方來也

比

○坎은 勞卦이니 ≪「說卦傳」의 글≫ 君主의 道는 부지런히 힘쓸 것을 걱정한다. ≪제5位는 君位≫ 이것이 "不寧(편안치 않음)"이다. 坤의 萬民이 ≪본래 5陰≫ 坎으로써 귀순하여 의지함이니 ≪물과 땅이 붙음≫ [이것을 가리켜] "不寧方來", 즉 "[열심히 일하여] 편안히 쉴 틈이 없으면, [백성들이] 바야흐로 [돌아]올 것"이라고 한 것이다.

○夬之爲卦 以乾配兌 ≪澤天 夬≫ 則謂之得妾 ≪見鼎之初六≫ 剝之爲卦 以坤配艮 ≪山地 剝≫ 非後夫乎 ≪如乾之得妾≫

夬 ↔ 剝

○夬卦는 乾으로써 兌에 배당시킨 것이니 ≪澤天 夬卦≫ 곧 첩(妾)을 얻는 것을 가리키며 ≪鼎卦 初六을 참조[92]≫ 剝卦는 坤으로써 艮에 배당시

92) 鼎卦의 初六의 爻詞에 "鼎顚趾, 利出否, 得妾, 以其子, 无咎"라고 함. 茶山에 따르면, 鼎卦의 初六은 "鼎之大有", 즉 鼎卦가 大有卦로 변하는 경우인데, 大有卦는 夬卦

킨 것이니 ≪山地 剝卦≫ 後夫가 아니고 무엇이겠는가? ≪乾이 첩(妾)을 얻는 것과 같다.≫

比之兩互 其卦剝也 ䷖ 比匪其匹 ≪艮之配兌也≫ 後夫凶也 比者 媲也 暱比之至 失其家法 ≪互卦無上坎≫ 終以淫迷 如宣姜穆姜之等 當此占也

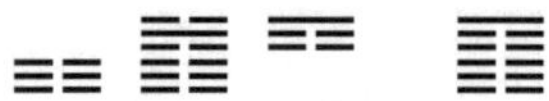

比 →兩互作卦→ 剝

比卦의 兩互卦는 剝卦가 된다. 자기의 배필(配匹)이 아닌 데도 친하니 ≪艮의 배필은 兌≫ "後夫凶"이라고 한 것이다. 比는 짝함(媲)이다. 친하고 따르는 것이 지나치면, 그 家法을 잃게 되어 ≪兩互卦인 剝卦의 上卦에는 坎이 없음≫ 마침내 음란(淫亂)함으로써 혼미하게 되는 것이니, 예컨대 선강(宣姜),[93] 목강(穆姜)[94] 등이 이 占에 해당된다.

로부터 推移된 卦이다. 그런데 夬卦는 下卦인 乾의 君主가 왕비 以外에 별도로 上卦의 첩(妾)을 얻은 경우가 된다.

93) 선강(宣姜)은 春秋시대, 제나라 희공의 막내딸이다. 衛나라 宣公은 아버지 위장공의 첩 이강(夷姜)을 겁탈하여, 몰래 아들을 낳았는데, 너무 일찍 생겼다고 하여, 이름을 급자(急子)라고 하였다. 아버지 위장공이 죽자 衛 宣公이 君位를 承繼하였는데, 宣公은 夷姜을 즉시 正室로 맞아들이고, 急子도 궁궐로 데려왔다. 急子가 성장하자, 위선공(衛宣公)은 제나라 희공에게 청혼하여 막내 딸 선강(宣姜)을 며느리로 맞아들이기로 했다. 그런데 宣姜이 美人이라는 말을 듣자, 宣公은 世子인 急子 대신에 宣姜을 첩으로 삼았다. 宣公이 죽은 뒤에, 宣姜은 제양공의 주선에 의하여, 喪妻하고 혼자 살고 있던 急子의 친동생인 석(碩)의 妻가 되어 같이 살게 되었다. 이리하여, 宣姜은 시집올 때는 위나라 世子인 急子에게 온다는 것이 그 아버지인 宣公에게 당하여 첩실이 되었고, 宣公이 죽자, 이번에는 前室의 자식하고 살을 섞어, 아들 딸 다섯이나 낳고 살았다.

94) 목강(穆姜)은 魯나라 선공(宣公)의 婦人이며, 成公의 어머니인데, 총명하고 슬기로웠으나, 행실이 음란하여, 숙손교여(叔孫喬如)와 간통하였다. 그런데 叔孫喬如가 穆姜과 모의하여 계맹(季孟)을 제거하고, 魯나라를 손에 넣으려 하였다. 그러나 魯나라 사람은 순종하지 아니하였고, 동맹하여 叔孫喬如를 내쫓고 穆姜을 동궁(東宮)에 幽閉시켰는데, 穆姜은 마침내 동궁에서 죽었다.

○朱子曰 左傳 崔武子 卜娶妻 凶 他云 先夫當之 此云 後夫正是一樣語

○朱子가 말하였다. "『左傳』에서 최무자(崔武子)가 아내를 취하는 것을 점쳐서 흉하다고 했는데,[95] 최무자(崔武子)[96]가 말하기를 '先夫',[97] 즉 결혼하려는 여자의 [이미 죽은 前] 남편이 이미 그 흉한 占卦[98]에 해당된다고 하였으니,[99] 여기서 '後夫'라고 말한 것도 같은 종류의 말이다."

○學圃云 剝自否變 ≪三而五≫ 否之時 乾坤配合 乾之既亡 ≪否

95) 茶山의 「春秋官占補註」의 "崔杼取姜之筮"(襄公 25年)를 참조할 것. "崔杼取姜之筮"는 襄公 25年에 齊나라 최저(崔杼)가 姜씨를 첩으로 얻으면서 친 蓍草占을 말하는데, 점을 쳐서, "困之大過", 즉 "困卦(䷮)가 大過卦(䷛)로 변하는 점괘"를 얻었다. 이때 점을 치게 된 상황은 다음과 같다.: 齊나라 당읍(棠邑)을 맡아 다스리던 관리가 죽자, 崔武子(즉, '崔杼')가 弔問을 하였는데, 그때 죽은 棠의 관리(棠公)의 妻인 姜氏를 보고, 그녀를 아름답다고 여겼다. 그래서 마침 喪妻하고 홀아비로 있던 崔杼는 그녀를 재취로 맞이하려고 했는데, 그녀의 동생이며 崔杼의 가신인 東郭偃이 同姓이라고 반대하자, 점을 쳐서 困卦가 大過로 변하는 卦를 얻었다(六三이 變爻). 卜史들이 모두 말하기를, "吉하다"고 하였다. 또 齊나라 大夫로서, 陳敬仲의 曾孫인 陳文子(즉, '陳無須')에게 그 占卦를 보이니, 文子가 이르기를, "지아비(夫)가 바람(風)을 따르고, 바람(風)은 그 妻를 떨어뜨리는 형국이니, 그녀를 아내로 맞을 수 없습니다"라고 하였다. 그러나 崔子가 개의치 않고, 마침내 그녀를 아내로 맞아들여 취하였다. 그 後에, 齊나라의 莊公이 그녀와 私通함에 崔子는 자신의 임금인 莊公을 시해하였다.

96) 여기서 "他云"의 '他'는 崔武子를 가리키는 것으로 보아야 한다.

97) 先夫: 以前의 남편을 말함. 여기서는 崔武子(崔杼)가 결혼하려던 姜氏의 죽은 남편을 가리킨다. 姜氏의 죽은 남편은 당읍(棠邑)을 맡아 다스리던 齊나라의 大夫였다.

98) 困卦 六三의 "困于石, 據于蒺藜, 入于其宮, 不見其妻, 凶", 즉 "돌에 [걸려] 곤경(困境)을 당하며, 납가새(蒺藜)의 가시덤불에 의지하는지라, 그 집에 들어가더라도 아내를 보지 못하니, 凶하다"라고 한 占辭를 가리킨다.

99) 先父가 흉한 점괘에 이미 해당된다는 말은 崔武子 자신에게는 해당되지 않는다는 뜻이다. 즉, 陳文子(陳無須)가 困卦 六三의 爻詞를 例로 들며, 姜氏를 아내로 취하는 것이 凶하다고 말렸지만, 崔武子는 "嫠也, 何害, 先夫, 當之矣", 즉 "[그렇다고 해도 이미] 과부(嫠)인데, 어찌 해롭겠는가? 그 죽은 남편(先夫)이 [이미 그런 凶事를] 당한 것이다"라고 말하면서, 마침내 姜氏를 아내로 취하였다. 그러나 그 後에, 齊나라의 莊公이 그녀와 私通함에 崔子는 자신의 임금인 莊公을 시해하였으니, 결국에 그 凶함은 자기에게 해당되는 점괘였던 것이다.

而剝≫ 乃配艮夫 是 後夫也

否 → 觀 → 剝

○學圃가 말하였다. "剝卦는 否卦로부터 변하였으니 ≪[否卦에서 剝卦로 辟卦推移하면서] 세 陰에서 다섯 陰으로 변함≫ 否卦의 때에는 乾과 坤이 배합(配合)을 이루었는데, 乾이 이미 없어져서 ≪否卦였는데 剝卦가 됨≫ 艮의 지아비와 배필(配匹)을 이루니, 이것이 後夫이다."

彖曰: 比, 吉也, 比, 輔也, 下順從也. 原筮元永貞无咎, 以剛中也, 不寧方來, 上下應也. 後夫凶, 其道窮也.

「彖傳」: 比는 吉함이며, 比는 돕는 것(輔)이니, 아랫사람이 따르고 복종함이다. "原筮, 元永貞, 无咎"라고 한 것은 剛中으로 말미암아 그렇게 된 것이며, "不寧方來"라고 한 것은 上下가 應하기 때문이며, "後夫凶"이라고 한 것은 그 道가 다하였기 때문이다.

比之吉也 以親臣也 ≪比之所以吉 以比輔也≫ 車不棄輔 ≪兩旁夾車木≫ 君必親臣 其義一也 坎車之下 ≪說卦 坎爲輿≫ 坤以左右 ≪左右各四片≫ 比其輔也 坤臣歸順 下順從也

["比吉", 즉] "比하여 吉함"은 臣下를 친하게 하기 때문이요, ≪比의 길한 까닭은 친하여 돕기 때문임≫ 수레에서 그 덧방나무(輔)를 버리지 않는 것과

≪輔는 바퀴의 양쪽 끝에서 수레를 지지해주는 나무≫ 君主로서 臣下를 친하게 함은 그 뜻이 같다. 坎의 수레 밑에서 ≪「說卦傳」에서 坎은 수레≫ 坤으로써 왼쪽과 오른쪽을 도우니 ≪左右가 각 네 조각≫ 이것이 그 덧방나무(輔)를 친하게 함이다. 坤의 臣下가 귀순(歸順)하니 "下順從也"라고 한 것이다.

○剛中者 坎也 上下應者 二柔而五剛也

比

○"剛中"은 坎이다. "上下應"이라는 것은 제2位의 柔와 제5位의 剛의 관계를 가리킨 것이다.

○兩互爲剝 艮徑乃迷 ≪剝上艮≫ 其道窮也 坎則爲通 ≪正卦則上坎≫ 此云道窮 明其爲剝也

比 → 兩互作卦 → 剝

○兩互卦는 剝卦가 되니, 艮의 샛길(徑路)이 이에 미혹되니 ≪剝卦의 上卦는 艮≫ 그 길이 막힌 것이다. 坎은 通함이 되지만 ≪正卦이면 上卦가 坎≫ 여기서 그 길이 막혔다고 한 것은 그 괘가 剝卦가 되었다는 것을 명시한 것이다.

初六: 有孚比之, 无咎, 有孚盈缶, 終來, 有他, 吉. ○象曰: 比之初六, 有他吉也.

初六: 믿음을 갖고 친하여야 허물이 없을 것이다. 믿음을 갖기를 질그릇에 가득 차듯이 하면, [제사(祭祀)의 禮가] 끝날 때,[100] [설령] 다른 [좋지 않은] 일이 생기더라도, [결국에는] 吉함이 있을 것이다. ○「象傳」: 比卦의 初六은 [설령] 다른 [좋지 않은] 일이 생기더라도 [결국에는] 길한 경우이다.

此 比之屯也 屯自觀來 ≪上之一≫ 觀本有孚 ≪見本卦≫ 移之爲屯 离誠乃格 ≪今大离≫ 是 有孚也 遂得震賢 ≪下今震≫ 上與君比 ≪五君位≫ 有孚比之也

比 → 屯 ← 觀

이것은 比卦가 屯卦로 변하는 경우이다. 屯卦는 觀卦로부터 오니 ≪[觀卦의] 上이 1로 감≫ 觀卦에서도 본래 "有孚"라고 하였는데 ≪[觀卦의] 本卦[의 卦詞]에 ["有孚"라는 말이] 보임[101]≫ [觀卦로부터 推移하여] 屯卦가 되더라도, 离의 정성이 이에 다다르니 ≪이제 大离가 형성됨≫ 이것이 "有孚"이다. 마침내 震의 德行이 뛰어난 선비를 얻어서 ≪[屯卦의] 下卦는 이

100) 茶山이 주석에서 "禮之將終, 恐有他故"이라고 하였고, 또 "有此瓦甒, 祭祀之占也"이라고 했으므로, "終來"라고 한 것은 "祭禮의 끝이 옴에", 즉 "祭禮를 끝낼 때에"의 뜻이다.

101) 觀卦의 卦詞에 "觀, 盥而不薦, 有孚, 顒若"이라고 함.

제 震≫ 위로는 君主와 더불어 친하게 되므로 ≪제5位는 君位≫ "有孚比之"라고 한 것이다.

○觀爲大艮 ≪兼畫三≫ 始迷失路 ≪艮爲徑≫ 今乃得道 ≪上之一爲震≫ 是 无咎也 ≪善補過≫

比 → 屯 ← 觀

○觀卦는 大艮의 형태이니 ≪두 획씩 겹치게 되면 三畫의 艮≫ 처음에는 길을 잃었다가 ≪艮이 徑路가 됨≫ 이제는 길을 얻었으므로 ≪上이 1로 가니 震이 됨≫ "无咎"라고 한 것이다. ≪허물을 잘 고친다.≫

○屯自臨來 ≪二之五≫ 大震之缶 ≪兼畫三≫ 上乃坤虛 ≪臨上坤≫ 移之爲屯 則震缶之上 ≪下今震≫ 坎酒旣盈 ≪上今坎≫ 是 盈缶也 大离之誠 ≪下大离≫ 二五遂應 有孚盈缶也 本以坤土 ≪下本坤≫ 今爲震器 ≪塞底以受物≫ 其象 缶也 ≪缶土器≫ 祭禮 門外[102]用缶 ≪尙質也≫ 君用瓦甒 ≪見禮器≫ 今 艮門之內 ≪三五艮≫ 有此瓦甒 祭祀之占也

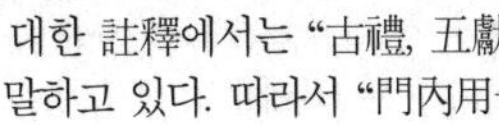

臨 → 屯 ← 觀

102) [校閱] 奎章本과 新朝本과 國中本에 모두 "門內用缶"라고 되어 있으나 『禮記』「禮器」의 原文에는 "門外用缶"라고 되어 있으므로, "門外用缶"로 고친다. 茶山은 坎卦六四의 "樽酒, 簋貳用缶"에 대한 註釋에서는 "古禮, 五獻之樽, 門外用缶, 門內用壺, 君用瓦甒 ≪見禮記≫"라고 말하고 있다. 따라서 "門內用缶"가 아니라, "門外用缶"가 맞다고 하겠다.

○屯卦는 臨卦로부터 왔으니 ≪2가 5로 감≫ 大震의 그릇(缶)이 ≪臨卦를 兼畫하면 3畫의 震≫ 위로는 坤의 텅 비어 있음이 있었는데 ≪臨卦의 上卦는 坤≫ [臨卦로부터] 推移하여 屯卦가 되면, 곧 震의 질그릇(缶)[103]의 위로 ≪下卦는 지금 震≫ 坎의 술이 이미 가득 차 넘치고 있으니 ≪上卦는 이제 坎≫ 이것이 "盈缶", 즉 "그릇에 가득 찬 것"이다. 大离의 정성으로 ≪下卦는 大离≫ 2와 5가 드디어 상응하니, 믿음을 두되, 질그릇에 가득 차듯이 하는 것이다. 본래는 坤의 땅이었지만 ≪比卦의 下卦는 본래 坤≫ 이제는 震의 그릇(器)이 되었으니 ≪바닥을 막아 수용하는 물건≫ 그 꼴이 그릇(缶)이 된다. ≪부(缶)는 토기(土器)이다.≫ 祭禮에 門 밖에서는 부(缶)를 쓰고 ≪質을 숭상함≫ 君主는 와무(瓦甒, 기와로 된 술단지)를 쓴다고 하였다. ≪『禮記』「禮器」에 보임[104]≫ 이제 艮門의 안에 ≪3·4·5의 互艮≫ 이 술단지(瓦甒)가 있으니 祭祀의 占이다.

○觀之時 剛巽于外 ≪上本巽≫ 艮廟之內 ≪觀大艮≫ 主闃無人 ≪內無陽≫ 移之爲屯 則剛自外來 ≪上之一≫ 爲主於內 ≪下今震≫ 是 終來也 艮則爲終 ≪觀大艮≫ 卦亦終也 ≪自上來≫

比 → 屯 ← 觀

○觀卦의 때에는 巽의 剛이 바깥에 있어 ≪上卦는 본래 巽≫ 艮의 廟안에

---

103) 부(缶) : 질그릇, 액체 등을 담는 그릇의 한가지로 흙을 구워 만든 질그릇을 나타낸다. 우리말로는 장군이라고 부른다. 갑골문(甲骨文)에서는 글자가 구멍이 위로 향한 질그릇 모양을 본떠서 그린 형태를 취하고 있다. 진(秦)나라 사람은 연회 때 이것을 두드리며 장단을 맞추었다고 했다.

104) 앞서 原文의 校閱에서 밝힌 것처럼, 『禮記』「禮器」의 原文에는 "門內用缶"가 아니라, "門外用缶"로 되어 있다. 즉, "五獻之樽 門外用缶 門內壺 君用瓦甒(다섯 번 바치는 술단지(五獻之樽)를 위해서 門 밖에서는 부缶의 항아리를 쓰며, 門 안에서는 호(壺)의 병을 쓰고, 君主는 질그릇의 술단지(瓦甒)를 쓴다)"라고 되어 있다.

서 ≪觀卦는 大艮의 형태≫ 제사에 술을 올리는 일을 주관할 사람이 없더니 ≪內卦에는 陽이 없음≫ 推移하여 屯卦가 되면, 剛이 밖으로부터 들어와서 ≪[觀卦의] 上이 1로 감≫ 안에서 주인이 되니 ≪[屯卦의] 下卦는 지금 震≫ 이것이 "終來", 즉 '끝이 옴'이다. 艮은 곧 마침(終)이 되니 ≪觀卦는 大艮의 형태≫ 卦에 있어서도 역시 끝(終)의 위치이다. ≪觀卦의 上이 [내려]온 것이다.≫

○有他者 猶言有故也 ≪古以無恙爲無它≫ 坎爲疾病 ≪上本坎≫ 爲盜爲雨 ≪並說卦≫ 有一於此 是 有它也 ≪不指一≫ 禮之將終 恐有他故 ≪祭之占≫ 然而爲吉者 二五應也

○"有他"는 마치 '有故'라고 말하는 것과 같다.[105] ≪옛날에 "무양(無恙)",[106] 즉 아무런 病故도 없는 것을 '무타(無它)', 즉 '다른 일이 없다'라고 하였다.[107]≫ 坎은 질병(疾病)이 되며 ≪上卦는 본래 坎≫ 도적(盜賊)이 되며, 비(雨)가 되니 ≪「說卦傳」을 참조≫ 이 중에서 어느 하나라도 있으면, 그것은 곧 "유타(有它)", 즉 '다른 일이 있는 것'이다. ≪어느 하나를 [꼭 찍어서] 가리

105) 大過卦 九四와 中孚卦 初九에도 "有它"라는 말이 나온다.

106) 무양(無恙) : '양(恙)'은 원래 사람을 무는 毒蟲인데, 사람이 벌레의 害毒을 많이 입었으므로, 轉義되어, 病, 근심 등의 뜻으로 쓰이게 되었다. 남의 안부를 물을 때에, "無恙乎"라고 하였다. '무양(無恙)'이라는 말은 『戰國策』「齊策」의 다음의 글에서 由來한다. "齊王, 使使者問趙威后, 書未發, 威后問使者曰 : '歲亦無恙耶, 民亦無恙耶, 王亦無恙耶, 使者不說, 曰, 臣奉使使威后, 今不問王而先問歲與民, 豈先賤而後尊貴者乎, 威后曰, 不然, 苟無歲, 何以有民, 苟無民, 何以有君, 故有問舍本而問末者耶'(제나라의 왕이 어느 날 威太后에게 사신을 보내 그에게 인사를 전하도록 했다. 사신을 맞이한 위태후는 왕이 보낸 글을 펴보기도 전에 시신에게 이렇게 물었다. '해(歲)도 무양한가? 백성들도 무양한가? 왕도 무양한가? 이 말을 듣고 사신은 왕의 안부를 먼저 묻고 백성의 안부를 묻는 것이 순서가 아니냐'고 물었다. 그러나 태후는 사신에게 이렇게 말했다. '풍년이 든 다음에라야 백성이 그 평안을 유지할 수 있고 백성의 평안이 있어야만 왕이 그 지위를 보존할 수 있는 것인데 그 근본부터 묻는 것이 당연한 이치 아니겠소?')."

107) '타(它)'는 ① 蛇의 古字, ② 他(다르다)의 뜻. 『說文』에 "它는 蟲이다. 옛날에는 풀에서 살았기 때문에, 뱀에 물리는 것을 걱정하여 서로 뱀이 없느냐고 물었다(它, 蟲也, 上古艸居患它, 故相問無它乎)." 그래서 옛날사람들은 뜻밖의 환난을 가리켜 它라고 했다. 은허(殷墟)의 卜辭에도 역시 '有它', '亡它' 등의 말이 나온다(김상섭 역, 『高亨의 周易』, 예문서원, 1995, 137면).

키는 것은 아니다.≫ 의례(儀禮)를 끝내려고 할 때, 다른 일이 있을까 두려워하는 까닭에 그렇게 말한 것이지만 ≪祭祀의 占≫ 그럼에도 불구하고 길하다고 한 것은 2와 5가 相應하기 때문이다.

○按[108] 鄭玄 以缶爲汲器 ≪有上値東井之語 此 邪說也≫

○[按] 鄭玄은 '부(缶)'가 물긷는 그릇(汲器)을 뜻한다고 했다. ≪[鄭玄의 說로서] "상치동정(上値東井)", 즉 "위로 東井[109]의 별자리와 만난다"라는 說이 있는데, 이것은 사설(邪說)이다.[110]≫

○大過中孚 宜參看 ≪皆以坎爲有他[111]≫

○大過卦[112]와 中孚卦[113]를 마땅히 참조해야 한다. ≪모두 坎으로써 "有他", 즉 "다른 일이 있음"의 뜻으로 삼았다.≫

---

108) [校閱] 新朝本과 國中本에는 "案"으로 되어 있으나, 奎章本에는 "按"으로 되어 있다.

109) 東井 : 별자리의 명칭으로서, 井宿을 지칭함 『禮記』「月令」에 "仲夏之月, 日在東井"이라고 함. 또 『史記』「陳餘傳」에 "漢王之入關, 五星聚東井"이라고 함. 그런데 鄭玄이 "比初六爻 辰來上値東井, 井之水入所汲用缶"이라고 했을 때, 앞의 東井은 별자리를 지칭하나, 그 뒤의 井은 우물을 뜻하고 있다.

110) 茶山의 『易學緖言』 卷2 「정강성역주론(鄭康成易注論)」의 第三論 '天象'에 "比初六爻 辰來上値東井, 井之水入所汲用缶"라는 말이 있다. 이것은 이정조(李鼎祚)가 "多參天象"이라고 평했던 정현(鄭玄)의 역학적 측면으로서, 茶山은 이러한 이론을 적극적으로 배척하고 있다. 여기서 鄭玄이 '六爻'라고 부른 것은 실제로는 '六畫'에 지나지 않으며, 또 그것을 子, 丑, 寅, 卯 등의 十二辰에 배당하고, 다시 十二辰을 天上의 여러 별들에 배당시키고, 이에 별 이름을 취하여 物象으로 삼은 것은 황당한 이론에 불과하다. 다산은 鄭玄이 이런 황당무계한 이론을 펴게 된 것은 卦變도 모르고, 爻變도 몰랐기 때문에 초래된 결과라고 본다. 따라서 다산은 鄭玄의 易學을 荀九家 중 가장 下乘이라고 혹평하고, 만약 鄭玄처럼 해석할 바에야, 왕필(王弼)에 의한 物象의 掃除를 당하는 것이 차라리 낫겠다고 말한다.

111) [校閱] 新朝本과 國中本에는 "有他"로 되어 있으나 奎章本에는 "有它"로 되어 있다.

112) 大過卦의 九四의 爻詞에 "棟隆, 吉, 有它, 吝", 즉 "용마루가 높으니 길하거니와, 다른 일이 있으면 인색하리라"라고 하였음.

113) 中孚卦의 初九의 爻辭에 "虞吉, 有他, 不燕", 즉 "우제(虞祭)를 지내니, 吉하다. 다른 일이 생기리니, 잔치를 하지 못할 것"이라고 함.

六二 : 比之自內, 貞吉. ○象曰 : 比之自內, 不自失也.

六二 : 친하기를 안(內)으로부터 하니, [그렇게 한다면] 일을 맡아 처리함에 吉할 것이다. ○「象傳」: "친하기를 [國家의] 안으로부터 한다면(比之自內)", 스스로 실정(失政)하는 일은 없을 것이다.

此 比之坎也 坎自臨來 《一之五》 我家旣正 《下今坎》 民德歸正 《移爲坎》 比之自內也 《下爲內》 坤則爲國 自國中而親附之 則遠者 來矣 亦坎爲家 《荀九家》 自家內而和附之 則疏者 戚矣

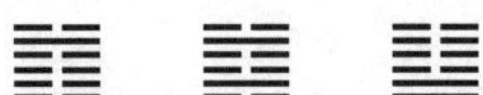

比 → 坎 ← 臨

이것은 比卦가 坎卦로 변하는 경우이다. 坎卦는 臨卦로부터 왔으니 《[臨卦의] 1이 5로 감》 나의 가정(家庭)이 이미 바르게 되어 《下卦가 지금 坎卦》 백성의 德이 올바른 데로 돌아오게 되니 《옮겨서 坎卦가 됨》 이것이 "比之自內", 즉 "親하기를 안으로부터 한다"는 뜻이다. 《下卦가 內卦가 됨》 坤은 곧 나라가 되니, 나라 안에서부터 친하여 따르게 하면, 멀리 있는 자가 오게 될 것이다. 또 坎은 집이니 《荀九家의 說》 집안으로부터 화목하여 따르면 소원(疏遠)한 자가 친하게 지내게 될 것이다.114)

○貞吉者 以坎德也 《事之固》 師之六五 敵先弱而後强 故爲貞凶 比之六二 我先弱而今强 故爲貞吉 《下今坎》 文相照也

114) '척(戚)'字는 '슬퍼하다'는 뜻으로 쓰이지만, 여기서는 '친하다', '친하게 지내다'의 뜻이다. 『詩經』에 "戚戚兄弟"라는 말이 있다.

師→五爻變→坎

比→二爻變→坎

○"貞吉"이 되는 것은 坎의 德으로 말미암음이니 ≪일의 견고함≫ 師卦 六五에서는 敵이 먼저 약했으나 나중에 강해졌으므로 "貞凶"이 되었지만, 比卦 六二에서는 내가 먼저 약했다가 이제는 강해졌으므로 "貞吉"이 되는 것이다. ≪下卦가 이제 坎≫ 師卦 六五와 比卦 六二의 문장은 서로 대조(對照)된다.[115)]

○卦自復來 剛出于外 ≪一之五≫ 我則失之 二之旣變 剛又在內 ≪二今剛≫ 不自失也 我無所失 民莫不歸也

復 → 比 → 坎

○比卦는 復卦로부터 왔으니 剛이 밖으로 나아감이니 ≪[復卦의] 1에서 5로 감≫ 이것은 나의 편에서 보면 잃는 것이지만, 六二爻가 이미 변하여, 剛이 다시 안에 있게 되니 ≪[坎卦의] 제2位가 이제 剛≫ 이것이 "不自失"이다. 내가 스스로 失政하지 않는다면, 백성들이 돌아오지 않을 수 없는 것이다.

---

115) 師卦 六五의 "貞凶"과 比卦 六二의 "貞吉"의 글이 서로 對照될 뿐 아니라, 比卦 九五의 "王用三驅"와 師卦 九二의 "王三錫命"의 글이 서로 對照된다.

師←反易→比

師卦와 比卦 사이에 이런 대조(對照) 관계가 성립하는 것은 兩者 사이에 交易과 反易의 관계가 있기 때문이다.

六三 : 比之匪人. ≪王肅本 有凶字≫ ○ 象曰 : 比之匪人, 不亦傷乎.

六三 : 인간 같지도 않은 인간과 친한 것이다. ≪王肅의 책에는 '凶'字가 있다.≫ ○「象傳」: 인간 같지도 않은 인간과 친하니, 역시 다치지 않겠는가?

此 比之蹇也 蹇自小過來 ≪四之五≫ 小過之時 震之君子 ≪上本震≫ 暱比小人 ≪下本艮≫ 小人者 匪人也 比之匪人也 移之爲蹇 ≪四之五≫ 果中其毒 ≪中小人之毒≫ 震乃受病 ≪上今坎≫ 大道遂蹇 ≪卦今蹇≫ 不亦凶乎

比 → 蹇 ← 小過

이것은 比卦가 蹇卦로 변하는 경우이다. 蹇卦는 小過卦로부터 왔다. ≪[小過卦의] 4가 5로 간 것이다.≫ 小過卦의 때에는 震의 군자가 ≪[小過卦의] 上卦가 본래 震≫ 소인과 친하여 사귀고 있다. ≪[小過卦의] 下卦가 본래 艮≫ 小人이 [바로] '비인(匪人)'이니, 이것이 "比之匪人", 즉 "[君子가] 소인배와 친한 것"이다. 推移하여 蹇卦가 되면 ≪[小過卦의] 4가 5로 감≫ 마침내 그 독(毒)이 퍼져 ≪小人의 毒이 퍼짐≫ 震의 군자가 이에 병을 얻어 ≪[蹇卦의] 上卦가 이제 坎卦≫ 大道를 감에 드디어 발을 절뚝거리게 되었으니 ≪괘가 이제 蹇卦≫ 역시 흉하지 않겠는가?

○傷者 傷於坎而爲蹇也 艮爲小人 ≪見否卦≫ 又爲閽寺 ≪說卦文≫ 處君子之位 ≪震在上≫ 比頑童而昵閹豎 能無傷乎 漢唐以來

此禍尤酷 聖人之戒 遠矣

比 → 蹇 ← 小過

○"傷"은 坎에서 [발을] 다쳐서 절뚝거리게 된 것을 말함이다. 艮은 小人이 되며 ≪否卦에 보임≫ 또 '혼시(閽寺)', 즉 궁중의 환관(宦官)이 된다. ≪「說卦傳」≫ 君子의 지위에 처하여 ≪小過卦에서 震이 上卦에 있음≫ 완고하고 사리에 어두운 사람[116]과 친하고, 또 환관(宦官)과 친하니, [어찌] 다치지 않겠는가? 한당(漢唐) 이래로 이러한 재앙이 더욱 심해지니, 聖人이 경계한 뜻이 [이처럼] 심원(深遠)한 것이다.

六四 : 外比之, 貞吉. ○象曰 : 外比於賢, 以從上也.

六四 : 밖으로 [현자(賢者)와] 친하니, 일을 맡아 처리함에 있어 吉할 것이다. ○「象傳」: 밖으로 賢者와 친하다는 것은 윗사람을 따른다는 뜻이다.

此 比之萃也 萃自小過來 ≪三之五≫ 小過之時 一剛在內 ≪剛在三≫ 一剛在外 ≪剛在四≫ 本相親比 ≪密相接≫ 移之爲萃則[117] 剛自內出 ≪三之五≫ 又相親比 ≪四五接≫ 外比之也

116) 완동(頑童) : ① 고집이 세고 어리석은 아이, ② 완고하고 사리에 어두운 사람.

117) [校閱] 奎章本에는 "移之爲萃則"의 "則"이 "時'로 되어 있다.

比 → 萃 ← 小過

이것은 比卦가 萃卦로 변하는 경우이다. 萃卦는 小過卦로부터 오니 ≪[小過卦의] 3이 5로 감≫ 小過卦의 때에는 한 개의 剛이 안에 있고 ≪剛이 제3位에 있음≫ 다른 한 개의 剛은 밖에 있어 ≪剛이 제4位에 있음≫ 본래 서로 친하게 지내더니 ≪밀접히 서로 인접해 있음≫ 推移하여 萃卦가 되면, 剛이 안으로부터 나아가 ≪[小過卦의] 3이 5로 감≫ 또 다시 서로 친하게 되니 ≪[萃卦에서] 4와 5가 서로 접해 있음≫ 이것이 "外比之", 즉 "밖으로 친하는 것"이다.

○ 本以坎貞 ≪小過 本大坎≫ 移亦爲坎 ≪三六[118]夾≫ 上悅下順 ≪上今兌≫ 何事不固 是 貞吉也

比 → 萃 ← 小過

○본래 [比卦에] 坎의 곧음(貞)이 있었는데, ≪小過卦는 본래 大坎≫ [小過卦로부터 萃卦로] 推移하여도 坎이 된다. ≪[萃卦의] 3·4·5·6의 互卦가 夾坎의 형태≫ 위로는 기뻐하고 아래로는 순종하니 ≪[萃卦의] 上卦는 이제 兌[이니, 기뻐함의 象이 되고, 萃卦의 3·4·5의 上互卦는 巽이니, 순종함의 象이 됨]≫ 어떤 일을 하든지 견고하게 처리치 않겠는가? 이것이 "貞吉"이라고 한 까닭이다.

○賢者 震也 ≪震君子≫ 出而親震 ≪小過三之五≫ 外比于賢也 艮

118) [校閱] 奎章本에는 "三之夾"으로 되어 있으나 誤記이다.

本在下 《雷山卦》 以從上也 上者 位德俱尊也

比 → 萃 ← 小過

○‘賢’은 震이니 《震은 君子》 나아가서 震의 君子와 친하게 되니 《小過卦의 3이 5로 감》 밖으로 賢者와 친하게 사귀는 것이다. 艮이 본래 아래 있었는데 《小過卦는 雷山卦》 윗 사람을 따라가니, 그것은 ‘위에 있는 자(上)’가 地位와 德에 있어서 모두 존귀하기 때문이다.

九五 : 顯比. 王用三驅, 失前禽. 邑人不誡, 吉. ○象曰 : 顯比之吉, 位正中也. 舍逆取順, 失前禽也. 邑人不誡, 上使中也.

九五 : 친함을 [떳떳하게] 드러내게 될 것이다. 王이 세 번 말을 몰아서 사냥할 적에, [자신의] 앞으로 온 짐승은 놓아준다. [선정(善政)을 베풀어] 마을 사람들이 [밤에도 門을 열어 놓은 채로 지내며, 도적을] 경계하지 않으니, 길할 것이다. ○「象傳」: “친함을 [떳떳하게] 드러내는 것(顯比)”은 正中의 位에 處하기 때문이다. [사냥하는 법은 본래 앞쪽으로] 거슬러 오는 짐승은 놓아주고, 달아나는 짐승은 [쫓아가] 잡는 것이니, 앞으로 온 짐승을 놓아준 것이다. “마을 사람들이 [밤에도 門을 열어 놓은 채로 지내며, 도적을] 경계하지 않는 것(邑人不誡)”은 위(上)에서 中道(中道)로써 다스리기 때문이다.

此 比之坤也 上卦位坎也 ≪四五六 偶奇偶≫ 坎則爲水 雖非中剛 亦與地比 ≪水地 比≫ 但其比 隱晦而不彰 剛來居五 則水地之比 又益光顯 ≪位與畫 俱剛≫ 此 顯比也 人主之親比臣鄰 宜光顯 若是其有曲道相親 秘晦不明者 非顯比之義也

이것은 比卦가 坤卦로 변하는 경우이다. 上卦의 자리는 [본래] 坎의 자리인데 ≪上卦의 4·5·6은 [본래] 偶數·奇數·偶數이므로 坎位≫ 坎은 곧 물이니, 비록 中剛이 아닐지라도 땅과 더불어 比의 관계가 성립된다.[119] ≪물과 땅은 [서로] 친함≫ 다만 그 친함(比)이 어두운 데 숨어서, 빛나지 않을 뿐이다. [그런데 比卦에서는] 剛이 와서 제5位에 머무르니, 곧 水와 地가 친한 것이 더욱 빛나고 드러나게 되니 ≪[제5位는 陽位인데, 陽畫이 그 자리에 있으니] 位와 畫이 모두 剛≫ 이것이 "顯比", 즉 "친함을 드러내는 것"이다. 君主가 臣下와 이웃국가를 친하게 할 때는 마땅히 밝게 빛나고 드러나게 해야 한다. 만약 그 왜곡(歪曲)된 道를 써서 서로 친해서, 어두운 데 숨기고, 밝히지 못하는 바가 있다면 [그것은] "顯比"의 뜻에 해당되는 것이 아니다.

○王者 乾王也 乾之三陽 一索得震 ≪說卦文≫ 爲復一陽 ≪得乾之初剛≫ 旣一驅矣 又索得艮 爲剝一陽 ≪得乾之終剛≫ 又一驅矣 移之得坎 ≪復剝移≫ 爲比一陽 ≪得乾之中剛≫ 乃三驅矣 乾本爲馬

119) 上卦는 본래 坎의 위치이기 때문에 설령 上卦에 坎이 아닌 다른 卦가 온다고 하더라도, 坎이 잠재적으로는 있는 것으로 간주되기 때문에 下卦의 坤과는 比의 관계가 성립한다는 뜻이다.

《說卦文》 王用三驅也 三驅者 田獵之禮也 《義見下》

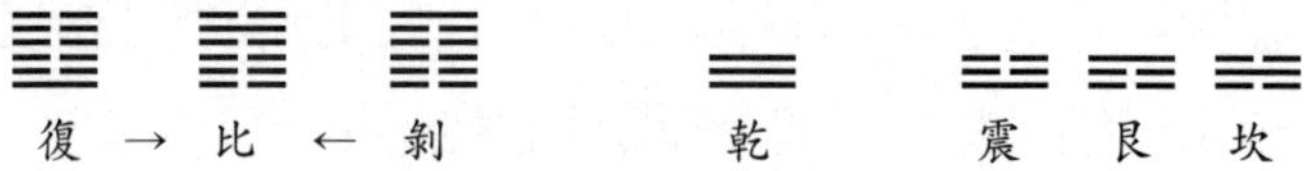

○王은 乾王을 가리킨다. 乾의 세 陽이 첫 번째로 求함(一索)에 震을 얻어 《「說卦傳」의 글》 復卦의 하나의 陽이 되니 《乾의 初剛을 얻음》 이미 '한 번 말을 채찍질하여 달린 것'이 된다. 다시 [乾의 세 陽이] 두 번째로 求함(二索)에 艮을 얻어, 剝卦의 하나의 陽이 되니 《乾의 終位의 剛》 다시 한번 말을 채찍질하여 달린 것이 되었다. [그런데] 比卦로 推移하여, 上卦가 坎이 되면 《復卦와 剝卦로부터 옮겨짐》 比卦의 하나의 陽이 되니 《乾의 中剛을 얻음》 이에 세 번 말을 채찍질해서 달리는 것(三驅)이 된다. 乾은 본래 말이니 《「說卦傳」의 글》 [이것은] "王用三驅", 즉 "王이 세 번 말을 몰아 달린 것"이 된다. 세 번 말을 몰아 달리는 것은 밭에서 사냥하는 禮이다. 《뜻이 아래에 나타난다.》

卦以師交 《又反對》 師九二之王三錫命 文相照也

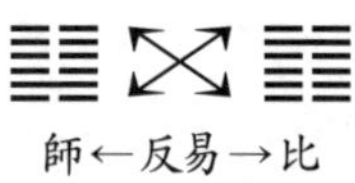

比卦는 師卦와 交易의 관계에 있으니 《또 反對의 관계에도 있음》 [比卦 九五의 "王用三驅"와] 師卦 九二의 "王三錫命"의 글이 서로 對照된다.

○坎則爲豕 《說卦文》 是 獲禽也 何謂失禽 卦以師交 ䷆ 師之時 前禽是獲 《坎在下》 今豕在外 《坎在上》 失前禽也 前禽者 禽

之向我來者也 《義見下》

師←反易→比

○坎은 곧 돼지이니 《「說卦傳」의 글》 이것이 짐승을 잡는 것이 된다. [그런데] 어째서 짐승을 놓아준다고 하는 것인가? 比卦는 師卦와 交易의 관계에 있으니, 師卦의 때에는 앞에 있는 짐승을 잡았는데 《坎이 下卦》 이제 [比卦에서는] 돼지가 바깥쪽에 있으니 《坎이 上卦에 있음》 앞의 짐승을 놓아준 것이다. "前禽"이란 "나를 향해서 오는 짐승"을 말한다. 《뜻이 아래에 나타난다.》

○邑人者 坤民也 《艮亦邑》 卦自剝來 《上之五》 剝之時 城門禦外 《艮爲城》 艮誡成言 《言戒之》 移之爲比 則坎以通之 《上今坎》 門不夜閉 《坎爲夜》 邑人不誡也 《不以艮成言》 曷然哉 法律旣正 《坎爲律》 民莫不順也 《如張詠之治益州》

剝 → 比

○"邑人"이란 坤의 백성을 말한다. 《艮도 역시 邑이 된다.》 比卦는 剝卦로부터 왔다. 《[剝卦의] 上이 5로 간 것이다.》 剝卦의 때에는 城門으로 밖을 막고 《艮이 城이 됨》 艮의 경계(警戒)하는 말을 이루고 있다. 《말로써 경계하고 있다.》 [그런데 剝卦로부터] 推移하여 比卦가 되면, 곧 坎이 通함이 되어 《[比卦의] 上卦는 이제 坎》 밤에도 문을 걸어 잠그는 일이 없으므로 《坎이 밤이 됨[120]》 마을 사람들이 경계하지 않는 것이다. 《艮으로

120) 茶山은 「說卦傳」의 坎卦의 物象에 관한 荀九家의 說을 채록하면서, "坎爲夜"의 說

써 말을 이루지 않는다.≫ 왜 그러한가? 법률이 이미 올바르게 시행되니 ≪坎이 律이 됨≫ 백성들이 따르지 않는 자가 없기 때문이다. ≪예를 들면, 장영(張詠)[121]이 익주(益州)[122]를 다스린 경우와 같다.≫

○位正中者 坎位得坎也 五爲卦主 故言其本象

○"位正中"이라고 한 것은 坎位에서 坎을 얻음을 말함이다. 제5位가 卦主이므로 그 本象을 말한 것이다.

○禽之向人來者 爲逆 ≪逆與迎同義≫ 其去者 爲順也 ≪逐勢順≫ 剝移爲師 禽自外來 ≪上之二≫ 逆人者也 復移爲比 禽自內往 ≪一之五≫ 順人者也

이 간보(干寶)와 우번(虞翻)의 說에 속한다고 말하고 있다. 그런데 다산은 坎의 單一한 象만 가지고, '밤'이 될 수 있는 것이 아니라, 해가 지하에 들어가는 象과 결합되어야 비로소 '밤(夜)'이 될 수 있다고 말하고 있다. 다만, 下卦는 본래 离位에 해당되므로 아침, 한낮, 저녁의 삼시(三時)가 되며, 上卦는 본래 坎位이니, 밤에 해당되는 것으로 간주하여 점치는 것이라고 한다. 그러나 이는 다른 하나의 用例인 것이며, 物象이라는 측면과는 다른 것이라고 한다(唯下卦位离故爲朝晝夕三時, 上卦位坎, 故占之以夜 此別是一例 與物象不同). "坎爲夜"의 說은 夬卦九五의 주석에서도 언급되고 있다(『四箋』 卷5, 24나).

121) 장영(張詠): 宋代 초기의 文人, 字는 복지(復之). 自號를 괴애(乖崖)라고 하였다. 北宋의 太宗과 眞宗의 兩朝에 걸쳐 名臣으로 불리어진다. 주희(朱熹)가 엮은 『宋名臣言行錄』에 장영(張詠)의 사적(事蹟)이 기록되어 있다. 장영(張詠)이 益州에 知州로 부임하여, 그 지역민 장급(張及)을 비롯한 3명을 추천하여 과거에 합격하도록 하여 그 곳의 士가 과거에 힘쓰게 되었고, 독서를 장려해 면학풍토를 조성시킴으로서 독서인층의 수가 증가하도록 하였다. 死後에는 忠定이라는 시호(諡號)를 받아, 張忠定으로 불리어졌다. 다산의 『牧民心書』에서도 장영(張詠)이 익주(益州)를 다스린 이야기가 여러 곳에서 언급되고 있다.

122) 익주(益州)는 지금의 사천성(四川省)을 가리킨다.

○짐승이 사람을 향해서 오는 것을 '逆'이라고 하고 ≪'逆'은 '迎'과 같은 뜻≫ [사람으로부터] 멀리 가버리는 것을 '順'이라고 한다. ≪形勢를 뒤쫓아 가는 것이 順≫ 剝卦가 推移하여, 師卦로 되면, 짐승이 밖으로부터 오니 ≪[剝卦의] 上이 2로 감≫ 이는 사람에게로 거슬러 오는 것이다. 復卦가 推移하여 比卦로 되면, 짐승이 안 쪽으로부터 바깥 쪽으로 가니 ≪[復卦의] 1이 5로 감≫ 사람의 앞 쪽으로 가는 자이다.

師之旣易 ≪交易之≫ ䷇ 內坎遂亡 ≪下今坤≫ 是 舍逆也 外坎今獲 ≪自復往爲坎≫ 是 取順也 先王之法 存心愛物 向人而逆來者 其禽必穉 背人而順去者 其禽必黠 此所謂 舍逆而取順也 下卦位离 ≪一二三≫ 离則爲面 ≪見說卦≫ 上卦位坎 ≪四五六≫ 坎則爲背 ≪見艮卦≫ 故易例 下卦爲前 上卦爲後

師卦가 이미 바뀌게 되면 ≪[師卦가] 交易해서 [比卦가] 됨≫ 內卦의 坎은 드디어 없어지니 ≪下卦는 이제 坤≫ 이것이 "舍逆"이며, 外卦의 坎은 이제 획득함이니 ≪復卦로부터 가서 坎이 됨≫ 이것이 "取順"이다. 先王의 法은 生物을 사랑함에 마음을 둔다. 사람을 향해서 오는 것은 반드시 어린 짐승이며, 사람을 등지고 앞쪽으로 가는 것은 반드시 교활한 짐승이니, 이것이 이른바 "舍逆"하고, "取順"하는 까닭이다. 下卦는 [본래] 离의 자리인데 ≪1·2·3位[는 본래 离位]≫ 离는 곧 앞(面)이 된다. ≪「說卦傳」≫ 上卦는 [본래] 坎의 자리인데 ≪4·5·6位[는 본래 坎位]≫ 坎은 곧 뒤(背)가 된다. ≪艮卦에 보임≫ 그러므로 易例에 下卦를 앞으로 삼고, 上卦를 뒤로 삼은 것이다.

○上使中者 謂艮守得人 ≪艮爲守≫ 中於君道 ≪坎中剛≫ 故致此

不誡之吉

䷇

比

○"上使中(위에서 中道로써 다스림)"이란 艮으로써 지켜 사람을 얻고 ≪艮이 지키는 것이 됨≫ 君道에 중용(中庸)을 취함을 말한다. ≪坎의 中剛≫ 그러므로 경계하지 않아도 吉함에 이르게 된다.

○案[123] 毛詩傳曰 獲禽 面傷 不獻 ≪孔子曰 面傷者 謂當面射之≫ 自左膘 ≪脅後[124]髀前肉≫ 而射之 達於右腢 ≪肩前也≫ 爲上殺故 軍禮 其禽 在前來者 不逆而射之 唯背我而去則射之 是所謂 舍逆而取順也

○[案] 『毛詩傳』[125]에서 말하였다. "짐승을 잡되, 얼굴에 상처가 난 것은[126] 제사에 바치지 않는다." ≪孔子가 말하였다. "'면상(面傷)'이라고 한 것은 앞을 향해서 화살을 쏜 것이다."≫ 왼쪽 갈비뼈 쪽으로부터 ≪옆구리 뒤쪽의 넓적다리 앞 살≫ 화살을 쏘아서 오른쪽 어깻죽지(어깨의 앞)로 나오게 하는 것을 '上殺', 즉 '가장 잘 죽인 것'이라 한다. 그러므로 軍禮[127]에서는 그

123) [校閱] 奎章本에는 '案'이 '按'으로 되어 있다.

124) [校閱] 奎章本에는 '後'가 '右'로 되어 있다.

125) 현대에 우리가 보통 읽고 있는 『詩經』은 모두 『毛詩』이다. 『漢書』「藝文志」에는 『毛詩』 29권과 『毛詩故訓傳』 30권이 수록되어 있는데, 그 중 뒤의 것이 우리에게 전해진 가장 오래된 시경의 판본이며, 그 해설서이다. 『毛詩』는 趙나라 사람인 毛公이 전한 시를 말한다. 毛公이 어떤 사람인지에 대해서는 자세하게 알 수 없다. 대모공(大毛公)은 모형(毛亨), 소모공(小毛公)은 모장이라는 설이 있으나 믿기 어렵다.

126) 면상(面傷) : 얼굴에 상처가 난 것, 『左傳』 '哀公 2年'條의 衛나라 太子의 기도에 "無面傷(얼굴에 상처가 나지 않게 해주소서)"라는 말이 나온다(남기현 역, 『春秋左傳』 下, 자유문고, 2003, 395면).

127) 軍禮는 五禮의 하나에 속한다. 五禮란 곧 ① 吉禮, ② 凶禮, ③ 賓禮, ④ 軍禮, ⑤ 嘉禮를 말한다. 茶山은 『春秋考徵』 「雜禮」편에서는 軍禮도 다루고 있다.

동물이 앞으로 오는 것을 거슬러 쏘지 말 것이며, 오직 나를 뒤로하고 가는 것을 쏘라고 하였으니 이것이 이른바 "舍逆(거슬러오는 것을 버림)"하고 "取順(앞쪽으로 가는 것을 취함)"하라는 것이다.

≪古注 以來者不射 謂不殺降之意 ○程傳云 不出而反入者 射之≫

≪古注에 [이르기를] 오는 것을 쏘지 말라고 한 것은 쓰러트려 죽이지 말라는 뜻이다. ○程伊川의 『易傳』에서 말하기를, "나가지 않고 다시 들어오는 것을 쏘아 잡는다"라고 하였다.128)≫

○又案[129] 軍法 前鋒曰 先驅 次前曰 申驅 次後曰 殿驅 亦三驅也 然 王用三驅者 謂天子之禮 不貪禽獲 ≪禮云 天子不合圍≫ 三驅而止 如親耕之有三推 ≪三擧耒≫ 親蠶之有三繅 ≪三盆手≫ 成禮而止 不卒勞也

○[又案] 軍法에서 제일 앞에 선 軍師(前鋒)를 '선구(先驅)'라고 하고, 그 다음 앞에 선 군사(次前)를 '신구(申驅)'130)라고 하고, 그 뒤에 선 군사(次後)를 '전구(殿驅)'131)라고 하였으니, 이것 역시 "삼구(三驅)"의 뜻이다.132) 그러나 "王用三驅"는 天子의 禮가 짐승을 잡는 것을 탐하지 않는 데 있으니 ≪『禮記』「王制」에서 말하기를, "天子는 에워싸[서 짐승을 잡]지 않

128) 『伊川易傳』에는 "天子之畋, 圍合其三面, 前開一路, 使之可去, 不忍盡物, 好生之仁也, 只取其不用命者, 不出而反入者也, 禽獸前去者, 皆免矣, 故曰 失前禽也"라고 되어 있다. 따라서 "射之"라는 말은 없다. 그런데 伊川은 "只取其不用命者, 不出而反入者也"라고 하고, 또 "禽獸前去者, 皆免矣"라고 풀이했으니, 즉 앞으로 도망가는 짐승은 모두 놓아주고, 앞을 가지 않고 되돌아오는 것만 잡는 것이 되어서, 茶山의 해석과는 정반대의 해석이 된다.

129) [校閱] 奎章本에는 '案'이 '按'으로 되어 있다.

130) '신구(申驅)'는 '선구(先驅)'의 다음에 오는 대열, 즉, 제2진을 말한다.

131) '전(殿)'은 後進의 군대를 뜻함. 퇴각할 때, 軍의 맨 뒤에 있어, 敵의 추격을 막는 군대를 '전후(殿後)'라고 한다.

132) 『左傳』 '襄公 23年'에 '선구(先驅)'와 '신구(申驅)'라는 말이 나온다. 또 後軍을 가리켜 대전(大殿)이라고 한 것이 역시 『左傳』 '襄公 23年'에 보인다.

는다"라고 함[133]≫ 세 번 말을 몰고 그치는 것이다. 마치, 天子가 친히 경작함에 세 번 쟁기질을 하는데 그치고 ≪세 번 쟁기를 들어올림[134]≫ 친히 누에를 칠 적에 누에고치에서 고치를 켜는 것을 세 번하고 그친다고 하니 ≪세 번 손으로 동이에 담음[135]≫ 모두 禮를 成立시키고 그치는 것이지, 끝까지 힘쓰는 것은 아니다.

上六 : 比之无首, 凶. ○ 象曰 : 比之无首, 无所終也.

上六 : [小人들끼리 붕당(朋黨)을 지어] 친하게 지내다가 머리가 [참수(斬首)되어] 없어지는 일을 당하니, 흉하다. ○「象傳」: "比之无首"라고 말한 것은 고종명(考終命)하지 못함을 말한 것이다.

此 比之觀也 兩剛相比 ≪五六剛≫ 合成大艮 ≪兼畫三≫ 艮爲小人 此 小人之朋比也 觀由否進 ≪三而四≫ 否之時 乾首在上 ≪說卦 乾爲首≫ 進而爲觀 則下剛遂斷 ≪四今斷≫ 乾首乃亡 ≪上今巽≫ 比之无首也 豈不大凶 古者誅人 必于兩觀 ≪卦今觀≫

比 → 觀 ← 否

---

133) "天子不合圍, 諸侯不掩羣. 天子殺則下大綏, 諸侯殺則下小綏."(『禮記』「王制」)

134) 『禮記』「月令」(第六)에 "天子親載耒耜, 措之于參保介之御間, 帥三公九卿諸侯大夫躬耕帝藉. 天子三推, 三公五推, 卿諸侯九推"라고 함.

135) 三盆手 : '盆'은 '적시다', '동이 속에 손을 넣다'는 뜻, "三盆手"라는 말은 『禮記』에 나온다. 『禮記』「祭義」(第24편)에 "夫人繅, 三盆手"라는 말이 나온다.

이것은 比卦가 觀卦로 변하는 경우이다. [觀卦에서는] 두 개의 剛이 서로 친하니 ≪5·6이 剛≫ 합하여 大艮을 이룬다. ≪兼畫하면 三畫卦[로 보면 艮]≫ 艮은 小人이니, 이는 小人들이 붕당(朋黨)을 지어 친한 것이다. 觀卦는 否卦로부터 前進한 것이니 ≪否卦의 3陰이 觀卦의 4陰으로 나아감≫ 否卦의 때에는 乾의 머리가 위에 있었는데 ≪「說卦傳」에 따르면 乾은 머리가 됨≫ [한 단계 더] 나아가서 觀卦가 되면, 밑에 있는 剛이 마침내 절단(切斷)되어 ≪제4位의 剛이 이제 끊어짐≫ 이에 乾의 머리가 없어져 버리니 ≪[觀卦의] 上卦가 지금 巽≫ 이것이 "比之无首", 즉 "[小人들이 붕당(朋黨)을 지어] 친하다가, 머리가 [참수(斬首)되어] 없어지는 일을 당한 것"이다. 어찌 크게 흉하지 않겠는가? 옛적에 사람을 베어 죽일 때에 반드시 兩觀[136]에서 한다고 하였다. ≪괘가 지금 觀卦이다.≫

○无所終者 本象也 上本无陽 不以善終 ≪陽爲善≫ 故朋比禍作 王法是正 ≪上本坎≫ 遂以艮死 ≪今大艮≫ 无所考終也

䷇　→　䷓

比 → 觀

○"无所終"이라고 한 것은 [比卦의] 本象이다. [比卦의] 上卦에는 본래 陽이 없어 좋게 끝마치지 못한다. ≪陽이 善이 됨≫ [소인들끼리] 붕당을 지어 서로 친한 것이 화를 자초하니. 王의 法으로써 이를 是正하여 ≪[比卦의] 上卦는 본래 坎≫ 마침내 艮으로써 죽음을 당하게 되니 ≪觀卦는 이제 大艮의 형태≫ [이것이] 考終命하지 못하는 까닭이 된다.[137]

---

136) 양관(兩觀) : 대궐문 左右에 있는 망루(望樓).

137) 考終 : 考終命의 뜻이다. 考終命이란 天命을 다하고 죽는 것, 즉 제 命대로 다 살고 죽는 것을 뜻한다. 五福의 하나이다.

○案[138] 卦位 初爲趾 ≪又爲尾≫ 上爲首 ≪二爲股≫ 而比自剝來 ≪上之五[139]≫ 上剛本折 ≪剝剛折≫ 故其占如此 諸卦雖變爲觀 其占多吉 不可拘也

剝 → 比 → 觀

○[案] 卦位로 말하자면 初位는 발에 해당되고 ≪또는 꼬리가 됨≫ 上位는 머리에 해당된다. ≪제2位는 넓적 다리가 된다.≫ 比卦는 剝卦로부터 왔으니 ≪[剝卦의] 上이 5로 감≫ 上位에 있는 剛이 본래 부러지는 까닭에 ≪剝卦의 剛이 꺾임≫ 그 占이 이와 같거니와, 다른 괘들에 있어서는 비록 本卦가 변하여 之卦가 觀卦가 되더라도, 그 占에 있어서는 吉한 것이 많으니 구애될 것이 없다.[140]

---

138) [校閱] 新朝本과 國中本에는 "案"으로 되어 있으나, 奎章本에는 "按"으로 되어 있다.

139) [校閱] 奎章本에는 "上之五"로 되어 있으나 新朝本과 國中本에는 "上之二"로 되어 있다. 前者가 옳다.

140) 다른 괘들에 있어서는 비록 本卦가 변하여 之卦가 觀卦가 되더라도 그 占에 있어서는 吉한 것이 많으니 구태여 얽매일 필요가 없다. 즉 比上六에서는 比之觀이 되어 흉한 占辭가 되었으나, 之卦가 觀卦가 되더라도 반드시 흉한 점이 되는 것은 아니고 길한 점이 되는 경우도 많기 때문에 구애될 필요가 없다는 뜻이다.

【9. 풍천 소축(風天 小畜)】

乾下巽上 ○ 第六卦之正 《姤一之四 夬上之四》

乾은 下卦이며, 巽은 上卦이다. ○第6卦의 正卦이다. 《姤卦의 1이 4로 가고, 夬卦의 上이 4로 간다.》

雜卦傳曰 小畜 寡也 《大有 衆也》
「雜卦傳」에서 말하기를 "小畜은 적은 것이다"라고 하였다. 《大有는 많은 것이다.》

○鏞案[141] 畜者 育也 毒也 亭毒之義也 卦自夬來 陽道太亢 發洩不已 《陽至五》 故陰降于四 而蘊之畜之 《畜 止也》 畜之者 畜乾之元氣也 《下三陽》 大畜則 自大壯來 《上之四》 陽道旣壯 發洩不已 《陽至四》 故陰降于四 而畜之止之 《畜元氣》 其義一也 特以巽者 陰卦也 《長女卦》 艮者 陽卦也 《少男卦》 陰小而陽大 故有小畜大畜之別也 爻詞 多用六畜之物 卦名旣畜 取象宜然

141) [校閱] 奎章本에는 '案'이 '按'으로 되어 있다.

也 寡者 陰寡也 《大有 陽衆也》 歸藏易 作小毒大毒 《一本作毒奮》

○[鏞案] '畜'이란 '기름(育)'이며 '키움(毒)'[142]이니, '길러 자라게 함(亭毒)'의 뜻이다. 小畜卦는 夬卦로부터 왔으니, 陽道가 너무 치솟아 그 발산(發散)하는 힘이 넘쳐서 그치지 않으므로 《[夬卦에서] 陽이 제5位에까지 도달함》 陰이 제4位로 내려와 쌓고 멈추게 하니 《畜은 멈춤을 뜻함》 쌓아 멈추게 하는 것은 곧 乾의 元氣이다. 《[小畜卦의] 下卦의 三陽》 [한편] 大畜卦는 大壯卦로부터 왔으니 《[大壯卦의] 上이 4로 감》 陽道가 이미 왕성(旺盛)하여 그 흘러 넘치는 것이 그치지 않으므로 《[大壯卦에서] 陽이 제4位에 도달함》 陰이 제4位에 내려와 그것을 쌓고 멈추게 하니 《元氣를 쌓음》 그 뜻은 같다.[143] 그런데 특히 [小畜괘의] 巽은 陰卦이며 《巽은 長女卦》 [大畜卦의] 艮은 陽卦이니 《艮은 少男卦》 陰은 작고, 陽은 큰 까닭에, 小畜과 大畜의 구별이 있는 것이다. 爻詞에서 여섯 가지 가축(家畜)[144]의 명칭을 쓴 예가 많으니,[145] 괘의 명칭에 이미 畜이 포함되어 있으므로, 象을 취함에 있어서도 당연히 그렇게 한 것이다. 「雜卦傳」에서 小畜은 '적음'이라고 하였으니, 그것은 陰이 적다고 한

142) '毒'字는 '기르다', '키우다'의 뜻으로도 쓰이며, '育'字, 혹은 '畜'字와 같은 뜻으로 쓰인다. 老子의 『道德經』 第51章에 "亭之毒之"라는 말이 있음.

143) 夬卦에서 小畜卦로 推移한 경우와 그 뜻이 같다는 것.

144) 六畜 : ① 소, ② 말, ③ 돼지, ④ 양, ⑤ 닭, ⑥ 개의 여섯 가지의 가축.

145) 小畜卦에서 명시적으로 家畜의 명칭이 언급되고 있는 것은 아니다. 그러나 茶山은 小畜卦 初九의 "復自道"에 대한 주석에서, "卦德, 畜也, 六畜之物, 雖出而必反, 所以能畜也"라고 함으로써, 家畜과 연관시켜 해석하였다. 또 小畜卦 九二의 "牽復, 吉"에 대한 주석에서도 "巽牛出外, 我喪其牛也, 二之旣變 离亦爲牛, 往而復也, 巽以爲絼, 坎以曳之, 牽而復也"라고 함으로써, 역시 소(牛)를 끌어오는 것으로 해석하였다. 大畜卦에서는 大畜九三의 "良馬逐", 大畜六四의 "童牛之牿", 大畜六五의 "豶豕之牙" 등에서, 말(馬), 송아지(童牛), 거세한 돼지(豶豕) 등이 언급되고 있다.

것이다. ≪大有는 陽이 많음≫ 귀장역(歸藏易)[146]에서는 [『周易』의 小畜卦와 大畜卦에 해당하는] '小毒'과 '大毒'이 있다.[147] ≪어떤 板本[148]에서는 '毒奮'이라고 하였다.≫

---

146) 귀장역(歸藏易):『周禮』「春官」「太卜」에는 "三易의 법을 관장하여 첫 번째 連山이라 하고, 두 번째 歸藏이라고 하며, 세 번째 周易이라고 한다"고 말하고 있다. 따라서 歸藏易은 삼역(三易)의 하나인데, 은대(殷代)의 역이라고 전해진다. 또 歸藏易은 坤을 머리괘로 하고, 乾을 바로 다음 괘로 하기 때문에, 『坤乾』이라고도 일컫는다. 唐나라때의 학자 가공언(賈公彦)은 『周禮疏』(50卷)에서 "귀장역은 순 坤卦를 처음으로 하며, 坤은 땅이다. 그러므로 만물은 모두 땅으로 돌아가서 저장되지 않는 것이 없다. 그래서 '歸藏'이라고 말한다."고 하였다. 『禮記』「禮運」은 孔子의 말을 실어서 "내가 殷나라의 도를 보고자 하여, 송나라에 갔는데 징험하기에 부족하였으나, 나는 『坤乾』을 얻었다."고 언급하였다. 이것은 공자가 歸藏易을 통하여 은나라의 문화와 정치제도를 이해하였음을 말해주는 대목으로 흥미롭다. 『坤乾』에서 坤을 머리로 한 것은 母系혈통을 중시하며, 형제상속제를 견지하며, 비교적 강한 씨족사회적인 흔적이 있음을 표현하고 있다. 『太平御覽學部』에는 환담의 『新論』을 인용하여, "귀장역은 4,300글자이다"고 하였다. 이것에 따르면, 이 서적은 漢代에도 이미 있었다고 전해지나, 이것이 과연 眞本인지는 의심된다. 청나라 마국한(馬國翰)의 『옥함산방집일서(玉函山房輯佚書)』에는 『歸藏』 한 권을 편집하였다고 하였으나, 믿기 어렵다. 그러나 晉의 곽박(郭樸)은 이미 이 책을 인용하면서, 서적의 성립 시기가 비교적 이르다고 설명한다. 일설에는 黃帝의 역이라고도 한다. 정현은 『周禮』의 주석에서 두자춘(杜子春)의 설을 인용하여, "『歸藏』은 황제이다"고 하였다. 한편, 현대에는 고명(高明)이 「連山歸藏考」(『制言』 49期, 1939, 또 『斯文半月刊』 卷2 14지 17기, 1942에 재수록)이라는 논문을 써서, 『連山』과 『歸藏』의 원류와 변화, 그리고 그 진위를 고증하였다. 高明은 이른바 "帝出乎震"은 『連山』에서 나온 것이라고 보았다. 漢代에도 『連山』과 『歸藏』이 있었다는 환담(桓譚)의 설에 대해서 저자는 그것이 진본(眞本)이 아니라고 의심하였다. 후대에 출현하는 각종의 저술들 중 유현(劉炫)이 위조한 『連山易』이나, 이과(李過)의 이른바 『歸藏易』의 卦名, 『齊母經』에 보존되어 있는 『귀장』의 문장 등과 같은 것에 대해 저자는 그것들의 허위성을 고증하고 있다.

147) 歸藏易의 傳本에는 '小畜毒'과 '大畜毒'으로 되어 있다. 歸藏易의 傳本에는 이처럼 三字로 卦名을 삼은 경우가 세 卦가 있다고 하는데, 이는 '小畜毒'·'大畜毒'·'散家人'의 세 卦이며, 각각 『周易』의 小畜·大畜·家人에 해당된다. 이러한 卦名은 奇怪한 느낌을 주는데, 현재 王家台의 秦墓에서 출토된 진간본(秦簡本)에서는 '小畜'이 '소독(少督)'으로 되어 있다고 한다. 아마도, '督'·'毒'·'畜'·'蓄' 등의 글자는 音이 서로 비슷한 관계로 서로 가차(假借)해서 사용했던 것으로 추정된다(王明欽, 「王家台秦墓竹簡概述」, 北京大學新出簡帛國際學術硏討會論文, 2000; 廖名春, 「王家台秦簡歸藏管窺」, 『簡帛硏究网』, 2000).

148) "一本"이 어떤 판본을 가리키는지 분명치 않다. 歸藏易의 傳本으로는 淸의 馬國翰의 『玉函山房輯佚書』가 전해지고 있다.

小畜, 亨. 密雲不雨, 自我西郊.

小畜은 형통함이다. 짙은 구름이 끼었으나, 비가 오지 않으니, 우리 서교(西郊)[의 들판]에서, 교제(郊祭)를 지낸다.[149)]

此 小畜之不變者也 卦自姤來 《一之四》 柔往得位 《陰居四》 不失其應 《初四應》 遂以嘉會 《三五离》 其占亨也

姤 → 小畜

이것은 小畜卦가 변하지 않는 경우이다. 小畜卦는 姤卦로부터 왔으니 《[姤卦의] 1이 4로 감》 柔가 가서 그 지위를 얻어서 《陰이 제4位에 머무름》 그 상응함을 잃지 아니하고 《初와 4가 相應함》 드디어 기쁘게 회합(會合)을 가지니 《3·4·5의 互离》 그 占이 형통한 것이다.

○ 又自夬來 《上之四》 夬之時 坎塞其下 《兌下剛》 不能成雨 《不成坎》 今下[150)]雖通 《巽下絶》 而又上壅 《巽上剛》 不能成雨 《不成坎》 是 密雲而不雨也 《坎爲雨》 陰在天上 《下乾天》 視坎

149) 이러한 해석이 정당화될 수 있는 근거는 小畜卦의 彖詞에 대한 주석에서도, "巽以潔齊, 上齊乾天 《天風姤》 其象 郊也 《祭天必於郊》"라고 하고, "西風不成雨, 則雖禱天而何得哉(서쪽에서 바람이 불어도 비를 이루지 못하니, 비록 하늘에 빌더라도 무슨 이득이 있겠는가?)"라고 함으로써, 비가 오지 않아, 하늘에 비는 상황을 상정하고 있기 때문이다.

150) [校閱] 新朝本에는 "今上雖通"으로 되어 있으나 奎章本과 國中本에는 "今下雖通"으로 되어 있다. 後者가 옳다.

稠密 ≪兌巽之形 不疏通≫ 非密雲乎 ≪雲落地曰 雨≫

姤 → 小畜 ← 夬

○또 [小畜卦는] 夬卦로부터 왔다. ≪[夬卦의] 上이 4로 감≫ 夬卦의 때에는 坎位의 밑이 막혀서 ≪[上卦는 본래 坎位인데 夬卦의 上卦인] 兌의 제일 아래에 剛이 있음≫ 비를 내리지 못하였다. ≪坎을 이루지 못함≫ [그런데] 이제 [推移하여 小畜卦로 되면] 아래[151] [막힌 것은] 뚫렸으나 ≪巽의 아래 막힌 것이 끊어짐≫ 다시 위로 막혀버려 ≪巽의 上位는 剛≫ 비를 이루지 못하니 ≪坎을 이루지 못함≫ 이것이 짙은 구름이 끼었으나, 비가 오지 않는 까닭이다. ≪坎이 비가 됨≫ 陰이 하늘 위에 있어서 ≪[小畜卦의] 下卦는 乾인데, 天을 상징함≫ 坎位에 빽빽하게 막혀 있는 모습을 바라보고 있으니 ≪兌와 巽의 형태는 소통(疏通)되지 않는 모습≫ 이것이 짙은 구름이 아니고 무엇이겠는가? ≪구름이 땅에 떨어지면 비가 됨≫

○卦自姤來 ≪一之四≫ 巽以潔齊 上祭乾天 ≪天風姤≫ 其象 郊也 ≪祭天 必於郊≫ 亦自夬來 ≪上之四≫ 兌爲西方 ≪夬上兌≫ 是 西郊也 ≪乾爲郊≫ 陰自夬來 ≪上之四≫ 是 其雲 自我西郊也 上[152]巽風也 西風不成雨 ≪詩云 習習谷風 以陰以雨 東風也≫ 則雖禱天而何得哉

151) 新朝本에는 "今上雖通"으로 되어 있으나 奎章本에 따라 "今下雖通"으로 되어야 옳다. 여기서 今은 小畜卦를 가리킨다. 만일 "今上雖通, 而又上壅"이라고 한다면, 위로도 통했지만, 다시 또 위가 막혔다는 것이 되어 모순된 말이 되어 버린다. 小畜卦의 제4位가 陰으로 끊어져 있으므로, 小畜卦의 上卦가 통한 것으로 볼 수도 있겠으나, 여기서 上下는 上卦와 下卦를 지칭하는 것이 아니라, 단지 위와 아래를 의미하는 개념으로 사용되고 있다. 그것은 바로 위에서 "夬之時. 坎塞其下 ≪兌下剛≫"이라고 하였을 때, 下가 下卦의 下가 아닌 것이나 마찬가지이다.

152) [校閱] 新朝本과 國中本에는 "上巽風也"로 되어 있으나 奎章本에는 "自巽風也"로 되어 있다. 前者가 옳다.

≪小過 六五同≫

䷫ ䷈ ䷪

姤 → 小畜 ← 夬

○小畜卦는 姤卦로부터 왔으니 ≪[姤卦의] 1이 4로 감≫ 巽으로써 몸을 재계(齋戒)하고, 위로 乾의 하늘에 제사지내니 ≪天風 姤卦≫ 그 象이 '郊' 이다. ≪하늘에 제사드릴 때 반드시 郊에서 함≫ 또 小畜卦는 夬卦에서 왔는데 ≪[夬卦의] 上이 4로 감≫ 兌는 西方이니 ≪夬卦의 上卦는 兌≫ 이것이 '西郊'이다. ≪乾이 '郊'가 됨≫ 陰이 夬卦로부터 왔으니 ≪[夬卦의] 上이 4로 감≫ 이것은 그 구름이 나의 서쪽 郊[의 들판의]로부터 온 것이다. 上卦의 巽은 바람인데, 서쪽에서 바람이 불어도 비를 이루지 못하니 ≪『詩經』「國風」「邶」「谷風」에서 "習習谷風, 以陰以雨", 즉 "솔솔부는 谷風에 [어느덧 날씨가] 흐려지고, 비가 내리네"라고 하였는데, [여기서 '谷風'이라고 한 것도] 東風을 말한 것[153]≫ 비록 하늘에 빌더라도 무슨 이득이 있겠는가? ≪小過卦 六五의 경우와 같다.[154]≫

彖曰 : 小畜, 柔得位而上下應之, 曰, 小畜. 健[155]而巽, 剛中而志行, 乃亨. 密雲不雨, 尙往也, 自我西郊, 施未行也.

「彖傳」: 小畜은 柔가 지위를 얻어서, 上下가 상응하므로 小畜이라고 한다. 굳세면서도 공손하며, 剛이 中位에 있어, 뜻이 행해지므로 [마침내] 이에 형통할 것이다. "密雲不雨"는 [강(剛)이] 위로 감을 말한 것이요, "自我西郊"는 [시혜(施惠)를] 베풂이 아직 행해지지 않음을 말함이다.

153) 『詩經』「國風」「邶」「谷風」, "習習谷風 以陰以雨, 黽勉同心, 不宜有怒. 采葑采菲, 無以下體. 德音莫違, 及爾同死."

154) 小過卦 六五에도 "密雲不雨, 自我西郊"라는 文句가 있다.

155) [校閱] '健'字의 왼쪽 部首가 新朝本에서는 '亻'이 아닌 '彳'으로 되어 있는데, 誤字이다.

卦自姤來 柔往居四 ≪一之四≫ 是 得位也 ≪四爲陰≫ 遂與初應 上下應也 ≪剛柔應≫ 二五俱剛[156] 离志以明 ≪三五互≫ 剛中而志行也

䷫ → ䷈

姤 → 小畜

小畜卦는 姤卦로부터 왔는데, 柔가 가서 제4位에 머무르니 ≪1이 4로 감≫ 이것이 "得位"이다. ≪4가 陰이 됨≫ 드디어 初와 應하니, 이것이 "上下應"이요 ≪剛과 柔가 應함≫ 2와 5가 모두 剛이며, 离의 뜻으로써 밝히니 ≪3·4·5의 互卦≫ 이것이 "剛中而志行"이다.

○尙往者 上往也 謂夬之四剛 上往而爲巽 ≪上今巽≫ 不能成坎也 若其下降 必成坎雨 何者 兌本上缺 ≪上本兌≫ 又缺其下 則豈非坎卦

䷪ → ䷈

夬 → 小畜

○"尙往"이라고 함은 위로 가는 것을 뜻하니, 夬卦의 제4位의 剛이 위로 가서 巽이 되면 ≪[夬卦의] 上卦는 이제 巽≫ 坎을 이루지 못한다. [그러나] 만약 아래로 내려오게 되면 반드시 坎의 비를 이루게 될 것이니 왜 그러한가? 兌는 본래 제일 위가 이지러져 있는 형태인데 ≪上卦는 본래 兌≫ 다시 아래가 이지러진다면, 어찌 坎卦가 되지 않겠는가?[157]

---

156) [校閱] 新朝本에는 "二五俱則"으로 되어 있으나 奎章本과 國中本에는 "二五俱剛"으로 되어 있다. 後者가 옳다.

157) 夬卦는 一陰之卦이기 때문에, 근본적으로 夬卦의 제4位에 있는 剛이 아래로 내려온다고 하더라도, 坎을 이룰 수는 없다. 夬卦의 四剛이 위로 갔기 때문에, 小畜卦의 제4

○巽雖欲施 坎道不通 ≪不成坎≫ 施未行也

䷈

小畜

○비록 巽으로써 [시혜(施惠)를] 베풀고자 하더라도, 坎의 道가 통하지 않으니 ≪坎을 이루지 못함≫ 이것이 "施未行", 즉 "베풀음이 아직 행해지지 않음"이 된다.

○案[158] 卦德 畜也 蓄而不洩 故其象爲密雲不雨

○[案] 卦의 성격이 축적(蓄積)함에 있으니, 축적되기만 하고 새지 않으므로 그 象이 "密雲不雨", 즉 "짙은 구름이 끼었으나, 비가 오지 않는 것"이 된다.

○朱升易 以四爲西 蓋以河圖之位 四九在西也 何其謬也

位에 陰이 있는 것이다. 만약 夬卦의 上位에 있는 陰이 다른 곳으로 이동한다면, 小畜卦의 제4位에 있는 陰도 당연히 없어질 것이며, 또 夬卦의 제4位의 剛이 이동할 필요도 없어질 것이다. 그럼에도 불구하고, 茶山이 "若其下降, 必成坎雨"이라고 말한 것은 일반적인 推移法을 염두에 두고 말했다기보다는 단지 현재 小畜卦의 제4位에 陰이 있기 때문에, 그 밑에 제2위나 初位에 陰이 하나 더 있으면, 坎을 이룬다는 뜻으로 보아야 할 것이다.

158) [校閱] 奎章本에는 '案'이 '按'으로 되어 있다.

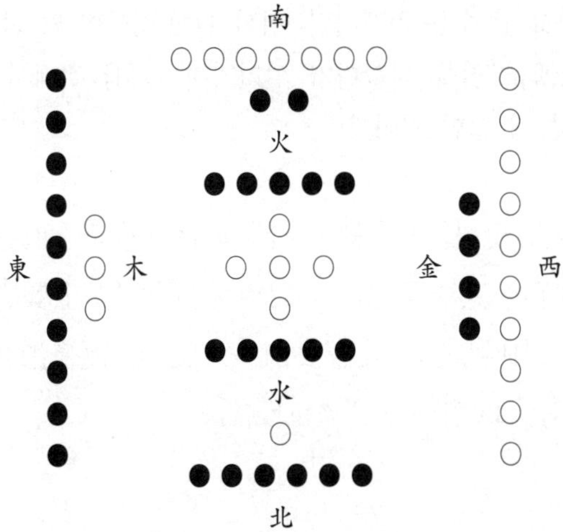

河圖

○ 주승(朱升)[159]의 易에서는 4를 서쪽 방위와 동일시하였으니, 그것은 대개 河圖의 位에서 4와 9가 서쪽에 위치한 것에 의거한다. 얼마나 잘못된 일인가?

初九 : 復自道, 何其咎. 吉. ○ 象曰 : 復自道, 其義吉也.

初九 : [집을 나갔다가 멀리가지 않고] 길에서 되돌아오니,[160] [허물

159) 주승(朱升, 1299~1370) : 중국 元末 明初의 학자, 字는 允升, 저서에 『周易旁注圖說』이 있다.

160) 茶山은 "復自道"를 巽의 닭이 밖으로 나갔다가 다시 되돌아 온 것으로 해석하고 있다(巽雞出外, …… 巽雞又來, 往而復也). 그러나 "나갔던 길로 다시 되돌아오는 것(復自道)"이 오직 닭에만 해당되는 것은 아니다. 닭은 婦女의 형상이므로, "復自道"는 婦

이 전혀 없다고 할 수는 없겠지만] 어찌 [큰] 허물이 되겠는가! 길할 것이다. ○「象傳」: [집을 나갔다가 멀리가지 않고] 길에서 되돌아오니, 그 義理로 볼 때 길할 것이다.

此 小畜之巽也 卦自姤來 ≪一之四≫ 移之小畜 則巽雞出外 ≪巽在上≫ 初之旣變 巽雞又來 ≪下今巽≫ 往而復也 重巽之卦 本自中孚 ≪三之一≫ 中孚之內 爰有震道 ≪二四互≫ 復自道也 ≪三之一≫ 曷其能歸 有大坎也 ≪坎者 萬物之所歸≫

姤 → 小畜 → 巽 ← 中孚

이것은 小畜卦가 巽卦로 변하는 경우이다. 小畜卦는 姤卦로부터 왔으니 ≪1이 4로 감≫ 推移하여 小畜으로 가면, 巽의 닭이 밖으로 나오게 된다. ≪巽이 上卦에 있음≫ 初爻가 이미 변하여 [重風 巽卦로 되면 밖으로 나갔던] 巽의 닭이 다시 돌아오니 ≪[重風 巽卦의] 下卦가 이제 巽≫ 갔다가 되돌아온 것이다. 重巽卦가 본래 中孚괘로부터 오니 ≪3이 1로 감≫ 中孚괘의 안에 여기에 震의 길이 있으니 ≪2·3·4의 互卦≫ 이것이 "復自道", 즉 "[길을 떠났다가] 길에서 되돌아오는 것"이다. ≪3이 1로 감≫ [그러면] 어떻게 돌아올 수 있는가? 大坎이 있기 때문이다. ≪坎은 만물이 돌아오는 바이다.≫

○ 中孚之時 兌以乘剛 ≪兌一陰≫ 移之爲巽 ≪三之一≫ 柔乃卑降

女子가 가출(家出)하였다가, 멀리가지 않고 되돌아오는 것으로도 볼 수 있다(雞者, 婦象也, 婦而出外, …… 不遠而復).

≪降爲巽≫ 是 无咎也 雞者 婦象也 ≪巽長女≫ 婦而出外 ≪一之四≫ 非曰 無過 ≪非女行≫ 不遠而復 又何咎焉 ≪善補過≫

小畜 → 巽 ← 中孚

○中孚卦의 때에는 兌에 [柔가] 剛을 타는 象이 있었는데 ≪兌의 한 개의 陰≫ 推移하여 巽卦로 되면 ≪[中孚卦의] 3이 1로 감≫ 柔가 이에 낮은 데로 내려오니 ≪下降하여 巽이 됨≫ 이것이 허물이 없는 까닭이다. 닭은 婦女의 형상이니 ≪巽은 長女≫ 婦女가 [집] 밖으로 나갔으니 ≪姤卦의 1이 4로 감≫ 허물이 없다고 말할 수는 없겠지만 ≪여자다운 행실이 아님≫ 멀리 가지 않고 되돌아오니, 또 무슨 허물이 있겠는가! ≪허물을 잘 보완한 것이다.≫

○以兌爲巽 ≪中孚 三之一≫ 其義吉也 ≪兌爲義≫

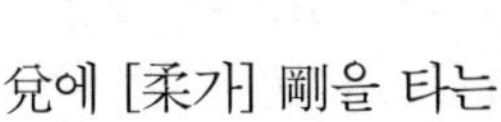

小畜 → 巽 ← 中孚

○[中孚卦에서는 下卦가] 兌였는데, 巽으로 변하니 ≪中孚卦의 3이 1로 감≫ 그 뜻이 길하다. ≪兌는 義가 된다.≫

○案[161] 卦德 畜也 六畜之物 雖出而必反 所以能畜也

○[案] 卦의 성격이 기름(畜)에 있으니 여섯 가지 가축(家畜)이 비록 밖으로 나간다고 하더라도, 반드시 되돌아오는 까닭에, 기를 수 있다.

161) [校閱] 奎章本에는 '案'이 '按'으로 되어 있다.

九二 : 牽復, 吉. ◯象曰 : 牽復在中, 亦不自失也.

九二 : [잃어버린 소를 찾아서] 끌고 돌아오니, 길하다. ◯「象傳」: [소를] 끌고 돌아와서, 안(中)에다 두었으니, 또한 [이제부터는] 스스로 [소를] 잃어버리는 일은 없을 것이다.

此 小畜之家人也 卦自姤來 ≪一之四≫ 移之小畜 則巽牛出外 ≪下巽今上巽≫ 我喪其牛也 二之旣變 离亦爲牛 ≪下今离≫ 往而復也 巽以爲紖 ≪上巽繩≫ 坎以曳之 ≪今互坎≫ 牽而復也 曷其能歸 有互坎也 ≪坎爲歸≫

姤 → 小畜 → 家人

이것은 小畜卦가 家人卦로 변하는 경우이다. 小畜卦는 姤卦로부터 왔으니 ≪1이 4로 감≫ 推移하여 小畜卦로 가면, 곧 巽의 소가 밖으로 나가니 ≪[姤卦의] 下卦의 巽이었는데 지금 [小畜卦의] 上卦의 巽이 됨≫ 내가 그 소를 잃어버린 것이다. [小畜卦의] 第2爻가 이미 변하여 [家人卦에서] 离가 되면, 离도 또한 소이니 ≪[家人卦의] 下卦는 이제 离≫ 소가 밖으로 나갔다가 되돌아온 것이다. 巽의 고삐를 잡고 ≪[家人卦의] 上卦의 巽은 새끼줄≫ 坎의 잡아끄는 象이 있으니 ≪이제 [家人卦의] 下互卦는 坎≫ 끌어당겨 되돌아오게 하는 것이다. 어떻게 돌아올 수 있는 것인가? 互坎이 있기 때문이다. ≪坎이 돌아옴이 된다.≫

◯姤之時 一陰在下 是爲巽牛 ≪爲卦主≫ 今也 陰乃在中 ≪二今

柔≫ 雖則非巽 ≪下今离≫ 不失爲牛 ≪离亦牛≫ 亦不自失也 ≪亦者 有歉之辭≫

姤 → 小畜 → 家人

○姤卦의 때에 한 개의 陰이 아래에 있으니 이것이 巽의 소이다. ≪[姤卦의 一陰은] 卦主이다.≫ 지금 [家人卦에서] 陰이 中位에 있으니 ≪제2位가 이제 柔≫ 비록 巽은 아니지만 ≪[家人卦의] 下卦는 이제 离≫ 소를 잃지 않게 되니 ≪离도 또한 소≫ [이것을 가리켜] "亦不自失也"라고 한 것이다. ≪"亦"이라고 한 것은 뜻에 차지 않아서 하는 말이다.[162]≫

○案[163] 震坎皆馬 ≪稟於乾≫ 則巽离 皆牛也 ≪稟於坤≫ 故離卦以[164]巽爲牛 左傳 以离爲牛

乾 → 震 坎　　坤 → 巽 离

○[案] 震과 坎이 모두 말(馬)이라면 ≪[震과 坎은] 乾으로부터 [성질을] 稟賦받은 것≫ 巽과 离도 모두 소이다. ≪[巽과 离는] 坤으로부터 성질을 稟賦받음≫ 그러므로 離卦에서는 巽으로써 소(牛)를 삼았지만[165] 『左傳』에서는 离를 소(牛)로 간주한 것이다.[166]

---

162) 소를 잃어버리기는 했으나, 다시 잃어버린 소의 고삐를 끌어당겨 되돌아오게 하였으니, 스스로 잃어버린 것은 아니라는 뜻이다.

163) [校閱] 奎章本에는 '案'이 '按'으로 되어 있다.

164) [校閱] 新朝本에는 "以"가 "爲"로 되어 있다. 奎章本과 國中本이 옳다.

165) 離卦의 卦辭에서 "畜牝牛, 吉"이라고 하였는데, 다산은 離卦의 下互卦인 巽이 牛가 된다고 함. 또 茶山은 그 주석에서 "坤爲母牛, 則巽离皆牛也"라고 하고 있다. 즉, 坤이 어미소(母牛)라면, 巽과 离도 모두 소가 된다.

166) 『左傳』「叔孫豹之筮」(昭公 5年)에 "純离爲牛"라고 함(『四箋』 卷7, 26나). 茶山은 『左

○學稼云 初九之重巽 九二之家人 皆自遯來 遯者 獸走之卦也 故取六畜往復之象

小畜 → 巽 ← 遯　　　　小畜 → 家人 ← 遯

○學稼가 말하였다. "初九의 重巽과 九二의 家人이 모두 遯卦로부터 왔으니, 遯卦는 짐승이 달아나는 괘이므로, 여섯 가지 家畜이 갔다가 되돌아오는 상을 취한 것이다."[167]

九三 : 輿說輻,[168] 夫妻反目. ○象曰 : 夫妻反目, 不能正室也.

九三 : 수레에서 복토(伏兎)가 벗겨질 것이다.[169] 지아비와 아내 사이에

傳』과 『國語』의 例를 따라, 坤만이 소가 되는 것이 아니라, 巽과 离도 또한 소가 된다고 주장하고 있다. 그런데 离를 소(牛)로 보는 것은 卜史가 卦德을 논하면서, 광범위하게 物象을 확대해서 적용했기 때문이다(离爲牛, 左傳國語, 卜史之論卦德者, 又可旁取; 『四箋』 卷1, 8가).

167) 茶山은 小畜 初九의 "復自道"를 巽의 닭이 밖으로 나갔다가 다시 되돌아 온 것으로 해석하고 있다(巽雞出外, …… 巽雞又來, 往而復也). 또 小畜 九二의 "牽復"은 [잃어버린 소의 고삐를] 끌어당겨 되돌아오게 하는 것으로 해석하고 있다.

168) [校閱] 茶山은 "복(輻)"을 "복(輹)"으로 고쳐 써야 옳다고 주장하였다. 따라서 經文도 "輿說輻"이 아닌 "輿說輹"이라는 前提 아래 번역하였다.

169) 다산은 "輿說輻"이 아니라, "輿說輹"이 옳다고 하였다. 前者(輿說輻)는 수레에서 바퀴살이 벗겨지는 것이지만, 後者(輿說輹)는 수레에서 伏兎가 벗겨지는 것이다. "輿說輹"이 아니라고 보는 이유는 수레가 망가지기 전에는 웬만해서는 바퀴살이 벗겨지는 일은 발생하지 않기 때문이다. 따라서 다산은 小畜 九三의 경우도 大畜 九二의 경우와 마찬가지로 "輿說輹"이 되어야 한다고 보는 것이다. 그렇지만, "輿說輻"의 경우가 전혀 성립할 수 없는 것은 아니므로, 茶山은 일단 "輿說輻"의 경우도 해석하고 있다.

반목(反目)이 있을 것이다. ○「象傳」: "지아비와 아내 사이에 반목이 있는 것(夫妻反目)"은 가정(家庭)을 올바로 다스리지 못했기 때문이다.

此 小畜之中孚也

小畜 → 中孚

이것은 小畜卦가 中孚卦로 변하는 경우이다.

小畜之卦 兩互成睽 ䷥ ≪兌下而离上≫ 睽自大壯來 ≪上之三≫ 大壯之時 乾車健[170]行 ≪雷天卦≫ 震道无閼 ≪上不离≫ 三剛在下 其象輻也 ≪輻所以直指≫ 移之爲睽 ≪三之上≫ 則一剛遂脫 ≪下今兌 爲脫≫ 說其輻也 ≪說脫 同≫ 坎輿多眚 ≪上互坎≫ 輿說其輻[171]也

小畜 → 兩互作卦 → 睽←推移←大壯

小畜卦의 兩互卦는 睽卦가 되니 ≪兌의 下互와 离의 上互≫ 睽卦는 大壯卦로부터 왔다. ≪[大壯卦의] 上이 3으로 감≫ 大壯卦의 때에는 乾의 수레가 힘차게 가니 ≪[大壯卦는] 雷天 卦≫ 震의 道는 가로막힘이 없고 ≪[大壯卦의] 上卦가 离가 아님≫ 세 개의 剛이 아래 있으니, 그 꼴이 바퀴살(輻)이 된다. ≪바퀴살이 곧음≫ [그런데 大壯卦로부터] 推移하여 睽卦가 되면 ≪[大壯卦의] 3이 上으로 감≫ 마침내 한 개의 剛이 벗겨지니 ≪[睽卦의] 下卦

즉, 수레가 잘 굴러가다가 험난함을 만나서, 수레가 부서지는 상황을 상정한 것이다.

170) [校閱] '健'字의 왼쪽 部首가 新朝本에서는 '亻'이 아닌 '彳'으로 되어 있는데, 誤字이다.

171) [校閱] 新朝本과 國中本에는 "輻"으로 되어 있으나 奎章本에는 "輹"으로 되어 있다.

는 지금 兌이니, 벗겨짐을 뜻함≫ 수레에서 바퀴살이 빠진 것이다. ≪說은 脫과 그 뜻이 같음≫ 坎의 수레에 재앙이 많으니 ≪上互는 坎≫ 수레에서 그 바퀴살이 빠졌다고 말한 것이다.[172]

曷然哉 卦德畜止 ≪畜乾行≫ 車說其輻 欲其勿行也 坎險中梗 ≪三五坎≫ 离防在前 ≪睽上离≫ 欲行得乎 於三言之者 三之上也 ≪睽 以三爲卦主≫ 大畜九二 宜參看

小畜 → 兩互作卦 → 睽←推移←大壯

왜 그러한가? 小畜卦의 성질이 멈추게 하는 데 있으니 ≪乾의 [수레의] 행진을 멈추게 함≫ 수레에서 그 바퀴살이 빠져버려 가려고 하지 않는 것이다. 坎의 험난함이 [睽卦의] 가운데 가로 놓여 있고 ≪[睽卦의] 3·4·5는 坎≫ 离의 둑이 앞에 있으니 ≪睽卦의 上卦는 离≫ 가고 싶더라도 갈 수 있겠는가? [小畜卦의] 九三에서 말한 것은 [大壯卦의] 3이 上으로 갔기 때문이다.[173] ≪睽卦에서는 제3爻가 卦主가 됨≫ 大畜卦 九二도 마땅히 참고하여야 한다.[174]

---

172) 다산은 뒤의 주석에서 "由是言之, 輻當作輹", 즉 "바퀴살 輻(복)字는 당연히 복토 輹(복)字로 써야 한다"라고 말하고 있다. 그럼에도 불구하고, 다산은 일단 "輿說輹"이 아닌 "輿說輻"으로 가정한 경우의 해석을 제시하고 있다.

173) 睽卦는 大壯卦의 三이 上으로 감으로써 성립된 것임을 말한 것이다. 즉, 睽卦에서는 三爻가 卦主가 된다.

174) 茶山이 大畜卦의 九二를 참조하라고 한 것은 지금 小畜卦 九三의 "輿說輻"의 뜻을 도출하는 과정과 大畜卦의 九二에서 "輿說輹"의 뜻을 도출하는 과정이 상당히 유사하기 때문이다. 먼저, 小畜卦 九三에서는 大壯卦의 三剛이 上으로 가는 것을 수레에서 바퀴살이 빠진 것에 비유하였다. 한편, 大畜卦 九二는 大畜卦가 賁卦로 변하는 경우인데, 賁卦의 母卦인 泰卦의 二剛이 上으로 가는 것에서 "輿說輹"의 뜻을 도출하고 있다. 여기서 泰卦의 下卦인 乾의 中剛을 뽑아내는 것이 伏兎를 뽑아 두는 것에 해당되는 것이다. 즉, "輿說輹"은 수레를 운행하지 않아 伏兎를 뽑아 두는 것이 된다.

○睽自中孚來 ≪四之五≫ 中孚之時 ䷼ 震夫巽妻 ≪下互震≫ 艮夫兌妻 ≪上互艮≫ 嘉會以合 ≪兼畫离≫ 相見乎离 ≪离爲目≫ 情志交孚 ≪卦中孚≫ 閨門雍睦 ≪互艮門≫ 移之爲睽 ䷥ ≪四之五≫ 則兩目之間 ≪今兩离≫ 一梗中橫 ≪四今剛≫ 坎疑成疾 ≪上互坎≫ 閨門乖戾 ≪卦形斜≫ 艮兌震巽 互相隱匿 ≪艮震巽 皆以坎隱≫ 雖有兩目 ≪今兩离≫ 不得相見 ≪中有梗≫ 夫妻反目也 許愼 說文云 目不相視 曰 睽 ≪字從目≫ 睽者 反目也 於三言之者 三之變爲中孚也 ≪據本象而指變象≫

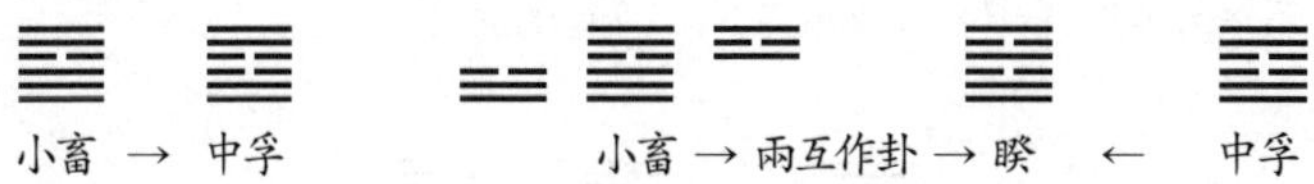

○睽卦는 中孚卦로부터 오니 ≪[中孚卦의] 4가 5로 감≫ 中孚卦의 때에는 震의 지아비와 巽의 아내가 있고 ≪[中孚卦의] 下互卦는 震≫ 艮의 지아비와 兌의 아내가 있어 ≪上互卦는 艮≫ 기쁘게 모이고 합쳐서 ≪[中孚卦를] 兼畫하면 离≫ 离에서 마주 보니 ≪离는 눈이 됨≫ 情과 마음으로 믿음을 주고받는지라 ≪卦의 명칭이 中孚≫ 규방(閨房)[175]이 화목하다. ≪[中孚卦의] 上互卦는 艮의 門≫

[그런데 中孚卦로부터 推移하여] 睽卦가 되면 ≪[中孚卦의] 4가 5로 감≫ 두 눈 사이에 ≪지금 [睽卦에는] 두 개의 离가 있음≫ 한 개의 가시가 있는 나무가 가로놓이고 ≪[睽卦의] 4가 이제 剛≫ 坎의 의심이 병을 이루니 ≪[睽卦의] 上互卦는 坎≫ 부부관계가 맞지 아니하고 ≪卦의 형태가 비스듬함≫ 艮·兌·震·巽이 서로 숨겨서 ≪[睽卦에서는] 艮과 震과 巽이 모두 坎으로써 숨음[176]≫ 비록 두 눈이 있더라도 ≪이제 두 개의 离가 있음≫ 서로

175) 규문(閨門): ① 침실의 입구, 轉義하여 침실의 안을 뜻함. ② 가정 안.

176) 中孚卦의 上互卦는 艮이며, 下卦는 兌이며, 下互卦는 震이며, 上卦는 巽이니, 中孚卦에는 艮·兌·震·巽이 모두 있다. 그러나 中孚卦에서 睽卦로 推移하게 되면, 兌를

보지 못하니 ≪가운데 가시나무가 있음≫ [이것을 가리켜] "부처반목(夫妻反目)"이라고 한 것이다. 허신(許愼)의 『說文』에서 말하기를, 눈이 서로 보지 못하는 것을 '睽'라고 한다고 하였으니 ≪'睽'字가 '目'字로부터 왔음≫ '睽'字는 곧 반목(反目)함을 뜻한다. 제3爻의 위치에서 말한 것은 [小畜卦의] 제3爻가 변하면 中孚가 되기 때문이다. ≪本象에 의거해서 變象을 가리킨다.[177]≫

○ 中孚則 离垣艮門 ≪有互艮≫ 家室[178]端正 ≪卦形正≫ 家人則男女正位 ≪皆得[179]位≫ 家法嚴束 ≪坎得位≫ 睽之爲卦 乖於中孚 ≪四之五≫ 反於家人 ≪反倒之≫ 不能正室也

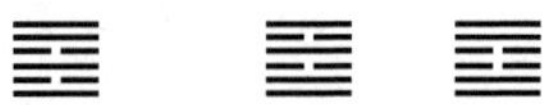
家人←反易→睽 ← 中孚

○中孚卦에서는 离의 담장에 艮의 문이 있고 ≪互艮의 門≫ 家室이 단정하며 ≪卦의 형태가 단정함≫ 家人卦에서는 男女가 올바로 자리잡고

제외한 艮·震·巽은 없어지게 된다. 앞에서 艮·兌·震·巽을 모두 언급한 것은 그것이 中孚卦에 있던 卦象이기 때문이며, 여기서는 艮·震·巽만을 언급하고 兌를 제외한 것은 睽卦에서 艮·震·巽은 사라지고 없지만, 兌는 여전히 있기 때문이다.

177) 小畜卦에 의거해서, 中孚卦의 象을 논했기 때문에 "據本象而指變象"이라는 말이 맞는 것은 사실이지만, 茶山의 일반적인 推移法의 규칙과는 상당히 다르다는 것을 지적하지 않을 수 없다. 지금 中孚卦가 취해진 방식을 보면, 小畜卦의 兩互卦가 睽卦인데, 睽卦의 母卦가 中孚卦이다. 사실 엄밀히 말한다면, 睽卦의 母卦가 中孚卦라는 것과 小畜卦의 九三이 爻變해서, 中孚卦가 된다는 것은 관계가 없다. 따라서 "於三言之者, 三之變爲中孚也"라는 말은 논리전개에 상당한 무리가 따른다. 일반적인 다산의 兩互作卦法에 따른다면, 먼저 兩互卦를 만들고, 다시 그 兩互卦로부터 원래 효변을 취해야 하는 위치에서 효변을 취해 새로운 卦를 형성시켜야 할 것이다. 지금 小畜卦 九三의 경우에는 원래 효변을 취해야 하는 위치가 제3位이므로, 睽卦에서 제3爻를 효변시키면, 大有卦가 만들어질 것이다.

178) [校閱] 奎章本에는 "家室"로 되어 있으나 新朝本과 國中本에는 "室家"로 되어 있다.

179) [校閱] 奎章本과 國中本에는 "皆得位"로 되어 있으나 新朝本에는 "皆傳位"로 되어 있다. 前者가 옳다.

≪모두 지위를 얻음≫ 家法을 엄숙히 지키고 있다.[180] ≪坎이 지위를 얻음≫ 睽卦는 中孚卦로부터는 어그러지고 ≪4가 5로 감≫ 家人卦로부터는 뒤집혀지니 ≪睽卦는 家人卦를 뒤집은 형태≫ [이것을 가리켜] "不能正室"이라고 한 것이다.

○案[181] 輻者 輪中直木 ≪老子曰 三十輻 共一轂≫ 輹在軸上承輿 ≪考工記 謂之 伏兎≫ 二物不同也 輻旣溱轂 不可脫[182]也 ≪輪不破則輻不脫≫ 輹則 時駕時脫 唯人所欲 ≪車欲稅則脫其輹[183]≫ 由是言之 輻當作輹 ≪宜從大畜文≫ 鄭玄 以輻爲伏兎[184] ≪與軸相連 鉤心之木≫ 此以輻輹[185]同字也 ≪項平庵 吳草廬 皆從鄭義≫

○[案] '복(輻)'이란 바퀴 가운데 있는 곧은 나무이다. ≪老子가 [『道德經』에서] 말하기를, "30개의 바퀴살(輻)이 모여서 한 개의 바퀴통(轂)이 된다"고 하였다.[186]≫ [그러나] '복(輹)'은 굴대(軸) 위에 있어서 수레(輿)를 받치고 있는 것이니 ≪『周禮』「冬官」「考工記」에서는 ['복(輹)'을] "伏兎"라고 함[187]≫ ['복(輻)'과 '복(輹)'의] 두 가지 물건이 같은 것이 아니다. 바퀴살(輻)의 경우에는

---

180) 茶山은 家人卦의 주석에서 "男處男位 ≪一三五≫ 女處女位 ≪二與四≫ 內明外順 ≪巽爲順≫ 各以其法 ≪坎爲律≫ 上下二剛 ≪六亦剛≫ 防閑至嚴 此 家人之義也"라고 함.

181) [校閱] 奎章本에는 '案'이 '按'으로 되어 있다.

182) [校閱] 新朝本과 國中本에는 "不可脫也"(불가탈야)로 되어 있으나, 奎章本에는 "不可說也"(불가탈야)로 되어 있다. 後者의 경우에도 뜻은 같으나, 여기서는 前者를 따른다.

183) [校閱] 奎章本과 國中本에는 "車欲稅"로 되어 있으나 新朝本에는 "車欺稅"로 되어 있다. 前者의 "車欲稅"가 옳다.

184) [校閱] 新朝本과 國中本에는 "伏菟"로 되어 있으나 奎章本에는 "伏兎"로 되어 있다. 奎章本이 옳다. 兎는 免의 俗字이다. 그러나 菟와 免는 서로 다른 글자이다.

185) [校閱] 新朝本과 國中本에는 "輻輹"으로 되어 있으나 奎章本에는 "輹輻"으로 되어 있다. 다만 순서만 앞뒤로 바뀐 것이므로, 어느 경우나 옳다.

186) 『道德經』 제11장에 나오는 말이다. "三十輻, 共一轂, 當其無, 有車之用. 挻埴以爲器, 當其無, 有器之用", 즉 "서른 개의 바퀴살이 한 곳의 바퀴통으로 모이는데, 그 속이 비어 있어야 수레로 쓸모가 있다. 진흙을 빚어 그릇을 만드는데, 그 속이 비어 있어야 그릇으로 쓸모가 있다."

187) 『周禮』「冬官」「考工記」, "良輈環灂, 自伏免不至軓七寸, 軓中有灂, 謂之國輈."

이미 바퀴통(轂)188)을 중심으로 빽빽하게 꽂혀 있으면 벗겨낼 수 없으려니와 ≪바퀴가 부서지는 경우가 아니라면, 바퀴살은 빠지지 않음≫ 복토(伏兎)의 경우에는 때로는 씌웠다가 때로는 벗겨낼 수 있어서 단지 사람이 원하는 바대로 할 수 있다. ≪[수레를 움직일 때에는 복토를 씌우고] 수레를 정차해 놓을 때에는 그 복토[輹]를 벗겨냄≫ 이로써 말미암아 말한다면 '바퀴살 輻(복)'字189)는 당연히 '복토 輹(복)'190)字로 써야 한다. ≪마땅히 大畜의 문장을 따라야 한다.191)≫ 鄭玄이 '輻'字로써 복토(伏兎)의 뜻을 삼으니 ≪굴대[軸]와 더불어 서로 연결되어 수레 바닥 중심에 가로 댄 나무192)≫ 이것은 '輹'字와 '輻'字를 같은 글자로 간주한 것이다. ≪項平庵193)과 吳草廬194)가 모두 鄭玄의 뜻을 따랐다.≫

---

188) 轂(바퀴통 곡) : 바퀴의 한 가운데 있어 바퀴살로 버티어져 있으며, 그 중심에 굴대가 꿰여 있는 것.

189) 輻 : ① 바퀴살 바퀴통에서 바퀴를 향하여 방사선 모양으로 뻗은 나무, 한 끝은 바퀴통에 박히고, 다른 한 끝은 牙圍에 박힌다. ② 모여들다. 바퀴살이 바퀴통으로 모여들다. 수레의 바닥 밑에 장치하여 수레와 굴대를 연결하여 고정하는 나무. 그 모양은 위는 평평하여 수레의 바닥 밑에 붙고, 아래쪽은 홈처럼 파내어 굴대가 그 속에 들어가도록 한 것으로 좌우에 두 개가 있어 가운데 있는 當兎와 함께 굴대에 고정되어 있다.

190) 輹 : 伏兎. 車軸 양쪽 끝에 붙어 있어 차체를 지탱하고 연결하여 주는 부속품.

191) 大畜卦 九二에서 "輿說輹"이라고 한 例를 따라서 "輿說輻"을 "輿說輹"으로 바꿔 써야 한다는 뜻이다.

192) 鉤心之木 : 수레 바닥 중심에 가로 댄 나무.

193) 項平庵(?~1208) : 南宋 때 經學者인 項安世를 가리킴, 平庵은 그의 號이다. 그의 저서인 『周易玩辭』(16권)는 程頤의 『易傳』에 근거하면서도, 義理에 치우치지 않고, 象數도 함께 참조하여 해설한 것으로 정평이 있다. 『四庫全書』에 실려 있다.

194) 元代의 學者로서, 이름은 오징(吳澄, 1249~1333)이다. 吳澄은 南宋의 과거에 합격하였으나, 南宋이 멸망한 뒤에는 원나라의 벼슬에 올라 國子監에서 일했다. 吳澄은 『易經』·『書經』·『禮記』·『春秋』·『詩經』 등의 경서를 깊이 연구하여 그 주석이나 각 경서의 해제를 작성하기도 했다. 또한 老子 주석서를 집필하기까지 했다. 吳澄은 처음에는 정이와 주희의 학문을 따랐지만, 나중에는 육구연의 학문까지도 겸했다. 주희와 육구연의 가르침을 절충시키려는 오징의 태도를 원대 유학의 특색으로 간주하기도 한다. 茶山은 『易學緖言』「吳草廬纂言論」에서 그의 易說을 다루고 있다. 著書로는 『易纂言』이 있는데, 본래 소씨역(邵氏易)의 범위를 벗어나지는 못하였으나, 간혹 그의 논이 고대역리에 합치되는 바가 있으므로 이를 채록해놓았다고 하였다(著易纂言, 雖其本領, 不出邵氏之範圍, 而間有名論, 合於古法 玆用采錄).

六四 : 有孚血,[195] ≪句≫ 去惕出, 无咎. ○ 象曰 : 有孚, 惕出, 上合志也.

六四 : 어혈(瘀血)에 [치료(治癒)할 수 있다는] 믿음을 가지고,[196] ≪句≫ 두려워하는 마음을 내보낸다면, 허물이 없을 것이다. ○「象傳」: [어혈(瘀血)에 치료(治癒)할 수 있다는] 믿음을 갖고, 두려워하는 마음을 내보낼 수 있는 것은 위와 뜻을 합치기 때문이다.

此 小畜之乾也 小畜爲卦 坎疾之位 ≪四五六≫ 巽以爲藥 ≪巽爲香≫ 治病之卦也 ≪互離治≫

小畜 → 乾

이것은 小畜卦가 乾卦로 변하는 경우이다. 小畜의 卦는 坎의 疾病의 위치에 ≪4·5·6位≫ 巽의 약(藥)[197]을 쓰니 ≪巽이 향(香)이 됨≫ 병을 치료

---

195) 다산은 "有孚血"을 하나의 句로 보고, "去惕出"을 또 하나의 句로 보았다. 그러나 程子와 朱子는 모두 "有孚"에서 끊고, "血去, 惕出"을 또 하나의 句로 보았다. 즉『伊川易傳』에 따르면, "有孚면 血去하고 惕出하여 无咎리라(정성을 두면, 피가 제거되고, 두려움에서 벗어나, 허물이 없으리라)"로 해석할 수 있고, 朱子의『本義』에 따르면, "有孚하여 血去하고 惕出이니 无咎리라(정성이 있어서, 피가 제거되고, 두려움에서 벗어나니, 허물이 없으리라)"로 해석할 수 있다. 茶山이 비록 程子나 朱子와 句를 다르게 끊었으나, 의미상으로는 큰 차이가 없는 것으로 보인다. 譯者의 견해로는 "有孚血"로 끊는 것보다는 程子와 朱子처럼 "有孚"에서 끊고, "血去, 惕出"을 또 하나의 句로 보는 것이 文勢로 볼 때 자연스럽다고 판단된다.

196) 有孚血 : (다른 가능한 해석) 어혈(瘀血)이 있으나, 믿음을 두는 것.

197) 다산은「說卦傳」의 '今補'에서 "巽爲藥"이라고 하였다. 본래 巽은 풀이나 나무를 뜻하는데, 냄새의 뜻까지 겸하므로 藥을 상징한다("以艸木, 兼之香臭. 其象, 藥也")라고 하였다. 无妄卦에 그 用例가 나온다.

하는 괘이다. ≪互离는 치료함이 된다.≫

兩互作卦 其卦爲睽 ䷥ 睽之時 坎血在中 ≪上互坎≫ 遂爲心痛 ≪坎之病≫ 四之旣變 坎血初融 ≪互坎亡≫ ䷨ 离志乃虛 ≪上大离≫ 有孚血也 ≪离爲孚≫ 下今乘剛 ≪下今兌≫ 宜其惕矣 ≪易例 兌爲惕≫ 坎心旣平 ≪中无梗≫ 去其惕而出之也 ≪無198)坎則不惕≫ 筮而遇是者 破其瘀血 去其怔冲 ≪去惕出≫ 斯疾 瘳矣 易之爲道 廣大悉備 纖微不遺 治病之占 不可小也 渙上九 宜參看

小畜 → 兩互作卦 → 睽 → 4爻變 → 損

兩互卦를 써서 卦를 만들면 睽卦가 된다. 睽卦의 때에는 坎의 피가 가운데 있어서 ≪[睽卦의] 上互卦는 坎≫ 드디어 마음에 아픔이 있더니 ≪坎의 病≫ [이제] 제4爻가 이미 변하여, [損卦로 되면] 坎의 어혈(瘀血)이 비로소 풀리고 ≪[損卦에서는] 互坎이 없어짐≫ 离의 마음(志)을 이에 비우니 ≪[損卦는] 大离의 형상≫ 이것이 "有孚血"이다. ≪离는 孚≫ 아래로 지금 剛을 타고 있으니 ≪[損卦의] 下卦는 이제 兌≫ 두려워하는 마음이 드는 것이 당연하다. ≪易例에 兌는 근심함이 됨≫ [그러나] 坎의 마음이 이미 평정되니 ≪[損卦에는] 가운데 가로막힌 것이 없음≫ 그 두려워하는 마음을 내보낸 것이다. ≪坎이 없으면 근심이 없음≫ 점을 쳐서 이 점괘를 만난 자는 그 어혈(瘀血)199)을 풀 것이며, 두려워함(怔冲)200)을 버리게 될 것이니 ≪두려움을

198) [校閱] 奎章本과 國中本에는 "無坎則不惕"으로 되어 있으나 新朝本에는 "無"가 "无"으로 되어 있다. 前者가 옳다.

199) 어혈(瘀血) : 체내의 혈액이 일정한 자리에 정체되어 노폐물이 많아져 생기는 한의학상의 병증.

200) 정충(怔冲) : ① 까닭 없이 가슴이 울렁거리는 증세, 즉 정충증(怔冲症). ② 마음이 가라앉지 않는 모양.

내보냄≫ [그렇게 한다면] 이 병이 나을 것이다. 易의 道는 광대(廣大)하여, 모든 것을 다 갖추고 있으니, 아무리 미세한 것[201]이라도 버리지 않는다. [따라서] 병의 치료에 관한 占이라고 해서, 하찮게 여겨서는 안 된다. 渙上九의 경우도 마땅히 참조해야 한다.[202]

○睽之時 四不得位 ≪陽居陰≫ 今位旣正 ≪四今柔≫ 是 无咎也

小畜 → 兩互作卦 → 睽→4爻變→ 損

○睽卦의 때에 제4位에서 바른 지위를 얻지 못하더니 ≪陽이 陰의 위치에 머무름≫ 이제 [損卦에서는] 그 지위가 올바르게 되니 ≪[損卦의] 제4位가 이제 柔≫ 이것이 "无咎"라고 한 까닭이다.

○离志旣孚 ≪上大离≫ 六位皆應 ≪剛柔應≫ 上合志也 ≪損之象≫

損

○离의 마음에 이미 믿음이 있고 ≪[損卦는] 大离의 형태≫ 여섯 위가 모두 응하니 ≪剛과 柔가 상응함≫ "上合志", 즉 "위와 뜻을 합치는 것"이다. ≪損卦의 卦象이 그러하다.[203]≫

---

201) 섬미(纖微) : 매우 미세함.

202) 渙上九에서도 瘀血을 풀어버리고 두려움을 내보내는 것에 관한 점괘가 나온다. 渙卦 上九 "渙其血, 去逖出, 无咎(그 어혈(瘀血)을 풀어 버리고, 두려움을 제거하여 내보냄이니, 허물이 없으리라)."

203) 여기서 "損之象"이라고 한 것은 損卦의 卦象이 六位가 모두 相應한다는 것을 말한 것이다. 참고로 말하면, 小畜卦 六四의 「小象傳」에서는 "上合志"라고 하였는데, 損卦 初九의 「小象傳」에서는 "尙合志"라고 하였다. 損卦 初九의 「小象傳」에서는 "已事, 遄

○案[204] 大畜之損 ≪九三爻≫ 云 上合志 此亦云 上合志 其爲睽之損 審矣

大畜 → 損　　　　小畜→兩互作卦 → 睽→四爻變→損

○[案] 大畜이 損으로 가는 경우(大畜之損)에도 ≪大畜卦의 九三爻≫ 말하기를 "上合志"라 하고, 여기 [小畜卦의 六四]에서도 역시 "上合志"라고 하였으니, "睽之損"이 됨을 살펴야 할 것이다.

九五 : 有孚攣如, 富以其鄰. ○ 象曰 : 有孚攣如, 不獨富也.

九五 : 믿음을 지니되, 마치 [한 쪽] 팔뚝이 꺾여 부러졌을 때 [다른 쪽 팔뚝으로 서로 의지]하듯이 하니, 그 이웃을 도와서, 부유하게 함이로다. ○「象傳」: "有孚攣如"는 혼자서 부(富)를 독점(獨占)하지 않는 것이다.

此 小畜之大畜也 大畜自中孚來 ≪三之五[205]≫ 本以大离 ≪兼畫三≫ 移亦不變 ≪大畜亦大离≫ 是 有孚也

往, 尙合志也(이미 사업을 끝마쳤으니, [머물지 말고] 빨리 떠나가야 하는 것(已事遄往)은 위로 [올라] 가서, 뜻을 합쳐야 하기 때문이다)"라고 했다.

204) [校閱] 奎章本에는 '案'이 '按'으로 되어 있다.

205) [校閱] 奎章本과 國中本에는 "三之五"로 되어 있으나 新朝本에는 "二之五"로 되어 있다. 前者가 옳다.

小畜→九五爻變→大畜←推移←中孚

이것은 小畜卦가 大畜卦로 변하는 경우이다. 大畜卦는 中孚卦로부터 왔다. ≪[中孚卦의] 3이 5로 간 것이다.≫ 小畜卦는 본래 大离의 형태이었는데 ≪[小畜卦를] 兼畫하여 三畫卦[로 보면, 大离]≫ 大畜卦로 推移하여도 역시 변하지 않으니 ≪大畜도 역시 大离≫ 이것이 "有孚(믿음이 있음)"이다.

○ 攣者 肱折而曲者也 ≪肱病者≫ 折肱之人 一肱雖折 一肱相救 ≪左右手≫ 此 兩肱之所以相恃相倚也 中孚之移 ≪五之三≫ 艮肱遂折 ≪本互艮≫ 其象 攣也 一肱雖折 ≪五之三≫ 一肱尙完 ≪上[206]今艮≫ 恃以爲手 ≪猶有手≫ 有孚攣如也 ≪孚信也≫ 中孚九五 宜參看

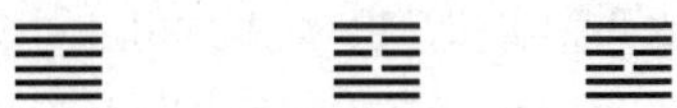

小畜→九五爻變→大畜←推移←中孚

○"연(攣)"이란 팔뚝이 꺾여져서 굽은 것이니 ≪팔뚝에 병이 있는 것≫ 팔뚝이 꺾여진 사람은 비록 한 팔뚝이 꺾여지더라도, 다른 한 팔뚝으로 서로 도와주니 ≪왼쪽과 오른쪽 손[이 서로 도움]≫ 이것은 양쪽 팔뚝이 서로 믿고 의지하는 바가 되기 때문이다. 大畜卦가 中孚卦로부터 推移함에 ≪[中孚卦의] 5가 3으로 감≫ 艮의 팔뚝이 마침내 부러지니 ≪본래 [中孚卦의] 互艮≫ 그 꼴이 오그라드는 형상이었는데, 한 팔뚝이 비록 부러지더라도 ≪[中孚卦의] 5가 3으로 감≫ 다른 한 팔뚝이 오히려 성한 채로 있어서 ≪[大

---

206) [校閱] 新朝本과 國中本에는 "上今艮"으로 되어 있고, 奎章本에는 "下今艮"으로 되어 있다. 前者가 옳다.

畜卦의] 上卦는 이제 艮≫ 손처럼 의지하니 ≪마치 손이 있는 듯이 함≫ 이것이 “유부연여(有孚攣如)”, 즉 “믿음을 두되, 마치 팔뚝이 꺾여 부러졌을 때 [서로 의지]하듯이 한다”라고 한 것이다. ≪孚는 믿음이다.≫ 中孚卦 九五의 경우도 마땅히 참조해야 한다.[207)]

○小畜兩互 其卦 睽也 睽之五爻 其卦 履也 ䷉ 履自夬來 ≪上之三≫ 夬之時 南鄰 ≪下位离≫ 則三陽富實 ≪夬下乾≫ 北鄰 ≪上位坎≫ 則兌缺不盈 ≪爲脫失≫ 移之爲履 ≪三之上≫ 則南鄰之富 移於北鄰 ≪履上乾≫ 富以其鄰也

小畜→兩互卦→ 睽→第5爻變→ 履←推移←夬

○小畜의 兩互卦는 睽卦이다. 睽卦의 五爻가 변하면, 그 卦가 履卦가 된다. 履卦는 夬卦로부터 왔으니 ≪[夬卦의] 上이 3으로 감≫ 夬卦의 때에, 남쪽 이웃에서는 ≪下卦는 离의 위치≫ 3陽이 부유하고 가득 차 있는데 반해서 ≪夬卦의 下卦는 乾≫ 북쪽 이웃에서는 ≪上卦는 [본래] 坎位≫ 兌가 이지러져서 가득 차지 않은 상태로 있다. ≪벗겨지고 잃어버림이 됨≫ [그런데 夬卦로부터] 推移하여 履卦가 되면 ≪[夬卦의] 3이 上으로 감≫ 남쪽 이웃의 富는 북쪽 이웃으로 옮겨지니 ≪履卦의 上卦는 乾≫ 이것이 “富以其鄰”, 즉 “그 이웃을 부유하게 하는 것”이 된다.[208)]

---

207) 茶山은 「易例比釋上」의 爻詞의 ‘有孚例’에서, “中孚六爻 皆宜有孚 唯九五言之者 明小畜九五 其象 宜同也 ≪皆有孚攣如≫(中孚卦의 여섯 爻에는 모두 ‘有孚’[의 例]가 있어야 마땅한데, 단지 九五에서만 ‘有孚’를 언급한 것은, 小畜의 九五와 그 [相互援助의] 象이 동일해야 한다는 것을 밝힌 까닭이겠다. ≪[中孚卦 九五와 小畜卦 九五의] 두 곳에서 모두 ‘有孚攣如’라 하였다.≫)”라고 하였다. 中孚卦 九五와 小畜卦 九五는 “有孚攣如”라는 爻詞도 동일하지만, “損南益北”(中孚 九五)과 “南鄰之富, 移於北鄰”(小畜 九五)의 象이 동일하게 나타난다.

208) 小畜卦 九五에서는 이처럼, “南鄰之富, 移於北鄰(남쪽 이웃의 富를 북쪽 이웃으로

○移其富於鄰國 ≪下移上≫ 不獨富也 先王之法 諸侯救災恤患 毋遏其糴 毋征其貨 譬如 左肱有疾 右肱來救 右肱有災 左肱來救 不獨富之義也

○그 富를 이웃나라에 옮겨주니 ≪아래에서 위로 옮김≫ 혼자서 부유해지지 않음이다. 先王의 법에 제후들이 재난(災難)을 만나 구휼(救恤)에 힘쓰도록 하며, 쌀을 내다 파는 것을 금지하고, 재화(財貨)를 취하는 것을 금지토록 하였으니, 비유하자면 왼 팔이 아프면 오른 팔로 구해주고, 오른 팔에 재앙이 있으면 왼 팔로서 구해주는 것과 같으니, 이것이 "不獨富", 즉 "혼자서 부유해지지 않는 것"의 뜻이다.

小畜之卦 本自姤來 ≪四之一≫ 昔者 北鄰之富 移於南鄰 ≪四之一≫ 今也[209] 履自夬來 ≪三之上≫ 南鄰之富 移於北[210]鄰 ≪三之上≫ 時有不利 連有相推 凡厥有位 宜相救恤 無胥迫阨 有孚攣如 富以其鄰 此之謂也

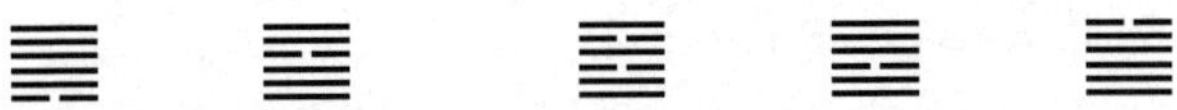

姤→推移→小畜→兩互作卦→睽→五爻變→履 ← 推移 ← 夬

옮김)"의 象이 나타난다.

北鄰之富 移於南鄰 (4가 1로 이동)

小畜←推移←姤 (1이 4로 이동)

그러나 小畜卦의 本象은 반대로 위의 괘 그림에서 볼 수 있는 것처럼, 北鄰이 그 富를 南鄰으로 원조하는 象이다(『四箋』 卷2, 25가).

209) [校閱] 新朝本과 國中本에는 "今也"로 되어 있으나 奎章本에는 "今之"로 되어 있다. "今之"라고 하더라도 뜻이 통하지 않는 것은 아니지만, "今也"가 문맥상 더 적합한 것으로 보인다.

210) [校閱] 奎章本과 國中本에는 "移於北鄰"으로 되어 있으나 新朝本에는 "移於此鄰"으로 되어 있다. 前者가 옳다.

小畜卦는 본래 姤卦로부터 왔으니 ≪[姤卦의] 4가 1로 감≫ 옛 적엔 북쪽 이웃의 富가 남쪽 이웃으로 옮겨지더니 ≪[姤卦의] 4가 1로 감≫ 이제 夬卦에서 履卦로 推移하게 되면 ≪[夬卦의] 3이 上으로 감≫ 남쪽 이웃의 富가 북쪽으로 옮겨가게 된다. ≪[夬卦의] 3이 上으로 감≫ 불리한 時節은 있기 마련이고, 또 좋은 시절(時節)이 가면, 불리한 시절(時節)이 잇달아 오기 마련이니, 무릇 그 곳이 넉넉한 자리이면, 마땅히 서로 구휼(救恤)하고, 함께 험한 처지에 닥치지 않도록 하는 법이다. "有孚攣如 富以其鄰"이라고 말한 것은 바로 이것을 일컫는다.

○朱子曰 以 猶春秋 以某師之以 言能左右之也 ≪左右之如手≫

○朱子가 말하였다. "'以'字는 마치 『春秋』에서 '以某師'[211]라고 하였을 때의 '以'[212]와 같으니, 통솔할 수 있는 것을 말한다."[213] ≪마치 손을 자유롭게 놀리듯이 마음대로 하는 것이다.≫

○案[214] 泰六四 謙六五 皆云 不富以其鄰 其兩互成卦 及以乾爲富 正與此爻相合 讀者 詳之

211) "以某師" : 『左傳』에 "以某師"라는 말이 나온다는 뜻이 아니라, "以 …… 師"의 문장 형식을 말한 것이다. "以 …… 師"의 句의 用例로는 다음과 같은 例들이 있다. 『左傳』 '隱公 1年' "鄭人以王師, 虢伐衛南鄙(鄭나라 천자의 군대와 虢의 군대로 위나라의 남쪽 변방을 치고)"(文璇奎 역, 『春秋左氏傳』 上, 명문당, 1987, 46면), '隱公 4年' "羽父請以師會之(羽父가 군대를 거느리고 가서 참가하기를 원함에)"(같은 책, 60면), '隱公 5年' "衛人以燕師伐鄭(衛나라 사람이 燕나라 군대를 이끌고, 鄭나라를 침에)"(같은 책, 65면), '隱公 5年' "不備不虞, 不可以師(불의의 일에 대비하지 않고서는 전쟁할 수가 없다)"(같은 책, 65면), '隱公 5年' "鄭人以王師會之(鄭나라 사람이 천자의 군대를 인솔하여, 邾나라 軍勢와 합류해서)"(같은 책, 67면) 등.

212) 以 : 이때의 '以'字는 '거느리다', '통솔하다', '인솔하다'의 뜻이다.

213) 引用句는 朱子의 『周易本義』의 小畜 九五의 註釋에 나온다.

214) [校閱] 奎章本에는 '案'이 '按'으로 되어 있다.

泰→兩互作卦→歸妹→四爻變→臨

謙→兩互作卦→解→五爻變→困←推移←否

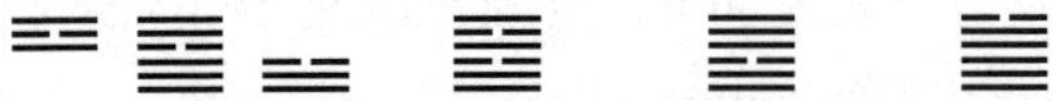

小畜→兩互作卦→睽→五爻變→履←推移←夬

○[案] 泰卦 六四와 謙卦 六五에서도 모두 "不富以其鄰"이라고 하였으니, 그 兩互卦를 취하는 것 및 乾으로써 富의 뜻을 삼는 것이 바로 이 小畜卦 九五爻와 더불어 서로 부합되니 易을 읽는 자는 상세히 알아야 한다.

○學圃云 國有蓄積 然後 可以恤鄰 卦德本畜故 其占 如此

○학포(學圃)가 말하였다. "나라에 富가 축적(蓄積)된 이후에야 이웃을 구휼할 수 있는 법이니, 卦의 성질이 본래 쌓는 데에 있으므로, 그 점이 이와 같다."

上九 : 旣雨旣處, 尙德, 載婦. 貞, 厲, 月幾望, 君子, 征, 凶. ○象曰 : 旣雨旣處, 德積載也, 君子征凶, 有所疑也.

上九 : 이미 비가 내리니, 이미 [집에 들어와] 머무르고 있다. 덕망(德望)이 있는 자를 숭상(崇尙)하니,[215] [그가 수레를 탈 때, 그] 부인(婦人)을 [같이] 태우게 될 것이다. 일을 [맡아 처리]하더라도 위태로움이 있을 것이다. 달이 기망(幾望, 음력 14일)에 있으니, [만일] 君子가 [월기망(月幾望)의 날에] 정벌에 나서면 [곧 죽음을 당할 것이니] 흉할 것이다. ○「象傳」: "旣雨旣處"라고 한 것은 德이 쌓여서 [부인(婦人)을 수레에] 태운 것을 말한 것이요,[216] "君子征凶"이라고 한 것은 [흉한 일이 있을지도 모른다는] 의심(疑心)이 있기 때문이다.

此 小畜之需也 巽爲密雲 《義見上》 又爲進退 《說卦文》 是 不雨而不[217]處也 《處 居也》 變而爲坎 《上今坎》 爲雨爲家 《皆坎象》 是 旣雨而旣處也 《虞氏易云 巽爲處 大誤》

小畜 → 上爻變 → 需

이것은 小畜卦가 需卦로 변하는 경우이다. [小畜卦의 上卦인] 巽은 짙은 구름(密雲)이 되며 《뜻이 위에 나타남》 또 나아가거나 물러남(進退)이 되니 《「說卦傳」》 이것은 비도 오지 않고, [집에] 머무르지도 않는 상황에

215) "尙德"을 "[尊貴한] 德이 있는 자를 숭상하는 것"으로 해석한 것은 다산의 주석에 따른 것이다. 왜냐하면, 다산은 "德積者, 乾也, 乾德旣積, 故夫婦皆貴, 乘此大車也"라고 하였으니, 여기서 茶山은 德을 숭상하는 것을 德이 쌓인 자를 숭상하는 것으로 보고, 또 그 德이 높은 남편은 爵位가 있는 大夫로 보았다. 그러므로 德이란 道德的 의미의 德을 가리킨다기보다는 尊貴한 地位에 있는 有德者를 가리키는 것으로 보아야 한다.

216) 象傳의 "德積載也"의 "載"를 爻辭의 "載婦"의 "載"와 같은 의미로 해석하였다. 이렇게 해석한 것은 茶山이 주석에서 "德積者, 乾也, 乾德旣積故 夫婦皆貴, 乘此大車也"라고 하였기 때문이다.

217) [校閱] 新朝本에는 "不雨而旣處也"로 되어 있으나 奎章本과 國中本에는 "不雨而不處也"로 되어 있다. 문맥으로 볼 때, 後者가 옳다.

해당된다.[218] ≪處는 머무른다는 뜻≫ [그러나 小畜卦 上九가 爻變하여, 需卦로 되면, 巽이] 변하여 坎이 되니 ≪[需卦의] 上卦는 이제 坎≫ 비가 되고, 집(家)이 된다. ≪모두 坎의 象≫ 이것은 이미 비가 와서, 이미 [집에] 머무르는 것이 된다. ≪우번(虞翻)의 易에서, "巽은 處가 된다"고 하니 큰 잘못이다.≫

○需自大壯來 ≪五之四≫ 大壯之時 四五失位 移之爲需 則升陽升陰 ≪四之五≫ 其位乃正 ≪皆得位≫ 是 尙德也 ≪坎直心爲德≫ 旣有坎夫 ≪中男也≫ 离其婦也 ≪坎之配≫ 乾車在下 ≪在离下≫ 是 載婦也 曷然哉 婦人無爵 ≪禮本然≫ 從夫爵而乘車也 ≪命婦則乘車≫ 坎夫旣尊 ≪坎在上≫ 离不同載乎

小畜 → 需 ← 大壯

○需卦는 大壯卦로부터 왔다. ≪[大壯卦의] 5가 4로 간 것이다.≫ 大壯卦의 때에는 제4位와 제5位가 그 지위를 잃어버리더니, [大壯卦로부터] 推移하여 需卦가 되면, 陽은 올라가고 陰은 내려가서 ≪[大壯卦의] 4가 5로 감≫ 그 지위가 이에 올바르게 되니 ≪[需卦에서 4位와 5位가] 모두 올바른 지위를 얻음≫ 이것이 "尙德"이다. ≪坎은 直心이니, 德이 된다.≫ 이미 坎의 지아비가 있고 ≪中男의 지아비≫ 离는 그 아내(婦)인데 ≪坎의 배필≫ 乾의 수레가 아래에 있으니 ≪[需卦에서 乾이] 互离의 아래에 있음≫ 이것이 "婦人을 [수레에] 태우는 것(載婦)"이 된다. 어째서 그러한가? 婦人은 작위(爵位)가 없으므로 ≪禮가 본래 그러함≫ 지아비의 벼슬(爵)에 따라서 수레를 타는 법인데 ≪婦人에게 命하여 수레를 타게 함≫ 坎의 지아비가 이미 존귀(尊貴)한

218) 新朝本에는 "不雨而旣處也"로 되어 있으나 奎章本과 國中本처럼 "不雨而不處也"가 되어야 옳다. "巽爲密雲, 又爲進退"라고 하였으므로, 머무르지 않는 것이 된다. 나아가거나 물러가는 것은 움직이고 있는 것이므로, 머무르는 것이 아니다.

지위에 있으니 ≪坎이 위에 있음≫ 离의 부인(婦人)을 같이 태우지 않겠는가?

○ 需自中孚來 ≪三之上≫ 兌德乘剛 ≪下本兌≫ 其象 本厲 移之爲需 坎德雖貞 ≪上今坎≫ 乘剛如舊 ≪四乘下≫ 是 貞厲也 ≪事之危≫

小畜 → 需 ← 中孚

○需卦는 中孚卦로부터 오니 ≪[中孚卦의] 3이 上으로 감≫ 兌의 德이 剛을 타고 있어서 ≪[中孚卦의] 下卦는 본래 兌≫ 그 象이 본래 위태롭더니, [中孚卦로부터] 推移하여 需卦가 되면, 坎의 德이 비록 곧더라도 ≪[需卦의] 上卦는 이제 坎≫ 剛을 타고 있음은 以前과 마찬가지이니 ≪[需卦에서] 4[位의 柔]가 下卦를 타고 있음≫ 이것이 "貞厲""라고 한 까닭이다. ≪일이 위태롭다.≫

○ 坎則爲月 ≪說卦文≫ 乾則爲圓 ≪說卦文≫ 故易例 乾在坎位 ≪四五六≫ 則爲月正望 ≪望月圓≫ 兌在坎位 ≪四五六≫ 爲月幾望 ≪見歸妹≫

○坎은 곧 달(月)이 되고 ≪「說卦傳」의 글≫ 乾은 곧 원(圓)이 된다. ≪「說卦傳」의 글≫ 그러므로 易例에 乾이 坎位에 있으면 ≪4·5·6位가 坎位≫ 곧 '月正望'[219]이 되며 ≪보름달[220]은 圓形≫ 兌가 坎位에 있으면 ≪4·5·6位가 坎位≫ '月幾望'이 된다. ≪歸妹괘를 참조할 것≫

219) '月正望'이란 보름을 가리킨다. 음력 보름날을 '망일(望日)'이라고 한다.
220) 望月 : 보름달.

盖以八卦之序 自兌而乾 《兌如夬》 自乾而巽 《巽如姤》 故兌爲幾望也 《又詳中孚卦》

대개 八卦의 순서로써 본다면 兌로부터 시작하여 乾이 되고 《兌는 夬와 같음》 또 乾으로부터 시작해서 巽이 되므로 《巽은 姤와 같음》 兌는 '幾望'이 되는 것이다. 《中孚卦에 자세히 설명이 나온다.》

小畜自夬來 《上之四》 夬之時 兌在坎位 《夬上兌》 月幾望也 《幾乎爲乾圓》 當此之時 乾之君子 《五陽皆[221]君子》 出征于外 《四之上》 上之旣變 征者 遂亡 《上今折》 其占 凶也 筮而遇是者 月幾望之夕 《十四日》 不可出征也

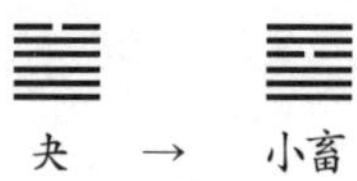

小畜卦는 夬卦로부터 왔다. 《[夬卦의] 上이 4로 감》 夬卦의 때에는 兌가 坎位에 있으니 《夬卦의 上卦는 兌》 이것이 "月幾望"이다. 《거의 乾의 圓에 가깝게 됨》 이 때를 맞아서 乾의 君子가 《[夬卦의] 다섯 陽은 君子가

221) [校閱] 新朝本과 國中本에는 "五陽皆君子"로 되어 있으나 奎章本에는 "五陽爲君子"로 되어 있다. 문맥상으로 볼 때, 前者가 더 적합한 것으로 보인다.

됨≫ 밖으로 정벌(征伐)에 나섰는데 ≪[夬卦의] 4가 上으로 감≫ [夬卦의] 上爻가 이미 변하여 [小畜卦로 되면] 정벌을 나간 사람이 곧 죽게 될 것이니 ≪上卦가 이제 꺾어짐[222]≫ 그 점이 흉한 것이다. 점을 쳐서 이 괘를 만난 사람은 月幾望의 저녁에 ≪[즉, 음력] 14日을 말함[223]≫ 출정(出征)해서는 안 된다.

○德積者 乾也 ≪三陽積≫ 乾德旣積 故夫婦皆貴 乘此大車也

○"德積"이란 乾을 말함이니 ≪3陽이 쌓인 것≫ 乾의 德이 이미 쌓였으니, 夫婦가 모두 존귀(尊貴)하여, 이 큰 수레를 타는 것이다.

○疑者 以坎也 坎則爲盜 ≪說卦文≫ 或者遇盜 而見害也

○"疑"라고 한 것은 坎에 의거한 象이다. 坎은 곧 도둑(盜)이니 ≪「說卦傳」의 글≫ 혹시 도둑을 만나서 해를 입을 수도 있다는 것을 말한 것이다.

10. 천택 리(天澤 履)

兌下乾上 ○第六卦之反 ≪姤一之三 夬上之三≫

---

222) 夬卦의 제4位의 剛이 小畜卦에서는 柔가 되었으므로, 上卦가 꺾어진 것이다. 원래 茶山은 夬卦의 5陽을 모두 정벌에 나선 君子로 보았으니, 그 중의 하나라도 변하여 陰으로 되면, 그 중의 한 명의 君子가 정벌에 나섰다가 죽은 것이 된다.

223) 음력 열나흗날을 '기망(幾望)'이라고 한다.

姤 → 履 ← 夬

正卦 反卦

小畜←反易→履

兌는 下卦이며, 乾은 上卦이다. ○第6卦의 反卦이다. ≪姤卦의 1이 3으로 가고, 夬卦의 上이 3으로 간다.≫

序卦傳曰 物畜然後 有禮 故受之以履

「序卦傳」에서 말하였다. "만물이 모인 뒤에 禮가 있다. 그러므로 履卦로 받은 것이다."

○雜卦傳曰 履 不處也

○「雜卦傳」에서 말하였다. "履는 [行하면서 나아가는 것이며] 머물러 있지 않는 것이다."[224]

○大傳曰 履 德之基也 ≪立於禮≫ 履 和而至 ≪兌爲和≫ 履以和行

○「계사전」에서 말하였다. "履[225]는 德의 기초이며 ≪禮로써 [행동의 규칙을] 定立함[226]≫ 履는 조화롭게 하여 이르는 것이며 ≪兌는 和가 됨≫ 履는 행동을 조화롭게 하는 것이다."[227]

---

224) 『周易本義』에 "不處, 行進之義"라고 함.

225) 여기서 "履"는 履卦의 卦名을 가리키는 동시에, '禮' 혹은 '禮의 실천'을 가리킨다. 『周易本義』에서는 "履, 禮也"라고 하였다.

226) "立於禮"라는 말은 『論語』 「泰伯」篇에서 "興於詩, 立於禮, 成於樂"이라고 한 것에서 나온 것이다. 또 『論語』 「堯曰」篇에 "不知禮, 無以立也"라고 하였다.

227) 「大傳」이란 「繫辭傳」을 가리키며, "履, 德之基也, …… 履, 和而至, …… 履以和行"의 文句는 「繫辭下傳」에 나오는 구절로서, 本文에서 축약해서 인용한 것이다.

○鏞案[228] 履有二用 一曰 踐履之功 二曰 臨履之戒 卦自夬來 夬由復進 《一而五》 自復以來 震足履道 《震大涂[229]》 循序以進 毋敢躐等 《復臨泰》 寸寸蹈歷 以至於夬 《大壯夬》 則君子踐履之功 上可以合天德矣 《合之則爲乾》

復 → 臨 → 泰 → 大壯 → 夬 → 乾

○[鏞案] 履卦에는 두 가지 活用處가 있으니, 첫째는 踐履의 功이요, 둘째는 臨履의 경계(警戒)[230]이다. 履卦는 夬卦로부터 왔는데, 夬卦는 復卦로부터 나아온 것이다. 《[復卦의] 1陽에서 [夬卦의] 5陽으로 됨》 復卦以來로, 震의 발로 길을 밟아 《震은 큰 길이 됨》 순서에 따라 [앞으로] 나아와서, 감히 등급(等級)을 뛰어넘지 않고[231] 《復卦에서 臨卦를 거쳐 泰卦로 감》 조금씩[232] 밟고 지나와서 夬卦까지 이르니 《大壯卦를 지나서 夬卦에 도달함》 君子가 실천하는 [행위의] 功이 위로 하늘의 德에 합치(合致)될 수 있는 것이다. 《합하여 乾이 된다.[233]》

君子之道 踐履旣篤 約之以禮 《文之以禮樂》 移之爲履 《上之三》 則离禮乃明 《全卦爲离形》 文章煥然 非禮弗視 《离爲目》 非禮弗履 《六三 上九 卽此義》 此之謂 履也

---

228) [校閱] 奎章本에는 '案'이 '按'으로 되어 있다.

229) [校閱] 新朝本과 國中本에는 "震大涂"로 되어 있으나 奎章本에는 "涂"가 "塗"로 되어 있다. 뜻은 같다.

230) "臨履之戒"란 다산이 뒤에 주석에서 설명한 것처럼 "履匪其地, 災之招也", 즉 "만일 자신의 處地에 맞지 않는 處身을 한다면, 재앙을 부를 것"이라는 경계를 말한다.

231) "躐等"이란 순서를 밟지 않고 뛰어넘는 것을 말한다. 『禮記』에 "學不躐等"이라는 말이 있다.

232) 寸寸 : 조금씩, 한 치씩, '촌(寸)'은 한 자의 十分의 一을 뜻한다.

233) 十二辟卦의 推移로 볼 때, 夬卦에서 한 단계 더 나아가면, 乾卦로 됨을 말한 것이다.

履 ← 夬

君子의 道는 이미 독실(篤實)하게 실천했으면, 禮로서 요약(要約)해야 하는 것(約之以禮)[234]이다. ≪禮樂으로써 문채(文彩)를 내는 것이다.≫ [그런데 夬卦로부터] 推移하여 履卦가 되면 ≪[夬卦의] 上이 3으로 감≫ 곧 离의 禮가 이에 밝아지며 ≪[履卦의] 전체적 괘가 离의 형태≫ 문장(文章)[235]이 밝게 빛나서, 禮가 아니면 보지 아니하며 ≪离가 눈이 됨≫ 禮가 아니면 행하지 아니하니[236] ≪[履卦의] 六三과 上九는 곧 이런 뜻≫ 이것을 일러 '履'라고 하는 것이다.

卦自夬來 夬之一陰 下踐五剛 厲之至也 子不跨父 臣不踐君 女不據男 愚不妨賢 履匪其地 災之招也 移之爲履 則柔乃卑降 ≪上之三≫ 能以禮讓 ≪离而巽≫ 戴天履地 ≪一二爲地位≫ 上下以辨 ≪大象傳≫ 此之謂 履也 又自姤來 柔之旣移 ≪一之三≫ 遂以巽股 ≪上互巽≫ 下踐离禮 ≪下互离≫ 此 兩互之象也

姤 → 履 ← 夬

[또] 履卦는 夬卦로부터 왔다. 夬卦에서 하나의 陰이 아래로 다섯 剛

234) "約之以禮"라는 말은 『論語』 「옹야(雍也)」篇에 "子曰, 君子, 博學於文, 約之以禮, 亦可以弗畔矣夫(孔子께서 말씀하셨다. '君子가 文에 대하여 널리 배우고 禮로서 要約한다면, 또한 道에 어긋나지 않을 것이다')"라는 文句에서 나온다. 같은 구절이 『論語』 「안연(顔淵)」篇에도 나온다.

235) 文章 : 禮樂, 制度 등 한 나라의 문명 전체를 통칭하는 말.

236) 『論語』 「顔淵」篇에 "顔淵曰 請問其目 子曰, 非禮勿視, 非禮勿聽, 非禮勿言, 非禮勿動, 顔淵曰 回雖不敏, 請事斯語矣"라는 말이 나온다.

을 밟고 있으니, 지극히 위태로운 상황이다. 아들은 아버지를 넘어서면 안 되며, 신하는 君主를 짓밟으면 안 되며, 여자는 남자를 억누르면 안 되며, 어리석은 자는 어진 이를 방해하면 안 되니, 만일 자신의 처지에 맞지 않는 처신을 한다면, 재앙을 부를 것이다. [그런데 夬卦로부터] 履卦로 推移하게 되면, 柔가 이에 낮은 데로 내려와서 ≪[夬卦의] 上이 3으로 감≫ 禮로써 겸양(謙讓)하여 ≪[履卦의 下互卦는] 离이며, [履卦의 上互卦는] 巽≫ 위로는 하늘을 이고, 아래로는 땅을 밟아서 ≪1・2가 地位가 됨≫ 上下를 분별함이니 ≪「大象傳」에 나옴[237]≫ 이것을 일러 '履'라고 한다. 또 履卦는 姤卦로부터 오니, 柔가 이미 推移함에 ≪[夬卦의] 1이 3으로 감≫ 드디어 巽의 다리로써 ≪[履卦의] 上互卦는 巽≫ 아래로 离의 禮를 실천하니 ≪[履卦의] 下互卦는 离≫ 이것은 兩互卦의 象이다.[238]

䷉

履虎尾, 不咥人, 亨.

호랑이의 꼬리를 밟을지라도 사람을 물지 않을 것이니, [호랑이 꼬리를 밟은 것처럼 전전긍긍(戰戰兢兢)하는 태도로 조심한다면] 형통할 것이다.

此 履之不變者也 卦自夬來 ≪上之三≫ 夬之時 通卦爲兌 ≪上一陰≫ 此 大虎也 ≪兌爲虎≫ 一陰在上 履虎頭也 ≪夬五六 本亦震足≫

---

237) 履卦의 大象傳: "上天下澤, 履, 君子, 以辯上下, 定民志."

238) 履卦에서 兩互作卦하면, 風火 家人卦가 된다. 그러나 여기서는 단지 履卦의 上互卦와 下互卦를 통해 履卦의 의미를 설명하고 있음을 가리킨다. 즉, 履卦의 上互卦는 巽이 되고, 下互卦는 离가 된다.

移之爲履 則虎文炳然 《中互离》 其首在上 《乾爲首》 一陰所履 乃在虎尾 《夬之末》 履虎尾也 兌之乘剛 君子危之 《乾九三》 履虎之戒 以乘剛也

夬 → 履

이것은 履卦가 변하지 않는 경우이다. 履卦는 夬卦로부터 왔는데 《[夬卦의] 上이 3으로 감》 夬卦의 때에는 卦를 통틀어 볼 때 兌가 되니 《上卦의 一陰》 이것이 큰 호랑이의 象이다. 《兌가 호랑이가 됨》 [하나의] 陰이 [夬卦의] 上位에 있으니, 호랑이의 머리를 밟고 있는 象이다. 《夬卦의 5·6도 역시 본래는 震의 다리에 해당된다.[239]》 [그런데 夬卦로부터] 推移하여 履卦가 되면, 호랑이의 무늬가 밝게 빛난다. 《중간에 있는 互离》 그 머리가 위에 있으므로 《乾이 머리가 됨》 一陰이 밟고 있는 것은 곧 호랑이 꼬리에 해당되니 《夬卦의 끝》 [이것을 가리켜] "履虎尾"라고 한 것이다. 兌에서 [柔가] 剛을 올라타고 있는 것을 君子가 위태롭게 여기니 《乾의 九三[의 用例를 참조할 것]》 호랑이를 밟는 것을 경계하는 것은 [柔가] 剛을 올라탄 것을 언급한 것이다.

○乾人在上 虎口仰張 《兌爲口》 而巽股所履 《上互巽》 僅得虎尾 《不制口》 此 必咥之勢也 然 咥則口嗑 口尙開則 非咥也 《兌上坼》 君子之志 戰戰兢兢 若蹈虎尾 則不底於禍 此 其象也

履

239) 夬卦의 五六이 정상적인 형태의 震(☳)은 아니지만, 일종의 축약된 형태의 震(==)으로 본 것이다.

○[履卦에서] 乾의 사람이 위에 있고, 호랑이의 입이 위를 향해 벌려져 있다. ≪兌는 입이 됨≫ 巽의 다리가 밟고 있는 것은 ≪[履卦의] 上互卦는 巽≫ 거의 호랑이 꼬리[근처]이니 ≪입을 제어하지 못함≫ 이것은 필시 [호랑이가] 깨물려고 하는 기세이다. 그러나 만일 깨물었다면 입이 다물어져 있겠지만, 입이 오히려 열려져 있으니, 아직 깨물지 않은 것이다. ≪兌卦는 위로 터져 있다.≫ 君子가 마음가짐을 전전긍긍(戰戰兢兢)하게 가져서, 마치 호랑이 꼬리를 밟는 것처럼 한다면, 화(禍)에 이르지 않을 것이니, 이것이 그러한 象이다.

○亨者 离德也 ≪中有离≫ 卦自夬來 柔降于下 ≪上之三≫ 遂與上應 其德亨也

夬 → 履

○"亨"은 离의 德이다. ≪가운데 离가 있음≫ 履卦는 夬卦로부터 왔는데, 柔가 아래로 내려와서 ≪[夬卦의] 上이 3으로 감≫ 마침내 상획(上畫)과 더불어 상응하니, 그 德이 형통한 것이다.

○案[240] 朱升 以离爲虎 唐鶴徵 以乾爲虎 ≪衆說紛紜 不能具述≫ 唯來知德 ≪字 矣鮮≫ 以兌爲虎 兌者 西方白虎之位也 曲禮云 左青龍而右白虎 ≪右爲西≫ 震爲龍 ≪說卦文≫ 則兌虎也 故革五六頤六四 皆以兌爲虎

○[案] 주승(朱升)[241]은 离가 호랑이를 상징한다고 보았고, 당학징(唐

240) [校閱] 奎章本에는 '案'이 '按'으로 되어 있다.

241) 주승(朱升, 1299~1736) : 중국 元末 明初의 학자, 저서로는 『周易旁注圖說』·『朱楓林集』이 있다(金勝東, 『易思想辭典』, 부산대 출판부, 1998, 1004면).

鶴徵[242]은 乾이 호랑이를 상징한다고 보았다. ≪여러 說이 분분(紛紛)해서 모두 서술할 수가 없다.≫ 오직 내지덕(來知德[243])만은 ≪字가 의선(矣鮮)≫ 兌가 호랑이를 상징한다고 보았다. 兌는 西方의 白虎의 위치에 해당된다. 『禮記』「曲禮」에서 "左靑龍而右白虎"[244]라고 하였으니 ≪오른쪽이 서쪽이 됨≫ 震이 龍이라면 ≪「說卦傳」≫ 兌는 곧 호랑이가 된다. 그러므로 革卦 九五, 革卦 上六[245]과 頤卦 六四[246]에서 모두 兌를 호랑이로 간주한 것이다.

○學稼云 蹈虎尾 履薄氷 本一義也 夬之時 乾冰[247]甚厚 ≪下五剛≫ 今冰[248]乃薄 ≪冰上渙≫ 履薄氷[249]也

242) 당학징(唐鶴徵, 1537~1619) : 당학징(唐鶴徵)은 字가 원경(元卿)이고, 號는 응암(凝庵)이다. 당학징(唐鶴徵)의 저술로는 『周易合義』 2권과 『周易象義』 4권이 있는데, 後者는 부친 당순지(唐順之)의 說을 조술하여, 象으로서 理를 밝힐 것을 주장하였다. 明代 中期 이후 流行한 周易의 心學的 해석을 비판하고, 소박 변증법적 해석의 경향을 보였다(심경호 역주, 『주역철학사』, 예문서원, 1994, 581면, 584~586면).

243) 내지덕(來知德; 1525~1604) : 중국 明나라 때 학자이다. 字는 의선(矣鮮)이며, 호는 구당(瞿塘)으로서, 저서에 『易經集註』 16卷이 있는데, 「繫辭傳」에 나오는 "錯"과 "綜"이라는 두 글자로부터 錯綜說이라는 방법론을 創案하여, 주역을 재해석하였다. 茶山은 『易學緖言』에서 「來氏易註駁」을 지어, 來知德의 학설을 비판하고 있다.

244) "行, 前朱鳥而後玄武, 左靑龍而右白虎. 招搖在上, 急繕其怒(군대의 행진에 앞에는 朱鳥, 뒤에는 玄武, 좌측에는 靑龍, 우측에는 白虎를 그린 깃발을 꽂는다. 초요기(招搖旗)를 위에 내걸어, 급히 사졸들의 분노를 극대화한다)."(송명호 역, 『禮記集說大全』 제1권, 높은밭, 2002, 211면)

245) 革卦 九五의 爻辭에는 "大人虎變, 未占有孚"이라는 말이 나온다. 革卦 上六에는 "君子豹變"이라는 말만 있고, '虎'는 언급되어 있지 않으나, 茶山이 표범을 일종의 작은 호랑이라고 말하고 있고, 호랑이와 표범을 모두 '兌'의 象으로 간주하고 있으므로, "革卦五六"이라고 말한 것이다.

246) 頤卦 六四의 爻辭 : "顚頤, 吉, 虎視耽耽, 其欲逐逐, 无咎"라고 함.

247) [校閱] 新朝本과 國中本에는 "氷"으로 되어 있으나 奎章本에는 "氷"의 本字인 "冰"으로 되어 있다.

248) [校閱] 新朝本과 國中本에는 "氷"으로 되어 있으나 奎章本에는 "氷"의 本字인 "冰"으로 되어 있다.

249) [校閱] 新朝本과 國中本에는 "氷"으로 되어 있으나 奎章本에는 "氷"의 本字인 "冰"으로 되어 있다.

䷪ ䷉

夬 → 履

○學稼가 말하였다. "'도호미(蹈虎尾)'와 '리박빙(履薄氷)'은 본래 같은 뜻이다. 夬卦의 때에는 乾의 얼음이 매우 두터웠는데 ≪[夬卦의 一陰] 아래로 다섯 剛이 있음≫ 이제 얼음이 엷어지게 되니 ≪얼음 위가 흩어짐≫ '履薄氷', 즉 '엷은 얼음을 밟는다'라고 한 것이다."

○學圃云 易例 初爲尾 ≪遯 旣濟≫ 此以三爲尾者 虎尾仰拳也

○ 학포(學圃)가 말하였다. "易例에 初位가 꼬리가 되지만 ≪遯卦와 旣濟卦의 경우가 그러함≫ 여기에서 제3位를 꼬리로 간주한 것은 호랑이 꼬리가 위를 향하여 말려 있기 때문이다."

䷉

彖曰 : 履, 柔履剛也, 說而應乎乾. 是以, 履虎尾, 不咥人,[250] 亨. 剛中正, 履帝位, 而不疚, 光明也.

「彖傳」: 履는 柔가 剛을 밟음이니, 기뻐하며 乾에 호응(呼應)한다. 이 때문에 호랑이 꼬리를 밟더라도 사람을 물지 않을 것이니, 형통할 것이다. 剛하고 中正하며, 帝位를 밟아도 근심이 없으니, 밝게 빛난다.

夬移爲履 猶乘二陽 柔履剛也

250) [校閱] 新朝本에는 "不咥人"의 "人"이 "入"으로 되어 있다. 誤記이다.

夬 → 履

夬卦로부터 推移하여 履卦가 되어도, 오히려 두 개의 陽을 타고 있으니, 柔가 剛을 밟고 있다.

○剛中正者 乾也 《卦形正》 夬之時 乾王在下 《夬上兌》 今乾乘[251]上 以成离治 《二四互》 履帝位而不疚也 《离爲喜》 离文煥然其不光明乎

夬 → 履

○"剛中正(剛하고 中正함)"이라고 한 것은 乾을 가리킨 것이다. 《卦의 형태가 반듯하다.》 夬卦의 때에는 乾의 王이 아래에 있더니 《夬卦의 上卦는 兌》 이제 乾이 위에서 타고, 离로서 통치하니 《2·3·4의 互离》 [이것을 가리켜] "履帝位而不疚", 즉 "帝位를 밟아도, 근심이 없다"라고 한 것이다. 《离는 기쁨》 离의 文章이 환하게 밝으니, 어찌 밝게 빛나지 않겠는가?

251) [校閱] 新朝本과 國中本에는 "今乾升上"으로 되어 있으나 奎章本에는 "今乾乘上"으로 되어 있다. 의미가 약간 다를 뿐, 어느 경우나 틀린 것은 아니다.

初九 : 素履, ≪句≫ 往, 无咎. ○象曰 : 素履之往, 獨行願也.

初九 : 평소처럼 실천(實踐)하니, ≪句≫ 가서 허물이 없을 것이다. ○「象傳」: "평소처럼 실천하면서 간다(素履之往)"고 한 것은 [다른 사람들이 동참하지 않아도] 홀로 [그] 원(願)한 바를 실천한다는 것을 말한 것이다.

此 履之訟也 訟自中孚來 ≪四之一≫ 中孚之時 以禮爲治 上下相安 ≪大离象≫ 移之爲訟 則內亂猝作 ≪下今坎≫ 君子外遯 ≪一之四 爲乾≫ 遂以巽隱 ≪上互巽≫ 非禮不履 ≪下互离≫

履 → 訟 ← 中孚

이것은 履卦가 訟卦로 변하는 경우이다. 訟卦는 中孚卦로부터 왔으니 ≪[中孚卦의] 4가 1로 감≫ 中孚卦의 때에는 禮로써 다스려서 上下가 서로 편안하더니 ≪[中孚卦는] 大离의 꼴≫ 推移하여 訟卦로 가면 내란(內亂)이 갑자기 일어나니 ≪[訟卦의] 下卦는 이제 坎≫ 君子가 밖으로 달아나서 ≪[中孚卦의] 1이 4로 가서 乾이 됨≫ 마침내 巽으로 은둔하여 ≪[訟卦의] 上互卦는 巽≫ 禮가 아니면 행하지 않는 것이다. ≪[訟卦의] 下互卦는 离≫

斯 何象也 履自姤來 ≪一之三≫ 巽吾素也 ≪姤本巽≫ 訟自遯來 ≪二之三≫ 巽吾素也 ≪遯大巽≫ 我以巽隱 ≪巽爲伏 爲入≫ 是 素履也 ≪巽爲白≫ 以素履往 ≪一之四≫ 又誰咎焉

姤 →推移→履→初爻變→訟←推移←遯

이것은 어떠한 象인가? 履卦는 姤卦로부터 왔으니 ≪[姤卦의] 1이 3으로 감≫ 巽은 나에게 평소(平素) 있던 것이요 ≪姤卦에 본래 있던 巽≫ 訟卦는 遯卦로부터 왔으니 ≪[遯卦의] 2가 3으로 감≫ 巽은 나에게 평소에 있던 것이다. ≪遯卦는 大巽의 형태≫ 내가 巽으로 숨으니 ≪巽은 숨음이 되고, 들어감이 됨≫ 이것이 "素履", 즉 "평소처럼 행하는 것"이다. ≪巽이 흰색이 됨≫ [만일] 평소대로 행하여 간다면 ≪[中孚卦의] 1이 4로 감≫ 또 누가 허물하겠는가?

○ 中孚之時 兌以乘剛 ≪彼下兌≫ 今剛既往 ≪一之四≫ 往无咎也 ≪履亦兌乘剛≫

履 → 訟 ← 中孚

○ 中孚卦의 때에는 兌에 [柔가] 剛을 올라타는 象이 있었는데 ≪中孚卦의 下卦는 兌≫ 이제 剛이 이미 가니 ≪[中孚卦의] 1이 4로 감≫ "往無咎(가서 허물이 없다)"고 말한 것이다. ≪履卦에서도 역시 兌가 剛을 타고 있음≫

○ 物以群聚 物之願也 中孚之時 二陽在下 義不獨行 ≪本相依≫ 雖然 見善而遷 ≪一之四≫ 上從乾君[252] ≪上今乾≫ 友之不從 ≪二不升≫ 我將奈何 獨行願也 遂成坎志 ≪下今坎≫ 願者 志也

252) [校閱] 奎章本에는 "君"으로 되어 있으나 新朝本과 國中本에는 "群"으로 되어 있다. "群"을 誤記로 볼 수도 있겠으나, 乾의 三陽을 한 무리(群)로 본다면 의미가 통한다. 여기서는 前者를 따른다.

履 → 訟 ← 中孚

○物이 [같은] 무리끼리 모이는 것은 物의 [본래부터의] 경향성이다. 中孚卦의 때에 下卦에 두 개의 陽이 [같이] 있으니, 義理上 혼자 가지 않는 것이다. ≪본래 서로 의존하고 있다.≫ 그러나 善을 보고 [거처(居處)를] 옮겨서 ≪[中孚卦의] 1이 4로 감≫ 위로 乾의 君主를 추종(追從)하였으나 ≪[中孚卦의] 上卦가 이제 乾≫ 친구가 따라오지 않으니 ≪2가 상승하지 않음≫ 내가 장차 어찌하겠는가? 홀로 가기를 원할 뿐이니, 드디어 坎의 뜻을 이루는 것이다. ≪[訟卦의] 下卦가 이제 坎≫ "願"이란 '志', 즉 '뜻을 둔다'는 것을 말한다.

九二: 履道坦坦, 幽人, 貞吉. ○ 象曰: 幽人貞吉, 中不自亂也.

九二: 밟는 길이 평탄(平坦)하고 [또] 평탄(平坦)함이니, [세속(世俗)에 흔들리지 않고 살아가는] 은자(隱者)라야 일을 처리함에 있어 길할 것이다. ○ 「象傳」: "은자(隱者)라야 일을 처리함에 있어 길하다(幽人貞吉)"라고 한 것은 [은자(隱者)의] 마음속이 스스로 혼란스럽지 않기 때문이다.

此 履之无妄也 无妄自遯來 ≪一之三≫ 遯之時 艮徑前窮 ≪下本艮≫ 移之无妄 則震之大道 ≪下今震≫ 巽以履之 ≪互巽股≫ 是 履道也 遂與大离 ≪初四夾≫ 寬而且明 ≪离爲寬≫ 是 其道坦坦也 坦之

爲言 寬也 明也 ≪二陰故疊文≫

䷉ ䷘ ䷠

履 → 无妄 ← 遯

이것은 履卦가 无妄卦로 변하는 경우이다. 无妄卦가 遯卦로부터 왔으니 ≪[遯卦의] 1이 3으로 감≫ 遯卦의 때에는 艮의 길이 앞으로 막혀 있더니 ≪[遯卦의] 下卦는 본래 艮≫ 推移하여 无妄卦가 되면, 震의 큰 길을 ≪[无妄卦의] 下卦가 이제 震≫ 巽의 다리로 밟으니 ≪互巽은 다리≫ 이것이 "履道", 즉 "길을 밟는 것"이다. 드디어 [그 길이] 大离와 더불어 있어서 ≪[无妄卦의] 1·2·3·4位는 大离≫ 넓고도 밝으니 ≪离는 넓음이 됨≫ 이것은 그 [밟는] 길이 탄탄대로(坦坦大路)인 것이다. "탄(坦)"이라고 한 것은 넓고, 밝은 것을 뜻한다. ≪[无妄卦에] 陰이 두 개 있는 까닭에 ["坦坦"이라고] 글자를 겹쳐서 썼음≫

○幽人者 幽隱之人也 中孚之時 本以兌幽 ≪兌 西方幽昧之地≫ 移之无妄 ≪四之二≫ 遂以巽隱 ≪上互巽≫ 是 幽人也 ≪困歸妹 亦兌爲幽≫ 艮山之下 ≪二四艮≫ 震林之間 ≪下今震≫ 種菜蒔果 ≪震菜而艮果≫ 高潔順命 ≪巽之德≫ 其事吉也 ≪貞 事也≫ 歸妹九二 宜參看

䷉ ䷘ ䷼

履 → 无妄 ← 中孚

○"유인(幽人)"이란 조용한 데 숨어사는 사람을 뜻한다. 中孚卦의 때에는 본래 兌의 어두움이 있었지만 ≪兌는 西方의 幽玄하고 어두운 땅≫ 推移하여 无妄卦가 되면 ≪[中孚卦의] 4가 2로 감≫ 드디어 巽으로써 숨으니 ≪[无妄卦의] 上互卦는 巽≫ 이것이 "幽人", 즉 "세상을 피하여 숨어사는 사

람"이다. ≪困卦와 歸妹卦에서도 역시 兌가 幽의 뜻이 됨≫ 艮의 山 밑에서 ≪[无妄卦의] 2·3·4는 艮≫ 震의 숲 사이로 ≪[无妄卦의] 下卦는 이제 震≫ 채소를 심고, 과일을 심어 ≪震은 채소이며, 艮은 과일≫ 고결(高潔)한 품성으로 天命에 순종하니 ≪巽의 德≫ 그 [하는] 일이 길한 것이다. ≪貞은 일이다.≫ 歸妹卦 九二[의 경우]도 마땅히 참조해야 한다.[253)]

○本以离位 ≪一二三≫ 不能虛心 ≪中有梗≫ 今乃寬廣 ≪卽碩人之寬≫ 中不自亂也 ≪不以物亂心≫

䷉ ䷘

履 → 无妄

○본래 离位에 있지만 ≪1·2·3位는 离位≫ 마음을 비우지 못하더니 ≪가운데가 가로막혀 있음≫ 이제 [九二가 爻變하여, 无妄卦로 되면] 넉넉하게 넓으니 ≪즉 큰 德이 있는 사람의 관대함≫ [이것을 가리켜] "中不自亂", 즉 "마음속이 스스로 혼란스럽지 않다"고 한 것이다. ≪物로 하여금 마음을 어지럽히지 않음≫

○學圃云 處士如處女 故兌爲幽人

○學圃가 말하였다. "처사(處士)는 마치 처녀(處女)와 같으므로, 兌는 幽人의 상징이 된다."

---

253) 歸妹卦 九二의 爻詞에도 幽人이 나오므로, 참조하라고 한 것이다. 歸妹卦 九二의 爻詞는 다음과 같다. "眇能視. 利幽人之貞(애꾸가 볼 수 있음이니, [은둔해 사는] 幽人의 일에 이로울 것이다)."

䷀

六三 : 眇能視, 跛能履. 履虎尾, 咥人, 凶, 武人爲于大君. ○象曰 : 眇能視, 不足以有明也, 跛能履, 不足以與行也, 咥人之凶, 位不當也, 武人爲于大君, 志剛也.

六三 : 애꾸눈이 보게 될 것이며, 절름발이가 걷게 될 것이다. 호랑이 꼬리를 밟으면, 사람을 물 것이니 흉할 것이며, 武人이 大君이 될 것이다. ○「象傳」: "眇能視"는 눈이 밝지 못한 것이요, "跛能履"는 [더불어] 같이 [걸어]가기에 부족한 것이요, "咥人之凶"은 자리가 마땅하지 못한 것이요, "武人爲于大君"은 意志가 강건(剛健)한 것이다.

此 履之乾也 履之兩互 卽成家人 ䷤ ≪風與火≫ 家人之卦 本有重离 ≪上互离≫ 兩目完矣 ≪离爲目≫ 亦有洊雷 ≪初與二爲震 三與四爲震≫ 兩足全矣 ≪震爲足≫ 以正卦而觀之 則一离獨存 ≪二四互≫ 眇能視也 一震猶行 ≪二[254]與三≫ 跛能履也 許愼說文 一目盲曰 眇 ≪少一目≫ 一足廢曰 跛

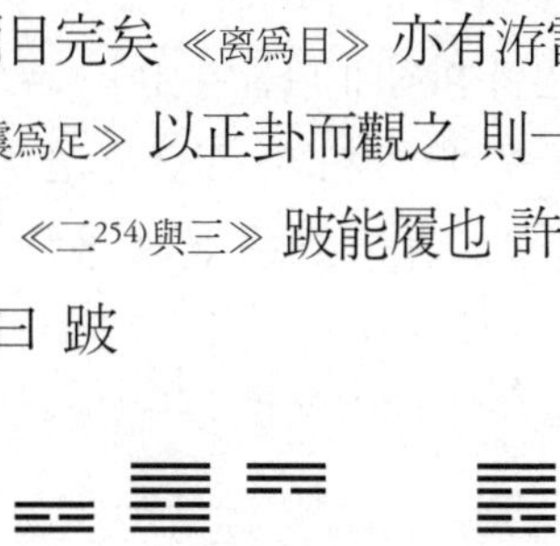

履→兩互作卦 → 家人

이것은 履卦가 乾卦로 변하는 경우이다. 履卦의 兩互卦는 家人卦가 되는데 ≪風과 火가 합해져서 家人卦가 됨≫ 家人卦에는 본래 离가 [두 개] 거듭 있으니 ≪上互卦는 离≫ 두 눈이 온전한 것이다. ≪离는 눈이 됨≫ 또 우레(震)의 형상이 잇달아 있으니 ≪1과 2가 합하여 震이 되며, 3이 4와 더불어

254) [校閱] 奎章本에는 "二與三"의 "二"가 "一"로 되어 있는데, 誤記이다.

震이 됨≫ 두 발이 온전한 것이다. ≪震이 발이 됨≫ 正卦의 형태를 관찰해 보면, [履卦에는] 하나의 离가 홀로 존재하고 있으니 ≪2·3·4의 互卦≫ 애꾸눈이 보는 것(眇能視)이며, 또 하나의 震이 여전히 가고 있으니 ≪2와 3이 합하여 震이 됨≫ 절름발이가 가는 것(跛能履)이다. 허신(許愼)의 『說文』에서 말하기를 "한 눈이 먼 것을 '眇'라고 하고 ≪한 눈이 적음≫ 한 발을 못쓰게 된 것을 '跛'라고 한다"고 하였다.

○履虎尾 本象也 三之旣變 虎口遂嗑 ≪兌今合≫ 咥人凶也 ≪乾爲人≫ 三本多凶

履 → 乾

○"履虎尾(호랑이 꼬리를 밟는다)"라고 한 것은 本象에 해당된다. 3爻가 이미 변하면, 호랑이의 입이 마침내 다물어지니 ≪兌가 이제 다물어짐≫ [이것을 가리켜] "咥人凶", 즉 "[호랑이가] 사람을 물 것이니, 흉하다"라고 한 것이다. ≪乾이 사람이 됨≫ 제3位에는 본래 흉한 경우가 많다.

○武人者 离也 ≪二四互≫ 甲胄戈兵 ≪說卦文≫ 外爲防禦 ≪离爲防≫ 是 武人也 仰承天命 ≪乾天而巽命≫ 遂爲乾王 ≪上今乾≫ 武人爲于大君也 曷然哉 武人者 虎象也 虎之咥人 在人爲凶 於虎爲吉

履

○"武人"은 离를 가리키니 ≪[履卦의] 2·3·4의 互卦≫ 갑옷과 투구와 창과 무기로써 ≪「說卦傳」의 글[255]≫ 밖을 방어하니 ≪离가 막는 것이 됨≫ 이

것이 武人이다. 우러러 天命을 받들어 ≪上乾의 天과 互巽의 命이 합하여 天命이 됨≫ 마침내 乾王이 되니 ≪上卦는 이제 乾[256]≫ 이것이 "武人爲于大君", 즉 "武人이 大君이 되는 것"이다. 어떻게 그럴 수 있는가? 武人은 호랑이의 象이니, 호랑이가 사람을 물면, 사람에게는 흉한 것이 되겠지만, 호랑이 자신에게는 길한 것이 된다.

○明者 雙明也 ≪字 從日從月≫ 行者 雙行也 ≪左彳而右亍≫ 一目旣眇 不足有明也 一足旣跛 不足有行也

○["不足以有明也"의] "明"字는 밝음이 겹쳐져 있는 것이요, ≪'明'字가 '日'字를 따르고, '月'字를 따름≫ ["不足以與行也"의] "行"字는 가는 행위가 겹쳐져 있는 것이다. ≪'行'字는 왼쪽의 '조금걸을 彳(척)'字와 오른쪽의 '자축거릴 亍(촉)'字가 합쳐진 글자[257]≫ 한 눈이 이미 애꾸눈이라면 밝음에 부족한 것이고, 한 발이 이미 절름발이라면, 걸어다님에 있어 부족한 것이다.

○位不當者 本象也 ≪陰居陽≫ 位本匪據 故致此凶也

---

255) 「說卦傳」에 "离 …… 爲甲胄, 爲戈兵"이라고 함.

256) 茶山이 비록 여기서 "上今乾"이라고는 했지만, "下今乾"이라고 해야 더 옳은 것이 아닌가 생각된다. 만일 "上今乾"이 되면, 이는 履卦의 上卦가 乾임을 가리키는 것이 된다. 그러나 武人이 아래에서 天命을 우러러 받들고 있는데, 아래에 있던 武人이 갑자기 위로 올라가 乾王이 된다는 것은 아무래도 이상하다. 더구나, 茶山은 "武人者, 虎象也, 虎之咥人, 在人爲凶, 於虎爲吉"이라고 말함으로써, 호랑이가 사람을 무는 것이 곧 武人이 大君이 되는 것에 해당된다고 보고 있다. 만일 호랑이가 사람을 문다면, 호랑이의 입은 다물어질 수밖에 없다. 따라서 茶山은 "三之旣變, 虎口遂嗑, ≪兌今合≫ 咥人凶也"이라고 말하고 있다.

履 → 乾

이것은 履卦 六三爻가 변하여, 乾卦로 변하는 것에 해당된다. 즉 六三爻가 변하면, 上卦뿐만 아니라, 下卦도 乾이 되는데, 바로 이 六三의 爻變이 "武人爲于大君"에 해당된다.

257) '彳'은 '왼발로 걸음'의 뜻이며, 音은 '척', "亍"은 '오른발로 걸음'의 뜻이며, 音은 '촉'이다.

䷉

履

○"位不當"이라고 한 것은 [履卦의] 本象에 해당된다. ≪[제3位의] 陰이 陽位에 머무름≫ 본래 있을 자리가 아닌 데, 머무르고 있으므로 이처럼 흉하게 된 것이다.

○志剛者 离中 今剛也 ≪三今剛≫

䷉ ䷀

履 → 乾

○"志剛(意志가 강함)"이라고 한 것은 互离의 가운데가 이제 剛이 된 것을 가리킨다. ≪3이 이제 剛≫

○歸妹兩爻 ≪跛與眇≫ 巽初六 ≪离爲武≫ 宜參看

○歸妹卦의 [初九와 九二의] 두 爻와 ≪跛와 더불어 眇≫ 巽卦 初六의 경우를 ≪离가 武가 됨≫ 마땅히 참조해야 한다.[258]

䷼

九四 : 履虎尾, 愬愬, 終吉. ○象曰 : 愬愬, 終吉, 志行也.

---

258) 歸妹卦의 初九에는 '跛能履'가, 九二에는 '眇能視'라는 구절이 있음, 또 巽卦의 初六에는 '利武人之貞'이라는 구절이 있음

九四 : 호랑이 꼬리를 밟으니, 무섭고 [또] 무섭지만 마침내 [호랑이를 마침내 처단(處斷)할 수 있으므로] 길할 것이다. ○「象傳」: "색색종길(愬愬終吉)"이라고 한 것은 뜻한 바대로 실행할 수 있음을 말한 것이다.

此 履之中孚也 中孚之卦 本以大過交易 ≪澤風交≫ 大過 顚也 ≪雜卦文≫ ䷛ 兌虎旣倒 ≪大過本倒象≫ 上其尾也 ≪口在下≫ 一陰踐之 ≪上兌陰≫ 履虎尾也 大過之卦 亦爲大坎 ≪上下夾≫ 乾之戰兢 ≪戰乎乾≫ 坎以恐懼 ≪坎心病≫ 履虎尾而愬愬也 ≪二陰故 疊文≫

履 → 中孚　　大過

이것은 履卦가 中孚卦로 변하는 경우이다. 中孚卦는 본래 大過로부터 交易된 것이다. ≪澤×風의 交易≫ 大過卦는 넘어지는 것을 상징하는데 ≪「雜卦傳」의 글≫ 兌의 호랑이가 이미 넘어져 있으면 ≪大過는 본래 顚倒된 象[을 取함]≫ 윗 부분이 그 꼬리에 해당된다. ≪[호랑이의] 입이 아래에 있다.[259]≫ 한 개의 陰이 그것을 밟으니 ≪[大過卦의] 上兌의 陰≫ "履虎尾", 즉 "호랑이 꼬리를 밟은 것"이 된다. 大過卦도 역시 大坎이 되니 ≪上下를 통틀어 夾卦[의 坎]≫ 乾에는 싸움에 두려워하는 象이 있고 ≪乾에서 싸움≫ 坎에는 두려워하는 象이 있으니 ≪坎은 마음의 病≫ [이것은] "호랑이 꼬리를 밟아서, 두려워하고 두려워하는 모습(履虎尾而愬愬)"이 된다. ≪두 개의 陰이 있는 까닭에 ["愬愬"이라고] 글자를 겹쳐서 썼다.≫

○ 交而中孚 ≪交易之≫ 則虎體中斷 ≪今大离≫ 坎懼以平 ≪今大

---

259) 大過卦의 下卦는 巽이지만, 倒象을 취하면 兌가 되므로, 호랑이의 입이 아래로 향했다고 말한 것이다.

离≫ 是 終吉也 ≪中孚互艮 艮爲終≫ 大离之志 得以震行 ≪下互震≫ 是 志行也

○[大過卦를] 交易하여 中孚卦가 되면 ≪[澤×風을] 交易시킴≫ 호랑이의 신체가 가운데가 절단(切斷)되어 ≪[中孚卦는] 이제 大离의 형태≫ 坎의 두려움을 가라앉힐 수 있으니 ≪[中孚卦는] 이제 大离의 형태≫ 이것이 "終吉"이라고 한 까닭이다. ≪中孚卦에는 互艮이 있으니, 艮은 終의 뜻이 된다.≫ 大离의 뜻이 震의 나아감을 얻었으니 ≪[中孚卦의] 下互는 震≫ 이것은 "志行(뜻한 바대로 실행하는 것)"이다.

○案[260)] 愬愬者 恐懼也 ≪愬音色≫ 馬融本 愬作虩 ≪注云 恐懼貌≫ 荀爽本 震之虩虩 亦作愬愬 ≪虩音赫≫ 義本同也

○[案] "색색(愬愬)"은 두려워하는 모습을 뜻하니 ≪'愬'字의 音은 '색(色)'≫ 馬融本에서는 '愬(색)'字를 '虩(혁)'字로 적고 있고 ≪注에서 말하기를 '虩(혁)'字는] 두려워하는 모습을 뜻한다고 함≫ 순상본(荀爽本)에서는 震卦의 '혁혁(虩虩)'도 역시 '색색(愬愬)'으로 적고 있으니 ≪'虩'의 音은 '赫(혁)'≫ ['愬(색)'字와 '虩(혁)'字는] 뜻이 본래 같다.

九五 : 夬履, 貞, 厲. ○ 象曰 : 夬履貞厲, 位正當也.

九五 : 즐겁게 실천함이니, 일을 맡아 처리할 수는 있겠으나, 위태로움이 있을 것이다. ○「象傳」: “夬履貞厲”라고 한 것은 지위가 정당함을 말한 것이다.

此 履之睽也 夬[261]者 兌悅也 ≪義見夬≫ 履者 离禮也 ≪全卦有离形≫ 睽自大壯來 ≪上之三[262]≫ 震足所履 ≪上本震≫ 動合离[263]禮 ≪上今离≫ 而我乃兌悅 ≪下今兌≫ 无所勉强 ≪心誠悅≫ 是 夬履也 夬履也者 悅以行之也

履→五爻變→睽←推移←大壯

이것은 履卦가 睽卦로 변하는 경우이다. [爻詞의 “夬履”에서] “夬”는 兌의 즐거움(悅)을 말한 것이요 ≪뜻이 夬卦에 나타남≫ “履”는 离의 禮를 말한 것이다. ≪괘의 전체적 형태가 离이다.≫ 睽卦는 大壯卦로부터 왔다. ≪[大壯卦의] 上이 3으로 감≫ 震의 발로 밟아서 실천하고 ≪大壯卦의 上卦는 본래 震≫ 행동하는 것이 离의 禮에 [자연히] 합치되며 ≪[睽卦의] 上卦는 지금 离≫ 나는 이에 兌로써 즐거워하여 ≪下卦는 이제 兌≫ 억지로 힘쓸 것이 없으니 ≪마음이 진실로 기뻐함≫ 이것이 “夬履”이다. “夬履”라고 한 것

260) [校閱] 奎章本에는 ‘案’이 ‘按’으로 되어 있다.

261) [校閱] 奎章本과 國中本에는 “夬者”로 되어 있으나 新朝本에는 “履者”로 되어 있다. 문맥상으로 볼 때, 前者가 옳은 것으로 보인다. 왜냐하면, “夬者, 兌悅也 ≪義見夬≫ 履者 离禮也”로 되면, “夬者”와 “履者”가 對句가 되며, “兌悅也 ≪義見夬≫”라고 말하고 있기 때문에, 夬卦와 연관시키는 것이 적절해 보인다. 여기서 “夬者, …… 履者……”라는 형식의 설명방식을 취한 것은 이것이 爻詞의 “夬履”에 대한 설명이기 때문이다.

262) [校閱] 新朝本에는 “上之三”의 “三”이 “二”로 되어 있는데, 誤記이다.

263) [校閱] 新朝本에는 “動合兌禮”로 되어 있는 데 반해서, 奎章本과 國中本에는 “動合离禮”로 되어 있다. 後者가 옳다.

은 즐겁게 실천함을 말한 것이다.

○睽有坎貞 《上互坎》 足以幹事 兌猶乘剛 《大壯本大兌》 是 貞厲也 《事之危》

履 → 五爻變 → 睽←推移←大壯

○睽卦에는 坎의 貞(곧음)이 있으니 《[睽卦의] 上互卦는 坎》 일을 맡아 처리하기에 족하려니와, 兌가 여전히 剛을 타고 있으니 《大壯卦는 본래 大兌의 형태》 이것이 "貞厲"라고 한 까닭이다. 《일을 처리하는 것이 위태로운 상황이다.》

○位正當者 本象也 《陽居五》

○"位正當"이란 [履卦의] 本象을 가리킨다. 《陽이 제5位에 있다.》

○毛甡云 卦自夬來 今之中剛 《五之剛》 夬一陰之所履也 《六乘五》

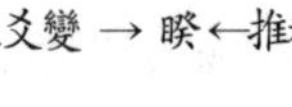

夬 → 履

○모신(毛甡)[264]이 말하였다. "履卦는 夬卦로부터 왔는데, 지금의 中

---

264) 모신(毛甡, 1623~1726) : 중국 淸初 때의 漢學派의 선구자인 모기령(毛奇齡)을 가리킨다. 毛奇齡은 字는 대가(大可)이며. 號는 서하(西河)이며. 一名 모신(毛甡)이라고도 불리운다. 모신(毛甡)은 毛奇齡이 明이 멸망한 뒤에 淸軍을 피해 다니면서 사용한 假名이다. 모기령은 한 때, 淸兵에게 잡혔으나 머리를 깎은 덕분에 목숨을 구하였다. 다시 여러 곳을 전전하다가, 崇山으로 가서 도사의 土室에 숨어 지내면서 毛甡이라는 假名을 사용하였다. 1679년 박학홍사과(博學鴻詞科)에 응시하였으며, 한림원검토(翰林院檢討)에 임명되어 明史 편찬에 참여하였다. 양명학 영향을 받았으나 고증학(考證學)을 좋아하여, 경학(經學) · 역사 · 지리 등에 관한 많은 저술을 남겼다. 朱子를 비판한 『四

剛은 ≪제5位의 剛≫ 夬의 一陰이 밟고 있던 것이다.” ≪6이 5를 타고 있다.≫

上九 : 視履, 考祥. 其旋, 元吉. ○ 象曰 : 元吉在上, 大有慶也.

上九 : [무당(巫堂)이 눈으로] 보고, [발로] 밟아서,[265] 길흉(吉凶)[의 조짐]을 살핀다. [兌의 기쁨이 사라졌다가] 그것이 [다시] 되돌아옴이니, 군주(君主)에게 길하다. ○「象傳」: 군주(君主)에게 길함이 위에 있음이니, [군주에게] 크게 경사가 있는 것이다.

此 履之兌也 兌自中孚來 ≪四之上≫ 大离之目 人所視也 ≪兼畫离≫

履 → 兌 ← 中孚

이것은 履卦가 兌卦로 변하는 경우이다. 兌卦는 中孚卦로부터 왔으니 ≪[中孚卦의] 4가 上으로 감≫ 大离의 눈으로 사람이 보게 된다. ≪[中孚卦를] 겸획(兼畫)하면 离가 된다.≫

書改錯』, 염약거(閻若璩)의 『古文尙書疏證』을 반박한 『古文尙書冤詞』 등이 있다. 박식하였으나, 당파의식이 강하여, 편파적인 의론을 좋아하였다. 모기령의 생애에 관하여는 문인 唐盛이 지은 「西河先生傳」을 참조할 것(심경호, 「조선후기의 경학연구법 분화와 毛奇齡 비판」, 『東洋學』 29집, 단국대 동양학연구소, 1999).

265) 여기서 “視履”를 “그 밟는 바를 본다(視其所履)”는 의미로 해석하지 않고, “보고, 밟아서”로 해석한 것은 茶山이 보는 것과 밟는 것을 각각 별개의 한 사건으로 간주하고 있기 때문이다(視履之各爲一事, 明矣).

兌自大壯來 ≪五之三≫ 上震之足 人所履也 兌則爲巫 ≪說卦文≫ 以考祥也 ≪義見下≫ 卦位旣終 ≪終乎上≫ 凡目之所視 足之[266]所履 巫乃考驗 ≪上下兌≫ 以察休咎 ≪祥 福也 災也≫ 視履考祥也

履 → 兌 ← 大壯

兌卦는 大壯卦로부터 왔다. ≪[大壯卦의] 5가 3으로 간 것이다.≫ 上卦인 震의 발은 사람이 밟는 것이요, 兌는 곧 무당이니 ≪「說卦傳」의 글≫ [무당이] "조짐을 살피는 것(考祥)"이다. ≪뜻이 아래에 나타난다.≫ 卦位가 이미 끝에 이르니 ≪上位에서 끝남≫ 무릇 눈으로 보고, 발로 밟아서, 巫堂이 이에 [그것을] 증험(證驗)하여 밝힘으로써 ≪上兌와 下兌≫ 길흉화복(吉凶禍福)[267]을 살피니, ≪["考祥"의] '祥'은 福과 재앙(災殃)을 [동시에] 뜻함[268]≫ 이것이 "視履考祥(보고, 밟아서 길흉을 살피는 것)"이다.

○卦自夬來 ≪上之三≫ 移失其兌 ≪履上乾≫ 今兌如舊 ≪上爻動≫ 兌其旋矣 ≪去復還≫ 上下皆悅 ≪上下兌≫ 其占吉也 乾君旣悅 ≪上本乾≫ 元首之吉也

夬 → 推移 → 履→上爻變→兌

---

266) [校閱] 新朝本에는 "足以所履"로 되어 있는데, 奎章本과 國中本에는 "足之所履"로 되어 있다. 前者가 무난하나, 後者라고 해서 틀린 것으로 볼 수는 없다.

267) 休咎 : 기쁜 일과 언짢은 일, 행복과 재앙, 吉凶, 禍福.

268) 祥은 狹義로는 福만을 지칭하지만, 廣義로는 좋은 일과 재앙의 모두를 포괄하는 뜻으로 쓰인다. 또 祥이 '조짐'을 뜻할 때도, 吉凶에 모두 해당되는 뜻으로 쓰인다([例] : "是, 何祥也, 吉凶安在", 『春秋左氏傳』).

○履卦는 夬卦로부터 왔다. ≪[夬卦의] 上이 3으로 간 것이다.≫ [夬卦에서 履卦로] 推移하면서 그 兌를 잃어버렸는데 ≪履卦의 上卦는 乾≫ 이제 兌가 옛날과 같으니 ≪上爻가 변동함≫ 이것은 곧 兌가 되돌아 온 것(其旋)이다. ≪갔다가 다시 되돌아온 것이다.≫ 上下가 모두 기뻐하니 ≪[重澤 兌卦의] 上兌와 下兌≫ 그 占이 길한 것이다. 乾의 君主가 이미 기뻐하니 ≪[履卦의] 上卦는 본래 乾≫ 우두머리(元首)가 길한 것이다.

○乾君旣悅 大有慶也

○乾의 君主가 이미 기뻐하니, 이것이 "大有慶(크게 경사가 있는 것)"이다.

○案[269] 周禮 九筮之法 若巫更 巫咸 巫式 巫目之類 卽所以考其祥殃 此 兌巫之所掌也 六三眇跛 亦指視履之事 ≪古注云 視[270]其所履 非矣≫ 蓋以卦體之內 本有离震也 ≪二與三爲震≫ 漢書 五行志 雖不可盡信 蓋亦古意也

䷉

履

○[案] 『周禮』의 九筮[271]의 法에 따르면, 서경(巫更)[272]과 서함(巫咸)[273]과 서식(巫式)[274]와 서목(巫目)[275]의 종류는 곧 복과 재앙을 살피는

---

269) [校閱] 奎章本에는 '案'이 '按'으로 되어 있다.

270) [校閱] 新朝本에는 "親其所履"로 되어 있으나 奎章本과 國中本에는 "視其所履"로 되어 있다. 新朝本의 '親'字는 '視'字의 誤記이다.

271) "九筮"란 ① 筮更, ② 筮咸, ③ 筮式, ④ 筮目, ⑤ 筮易, ⑥ 筮比, ⑦ 筮祀, ⑧ 筮參, ⑨ 筮環의 아홉 가지 筮法을 가리킨다. 九筮를 "구서(九簭)"라고도 한다. 또 『周禮』「春官」「筮人」에 "掌三易, 以辨九簭之名, 一曰 巫更, 二曰 巫咸, 三曰 巫式, 四曰 巫目, 五曰 巫易, 六曰 巫比, 七曰 巫祀, 八曰 巫參, 九曰 巫環, 以辨吉凶"이라고 함.

272) 『周禮』의 注에 따르면, 여기서 '巫'字는 '筮'字의 誤記라고 한다(此九筮, 讀皆當爲筮, 字之誤也). "서경(巫更)"은 都邑을 옮기는 것에 관한 占을 말한다.

바이니, 이것은 兌의 무(巫)가 관장하는 것들이다. [履卦의] 六三의 애꾸눈(眇)과 절름발이(跛)도 역시 보거나 밟는 일을 가리키니, ≪古注[276]에서 [履卦 上九의 爻辭의 "視履"를 해석하기를] "그 밟는 바를 본다(視其所履)"라고 풀이하였으나, 잘못된 견해임[277]≫ 그것은 대개 卦體의 안에 본래 离와 震이 있기 때문이다. ≪2와 3이 더불어서 震이 된다.≫ 비록 『漢書』「五行志」를 모두 믿을 수 있는 것은 아니지만, 대개 그 說도 또한 古意에 속한다.

○又按 大戴禮 四代篇曰 天道以視 地道以履 人道以稽 稽者考也 視履之各爲一事 明矣

○[又按] 『大戴禮記』[278]의 「四代篇」에서 말하기를, "天道로써 보며, 地道로써 밟으며, 人道로써 헤아린다"라고 하였으니,[279] '헤아린다(稽)'는 것은 '살펴 고찰하는 것(考)'을 말함이니, 보는 것(視)과 밟는 것(履)이 각각 한 가지씩의 [별개의] 사건이 되는 것이 분명하다.

---

273) 巫咸 : 民衆이 좋아하는가 싫어하는가를 점치는 것.

274) 巫式 : 法式을 制作하는 것에 관해 점치는 것.

275) 巫目 : 할 일이 많을 때, 일의 重要性과 正當性에 관해 점치는 것.

276) 『韓詩外傳』 卷3에서 "君子所履, 小人所視"라고 함. 왕필(王弼)의 注에서 "禍福之祥, 生乎所履處, 履之極履道成矣, 故可視履而考祥也"이라고 함. 唐의 공영달(孔穎達)의 疏에서도 "處履之極履, 道已成, 故視其所履之行, 善惡得失, 考其禍福之徵祥"이라고 함. 朱子의 『周易本義』에서도 "視其所履"라고 함. 程伊川도 "視其所履行, 以考其善惡禍福"라고 하였음. 또 『東坡易傳』에서도 "視其所履, 考其禍福之祥"이라고 함.

277) 茶山은 履卦 上九의 爻辭의 "視履"를 "밟는 것을 본다"라고 해석하지 않고, "보고, 밟는다"로 해석하고 있다.

278) 『大戴禮記』 : 漢武帝 때에 하간(河間)의 헌왕(獻王)이 古書 131편을 편술(編述)하여 뒤에 214편으로 성립됨. 대덕(戴德)이 그것을 85편으로 줄이고, 宣帝 때에 그의 조카 대성(戴聖)이 다시 49편으로 줄여서, 『小戴禮』가 성립되었다. 지금의 『禮記』는 『小戴禮』를 말한다.

279) 『大戴禮記』 「四代」篇(第六十九篇)에 "公曰, 所謂民與天地相參者, 何謂也, 子曰, 天道以視, 地道以履, 人道以稽, 廢一曰失統, 恐不長饗國"이라고 함.

周易四箋 戊辰本 卷之六

【11. 지천 태(地天 泰)】

乾下坤上 ○第七卦之正 ≪復二陽進≫

復 → 臨 → 泰

正卦 反卦

泰← 反易 →否

乾이 下卦이고, 坤이 上卦이다. ○第7卦의 正卦이다.
≪復卦로부터 두 개의 陽이 [점진적으로 축적되어] 前進한 것이다.≫

序卦傳曰 泰者 通也 ≪又曰 泰然後安≫

「序卦傳」에서 말하였다. "泰는 通함이다"

≪또 「序卦傳」에 말하였다. "[예절을 이행(履行)하여] 태평한 이후에 편안하다."[1]≫

○雜卦傳曰 否泰 反其類也

○「雜卦傳」에서 말하였다. "否卦와 泰卦는 그 종류(種類)가 [서로] 반대된다."[2]

○朱子曰 天地交而二氣通 故爲泰 正月之卦也

○朱子가 말하였다. "하늘과 땅이 사귀어, 陰과 陽의 두 기운이 통하므로 泰卦가 되니, 正月卦(1월)에 해당된다."[3]

○ 鏞案 泰者 內實之效也 物內陽則氣舒 人內誠則形正 榮衛[4]內旺 則四體調適 仁賢內聚 則八域安順 此 泰之所以爲通也

○[鏞案] 泰卦는 내실(內實)을 충실히 한 효과에 해당된다. 사물이 안으로 陽氣가 충만하면, 그 기운이 [밖으로] 펴져 나오고, 사람이 안으로 정성스러우면, 그 외부의 형체(形體)도 단정하다. 혈기(榮衛[5])가 안으로 왕성하면, [육신(肉身)의] 팔다리(四肢)를 놀리는 것이 적절(適切)하게 조화(調

---

1) 원문은 "履而'泰然後安', 故, 受之以泰. '泰者, 通也' 物不可以終通 故 受之以否."

2) "說卦, 主乎方而立說, 序卦, 主乎物而著訓. 又如否泰之反其類 ≪雜卦文≫ …… 皆分聚之義也."(『四箋』 卷7, 44나)

3) 陰曆 正月은 "寅月"에 해당된다. 『周易傳義大全譯解』 上(金碩鎭, 대유학당, 1996, 555면)의 12月卦에 관한 설명을 참조할 것.

4) [校閱] "衛"가 新朝本에는 다소 달리 나온다. 즉 가운데 아래 부분이 "帀"으로 되어 있는데, 이것이 本字이고, "衛"가 俗字이다.

5) 榮衛 : 혈기(血氣), 영(榮)은 血을 가리키고, 위(衛)는 氣를 가리킨다. 즉 혈액과 生氣를 뜻한다.

和)되며, 인자(仁者)와 현자(賢者)가 안에서 모이면, 온 세상이 안정되고 순조롭게 된다. 이것이 泰卦가 [「雜卦傳」에서 말한 바] 통(通)함이 되는 까닭이다.

天地水火 易之四正也 故諸卦之中 唯泰否及旣濟未濟 旣爲反易 又兼爲交易變易也[6]

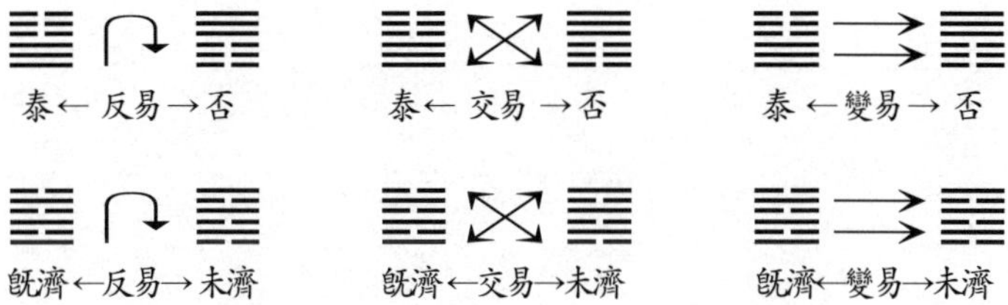

天·地·水·火는 易의 4正卦이다.[7] 그러므로 모든 괘 중에서 오직 泰卦와 否卦, 그리고 旣濟卦와 未濟卦만이 각각 反易의 관계도 될 뿐더러, 또 이에 겸하여 交易과 變易의 관계도 된다.[8]

泰, 小往大來, 吉, 亨.

泰는 작은 것이 가고, 큰 것이 오니, 길하고 형통할 것이다.

---

6) [校閱] 新朝本에는 "變易也"로 되어 있으나 奎章本과 國中本에는 "變易"으로 되어 있다. 즉 後者에는 "也"가 빠져 있다.

7) "天地水火, 易之四正"; "乾坤坎离, 四正之卦也."(『四箋』 卷1, 5나)

8) 「交易」「變易兼反易表」 참조(『四箋』 卷4, 19나).

此 泰之不變者也 小者 陰也 大者 陽也 外升曰 往 內降曰 來 此 易例也

이것은 泰卦가 변하지 않는 경우이다. 小는 陰이며, 大는 陽이다. 밖으로 상승하는 것을 '往'이라고 하고, 안으로 내려오는 것을 '來'라고 하니, 이것은 易例이다.[9]

泰以否交 《天地交》 三陰外升 《坤升上》 三陽內降 《乾降下》 小往大來也

否　　泰

泰卦는 否卦를 交易한 것이다. 《天과 地가 交易된 것이다.》 세 개의 陰은 밖으로 올라가고 《坤이 위로 올라감》 세 개의 陽은 안으로 내려오니 《乾이 아래로 내려옴》 "小往大來"라고 한 것이다.

○ 离位積誠 《下三陽》 六位皆應 前路大通 其占亨也

泰

○[泰卦는] 离位에 정성(誠)이 쌓이고, 《下卦에 세 陽이 [쌓여] 있음[10]》 여섯 자리가 모두 서로 호응하여 《上卦가 坤》 앞 길이 훤히 통하니, 그 占이 亨通한 것이 된다.

---

9) "往·來"에 대한 위의 설명은 통상적인 경우에 그렇다는 것이고, 예외가 존재한다.
10) 積誠: 茶山은 「說卦傳」의 '今補'에서 "离는 誠"이라고 함(『四箋』 卷8, 39나).

䷊

彖曰 : 泰, 小往大來, 吉, 亨, 則是天地交而萬物通也, 上下交而其志同也. 內陽而外陰, 內健[11]而外順, 內君子而外小人, 君子道長, 小人道消也.

「彖傳」: "泰, 小往大來, 吉, 亨"이라고 하였으니, 이는 하늘과 땅이 사귀어, 만물이 통하며, 윗사람과 아랫사람이 사귀어 그 뜻을 같이 하는 것이다. 안은 陽이고 밖은 陰이며, 안은 건장하고, 밖은 유순하고, 안으로는 군자가 있고, 밖으로는 小人이 있으니, 君子의 道는 성장하지만, 小人의 道는 소멸하게 된다.

秋陰旣長 天氣上升 地氣下降 所以否也 及乎建寅之月 則太陽舒晷 以煖萬物 ≪天下交≫ 大地蒸氣 以興雲雨 ≪地上交≫ 而草木蕃殖 昆蟲[12]孚育 此 天地交而萬物通也

否　　泰

[否卦의 경우에] 가을의 음기(陰氣)가 이미 자라나서,[13] 하늘의 기운은 위로 상승하고, 땅의 기운은 아래로 내려가니, [이로 말미암아 서로 교섭하지 않아] 비색(否塞)하게 된다.[14] 건인(建寅)의 달[15]에 이르면, 太陽은

---

11) [校閱] "健"의 왼쪽 部首가 新朝本에서는 "亻"이 아닌 "彳"으로 되어 있는데, 誤記이다.

12) [校閱] 新朝本에는 "昆蟲"으로 되어 있으나 奎章本과 國中本에는 "昆虫"으로 되어 있다. '虫'은 '蟲'의 俗字이다.

13) 否卦는 음력 7월괘로서 가을에 해당된다.

그 햇볕을 널리 쪼여 만물을 덥히고 ≪하늘이 아래로 교섭함≫ 大地는 무더운 증기(蒸氣)를 발생시켜, 구름과 비를 일어나게 하니, ≪땅이 위로 교섭함≫ 이로 말미암아 초목은 번성하여 자라나고, 곤충이 번식하게 되니, 이것이 "天地交而萬物通"의 의미인 것이다.

當否之時 君威高亢 民情阻塞 曁乎泰平之世 君德卑降 相我受民 ≪坤爲民≫ 民志上徹 群枉畢伸 ≪巽爲屈≫ 此 上下交而其志同也 ≪兩互歸妹也 坎离爲志≫

비색(否塞)한 때를 당해서, 군주의 위세(威勢)는 지나치게 드높고, 백성들이 사는 형편이 딱하고 답답하였는데,[16] 태평(泰平)한 시절이 다가오자, 군주의 德이 낮은 데까지 미치게 된다. 나를 도와서 백성을 받아들이고, ≪[泰卦의 下卦인] 坤은 民≫ 백성의 뜻은 위에까지 통하게 되며, 구부러졌던 모든 것들이 마침내 펴지게 되니 ≪否卦의 互卦인 巽은 구부러짐의 뜻이 됨[17]≫ 이것이 "上下交而其志同"의 뜻이다.

≪[泰卦로부터] 兩互卦를 만들면 歸妹卦가 되는데, [歸妹卦 중에 있는] 互坎과 互离는 모두 '志'가 된다.[18]≫

---

14) (다른 가능한 해석) 否卦가 되는 까닭이다.

15) 建寅 : 음력 正月을 가리키며, 泰卦가 이에 해당된다.

16) "否者, 不善也. 『左傳』之云逆爲否, 是也 ≪不臧謂之否≫."(『四箋』 卷2, 34나)

17) "巽을 屈의 뜻으로 본 것은 「說卦傳」이나 茶山의 '今補' 外에 다산이 별도로 보충한 物象에 해당된다(『四箋』 卷4, 29가). 아래(『四箋』 卷2, 30나)에서 "剝以下皆艮"이라 했는데, 이런 논리로 본다면 "皆巽"이라 해도 무방하겠으며, 따라서 여기서도 否卦의 전후에 모두 巽이 나타나 있음을 지적한 말로 볼 수 있겠다. 또한 "六陰之生, 以巽爲根"(『四箋』 卷1, 46가)이라고 했는데, 泰卦도 이 과정 중에 있는 것이다.

18) 坎을 志로 풀이한 것은 荀九家의 說이다(『四箋』 卷8, 38나). 다산은 坎이 志가 될 뿐

○君子者 震也 小人者 艮也 乾以震進 ≪義見乾≫ 震爲大途[19] 君子道也 ≪復以上 皆震≫

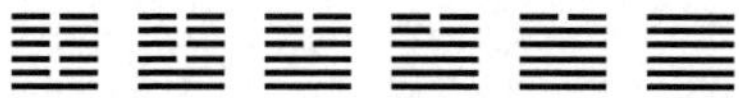

復 → 臨 → 泰 → 大壯 → 夬 → 乾

○君子는 震이고, 小人은 艮이다.[20] 乾卦는 震으로부터 나아왔다.[21] ≪뜻이 乾卦에 나타난다.≫ 震은 큰 길이니,[22] "君子道", 즉 "군자의 길"이다. ≪[12辟卦의 진행으로 볼 때] 復卦에서 夬卦에 이르기까지 모두 震으로 이루어져 있다.≫

坤由艮成[23] ≪義見坤≫ 艮爲徑路 ≪說卦文≫ 小人道也 ≪剝以下 皆艮≫ 乾長至三 君子道長也 坤消至三 小人道消也

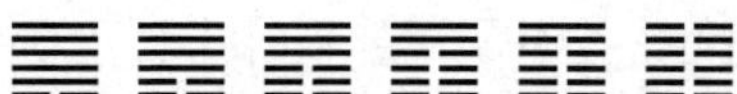

姤 → 遯 → 否 → 觀 → 剝 → 坤

坤卦는 艮으로 말미암아 성립된 것이다.[24] ≪뜻이 坤卦에 보인다.≫ 艮은 샛길(徑路)이니, ≪「說卦傳」에 나오는 말≫ "小人道(소인의 길)"에 해당된다. ≪剝卦 以下 [姤卦에 이르기까지] 모두 艮으로 이루어져 있다.≫

아니라, 离도 志가 된다고 보았다.

19) [校閱] 新朝本과 國中本에는 "大途"로 되어 있으나 奎章本에는 "大道"로 되어 있다. 뜻은 같다.

20) 震君子, 艮小人은 茶山의 今補에 나온다.

21) 乾以震進 ≪義見乾≫ : 乾卦와 震卦의 관계에 대해서는 『四箋』 「乾卦」 부분의 주석을 참조할 것(『四箋』 卷1, 35가).

22) 「說卦傳」에 "震 …… 爲大塗"라 나온다.

23) [校閱] 新朝本과 國中本에는 "坤由艮成"으로 되어 있으나 奎章本에는 "坤田艮成"으로 되어 있다. 田은 由의 誤記이다.

24) 坤由艮成(義見坤) : 坤卦가 艮卦로부터 말미암는다는 것은 『四箋』의 坤卦의 주석을 참조할 것(『四箋』 卷1, 44나). 또 『四箋』에는 "六陰之生, 以巽爲根"이라는 말도 나온다(『四箋』 卷1, 46가).

[泰卦의 경우] 乾이 자라나서 제3位에까지 이르렀으니, 이것은 "君子道長", 즉 군자의 道가 자라나는 것이며, 坤이 꺼져서 제3位에까지 이르렀으니, 이것은 "小人道消", 즉 소인의 도가 꺼지는 것이다.

○案[25] 小往大來 交易之義也 故孔子 特以兩交字明之 道長道消 仍是 十二辟進退之序也 讀者 詳之

否　泰

○[案] "小往大來"는 交易의 뜻이다. 그러므로 孔子께서 특별히 ["天地交"와 "上下交"라는] 두 개의 '交'字로써 交易이 취해졌다는 것을 분명히 밝히신 것이다.[26] "道長"과 "道消"라는 표현은 곧 십이벽괘(十二辟卦)가 나아가고 물러가는 순서를 말한 것이니, [『易經』을] 읽는 자는 이것을 잘 살펴야 한다.

䷊

初九 : 拔茅茹, 以其彙, ≪句≫ 征吉. ○象曰 : 拔茅, 征吉, 志在外也.

初九 : 띠풀의 뿌리를 뽑을 때에, [띠풀의 뿌리가 모여 있는] 그 무리

25) [校閱] 奎章本에는 '案'이 '按'으로 되어 있다.
26) 泰卦 九三의 「小象傳」에서 다산은 "天地際"의 구절을 해석함에 있어, "天地交也, 泰之乾坤, 交於三四, 以成歸妹"라고 풀이함으로써, "際"를 "交"로 해석하고 있다.

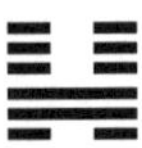

(彙)로써 함이니, ≪句≫ [그렇게 하면, 서로 연결된 띠풀이 잇달아 뽑혀 올라올 것이므로] 정벌(征伐)에 나서면 길할 것이다. ○「象傳」: “拔茅, 征吉”이라고 한 것은 [정벌하려고] 뜻한 바가 [내부에 있지 않고] 외부(外部)에 있음을 말한 것이다.

此 泰之升也 升自臨來 ≪一之三≫ 大震之草 ≪兼畫震≫ 有乾三脊 ≪卦本泰有乾≫ 其象 茅也 ≪義見下≫

泰 → 升 ← 臨

이것은 泰卦가 升卦로 변하는 경우이다. 升卦는 臨卦로부터 왔으니 ≪1이 3으로 감≫ 大震의 풀(草)에[27] ≪臨卦를 兼畫하면 震≫ 乾의 세 가닥의 등줄기가 있으니 ≪卦가 본래 泰卦이므로 乾이 있음≫ 그 象이 [세 가닥의 등줄기를 가진] 띠풀(茅)이다.[28] ≪뜻이 아래에 나타난다.≫[29]

移之爲升 則大震之草[30] 忽高一寸[31] ≪全卦今高擧≫ 茅之拔也 ≪拔擧之≫ 出自地底 ≪一二爲地位≫ 其根遂露 ≪下一陰爲根≫ 拔茅茹也 ≪茹者 茅根也≫ 下乃爲巽 ≪三之一≫ 巽亦草[32]也 震草之拔 巽草

27) 「說卦傳」에는 草의 物象이 보이지 않으나, 茶山은 ‘今補’를 통해 震은 草이라고 풀이하고 있다. 그런데 다산의 ‘今補’에 따르면, 震뿐만 아니라 巽도 草에 해당된다.

28) 茶山은 ‘今補’에서 乾이 ‘茅’라고 함(『四箋』 卷8, 34가). 또 “震巽之草, 兼之以乾三脊, 則其象爲茅”이라고 함(『四箋』 卷8, 34나).

29) 泰卦初九의 주석의 후반부에 “夫三脊者, 乾卦也, ……” 以下의 부분을 가리킨다.

30) [校閱] 奎章本에는 “艸”로 되어 있으나 新朝本과 國中本에는 “艸”의 略字인 “草”로 되어 있다.

31) [校閱] 新朝本과 國中本에는 “忽高一寸”으로 되어 있으나 奎章本에서는 “忽高三寸”으로 되어 있다. 前者가 옳다.

32) [校閱] 奎章本에는 “艸”로 되어 있으나 新朝本과 國中本에는 “艸”의 略字인 “草”로 되어 있다.

連起 ≪草相連≫ 拔以其彙也 ≪彙類也≫

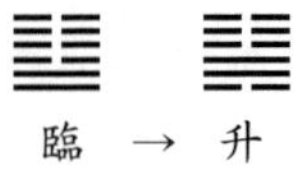

臨卦로부터 推移하여 升卦가 되면, 大震의 풀이 갑자기 한 치[33] 높아지니 ≪臨卦에서 升卦로 되면서, 전체 괘가 지금 높이 들어 올려짐≫ 띠풀(茅)을 뽑아 올린 것이다. ≪뽑아서 들어올린 것이다.[34]≫ 땅 밑으로부터 나와서 ≪1과 2는 땅의 위치가 됨≫ 그 뿌리가 마침내 드러나게 되었으므로 ≪升卦의 제일 밑에 있는 一陰은 뿌리가 됨≫ "拔茅茹(띠풀의 뿌리를 뽑는다)"라고 한 것이다. ≪'茹'는 띠풀의 뿌리를 가리킨다.[35]≫

한편 升卦의 下卦는 곧 巽이니 ≪臨卦의 3이 1로 감≫ 巽도 역시 풀이다.[36] 震의 풀을 뽑을 때에 巽의 풀도 잇달아 일어나니 ≪풀이 서로 연결되어 있음≫ 뽑을 적에 그 무리를 통째로 뽑은 것이다. ≪'휘(彙)'는 같은 종류끼리 모인 것을 가리킨다.≫

升自小過 ≪四之二≫ 本有艮手 ≪下本艮≫ 所以拔也 茅之爲物 根荄相連 ≪相結締≫ 拔則同起 君子之以類薦拔 有是象也

---

33) 奎章本에는 "忽高三寸"으로 되어 있으나 新朝本과 國中本의 "忽高一寸"이 옳은 것으로 본다. 臨卦에서 升卦로 推移되면서, 전체 괘가 第1位에서 第2位로 올려 졌으므로, 三寸이 아니라, 一寸이 올려진 것으로 보는 것이 옳다.

34) 細注에 "擧而拔之"라는 말이 나온다(『四箋』 卷2, 31가).

35) '茹'는 "띠뿌리(茅根)"

36) 「說卦傳」에서는 巽이 草라고 나와 있지 않으며, 茶山의 '今補'에서도 역시 명시되어 있지 않다. 그러나 다산은 震과 巽이 모두 풀(艸)이라고 말하고 있다(震巽皆艸). 또 "(巽)本以艸木, 兼之香臭, 其象藥也"이라고 하고 있다(『四箋』 卷8, 37나).

한편 升卦는 小過卦로부터 왔다. ≪4가 2로 간 것이다.≫ 小過卦에는 본래 艮의 손이 있으니 ≪小過卦의 下卦는 艮≫ 그 손으로써 뽑은 것이다. 띠풀(茅)이란 물건은 뿌리와 뿌리가 서로 연결되어 있어서 ≪서로 맺어지고 묶여져 있음[37]≫ 그것을 뽑을 때에도 다 함께 뽑혀 일어나게 되니, 君子가 같은 무리끼리 서로 천거하고 선발(選拔)해 올리는 경우에도 이러한 象이 있다고 할 수 있다.

○征吉者 南征吉也 升自小過來 剛旣南征 ≪四之二≫ 敵乃巽伏 ≪下今巽≫ 北拓其疆 ≪上今坤≫ 南失其城 ≪艮今亡≫ 南征吉也

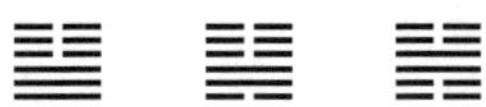

泰 → 升 ← 小過

○[여기서] "征吉"이라고 한 것은 南쪽을[38] 정벌함이 길한 것을 말한다. 升卦는 小過卦로부터 왔으니, 陽剛이 이미 남쪽을 정벌하니 ≪4가 2로 감≫ 敵은 이에 巽이 되어 굴복하게 된다.[39] ≪升卦의 下卦는 이제 巽≫ 북쪽 편에서는 그 영토를 넓히게 된 반면에 ≪升卦의 上卦는 이제 坤[40]≫ 남쪽 편에서는 그 城을 잃게 되므로 ≪小過卦의 艮이[41] 升卦에서는 이제 없어짐≫ 남쪽을 정벌하면 길한 것이 된다.

升之象曰 南征吉 ≪彼兼取互體≫ 師之升曰 師或輿尸 北征凶也

37) 보통 잔디 뿌리는 단순히 서로 뒤엉켜 있는 것이 아니고, 뿌리를 공유하고 있는 것으로 생각된다. 따라서 '相結締'는 "뿌리를 서로 같이 한다"는 의미로 이해될 수 있다. 참고로 生物學의 용어에는 "結締組織"이라는 말이 있다.

38) 下卦가 남쪽이 된다.

39) 巽伏 : 다산의 '今補'에 "隱伏"이라고 함.

40) 「說卦傳」에 따르면 坤은 地이다. 또 虞翻은 "國"이 된다고 하였다. 五行에 따르면 坤은 물론 土가 된다.

41) 艮이 城이 된다는 것은 우번(虞翻)의 설.

升→兩互作卦→歸妹←推移←泰　　師→제3爻變→升←推移←小過

升卦의 象辭에서는[42] "南征吉"라고 하였는데 ≪升卦의 경우에 互體를 겸하여 취함에 따른 것[43]≫ 師卦가 升卦로 변하는 師卦 六三에서는 "사혹여시(師或輿尸)"라고 하였으니,[44] 이것은 북쪽을 정벌함이 흉한 경우(北征凶)이다.

○升自小過來 大坎志也 柔自內往 ≪二之四≫ 以廣敵國 ≪上今坤≫ 志在外也

泰 → 升 ← 小過

○升卦는 小過卦로부터 왔으니, 大坎은 志이다.[45] 柔가 안으로부터 밖으로 나아감으로써 ≪2가 4로 감≫ 敵의 나라를 넓히니 ≪上卦가 이제 坤이니 나라가 됨≫ [下卦인 南國의 입장에서 본다면] "志在外"라고 한 것이다.

○案[46] 郭璞洞林 以其彙爲句 ≪征吉又一句≫ 朱子從之 ≪易詞之法 征吉 皆自成一句≫

○[案] 곽박(郭璞)[47]의 『洞林』[48]에서는 "以其彙"로써 한 구절을 삼았

42) 升卦의 卦辭에 "南征吉"이라고 하였는데, 茶山은 그 주석에서 "歸妹征凶, 北征之凶也. 北征旣凶, 南征之吉也"라고 하였다.

43) 升卦의 象詞에서 升卦로부터 兩互作卦하여 歸妹卦를 만든 것을 가리킨 것이다.

44) 師六三 : 師或輿尸, 凶.

45) 坎이 志라는 것은 荀九家의 설이다 그런데 茶山은 坎과 离가 모두 志라고 함(『四箋』 卷8, 38나).

46) [校閱] 奎章本에는 '案'이 '按'으로 되어 있다.

는데 ≪"征吉"은 또 다른 한 구절이 됨≫ 朱子도 이를 따랐다.49) ≪易詞의 규칙으로 볼 때, "征吉"은 모두 그 자체로 하나의 구절을 이룬다.≫

拔茅者 象也 征吉者 占也 占者 專指一事 象者 通照萬務 ≪引物比況 本無定則也≫ 拔茅連茹50) 固爲進賢之象 亦可爲征吉之象 ≪征伐國邑者 擧而拔之 如拔草根≫

"발모(拔茅)"는 象에 해당되고, "征吉"은 占에 해당된다. 占은 오로지 한 가지 사건만을 지시하는 것이며, 象은 만 가지 일을 두루 비추는 것이다. ≪사물을 끌어다가 어떤 상황을 비유함에 있어51) 본래 어떤 정해진 규칙이 있는 것이 아니다.≫ [이런 점에서 본다면] "발모연여(拔茅連茹)"가 현자(賢者)를 추천해 올리는 象에 해당되는 것도 사실이지만,52) 또한 동시에 "征吉"의 象도 될 수가 있는 것이다. ≪나라나 마을을 정벌하는 경우에 들어올려 뽑아버리는 것이53) 마치 풀뿌리를 뽑는 모양과 같다.≫

○又按 諸家 皆以巽爲茅 ≪據大過 初六≫ 然 易例 震亦草也 管子曰 江淮之間 一茅 三脊 名曰 菁茅 ≪禹貢 蔡氏傳曰54) 今 辰州麻陽縣苞茅山 出苞茅 有刺而三脊≫

○[又按] 여러 해석가들이 모두 巽을 [草로 보고, 이에 따라] '茅(띠

---

47) 郭璞(276~324) : 東晉의 학자로 박학다재하였는데 道敎를 신봉하였다.

48) 『洞林』은 『周易洞林』, 혹은 『易洞林』이라고 하기도 하는데, 후대에 集本한 『郭弘農輯』에 실려 있다고 함(金碩鎭, 『周易傳義大全譯解』 上, 대유학당, 1996, 416면).

49) 『仲氏易』(毛奇齡, 上海古籍出版社, 1990, 68면)에서는 "鄭註, 以"彙征"句. 謂引類而仕之"라고 하였다.

50) [校閱] 新朝本과 國中本의 '拔茅連茹'가 奎章本에는 '拔'毛'連茹'로 되어 있으나 '毛'는 誤字이다.

51) 比況 : 견줌, 비교함.

52) 進賢之象 : 毛奇齡, 『仲氏易』, 上海古籍出版社, 1990, 68면에서는 "謂引類而仕之"라고 하였고, 또 "拔茅者, 以其根; 進賢者, 以其類 ≪彙, 類也. 征, 進也≫"라고도 함.

53) 擧而拔之 : 앞서 "茅之"拔"也 ≪拔擧之≫"라고 함.

54) [校閱] 新朝本에는 "云"으로 되어 있으나 奎章本과 國中本에는 "曰"로 되어 있다.

풀)'로 간주하였다. ≪大過卦 初六에 나오는 "白茅"라는 용례에 의거하여,[55] 이렇게 풀이[56]≫ 그러나, 易例에 따르면 [巽만 풀이 되는 것이 아니라] 震도 또한 풀(草)이 된다.[57]

『管子』「경중(輕重)」篇에서 [다음과 같이] 말하였다. "양자강(江)과 회하(淮河) 사이의 지역에서 생산되는 띠풀이 있는데, [그것은] 세 가닥의 등줄기가 있는 띠풀로서, '청모(菁茅)'라고 부른다."[58] ≪『書經』「우공(禹貢)」篇의 채침(蔡沈[59])의 『書集傳』에서 이르기를, "현재 진주(辰州)의 마양현(麻陽縣)의 포모산(苞茅山)에서는 '포모(苞茅)'가 나는데, 가시(刺)가 있고 그 줄기에는 세 가닥의 뼈대가 있다"고 하였다.[60]≫

夫三脊者 乾卦也 說卦云 坎爲美脊 ≪以坎之中剛爲脊≫ 三陽者三脊也 巽不得乾 安能爲茅 毛氏 又以此爻 爲倒巽之茅 由不知爻變也

---

55) 大過初六, "藉用白茅, 无咎" : 茶山은 巽草도 인정하면서, 震草와 巽白으로 여기 "白茅"를 설명함. 즉 巽을 바로 "白茅"로 보는 것은 '빠뜨린 해석'이라 함(『四箋』 卷4, 5나). 결국 여기 泰初九에서도 "震草"로 보아야, 보다 적절하다는 것이다.

56) 『四箋』(卷8, 37나)에서도 "其云白茅者, 據太過也"라고 하였다.

57) "震巽之草, 兼之以乾三脊, 則其象爲茅."(『四箋』 卷8, 34나) 泰卦에서는 巽을 茅로 간주하였고, 否卦에서는 震을 茅로 간주하였다(『四箋』 卷2, 35가). 물론 앞서 보았듯이 泰卦는 "震艸"도 해당된다.

58) "管子曰, 江淮之間 一茅 三脊 名曰 菁茅."(『管子』, 명문당, 1985, 149면) 菁茅의 '菁'은 '靑'과 뜻이 같다. "청모(菁茅)"와 관련된 이야기는 다음과 같다. 周나라 왕실의 재정이 부족하여, 桓公이 그 대책을 관자에게 상의하자, 관중이 桓公에게 조언하기를, 제단에 제사지낼 때, 청모(菁茅)라는 띠풀이 나는 지역을 천자의 직할지로 일단 지정하고, 그리고 나서, 그것을 천자를 수행하고 제사지낼 적에 의무적으로 제단에 까는 것으로 의무로 만들고, 그 띠풀을 전매(專賣)하라고 조언하였다. 그 조언대로 행하자 제후들이 그 띠풀을 앞다투어 구하자, 그 값이 10배 이상 뛰어, 周왕실은 7년 동안이나, 제후들로부터 기부를 받지 않고 지낼 수 있었다.

59) 蔡氏 : 宋나라 蔡沈을 가리키며, 주희(朱熹)의 제자이며, 저서로는 『書集傳』이 전한다(車相轅 譯, 『書經』, 명문당, 1973, 7면; 皮錫瑞, 이홍진 역, 『中國經學史』, 형설출판사, 1984, 188면, 註 20번).

60) 禹貢 : 『書經』「禹貢」(車相轅 譯, 『書經』, 명문당, 1973), 84면; 『書經』「禹貢」「蔡氏傳」, 89면; 『漢文大系』 卷12 第三(『毛詩, 尙書』, 富山房, 明治 48年), 13면. 위의 管子의 내용도 역시 인용된다.

무릇 '三脊'은 乾卦를 가리킨다. 「說卦傳」에서는 坎은 美脊이 된다고 하였으니[61] ≪坎의 가운데 剛을 '脊(등뼈)'로 간주함≫ 三陽은 곧 '三脊'을 가리킨다. 만일 巽이 乾과 결부되지 않는다면 어떻게 '茅(띠풀)'가 될 수 있겠는가? 한편 모기령(毛奇齡)은 또한 이 爻로써 '倒巽(顚倒된 巽)'이 '茅(띠풀)'가 된 것이라고 하였는데,[62] 모기령(毛奇齡)의 이러한 견해는 爻變을 알지 못했던 것에 말미암는 것이다.

○虞翻曰 茹 茅根也 ≪字書又云 茹 牽連貌≫

○우번(虞翻)이 말하였다. "'茹'는 띠풀의 뿌리(茅根)를 뜻한다."[63] ≪字書에서는 또 말하기를 "'茹'는 엉켜 잇달아 있는 모양"이라고 하였다.≫

九二 : 包荒, ≪句≫ 用馮河, 不遐遺朋亡, ≪句≫ 得尙于中行. ○象曰 : 包荒, 得尙于中行, 以光大也.

九二 : [바야흐로 태평성대(太平聖代)를 맞이하여, 변방의 미개한] 오랑

---

61) 說卦傳 : (坎) 其於馬也 爲美脊(말의 아름다운 등뼈).

62) 毛奇齡, 『仲氏易』, 上海古籍出版社, 1990, 68면. "然蓋卦有互兌, 則倒巽也. 巽爲茅 ≪見諸家易≫. 雖互在二四, 與初無涉, 而茅根爲茹 ≪虞翻曰, 茹, 根也≫."

63) "牽引(之貌)"이라는 설도 소개되고 있다(李道平 撰, 潘雨廷 點校, 『周易集解纂疏』(十三經淸人注疏), 中華書局, 1994, 167면; 孫星衍, 『周易集解』 上, 上海書店, 1993, 128면). "茹, 相牽引之貌也."(임채우 역, 『周易王弼注』, 길, 2006, 113면)

캐를 포용할 것이며, ≪句≫ 강(江)을 건널 적에는 친구를 멀리 버려 잃어 버리는 일이 없이, ≪句≫ [강(江)을 건넌 뒤에] 큰 길 위에 올라 [같이] 가게 될 것이다. ○「象傳」: "변방의 오랑캐를 포용(包荒)"하며, "[친구를 버리지 않고] 큰 길 위에 올라 [같이] 가는 것(得尙于中行)"은 [태평성대를 맞아] 그 영광(榮光)이 크기 때문이다.

此 泰之明夷也 明夷也者 昭文德於四夷也 ≪离文明≫ 爻之未變 有震有兌 ≪泰兩互≫ 爻之旣變 有离有坎 ≪下今离≫ 東夷西戎 南蠻北狄 皆 荒服之外夷也 ≪四方卦≫

泰 → 明夷 ← 小過

이것은 泰卦가 明夷卦로 변하는 경우이다. 明夷라고 하는 것은 문화의 혜택을 사방의 오랑캐에 전파하여 밝게 빛나게 함을 말한다. ≪离는 문화가 밝게 빛나는 것이다.[64]≫ 爻가 변하지 않았을 때에는 [동쪽을 상징하는] 震이 있고 [서쪽을 상징하는] 兌가 있었는데, ≪각각 泰卦의 上互卦와 下互卦를 말함≫ 爻가 이미 변하게 되면 [明夷卦에는 남쪽을 상징하는] 离가 있고 [북쪽을 상징하는] 坎이 있으니 ≪[明夷卦의] 下卦가 지금 离≫ 이는 동이(東夷)・서융(西戎)・남만(南蠻)・북적(北狄)으로서 모두 변경에 거주하는 "荒服"[65]의 오랑캐들을 가리킨다. ≪4方卦에 해당된다.≫

---

64) 离文明 : 离가 文明이라는 것은 「說卦傳」이나, 茶山의 '今補'와 별도로 다산이 추가로 설정한 物象에 해당됨.

65) 황복(荒服) : 王畿로부터 대략 2千里에서 2千 5百里 정도 떨어진 '五服'의 제일 변두리 지역으로서, 즉 '변방 오랑캐의 지역'을 가리킨다. '五服'에는 다음의 세 가지 뜻이 있다. ① 王畿를 중심으로 주위를 다섯 구역으로 나눈 것으로서, 한 服은 대개 5백 리에 해당된다. 上古代에는 ㉠ 전복(甸服), ㉡ 후복(侯服), ㉢ 수복(綏服), ㉣ 요복(要服), ㉤ 황복(荒服)이고, 周代에는 ㉠ 후복(侯服), ㉡ 전복(甸服), ㉢ 남복(男服), ㉣ 채복(采服), ㉤ 위복(衛服)을 가리킨다. ② 다섯 등급의 喪服을 뜻함. 즉 ㉠ 참최(斬衰, 3년), ㉡ 자최(齊

明夷自小過來 《四之一》 降其巽命 《本互巽》 敷此离文 《下今离》 包括四夷 《四之一》 罔不歸服 《坎爲歸》 是 包荒也 巽則爲包 《虞氏云》 所以包也 曷然哉 泰運方昌 無遠不服也

泰 → 明夷 ← 小過 2·3·4 互巽

明夷卦는 小過卦로부터 왔다. 《4가 1로 간 것이다.》 그 巽의 명령(命令)을[66] 내리고 《본래 2·3·4는 互巽》 离의 文明을 베풀어 《下卦가 지금 离》 사방의 오랑캐(四夷)를 포용하고 교화하면 《4가 1로 감》 귀순하고 복종하지 않는 자가 없으니 《[明夷卦의 下互卦는] 坎이니, 돌아감이 됨[67]》 이것이 "包荒"의 뜻이다. 巽은 곧 둘러싼다는 뜻이니 《우번(虞翻)의 설[68]》 巽으로써 [四夷를 둘러싸] 포용하는 바가 된다. 어째서 그러한가? 태평성세의 기운이 바야흐로 번창할 때이니 멀리서도 복속(服屬)하지 않는 자가 없는 것이다.

○馮與淜通 《字本同》 淜者 朋涉也 《兩人相扶而徒涉曰 淜》 ䷣ 明夷自小過來 《一之四》 大坎之河 《兼畫坎》 坤朋共涉 《朋隔[69]水》 用馮河也 《淜而涉》

衰, 1년), ㉢ 대공(大功, 9개월), ㉣ 소공(小功, 5개월), ㉤ 시마(緦麻, 3개월). ③ ㉠ 天子, ㉡ 諸侯, ㉢ 卿, ㉣ 大夫, ㉤ 士의 다섯 계급에 따라 각각 별도로 정해진 의복을 뜻함.

66) "巽命"은 荀九家 虞翻의 설. "巽者, 兌口之向下者也, 故, 其象爲命令."(『四箋』 卷8, 37나)

67) 「說卦傳」에 "坎者, …… 萬物之所'歸'也"라고 한 것에 의거하여, 다산은 坎을 歸라고 풀이함(『四箋』 卷8, 30나).

68) "巽則爲包 《虞氏云》."(『四箋』 卷8, 37나)

69) [校閱] 新朝本과 國中本에는 "朋隔水"로 되어 있으나 奎章本에는 "朋涉水"라 되어 있다. 여기서는 일단 前者를 따르기로 한다.

泰 → 明夷 ← 小過

○ '馮(빙)'字는 '淜(빙)'字와 통한다. ≪글자가 본래 같다.≫ '淜(빙)'字는 [글자 그대로] 친구들이 물을 건너는 것을 뜻한다. ≪두 사람이 서로 도와 걸어서 물을 건너가는 것을 '淜(빙)'이라고 한다.≫

明夷卦는 小過卦로부터 왔다. ≪1이 4로 간 것이다.[70]≫ 大坎의 河川을[71] ≪小過卦는 兼畫하면 坎≫ 坤의 친구들이[72] 함께 건너니 ≪친구들이 물을 사이에 두고 떨어져 있음[73]≫ 이것이 "用馮河"의 뜻이다. ≪서로 도와가며 걸어서 물을 건넌다.≫

坤本三朋 不可少一 ≪不成坤≫ 乃其二朋 旣涉坎川 ≪五與六 先涉≫ 至于河北 ≪上位坎≫ 餘朋未涉 尙在河南 ≪下位离≫ 此 遐棄其朋 ≪遺棄也≫ 使朋亡也 ≪失一朋≫

泰 → 明夷 ← 小過

坤은 본래 세 쌍의 친구(三朋, 즉 6명)로 이루어져 있으니, 하나라도 적으면 안 된다. ≪그러면 坤을 이루지 못한다.≫ [그런데 小過卦를 보면] 그 두

---

70) 앞서는 "四之一"이라 하였는데, 여기서는 그 반대 입장에서 "一之四"라고 함.

71) 坎이 '河' 혹은 '川'이 된다는 것은 坎은 水라는 「說卦傳」의 해석을 응용한 것.

72) 坤朋 : 다산은 '今補'에서 坤은 朋(친구)이라고 풀이함. 그러나 다산은 坤이 朋이 되기 위해서는 三畫卦인 坤卦 전체가 있어야 되는 것이 아니라, '--'나 '=='만으로도 성립된다고 보았다. 다산은 이렇게 '未滿三畫'이라도 卦象을 취할 수 있으며, 실제로 『주역』에는 그렇게 해야 해석되는 구절이 다수 있다고 본다.

73) 小過의 初位의 '陰--'이 四位로 가는 것이 '坤朋共涉'인데, '陰--'은 보다시피 두 부분으로 나뉘어 있으니 그 자체가 '朋'이다. 그리고 1·2位의 '=='와 5·6位의 '=='이 '═'를 사이에 두고 떨어져 있으니 '朋隔水(친구들이 물을 사이에 두고 떨어져 있음)'이다.

쌍의 친구(二朋, 4명)는 이미 坎의 川을 건너 ≪5와 6은 먼저 건넘≫ 河川의 북쪽에 도달하였는데 ≪上卦는 본래 坎位[이므로 북쪽 방위에 해당됨]≫ 나머지 한 쌍의 친구들(餘朋 : 2명, 小過卦 初位의 陰)은 아직 건너지 못하고 여전히 河川의 南쪽에 있으니 ≪下卦는 본래 离位[이므로 남쪽 방위에 해당됨][74]≫ 이것이 그 친구를 멀리 버려서 ≪原文에서 "遺"는 버림의 뜻≫ 친구를 잃어버리는 것에 해당된다.[75]

詩云 招招舟子 人涉卬否 人涉卬否 卬須我友 ≪匏有苦葉篇≫ 遐遺而使朋亡 非詩人之義也

『詩經』에서 "뱃사공이 손짓하여 부르고 또 불러서 남들은 물을 건너도, 나는 안 가려네, 남들은 건너도 나는 안가는 것은, 나는 내 벗을 기다리기 때문이네"라고 하였으니 ≪『詩經』「포유고엽(匏有苦葉)」篇에 나옴[76]≫ 멀리 버려 친구들을 잃어버리게 하는 것은 詩人이 취할 의리(義理)가 아니다.

移之明夷 ䷣ 則一朋友濟 ≪一之四≫ 三朋畢涉 ≪上今坤≫ 用之馮河 不遐遺朋亡也 泰運方昌 君子彙進 當此之時 豈有遐遺之朋也哉

䷊ ䷣ ䷽

泰 → 明夷 ← 小過

---

74) 「細註」에서 "上位坎", "下位离"라고 한 것은 上卦位가 坎으로서 북쪽이고, 下卦位가 离로서 남쪽이라는 뜻(「易例比釋」의 「東西南北例」를 참조할 것).

75) 茶山은 原文의 "不遐遺朋亡"의 구절 중 "遐遺朋亡"을 "遐棄其朋, 使朋亡"의 뜻으로 풀이하고 있다. 그러므로 "不遐遺朋亡"은 '멀리 버려서, 친구를 잃어버리는 일이 없음', '멀리 버려서, 친구를 잃어버리지 않음'의 뜻이다. 그런데 原文의 '朋亡'은 '친구가 없어짐'의 뜻으로 오해될 수 있으므로, 다산이 "使"字를 삽입하여 '使朋亡', 즉 '친구를 잃어버리게 함'의 뜻이라는 것을 명확히 한 것이다.

76) "招招舟子, 人涉卬否; 人涉卬否, 卬須我友."(『詩經』「匏有苦葉」篇)

[小過卦로부터] 추이하여 明夷卦가 되면, 한 짝의 친구들마저 물을 건너니 ≪1이 4로 감≫ 3쌍의 친구들이 모두 물을 건넌 것이다. ≪[明夷卦의] 上卦가 지금 坤≫ 이것이 "강을 건널 적에 친구들이 서로 도와서 건넘으로써, 친구를 멀리 버려 잃어버리지 않게 한다"는 뜻인 것이다. 태평한 기운이 바야흐로 번창하여, 君子들이 무리를 지어 [조정에] 나아가니, 이런 시기를 맞이하여 어찌 친구를 멀리 버리는 일이 있겠는가?[77]

○中行者 大道也 ≪大路曰 中逵≫ 坤朋旣涉 ≪踰坎川≫ 震道當陸 ≪上互震≫ 得尙于中行也 ≪尙上也≫ 易例 中孚小過 皆爲中行 ≪見益夬≫

中孚

小過

○"中行"은 큰 길(大道)을 말한다. ≪大路를 '중규(中逵)'라고 한다.≫ 坤의 친구들이 이미 물을 건너니 ≪坎의 川을 건넘≫ 震의 길이 육지(陸地)에 맞닿아 있으니 ≪明夷卦의 上互卦는 震≫ "得尙于中行", 즉 "[앞이 확 트인] 큰 길 위에 오르게 된다"는 것이다.[78] ≪"尙"은 上이다.≫ 易例에 따르면 中孚卦와 小過卦는 모두 '中行'이 된다. ≪益卦와[79] 夬卦에[80] 나타난다.≫

---

77) 朱子나 程子는 '不遐遺朋亡'의 뜻을 '붕당을 없애는 것'의 뜻으로 해석하였으나, 이는 다산과 완전히 상반되는 해석이다. 茶山은 오히려 그 朋黨을 견고히 하라는 의미가 된다. 다산은 그 전거로서 『詩經』의 구절을 인용하여 자신의 논지를 강화시키고 있다.

78) 「說卦傳」에 따르면, 震은 '大塗', 즉 '큰 길'이다. 다산은 '大路'를 中逵라고 풀이함으로써, 中을 大의 의미로 해석하고 있다. 또 다산은 '中行者, 中路也'라고 풀이한다(『四箋』 卷5, 25나). 『爾雅』에 따르면 "行, 道也"라고 한다(김상섭 역, 『高亨의 周易』, 예문서원, 1995, 157면). 따라서 '中行'은 '大道'의 뜻이다.

79) 益六三의 "益之, 用凶事无咎, 有孚, 中行, 告公用圭"에 대한 해석에서 다산은 "中行者, 使臣也(큰 길을 가는 사람은 使臣이다)"라고 풀이한다(『四箋』 卷5, 20나). 또 "自中孚移, 是中行也"이다(『四箋』 卷5, 20나). "周禮秋官, 有大行人·小行人; 春秋之時, 有中行氏. 古者, 以官爲氏; 中行者, 使臣也."(『四箋』 卷5, 20나~21가) 또 益六四의 "中

○光大者 坤德也 ≪坤 含弘光大≫ 亦离德也 ≪离爲光≫ 包荒之占以坤离也 ≪爲明夷≫ 尙于中行 亦以坤离也 咸九四 宜參看 ≪朋從爾思 未光大也≫

泰 → 明夷 ← 小過

○"光大"는 坤의 德이며 ≪坤卦의 「彖傳」에서 "含弘光大"라고 함≫ 또한 离의 德이기도 하다. ≪离는 光이다.[81]≫ 오랑캐들을 교화하고 포용하는 일(包荒)에 관한 占은 坤과 离에 의한 것이며, ≪坤과 离는 明夷卦가 됨≫ "尙于中行(탄탄대로 위에 올라 섬)"도 또한 坤과 离에 의한 것이다. 咸卦 九四를 마땅히 참고해야 한다. ≪咸卦 九四의 爻辭에서 "朋從爾思"라고 하였고, 그 「小象傳」에서는 "未光大也"라고 하였다.≫

九三 : 无平不陂, 无往不復. 艱貞, 无咎, 勿恤其孚. ≪句≫ 于食有福. ○象曰 : 无往不復, 天地際也.

九三 : [세상 이치로 볼 때] 평평하기만 하고 기울어지지 않는 것은 없

行, 告公從. 利用爲依, 遷國"(『四箋』 卷5, 21가)의 부분에 대한 해석에서 다산은 "中孚者, 中行也"라고 풀이하고 있다(『四箋』 卷5, 21가).

80) 夬九五의 "莧陸夬夬, 中行, 无咎"의 부분에 대한 해석에서 다산은 "中行者, 中孚也. …… 中行者, 中路也. 中孚小過, 皆有艮震 ≪中孚, 以兩互≫, 而其聚在中, 故謂之中行 ≪艮震, 皆道路≫"라고 풀이하고 있다(『四箋』 卷5, 25나).

81) 离는 光이라는 풀이는 「說卦傳」에 나오지 않으나, 다산이 「說卦傳」의 离는 火, 혹은 离는 日 등의 풀이로부터 응용한 것으로 보인다.

으며, 가기만 하고 돌아오지 않는 것은 없다. [비록] 험난한 일을 만나겠으나, 허물은 없으리니, 근심하지 말 것이며, 그 믿음을 지닐 것이다. ≪句≫ 먹는 일에 복(福)이 있을 것이다.[82] ○「象傳」: "가기만 하고 돌아오지 않는 것은 없는 것(无往不復)"은 하늘과 땅이 교제(交際)하기 때문이다.

此 泰之臨也 卦由臨進 ≪二而[83]三≫ 臨之時 兌澤成陂 ≪下本兌≫ 進而爲泰 則陂者平矣 ≪兌口平≫ 三變爲臨 ≪下今兌≫ 則平者還陂 ≪兌爲陂≫ 无平不陂也 陂者 澤障也 ≪又陂 傾陷也≫

臨→辟卦推移→泰→제三爻變→臨

이것은 泰卦가 臨卦로 변하는 경우이다. [본래 泰卦는] 臨卦로부터 나아온 것인데 ≪臨卦의 2陽으로부터 泰卦의 3陽으로 나아감≫ 臨卦인 때에는 兌의 澤이 비탈을 이루고 있다. ≪[臨卦의] 下卦는 본래 兌≫ 臨卦가 나아가서 泰卦가 되면, 비탈이 평평하게 된다. ≪兌의 입구가 평평해진 것이다.[84]≫

[그런데] 泰卦의 제3爻가 변하여 臨卦가 되면 ≪[臨卦의] 下卦가 이제 兌가 됨≫ 평평해졌던 것이 다시 비탈이 되니, ≪兌가 비탈이 됨[85]≫ 이것을 가리켜 "无平不陂", 즉 "평평하기만 하고, 기울어지지 않는 것은 없다"

---

82) 于食有福: ① 일반적으로 푸짐하게 음식 대접받을 일이 있을 것이다. ② 관리가 공훈을 세워 祿俸을 받게 될 것이다. ③ 어린 아이가 태어남에 "식복은 타고 났다"고 그 장래를 예언한 것.

83) [校閱] 新朝本과 國中本에는 "二而三"으로 되어 있으나 奎章本에는 "二之三"으로 되어 있다. 여기서는 前者를 따른다.

84) 兌口平: 「說卦傳」의 '近取' 항목을 참조.

85) 兌陂는 「說卦傳」에 나오는 것은 아니고, 兌澤의 물상에서 응용한 것, "陂"字에도 '연못'의 뜻이 있음, 또 "毀折"이나 "附決"의 의미에서 파생된 것으로 볼 수도 있음.

라고 한 것이다. '피(陂)'는 '못의 둑(澤障)'을 가리킨다. ≪또 '피(陂)'는 경사지고 함몰된 지형을 뜻한다.≫

○ 泰之兩互 卽成歸妹 ≪上雷而下澤≫ ䷵[86] 剛往于外 ≪泰三升于四≫ 乾德遂缺 ≪下成兌≫ 三爻之動 乾剛復[87]還 ≪雷天卦≫ 无往不復也

泰 歸妹 → 大壯 泰 → 臨

○泰卦로부터 兩互卦를 취하면, 곧 歸妹卦가 되니[88] ≪上卦가 雷이고, 下卦가 澤≫ 剛이 밖으로 가서 ≪泰卦의 3이 4로 올라간 것≫ 乾의 德이[89] 마침내 훼손된 것이다. ≪[歸妹卦의] 下卦가 兌가 됨≫ 歸妹卦의 3爻가 변동하여, [大壯卦]가 되면, 乾의 剛이 다시 회복되었으므로 ≪大壯은 雷와 天으로 구성된 卦≫ "无往不復", 즉 "가기만 하고, 돌아오지 않는 것은 없다"라고 한 것이다.[90]

---

86) [校閱] 新朝本과 國中本에는 歸妹卦(䷵)가 그려져 있으나, 奎章本에는 震卦(䷲)가 그려져 있다. 前者가 옳다.

87) [校閱] 新朝本과 國中本에는 "乾剛復還"이라고 되어 있으나 奎章本에는 "乾剛遂還"이라고 되어 있다. 여기서는 前者를 따른다.

88) 泰卦도, 泰九三의 之卦인 臨卦도 모두 辟卦이기 때문에, 따로 母卦가 없다. 이와 같은 경우, 茶山은 "十二辟卦之强直寡變者, 必取交易之義"(『四箋』 卷4, 17나) "君辟之卦, 或取反易"(『四箋』 卷8, 11나)이라고 말함으로써, 交易이나, 反易을 통해서 변화한다고 설명하고 있다. 兩互作卦法의 경우도 역시 本卦와 之卦가 모두 변화성이 적은 辟卦이기 때문에 兩互作卦法을 취한 것이라고 본다면, 이 역시 "强直寡變者"의 경우로 보아야 할 것이다.

89) 乾이 德이 된다는 것은 荀九家의 說이다. 그런데 茶山은 德字 중에서 悳은 直과 心이 합하여진 글자이며, 乾과 坎은 '直心(곧은 마음)'을 상징하므로, 모두 德에 해당된다고 주장한다(『四箋』 卷8, 34가).

90) 兩互作卦하여 새로운 괘를 도출한 경우, 그 새로운 卦의 동일한 자리의 획을 爻變시킨다(그 陰・陽이 동일할 수도 다를 수도 있다). 예컨대 泰之六四로부터 兩互卦를 취하여 歸妹卦가 되면, 歸妹의 九四를 효변시키는 경우와 같다.

○歸妹之卦 下旣陂陷 ≪兌在下≫ 中有坎險 ≪三五互≫ 患難之卦也 三之旣變 ≪爲大壯≫ 艱險悉平 ≪下四陽≫ 乾德復完 ≪下今乾≫ 艱貞之无咎也 ≪貞 事也≫

䷊ ䷵ ䷡

泰 → 歸妹 → 大壯

○歸妹卦의 형태를 보면, 아래로는 이미 비탈이 함몰(陷沒)되어 있고 ≪兌가 下卦에 있음≫ 가운데로는 坎의 험난함이 있으니[91] ≪3·4·5의 互卦가 坎≫ 환란(患難)의 卦이다. 제3爻가 이미 변하게 되면 ≪大壯卦가 됨≫ 어렵고 험난하던 것은 모두 평탄해지고, ≪이제 大壯卦에서는 [兌나 坎이 모두 사라지고] 아래에 네 陽이 있음≫ 乾의 德이 완전히 회복되었으니 ≪大壯卦의 下卦는 이제 乾≫ 이것을 가리켜 "艱貞, 无咎", 즉 "어렵고 험난한 일이기는 하지만, 허물은 없을 것이다"라고 말한 것이다. ≪貞은 일(事)이다.≫

兌德乘剛 ≪歸妹時≫ 今剛得位 ≪三[92]今剛≫ 又何咎焉 ≪善補過≫

䷊ ䷵ ䷡

泰 → 歸妹 → 大壯

兌의 성격은 陰이 陽을 올라타고 있는 것이지만 ≪歸妹인 때에 그러함≫ 지금은 剛이 제 자리를 얻으니 ≪[大壯卦의] 제3位에 지금 剛이 있음≫ 또 무슨 허물이 있겠는가? ≪잘못을 저질렀으나, 잘 보완한 것이다.[93]≫

---

91) 坎이 險의 뜻이 된다고 한 것은 '今補' 이외에 다산이 별도로 보충한 것이다.

92) [校閱] "三今剛"의 "三"이 新朝本에는 "二"로 되어 있으나 誤記이다.

93) 善補過: 「繫辭上傳」에는 "无咎者, '善補過'也"라고 나오는데, "无咎"(=善補過)는 애초부터 잘못이 없었던 것이 아니라, "잘못은 있었으나, 바로 고쳤기 때문에, 허물될 것이 없다"는 뜻이다.

○歸妹之卦 雖有坎恤 《三五互》 亦以离孚 《二四互》 勿恤其孚也 《有信故 無憂》

○歸妹卦에 비록 坎의 근심이[94] 있기는 하지만, 《3·4·5의 互卦》 또한 离의 믿음이[95] 있으니, 《2·3·4의 互卦》 "勿恤其孚", 즉 "근심하지 말고, 그 믿음을 지니라"고 말한 것이다. 《믿음이 있는 까닭에 근심할 것이 없다.》

○食者 兌也 《兌爲口》 臨泰之往復也 《義見上》 皆得兌祿 《泰互兌》 歸妹之變動也 《爲大壯》 猶不失兌 《大壯今大兌》 于食有福也 歸妹有离 《下互离》 离則爲福 《人所喜》

臨 → 泰 → 제3爻變 → 臨　　　歸妹 → 제3爻變 → 大壯

○食은 兌이다. 《兌는 입이 됨[96]》 臨卦와 泰卦가 오고 가는 과정에서 모두 兌의 祿을[97] 얻었는데 《泰卦의 2·3·4의 互兌》 [泰卦를 兩互作卦한] 歸妹卦가 효변을 취하여 변동되더라도 《大壯卦가 됨》 여전히 兌가 없어지지 않으니 《大壯의 형태는 이제 大兌의 형태》 "于食有福", 즉 "먹는 일에 복이 있는 것"이다. 한편 歸妹卦에는 또한 离가 있으니 《2·3·4의 下互卦는 离》 离는 곧 福이 된다.[98] 《福은 사람에게 기쁨을 주는 것이다.》

---

94) 坎이 恤(근심)이 된다는 것은 「說卦傳」의 物象에는 나오지 않는다. 또 荀九家의 逸象이나 茶山의 '今補' 등에서도 언급되고 있지 않다. 단지 「說卦傳」에서 坎은 "心病"이라고 하였을 뿐이며, 또 虞翻은 坎이 '疑'가 된다고 풀이한 바 있다. 따라서 坎이 恤(근심)이 된다는 것은 이러한 예들로부터 茶山이 응용하여 적용시킨 듯 하다.
95) 离가 孚(믿음)가 된다는 것은 다산의 '今補'에 나온다.
96) 兌가 口(입)가 된다는 것은 「說卦傳」의 이른바 '近取' 항목에 나온다. 茶山은 '今補'에서 兌는 食이라 하였다.
97) 兌가 祿이 된다는 것은 茶山이 '今補' 이외에 별도로 보충한 것이다.
98) 离가 福이 된다는 것은 다산이 '今補' 이외에 별도로 보충한 것이다. 한편 다산은

○天地際者 乾坤交也 泰之乾坤 交於三四 以成歸妹 天地際也 ≪泰變爲臨 則天地無所交≫

泰→兩互作卦→歸妹←推移←泰

○"天地際"는 乾과 坤이 交際함을 말한다. 泰卦의 乾과 坤이 제3位와 제4位에서 그 陽과 陰의 위치를 바꾸게 되면 歸妹卦를 형성하니, 이것이 "天地際", 즉 "하늘과 땅이 交際함"이다. ≪泰卦에서 [九三이] 爻變하여 臨卦가 되는 경우에는 하늘과 땅이 교섭하는 바가 없다.[99]≫

解初六 宜參看 ≪彼亦歸妹 故曰 剛柔際≫

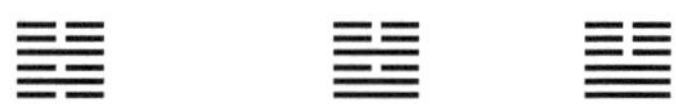

解 → 初爻變 → 歸妹←推移←泰

解卦 初六을[100] 마땅히 참조해야 한다. ≪解卦 初六의 경우도 역시 歸妹卦가 되는 까닭에 "剛柔際"라고 한 것이다.[101]≫

○艱貞之義 見明夷

○"艱貞"의 뜻은 明夷卦에도 나온다.[102]

'今補'에서 离는 喜(기쁨)가 된다고 하였는데, '福'은 사람이 기뻐하는 바(喜)이므로, 离가 福이 된다고 풀이한 것으로 보인다.

99) "无平不陂"는 臨泰往來(泰變爲臨)의 측면에서 설명되니 이와 상관이 없고, 다만 "无往不復"만 "天地際"와 연관된다.

100) 解卦 初六 : 无咎. ○象曰 剛柔之際, 義无咎也.

101) 다산은 解卦 初六에 대한 주석에서 "剛柔之際者, 乾坤之交也 ≪歸妹自泰來≫"라고 말하고 있다(『四箋』 卷5, 12가).

102) 明夷卦의 卦辭에서도 '利艱貞'이라고 함.

䷡

六四 : 翩翩,[103] ≪句≫ 不富以其鄰, 不戒以孚. ○ 象曰 : 翩翩不富, 皆失實也, 不戒以孚, 中心願也.

六四 : [새가] 훌쩍 날아왔다가 [또 다시] 훌쩍 날아가듯이, ≪句≫ 그 이웃을 [일시적으로 도울 수 있을지는 몰라도 궁극적으로] 부유하게 만들지는 못할 것이다. 훈계(訓戒)하지 않아도, [백성들이] 믿고 호응(呼應)해 올 것이다. ○「象傳」: "翩翩不富"라고 한 것은 [이웃나라에 자국(自國)의 부(富)를 덜어준다고 하더라도, 도움을 주는 쪽이나 받는 쪽 양편이] 모두 實利를 잃음을 말한 것이다. 훈계하지 않아도 [백성들이] 믿고 호응해 오는 것은 마음속으로부터 [진실로] 원(願)하기 때문이다.

此 泰之大壯也 兩互作卦 是成歸妹 ䷵ 歸妹之卦 本自泰來 ≪三之四≫ 陽離其位 ≪離于三≫ 遂以离飛 ≪二四互≫ 移于他木 ≪上震木≫ 鳥之飛也

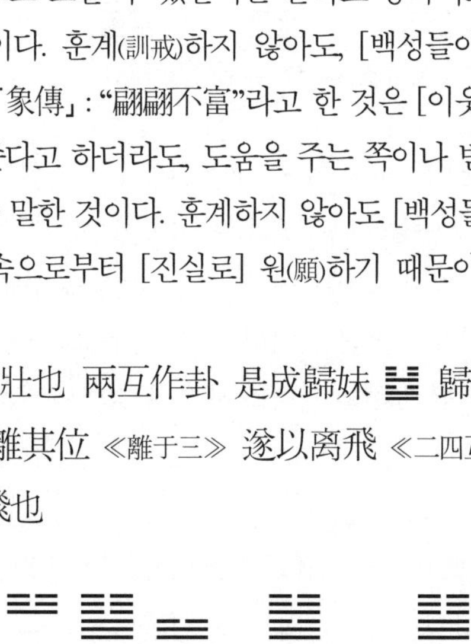

이것은 泰卦가 大壯卦로 변하는 경우이다. 泰卦로부터 兩互卦를 만들면 歸妹卦가 된다. 그런데 歸妹卦는 본래 泰卦로부터 왔으니, ≪3이 4로 감≫ 陽이 제 위치를 떠나 ≪제3位에서 떠남≫ 마침내 离로써[104] 날아올

103) 茶山은 句節의 讀法과 관련하여 기존의 잘못된 句讀法의 오류를 지적하고, 句를 정확히 떼어 읽는 방법을 밝히기 위하여 '句'字를 삽입하였다.

104) 陽「離」其位 ≪離于三≫, 遂以「离」飛 ≪二四互≫ : 앞의 "離"字는 '떠나다'를 뜻하는 動詞인 반면에, 뒤의 "离"字는『周易』의 离卦를 지칭한다. 그러나 奎章本에서는 离字가 모두 "離"字로 되어 있다.

라105) ≪歸妹卦의 2·3·4의 互卦≫ 다른 나무로 옮겨가니 ≪歸妹卦의 上震이 나무가 됨106)≫ 새가 날아간 것이 된다.

四之既變 ≪歸妹變≫ ䷒ 一陽之移爲飛者 因忽不見 ≪四之剛今亡≫ 飛又飛也 ≪荀九家 离爲飛鳥≫ 此之謂 翩翩 ≪鳥飛貌≫

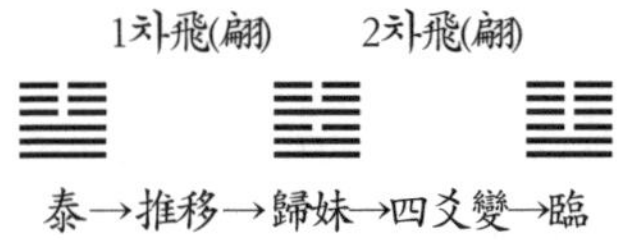

[歸妹卦의] 제4爻가 이미 변하니 ≪歸妹卦가 변함≫ 앞서 泰卦의 [제3位에 있던] 陽 하나가 이동(移動)함으로써 날아온 것인데, [그것이] 갑자기 보이지 않으니 ≪[歸妹卦의] 제4位의 剛이 지금 [臨卦로 되면서] 없어짐≫ 날아 왔다가 또 다시 날아가 버린 것이다. ≪荀九家는 离가 飛鳥가 된다고 하였다.107)≫ 이것을 일러 "편편(翩翩)"이라고 표현한 것이다. ≪"편편(翩翩)"은 새가 날아가는 모습이다.108)≫

○ 泰之時 南國富實 ≪下三陽≫ 北國耗虛 ≪上本坤≫ 移之歸妹 ≪三109)之四≫ 則南國兌失 ≪失一陽≫ 北國震蕃 ≪禾稼之蕃鮮≫ 此 南鄰之富 移于北鄰也 ≪三之四≫

---

105) 离가 飛(날아감)의 뜻이 된다는 것은 荀九家의 說로서 다산도 따르고 있다(『四箋』 卷8, 32가).

106) 茶山은 '今補'에서 震이 草木이 된다고 하였음. 따라서 震이 木이 된다는 것은 '今輔'의 설에 해당된다고 볼 수 있다.

107) 离가 飛鳥(나르는 새)가 된다는 것은 荀九家의 說로서, 「說卦傳」의 遠取와 관련한 다산의 설명을 참조할 것(『四箋』 卷8, 32가).

108) 翩翩: 琉璃王의 黃鳥歌. "'翩翩'黃鳥, 雌雄相依; 念我之獨, 誰其與歸?"(金富軾, 辛鎬烈 譯, 『三國史記』, 동서문화사, 1976, 286면, 384면).

109) [校閱] 新朝本에는 "二之四"로 되어 있으나 奎章本과 國中本에는 "三之四"로 되어 있다. "二"는 誤記이다.

泰 →推移 → 歸妹←推移←泰

○泰卦의 때에는 南國은 부유하고 건실한데 ≪下卦에 세 개의 陽이 있음[110]≫ 北國은 소모되어 텅 비었다.[111] ≪[泰卦의] 上卦가 본래 坤[112]≫ [그런데] 推移하여 歸妹卦가 되면 ≪3이 4로 감≫ 남쪽 나라는 兌가 되니, 그 富를 잃은 것이 되고 ≪陽 하나를 상실[113]≫ 北쪽 나라는 震이 되니, 번성한 것이 된다.[114] ≪벼를 심은 것이 풍성하게 잘 된 것이다.≫ 이것은 남쪽의 이웃의 富를 북쪽이웃으로 옮긴 것이다. ≪3이 4로 간 것이다.≫

四之旣變 ≪歸妹變≫ 北國之蕃 又成坤虛 ≪上今坤≫ 此 旣得而復失也 有損於南 ≪失一陽≫ 無益於北 ≪不保其所得≫ 不富以鄰也 ≪皆失實≫

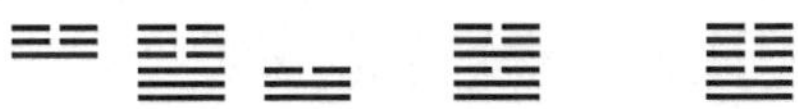

泰 →推移 → 歸妹→4효변→臨

[그렇지만] 歸妹卦의 第4爻가 효변을 하게 되면 ≪歸妹가 爻變함≫ 北國의 번성함이 또 다시 坤의 空虛함으로 되니 ≪[臨卦의] 上卦가 지금 坤≫ 이것은 이미 얻었던 것을 다시 잃어버린 것이 된다. 남쪽 나라에는 손실만이 있고 ≪陽 하나를 잃음≫ 북쪽 나라에도 아무런 이익이 되지 못하므로 ≪북쪽 나라는 그 얻은 것을 보전하지 못함≫ "不富以鄰", 즉 "이웃 나라를 부

110) 다산은 乾卦 '今補'에서 乾이 富가 된다고 풀이함.
111) 虛耗: ① 허비하다, 헛되이 소모하다. ② 텅 빔. ③ 心身의 쇠약(=虛勞)함.
112) 坤이 虛라는 것은 虞翻의 說이다(『四箋』 卷8, 35가). 坤은 乾과 반대되므로, 富實의 반대의미인 '耗虛'가 된다.
113) 茶山의 '今補'에 兌는 '脫失'이 된다고 함. 「說卦傳」에서도 兌가 '毁折'의 뜻이 되며, '附決'의 뜻이 된다고 하였다.
114) 「說卦傳」에 따르면 震은 "蕃鮮"함이 된다고 함(『四箋』 卷8, 35나).

유하게 하지 못한다"라고 말한 것이다.[115] ≪양자 모두 實利를 잃은 것이다.≫

○歸妹之卦 成言乎艮 ≪上倒艮≫ 以戒坤民 ≪上本坤≫ 而上下不應 ≪初四 失其應≫

泰→兩互作卦→歸妹

○歸妹卦에서는 艮에서 말씀을 이루어[116] ≪上卦가 뒤집힌 艮의 형태≫ 坤의 백성을 훈계(訓戒)하지만 ≪[泰卦의] 上卦가 본래 坤[117]≫ 上下가 서로 호응하지 않는다. ≪[泰卦에서는 初爻와 제4爻가 호응하고 있으나 歸妹卦에서는] 初爻와 제4爻가 모두 陽이기 때문에 상응하는 것을 잃어버린 것이다.≫

四之旣變 艮戒雖滅 ≪上倒艮 今亡≫ 而民志乃應 ≪初四應≫ 不戒以孚也 我悅民順 ≪上今坤≫ 不孚而能然乎

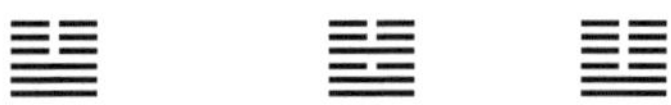

泰→ 兩互作卦→ 歸妹→ 4효변 →臨

제4爻가 이미 변하게 되면, 艮의 訓戒는 비록 사라지지만 ≪上卦의 倒艮이 지금 [臨卦에서는] 없어짐≫ 백성들의 뜻이 이에 호응하니 ≪初爻와 제4爻가 상응함≫ 이것이 "不戒以孚", 즉 "훈계하지 않아도 믿고 따른다"는 뜻이다.

---

115) "不富以其鄰"에 대한 다산의 해석은 기존의 통상적인 해석과 틀리다. 즉 다산은 "부유하지 않으면서도, 그 이웃들과 함께 함"의 뜻이나, 혹은 "부유하지 않으면서도, 그 이웃을 돕는다"는 기존의 해석을 배척하고, '그 이웃을 부유하게 하지 못한다'는 의미로 해석한 것이다.

116) 成言乎艮 : 艮에서 말씀을 이룬다. 「說卦傳」에 나오는 말이다.

117) 坤은 臣民이 된다는 것은 虞翻의 說이다(『四箋』 卷8, 35가).

[內卦가 兌이니] 나는 즐겁고(我悅) 백성들은 순종하니[118] ≪[臨卦의] 上卦는 지금 坤≫ 서로 믿지 않는다면 과연 이처럼 따를 수가 있을 것인가?

○皆失實者 兩國皆失也 南旣損之 ≪失一陽≫ 北竟失之 ≪不能保≫ 皆失實也 ≪襄十五年 左傳 宋子罕 謂玉人曰 我以廉爲寶 爾以玉爲寶 若以與我 皆喪寶[119]也 文例 正與此同≫

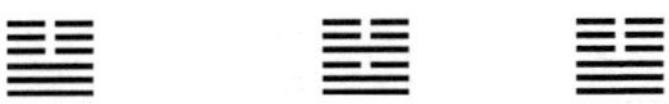

泰→兩互作卦→歸妹←推移←泰(歸妹의 母卦)

○"皆失實"이라고 한 것은 양쪽 나라가 모두 손실을 입는다는 뜻이다. [泰卦에서 歸妹卦로 옮겨가면서] 남쪽나라로서는 자신의 부를 덜어 주었지만 ≪陽 하나를 잃음≫ 북쪽 나라에서 결국 그것을 잃어버렸으니 ≪보전하지 못함≫ 이것이 "皆失實", 즉 "양쪽 모두 실리를 잃은 것"이다. ≪'襄公 15年'條[120]의 『左傳』에 보면, 宋나라 자한(子罕)이 옥(玉)을 주워 바친 사람(玉人)에게

118) 內卦는 '我'가 되며, 兌는 '悅'이 된다. 兌가 悅이 된다고 한 것은 「說卦傳」에서 '說言乎兌'라고 한 것에서 유래된 것이다. 여기에 근거하여 다산은 "兌則爲悅"(『四箋』 卷3, 16나) 혹은 "兌爲和悅"이라고 하였다(『四箋』 卷1, 35나).

119) [校閱] "皆喪寶也"의 "보(寶)"가 奎章本에는 "실(實)"로 되어 있는데, "보(寶)"의 誤記이다. 『左傳』의 原文에는 "寶"로 나온다.

120) 『春秋左氏傳』 中 '襄公 15年', "宋人或得玉, 獻諸子罕. 子罕弗受. 獻玉者曰 : [以示玉人, 玉人以爲寶也, 故敢獻之.] 子罕曰 : [我以不貪爲寶, 爾以寶爲寶. 若以與我, 皆喪寶也, 不若人有其寶.] 稽首而告曰 : [小人懷璧, 不可以越鄕, 納此以請死也.] 子罕寘諸其里, 使玉人爲之攻之, 富而後使復其所(송나라의 어떤 사람이 玉을 얻어서 子罕에게 바치자, 자한은 받지 않았다. 그래서 옥을 바친 사람이 말하기를, "이것을 玉人에게 보였더니, 玉人이 보배라고 했습니다. 그래서 감히 드리는 것입니다"라고 하니, 자한이 말했다. 나는 탐내지 않는 것을 보배로 삼고, 그대는 옥을 보배로 삼는다. 만약 그것을 나에게 주면, 나와 그대는 다 보배를 잃게 되는 것이다. 나와 그대가 각기 그 보배를 지니는 것만 못하다. "이에 옥을 바치는 사람이 머리를 조아리면서 고했다." 소인은 이 구슬을 지니고서는 고향으로 넘어갈 수가 없습니다. 제가 이것을 거두어들이는 것은 죽음을 청하는 일입니다. 자한은 그를 자신의 마을에 있게 하고, 옥인에게 그 옥을 잘 다듬게 해서, 팔아 부자가 되게 하여, 그를 고향으로 돌아가게 했다)."

말하기를 "나는 청렴함을 보배로 삼고, 그대는 옥(玉)을 보배로 삼으니, 만약 그대의 玉을 내게 준다면, 우리 모두 자신의 보배를 잃게 된다"고 하였으니, 위의 泰卦 六四의 「象傳」의 文例는 정확히 『左傳』의 이 구절과 동일하다고 하겠다.[121)]≫

○兌以悅之 二五本應 ≪臨 泰 歸妹 皆有二五應≫ 中心願也 心之[122)] 願矣 又何戒之

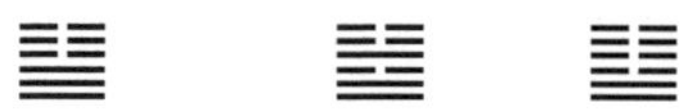

泰→ 兩互作卦 →歸妹→4효변→臨

○兌로써 즐거워하고,[123)] 2와 5가 본래 상응하니, ≪臨卦와 泰卦와 歸妹卦에 있어 모두 2와 5가 상응하고 있음≫ 이것이 "中心願", 즉 "마음속으로부터 원하는 것"이다. 마음이 원하니, 또한 무엇을 훈계할 것이 있을 것인가?

○學圃云 泰之本德 不損富益貧 ≪下實而上虛≫ 故其占 爲不富以鄰

---

121) 『春秋左氏傳』 中 '襄公 15年'(文璇奎 譯, 명문당, 1987, 314면). 原文에는 "我, 以'不貪'爲寶"라 나온다. 엄밀히 말한다면, 자한(子罕)이 "玉人(옥을 다루는 기술자)"에게 말한 것이 아니고, "獻玉者(玉을 주어 子罕에게 바친 사람)"에게 한 말이다. 『易學緖言』 「茶山問答」에 泰卦 六四와 관련한 문답이 실려 있는데, 그것은 다음과 같다. "[問] 泰之六四曰 翩翩不富 皆失實也 四箋以爲 兩國皆失 文例有徵否 [答] 宋人 獻玉於子罕 皆喪寶也 ≪襄 十五年≫. 文例正同; [問] 泰卦 六四에, "翩翩不富 皆失實也"라고 하였는데, 『四箋』에서 이것을 "[새가] 훨훨 날듯이, 그 이웃을 부유하게 하지 못한다. [도움을 주는 쪽이나 받는 쪽 양편이] 모두 實利를 잃음이다"라고 해석함으로써 두 나라가 모두 實利를 잃는 것으로 간주하였는데, 文例에 증거가 있습니까? [答] 宋나라 사람이 옥玉을 자한(子罕)에게 바쳤는데, 모두 보물을 잃은 것(喪寶)이라고 하였다(襄公 15年). 文例가 바로 이와 같다."(『易學緖言』 「茶山問答」, 卷4, 39가)

122) [校閱] 奎章本에는 "之"로 되어 있으나, 新朝本과 國中本에는 "乎"로 되어 있다.

123) 兌가 悅이 된다는 것은 「說卦傳」의 "說言乎兌"에서 유래한 것이다. 다산은 여기에 근거하여 "兌則爲悅"(『四箋』 卷3, 16나) "兌爲和悅"이라 하였다(『四箋』 卷1, 35나).

○學圃가 말하였다. “泰卦의 근본적 성격은 많은 것을 덜어내어 적은 데 보태는 데 있지 않다. ≪下卦는 實하나, 上卦는 虛함≫ 그러므로 그 占이 ‘不富以鄰’, 즉 이웃을 부유하게 하지 않는 것이 된다.”

六五 : 帝乙歸妹, 以祉, 元吉. ○ 象曰 : 以祉, 元吉, 中以行願也.

六五 : 帝乙이 누이동생을 시집보내니, 그렇게 함으로써 복(福)을 받을 것이며, 임금의 일은 [크게] 길할 것이다. ○「象傳」: “以祉元吉”이라고 한 것은 마음속으로부터 행하기를 원(願)하기 때문이다.

此 泰之需也 兩互歸妹也 ≪義見上≫  震爲帝乙 ≪帝出于[124]震 又震爲乙方≫ 兌其妹也 ≪兌少女≫ 倒艮牉合 ≪婚配之卦 本倒合≫ 是其壻也 离以行禮 坎以歸之 ≪兩互象≫ 帝乙歸妹 此之謂也

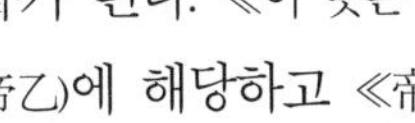

泰→兩互作卦→歸妹

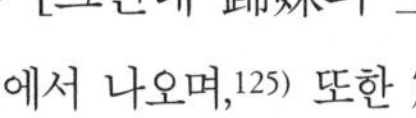

泰 →九五爻變→ 需

이것은 泰卦가 需卦로 변하는 경우이다. 泰卦로부터 兩互卦를 만들면 歸妹卦가 된다. ≪이 뜻은 앞서 나왔다.≫ [그런데 歸妹의 上卦인] 震은 제을(帝乙)에 해당하고 ≪帝는 震方[동쪽]에서 나오며,[125] 또한 震은 24방위

124) [校閱] 奎章本에는 “于”로 되어 있으나, 新朝本과 國中本에는 “乎”로 되어 있다.
125) 帝出于震 :「說卦傳」에 나오는 말이다.

중에서 을방(乙方)이 된다.≫ [歸妹卦의 下卦인] 兌는 그 누이동생에 해당된다. ≪「說卦傳」에서 兌는 少女를 상징한다.≫ [歸妹卦의 上卦를 뒤집으면] 倒艮이 되어 ≪兌의 少女와 더불어≫ 牉合(절반씩 합침)하니, ≪혼배(婚配)와 관련된 卦는 본래 뒤집어서 결합시킴≫ 뒤집힌 艮은 바로 그 신랑 즉 사위(壻)가 되는 것이다. 离로써 禮를 행하고,[126] 坎으로써 돌아감이니,[127] ≪누이동생과 사위는 兩互卦인 歸妹卦의 物象≫ "帝乙歸妹"라고 함은 이것을 일컫는다.

五爻之動 ≪歸妹之六五≫ 又爲重兌 ≪上下兌≫ 重兌之卦 本自大壯 ≪五之三≫ ䷡ 震之帝乙 ≪大壯之上震≫ 兌妹艮壻 ≪大壯亦互兌倒艮≫ 固自若也 ≪如泰之兩互≫

泰→兩互作卦→歸妹→5爻變→ 重兌←推移←大壯

歸妹卦의 제5爻가 변동하면 ≪歸妹卦의 六五≫ 또한 重兌가 되는데 ≪上下가 兌≫ 重兌의 卦는 본래 大壯괘로부터 왔으니 ≪5가 3으로 감≫ [大壯卦에서도] 震의 帝乙(大壯의 上震)과 兌의 누이와 艮의 사위가 ≪大壯卦에서도 역시 互兌와 倒艮이 있음≫ 본래부터 갖추어져 있다. ≪泰의 兩互卦의 경우와 같음≫

䷹ 移之重兌 ≪五之三≫ 則离以行禮 ≪下互离≫ 坎以歸之 ≪上大坎≫ 帝乙歸妹 无所渝也 ≪象無變≫ 五爲君位故 其占爲帝王之婚也 歸妹六五宜參看 ≪彼亦爲重兌≫

---

126) 离가 禮가 된다는 것은 茶山의 '今補'에 나온다.
127) 「說卦傳」에서 "坎者 …… 萬物之所歸也"라고 함.

泰→兩互作卦→歸妹→ 5爻變 → 重兌←推移←大壯

大壯卦로부터 推移하여 重兌가 되더라도 ≪5가 3으로 감≫ 离로써 禮를 행하고 ≪下互卦가 离≫ 坎으로써 돌아가니, ≪重兌의 3·4·5·6이 大坎을 형성함≫ "帝乙歸妹", 즉 "제을(帝乙)이 누이를 시집보내는 것"은 변한 바가 없다. ≪象이 변하지 않았다.≫ 제5位는 군주의 자리에 해당되는 까닭에 그 점이 제왕가(帝王家)의 혼인이 되는 것이다.128) 歸妹卦의 六五爻를 마땅히 참조해 보아야 한다.129) ≪귀매괘(歸妹卦)의 六五도 역시 효변하여 重兌卦가 된다.≫

○祉者 福也 兌自中孚來 ≪四之上≫ 大离之福 ≪本大离≫ 有命自上 ≪上本巽≫ 是 有祉也

泰→兩互作卦→歸妹→5爻變→ 重兌←推移←中孚

○'지(祉)'는 福을 뜻한다. 兌卦는 中孚卦로부터 왔으니 ≪4가 上으로 감≫ 大离의 福이 ≪中孚괘는 본래 大离의 형태≫ 하늘의 命에 있어, 위로부터 말미암으니 ≪上卦가 中孚에서 본래 巽130)≫ 이것이 '祉', 즉 '하늘에서

128) 帝王之婚 : 帝王인 제을(帝乙) 자신이 결혼하는 것이 아니고, 누이의 결혼을 주관하는 것을 가리킨다. 다산은 『四箋』 「易例比釋」 중 「婚媾例」에서 歸妹괘의 모든 효가 결혼(婚媾)의 예에 해당될 수 있지만, 六五爻에서 특별히 '帝乙歸妹'를 언급한 것은 六五爻가 君主의 위치에 해당되기 때문이라고 설명한다("歸妹諸爻, 皆可以婚媾, 而帝乙歸妹, 必以六五者, 五位君也"라고 함. 『四箋』 卷4, 23가).

129) 歸妹卦 六五의 爻辭는 "帝乙歸妹, 其君之袂, 不如其娣之袂良"이다.

130) 巽이 命이 된다는 것은 荀九家의 한 사람인 우번(虞翻)의 說이다. 즉 "巽卦는 兌의 입이 아래로 향하고 있는 형태를 취하고 있으므로 그 象이 命令이 된다(巽者 兌口之向下者也, 故, 其象, 爲命令)."(『四箋』 卷8, 37나)

내리는 福'이 있는 까닭이다.[131]

本以震主 ≪大壯之上震≫ 今正五位 ≪五今剛≫ 善長之吉也

泰→兩互作卦→歸妹→ 5爻變 →重兌←推移←大壯

[한편 大壯과의 관계에서 보면] 본래 震의 主人이었는데,[132] ≪大壯의 上震≫ 이제 [重兌가 되면] 임금의 자리인 제5位가 바르게 되니 ≪제5位가 이제 剛≫ 長子 노릇을 잘하면 길한 경우이다.

○大壯之時 兌妹艮壻 久未行禮 ≪不成婚≫ 旣得离坎 ≪今重兌≫ 禮以歸之 ≪离而坎≫ 中以行願也 ≪坎离爲中心≫

泰→兩互作卦→歸妹→ 5爻變 →重兌←推移←大壯

○大壯괘의 때에는 ≪3·4·5의 互卦인≫ 兌의 누이(妹)와 ≪上卦인 倒艮인≫ 사위(壻)가 오랫동안 혼례(婚禮)를 치르지 않았는데 ≪[离와 坎이 없으므로] 혼인이 이루어지지 않음≫ 이제는 이미 离와 坎을 얻어 ≪지금 重兌卦≫ 禮로써 돌아가니 ≪重兌卦에는 互离와 互坎이 있음≫ 이것이 "中以行願", 즉 '마음속으로부터 행하기를 원하는 것'이다. ≪坎과 离는 中心[속마음]이 된다.≫

---

131) 离가 福이 된다는 것은 다산이 '今補' 이외에 별도로 보충한 것이다. 한편 다산은 '易例에 따르면 剛이 위로부터 떨어지는 것을 일컬어 福이라고 한다 "易例, 剛自上隕, 謂之福, ≪見說卦之彖≫"라고 설명하고 있다(『四箋』 卷6, 10나).

132) 震이 主가 된다는 것은 荀九家 중 한 사람인 虞翻의 說이다.

○吳幼淸云 泰卦互體 成歸妹故 以歸妹爲辭

○오유청(吳幼淸)[133]이 말하였다. "泰卦의 互體는 歸妹卦를 이루는 까닭에 누이를 시집보내는 일로써 爻辭로 삼은 것이다."

○學稼云 泰六五 需也 需自大壯來 ≪五之四≫ 亦以帝乙 得此离坎 ≪需乃有离坎≫ 禮以歸之 ≪歸兌妹≫ 三卦皆合 ≪需 歸妹 重兌≫ 乃繫其詞 易可易言哉

○학가(學稼)[134]가 말하였다. "泰卦의 六五는 [효변하면] 需卦가 되고, 需卦는 大壯卦로부터 왔으니 ≪5가 4로 감≫ [이런 과정] 역시 제을(帝乙)이 그 离와 坎을 얻어 ≪需卦에도 곧 离와 坎이 있다.≫ 禮에 맞게 시집보내는 것이다. ≪兌의 妹를 시집보냄≫ [이처럼 서로 다른 과정에서 도출된] 세 괘가 모두 이렇게 합치하기 때문에 ≪需·歸妹·重兌卦[135]≫ 곧(乃) 그와 같은 易詞를 붙인 것이다. [이러할진대] 易을 쉽게 말할 수 있을 것인가?"

○學圃云 初與上 不取歸妹者 互體所用 本是中四爻而已

○學圃[136]가 말하였다. "[泰卦의] 初九와 上六에서 歸妹卦를 취하지 않은 것은 互體가 적용되는 것이 본래 가운데 4개 爻일 따름이기 때문

133) 吳幼淸 : 元代의 程朱學者인 吳澄(1249~1333)으로서, 字가 幼淸이며, 號는 草廬이다. 吳澄은 程若庸의 門人인데, 程若庸은 黃幹(朱熹의 門人)의 제자인 堯魯에게 배웠다.

134) 학가(學稼) : 丁學淵(1783~1859). 兒名이 學稼(또는 武牂). 字는 穉修, 號는 酉山. 茶山의 맏아들로 의술에 밝았다.

135) 需卦나 重兌卦에 歸妹나 이와 연관된 내용이 명시적으로 나오는 것은 아니다.

136) 學圃 : 丁學游(1786~1855). 兒名이 學圃(또는 文牂). 字는 穉求. 茶山의 둘째 아들로 「農家月令歌」의 저자로 알려져 있다.

이다.[137)]

春秋傳 ≪哀九年[138)]≫ 晉趙鞅卜救鄭 ≪時宋人伐鄭≫ 陽虎筮之 遇泰之需曰 微子啓 帝乙之元子也 祉祿也 若帝乙之元子 歸妹而有吉祿 ≪宋女嫁于鄭≫ 我安得吉

泰 → 需

『春秋左傳』에 따르면 ≪애공(哀公) 9年≫ 晉나라 조앙(趙鞅)이 鄭나라를 구원할 것인가의 문제와 관련하여 거북점을 쳤는데 ≪이때 宋나라 사람들이 鄭나라를 정벌함[139)]≫ ……[史官마다 각각 다르게 해석하므로] 양호(陽虎)가 [다시 『周易』으로써] 시초(蓍草)로 점을 쳐서 '泰之需', 즉 泰卦가 需卦로 변하는 경우를 얻었는데 [陽虎가 이 점을 해석하여 다음과 같이]

137) 互卦 사용의 典據는 「繫辭傳」에서 "若夫雜物撰德, 辨是與非, 則非其中爻不備"라고 한 것에 근거를 두고 있다. 즉, 대저 여러 사물을 연관지어 그 성질을 기술하고 시비를 판가름하는 일과 같은 것은, 곧 그 가운데 爻들[의 변동]이 아니면 구비하지 못한다는 것이다. 다산은 「繫辭傳」의 이 文句가 갖는 의미를 다음과 같이 풀이하고 있다. "中爻者, 二三四五之變也, 至於中爻, 則正體互體, 卦象交錯, 又或兩互成卦, 物情屢遷 ≪泰之兩互 爲歸妹 否之兩互 爲漸≫ 諸變悉起 八卦相盪 故易之妙用 非中爻不備也(여기서 '가운데 爻들'이라는 것은 [결국] 2·3·4·5位의 爻가 변하는 것이다. 이런 가운데 爻들에 이르면 正體로도 되고 互體로도 되어 卦象이 교차되며, 또한 어떤 경우는 두 互卦를 취하여 [새로운] 卦를 만들기도 하니, 物象의 양상이 거듭 변화함에 ≪예컨대 泰卦의 두 互卦는 歸妹卦가 되고, 否卦의 두 互卦는 漸卦가 된다.≫ 여러 변화가 모두 발생하여 八卦가 서로 동탕(動盪)한다. 그러므로 易의 오묘한 운용은 '가운데 효가 아니면 구비하지 못하는 것'이다)."

138) [校閱] 奎章本과 新朝本과 國中本에 모두 "哀'八'年"으로 되어 있고, 「春秋官占補註」「17. 陽虎救鄭之筮」에서도 奎章本에는 "哀'八'年"이라 나온다(그러나 新朝本의 「春秋官占補註」「17. 陽虎救鄭之筮」에 관련된 곳에서는 哀'八'年 부분이 나오지 않음). 그러나 『左傳』에 의하면, "哀九年"으로 되어 있으므로, '八年'을 '九'年으로 바로잡기로 한다.

139) 陽虎 筮之 遇泰之需 : 이 부분은 「春秋官占補註」「17. 陽虎救鄭之筮」의 부분에 해당된다. 『左傳』의 원문에는 "陽虎, '以周易'筮之, 遇泰之需"라고 되어 있다.

말하였다. “미자계(微子啓)는 [殷나라] 제을(帝乙)의 맏아들(元子)이고, …… [『周易』의 泰卦 六五에서] ‘祉’는 福(祿)을 뜻하니, 만약 제을(帝乙)의 元子(宋나라의 微子啓)가 누이동생(妹)을 시집보내는 경우에는 좋은 복(吉祿)이 있으려니와,[140] ≪宋나라 여인이 鄭나라로 시집 감≫ 나의 경우에는 어찌 길함을 얻을 수 있겠습니까?”

○ 京房傳 載湯歸妹之辭 ≪見大全≫

○[西漢代 사람인] 京房[141]의 『易傳』[142]에는 湯임금이 누이를 시집보낸 것을 언급한 글이 실려 있다.[143] ≪『周易傳義大全』에 나온다.≫

又 荀爽傳對策曰 湯以娶禮 歸其妹于諸侯 ≪乾鑿度云 易之帝乙爲成湯 又云 湯以乙生嫁妹≫

또한 『後漢書』 「순상전(荀爽傳)」 가운데 나오는 대책(對策)[144]에서 “湯임금이 혼례(娶禮)를[145] 치러 그 누이를 제후(諸侯)에게 시집보냈다”라고 말

---

140) 若帝乙之元子歸妹 : (紂의 兄이며, 宋나라 始祖인 微子啓는 殷나라) 帝乙의 元子인데, 자신의 여동생을 시집보냈다. 따라서 엄밀하게 말한다면 帝乙의 元子가 누이동생을 시집보낸 것이지, 帝乙이 누이를 시집보낸 것이 아니다.

141) 易學史에 “京房”은 두 사람인데, 여기서 언급된 京房은 焦延壽 계열의 보다 후대의 인물이다(심경호 역주, 『주역철학사』, 예문서원, 1994, 162면; 高懷民 著, 신하령 · 김태완 공역, 『象數易學』, 신지서원, 1998, 18면).

142) 여기서 『京房傳』이란 『漢書』에 나오는 「京房傳」(京房의 傳記)을 지칭하는 것이 아니라, 京房이 易에 대해 쓴 著書, 즉 『京氏易傳』(三卷)을 가리키는 것이다(伍華 主編, 『周易大辭典』, 中山大學出版社, 1993, 865면, 969면).

143) 『京房傳』의 내용은 京房이 帝乙을 湯으로 간주하였다는 뜻이다. 李道平도 “京房‘章句’”라고 시작하여 위와 동일한 말을 하고 있으며, 또 그 원문을 인용하고 있다. 그 原文은 다음과 같다. “≪京房章句, 載湯嫁妹之辭曰≫, 無以天子之尊而乘諸侯, 無以天子之貴而驕諸侯. 陰之從陽, 女之順夫, 本天地之義也. 往事爾夫, 必以禮義.”(李道平 撰, 潘雨廷 點校, 『周易集解纂疏』(十三經淸人注疏), 中華書局, 1994, 171면)

144) 對策이란 ‘임금의 질의에 대한 답변’을 가리킨다. 對策은 본래 漢武帝가 董仲舒를 시험한데서 비롯되었는데, 科擧나 임금의 下問의 때에 정치 또는 經義에 관한 문제를 내어 답을 쓰게 하는 일, 또는 그 답안을 의미하게 되었다.

145) 娶禮 : 단지 ‘남자가 장가드는 것’만을 가리키는 것이 아니라, 혼인예식, 혼례, 결혼식 등을 뜻한다.

하였다.[146] ≪『건착도(乾鑿度)』에서 말하기를, "易에 나오는 제을(帝乙)은 성탕(成湯)을 가리킨다"고 하였으며,[147] 또 말하기를 "湯이 乙日生의 사람을 누이에게 시집보내었다"라고 하였다.≫

○案[148] 帝乙者 紂父也 其云 成湯者 漢儒之謬也 疑帝乙當時原有歸[149]妹一事 ≪如高宗伐鬼方 箕子明夷類≫ 史傳失載也

○[案] 제을(帝乙)은 [殷나라 마지막 왕인 폭군인] 주(紂) 임금의 아비이다.[150] [제을(帝乙)을 殷나라의 始祖인] 성탕(成湯)[151]과 동일시한 것은 漢代 학자들의 오류이다.[152] 짐작컨대, 제을(帝乙) 當時에 본래 여동생을 시집보낸 일이 있었는데 ≪예컨대 "高宗伐鬼方"이나 "箕子明夷"의 경우처럼 역사적 사실의 종류[153]≫ 역사기록에는 누락된 것이다.

---

146) 湯以娶禮 歸其妹于諸侯 : 對策의 내용은 앞뒤의 문맥으로 볼 때, '공주를 (신분이 낮은) 諸侯들에게 시집보낸다'는 사실 그 자체를 강조한다기보다는, 오히려 왕실의 여인을 신하들에게 시집을 보낼 때, 왕실의 위세를 부려서는 안 되며, 따라서 帝王의 딸이나 누이라도 시집 갈 때는 검소하게 혼례를 치러야 한다는 점을 부각시키고 있는 것으로 해석될 수 있다. 왜냐하면, 그 對策에 "春秋之義, 王姬嫁齊, 使魯主之, 不以天子之尊, 加於諸侯也"라고 하였기 때문이다.

147) 茶山은 '帝乙'이 '成湯'이라고 보는 설에 대하여 부정한다.

148) [校閱] 奎章本에는 '案'이 '按'으로 되어 있다.

149) [校閱] 奎章本에는 "歸妹"로 되어 있으나 新朝本과 國中本에는 "嫁妹"로 되어 있다. 뜻은 같다.

150) 帝乙이 주(紂) 임금, 즉 제신(帝辛)의 부친이었다는 다산의 견해는 올바른 견해이다. 동작빈(董作賓)은 甲骨文의 시기를 모두 5期로 구분하고, 제을(帝乙)과 제신(帝辛)의 시기를 제5期에 배치하였다(吳浩坤 · 潘悠 著, 梁東淑 譯, 『중국갑골학사』, 동문선, 2002, 250면).

151) 成湯 : 堯舜代의 "契(설)"의 후손으로 殷나라 始祖. 이름은 "履(이)". 伊尹의 보좌를 받아, 夏나라 桀王을 타도. 亳(박 : 현재 河南省 商丘縣)에 도읍, 商나라를 건국. 이후 17代王 盤庚이 殷 땅에 천도, '殷나라'라 부르게 됨(車相轅 譯, 『書經』, 명문당, 1973, 110면). '成'字는 탕임금이 무공을 이루었다는 뜻에서 붙인 것이다. 즉 '武功을 이룬 湯' 정도의 의미가 된다 함(같은 책, 115면).

152) 帝乙을 成湯과 동일시한 것은 京房 · 荀爽 · 『乾鑿度』 등의 설로서, 京房 · 荀爽은 漢代人이며, 『乾鑿度』는 漢代의 緯書 또는 僞書이다. 帝乙을 成湯과 동일시하는 견해는 『백호통의』에서도 그대로 반복된다(반고 저, 신정근 역주, 『백호통의』, 소명출판, 2005, 342면).

上六 : 城復于隍. 勿用師, 自邑告命, 貞, 吝. ○ 象曰 : 城復于隍, 其命亂也.

上六 : 城이 [무너져 내려서] 해자(隍)로 되돌아갈 것이니, 군대를 동원하지 말아야 한다. [전쟁을 지휘하는 장군이 사망하게 되니] 고을(邑)입구에서 [부고(訃告)를] 告하게 될 것이다. 일을 처리하더라도 [잘못을 고침에] 인색함이 있을 것이다. ○「象傳」: "城이 [무너져 내려서] 해자(隍)로 되돌아가는 사태(城復于隍)"를 맞이하게 된 것은 그 [군대의] 명령이 [일사불란(一絲不亂)하게 잘 지켜지지 않아] 혼란스럽기 때문이다.

此 泰之大畜也 大畜自中孚來 《三之五》 艮城之下 《上互艮》 兌澤爲陂 《本下兌》 其象 隍也 《城下池 曰 隍》 移之大畜 《五之三[154]》 則艮城忽頹 《五今摧》 下塡兌池 《五之三》 城復于隍也 外郭雖存[155] 《今之上艮 本外城》 國何賴焉 築城之法 掘土爲城 因掘爲隍 故 城之旣崩 下塡其隍 此 其象也

153) "高宗伐鬼方"은 '未濟卦 九三'에 나오는 말이며, '高宗'은 殷王인 武丁을 가리킨다. 또 "箕子明夷"는 '明夷卦 六五'에 나오는 말이다(원문은 "箕子'之'明夷").

154) 五之三 : 바로 앞에서는 '三之五'라고 하였음.

155) [校閱] 新朝本과 國中本에는 "外郭雖存"으로 되어 있으나 奎章本에는 "外郭雖好"로 되어 있다. 여기서는 前者를 따른다. 그러나 '外郭雖好'라고 하여도 뜻이 통하지 않는 것은 아니다. "外郭雖好"는 "바깥쪽 성곽이 아무리 상태가 좋더라도"라는 뜻으로 해석될 수 있다.

이것은 泰卦가 大畜卦로 변하는 경우이다. 大畜괘는 中孚卦로부터 왔으니 《3이 5로 감》 艮의 城 아래에서[156] 《中孚卦의 上互卦가 艮》 兌의 연못이 둑(陂)을 이루니[157] 《中孚卦의 下卦가 본래 兌》 그 象이 해자(垓字, 隍)의 모습[158]이 된다. 《城 아래 있는 연못을 황(隍)이라고 한다.》 中孚로부터 추이하여 大畜卦가 되면 《5가 3으로 감》 艮의 城이 갑자기 [일부분] 무너져 내려서 《5가 이제 꺾어짐》 아래로 兌의 연못을 메워 버리니 《5가 3으로 감》 이것이 "城復于隍", 즉 '城이 해자(垓字)로 되는 것'이다.

바깥의 성곽(外郭)이 비록 남아 있기는 하지만 《지금 大畜卦의 上艮은 본래 外城[159]》 나라가 어떻게 그것만으로 버틸 수 있겠는가? 성을 쌓는 방법은 [먼저] 흙을 파서 [그것을 쌓아] 城을 만들고, 그 파낸 곳은 해자(垓字)를 만드는 방식을 취한다. 그러므로 城이 무너져 내리게 된다면, 아래로 떨어져 그 해자(隍)를 메우게 될 것이니, 泰卦 上六이 바로 그런 象에 해당된다.

○大畜自大壯來 《上之四》 乾君在內 《下本乾》 震師出境 《上本震》 以領坤衆 《泰之時本坤》 行師之象也 移之大畜 則震師忽死 《四之上爲艮》 乾車之上 《乾大車》 載此艮尸 《艮爲死》 此 師六五之輿尸也 故曰 勿用師 《艮止之》

---

156) 艮이 城이 된다는 것은 荀九家 중 한 사람인 우번(虞翻)의 설이다(『四箋』 卷8, 40나). 또 다산은 "坤邑外剛, 其象城也 《泰上六》"라고 함으로써, 艮이 城이라는 설을 지지하고 있다(『四箋』 卷8, 40나). 한편 兌가 澤이라는 설은 「說卦傳」에 나온다.

157) 다산은 앞서 "陂者, 澤障也 《又陂, 傾陷也》"라고 하였다(『四箋』 卷2, 32나).

158) 隍 : 성(城) 주위를 에워싸면서 판 마른 못이나 큰 물길, 즉 해자(垓字)를 가리킨다.

159) 艮에 郭(外城)이라는 象이 있는 것은 아니다. 그러나 中孚卦의 上互卦는 艮이며, 또 그 위로 있는 剛까지 겸해서 보면, 艮이 겹쳐져 있는 형태가 되므로, 城이 二重으로 있는 郭(성곽)의 형태가 되는 것이다. 이때 제일 위에 있는 剛은 外城이 된다. 이처럼 中孚卦에는 城이 두 겹으로 둘러싸 있고, 아래에는 연못이 있는데, 大畜卦로 옮아가서, 5가 3으로 가게 되면, 上互의 艮은 무너졌으나, 아직도 그 위로 上卦인 艮이 남아 있으니, 성벽이 부분적으로만 무너져 내린 것이 된다.

䷊ ䷙ ䷡

泰→上爻變→大畜←推移←大壯

○大畜괘는 大壯괘로부터 왔다. ≪上이 4로 간 것이다.≫ [大壯卦에서는] 乾의 임금은 나라 안에 있고 ≪大壯卦의 下卦가 본래 乾≫ 震의 장수(帥)가[160] 국경을 넘어 ≪大壯괘의 上卦는 본래 震≫ 坤의 群衆을 거느리니 ≪泰卦의 때에는 본래 坤이었음≫ 군대를 동원하는 象이다. [그런데 大壯괘로부터 推移하여] 大畜괘가 되면, 震의 장수(將帥)는 돌연히 죽고 ≪4가 上으로 가서, 죽음을 상징하는 艮이 됨≫ 乾의 수레 위에 ≪乾은 큰 수레가 됨[161]≫ 艮의 시신(屍身)을 싣고 오게 되니 ≪艮은 죽음이 됨[162]≫ 이것은 師卦 六五의 "輿尸(시체를 수레에 싣는다)"라고 한 것과 같은 경우이다. 그러므로 "勿用師(군대를 동원하지 말라)"라고 한 것이다. ≪艮은 멈추는 것이다.≫

○將帥受命 師而輿尸 則宜告命於乾王也 中孚之時 本受巽命 ≪中孚 本上巽≫ 是 君命也 征而不反 ≪艮以死≫ 何以歸告[163] ≪將不歸≫ 艮邑之下 ≪上今艮≫ 兌以告之 ≪下互兌≫ 自邑告命也

160) 다산은 '今補'에서 震은 將帥가 된다고 하였다(『四箋』 卷8, 36나).

161) 乾이 大車(큰 수레)가 된다는 것은 荀九家의 逸象이다. 큰 수레는 둥글게 구르는 물건이다(大車圓轉之物也; 『四箋』 卷8, 34가). 「說卦傳」에 따르면 乾은 환(圜, 원)이라고 하였다.

162) 艮이 죽음(死)이 된다는 것은 다산이 '今補' 이외에 별도로 보충한 것이다. 「說卦傳」에 따르면 艮은 終(끝)이 된다. 또 荀九家의 설에 따르면 艮은 鬼가 되는데, 艮이 죽음(死)이 된다는 것도 역시 여기서 유래한 것으로 보인다.

163) [校閱] 新朝本과 國中本에는 "何以歸告"로 되어 있으나 奎章本에는 "何以告歸"로 되어 있다. "何以歸告"는 "어떻게 돌아와 告하겠는가?"로 풀이될 수 있고, "何以告歸"는 "어떻게 돌아온 것을 告하겠는가?"로 풀이될 수 있다. 細注에서 "將不歸"라고 하였으므로, 돌아오지 못한다는 것에 초점을 맞추면, "何以歸告"가 더 적절하다. 즉, "돌아오지 못했는데, 어찌 告할 수 있겠는가"라는 뜻이 된다. 여기서는 前者를 따른다.

泰→上爻變→大畜←推移←中孚

○장수(將帥)가 [임금에게] 명령을 받았는데, 군대(師)가 [패전하여] 시체를 수레에 싣고 돌아오게 되면,[164] 마땅히 乾의 王에게 보고해야 할 것이다. 中孚卦의 때에 본래 巽의 명령을 받았으니 ≪中孚卦의 上卦는 본래 巽≫ 이것은 바로 임금의 명령인 것이다.

정벌하러 나갔다가 돌아오지 못하였으니 ≪艮으로써 죽음≫ 어떻게 귀환을 보고하겠는가? ≪장수(將帥)가 돌아오지 못함≫ 艮의 고을 아래에서[165] ≪大畜卦의 上卦는 지금 艮≫ 兌로써 그 사실을 告하니 ≪大畜卦의 下互卦가 兌≫ 이것이 "自邑告命"이다.

古者 師出而敗 厥有訃告 ≪禮所云 訃車櫜韔≫ 此 其禮也 左傳 隱九年 宋 以入郛之役 怨公 不告命 又 隱十一年 鄭伯 以虢師伐[166]宋 大敗宋師 宋不告命

古代에는 군대가 출전하여 패배하면 곧 바로 나아가 [그 죽음을 알리는] 부고(訃告)를 올리게 하였으니,[167] ≪『禮記』「단궁(檀弓)下」에 이른바, "[軍有憂則素服, 哭於庫門之外], 訃車[不載]櫜韔", 즉 "[軍이 패전하면, 소복(素服)을 입고, 고문(庫門) 밖에서 곡(哭)하니, 패전을 보고하는 수레[168]에는 전대와 활집[169]을 싣지 않는다"[170]라고 하였음≫ 이것이 그런 禮이다. 『左傳』(隱公 9年)에 "宋나라는 前에

164) "'師'而輿尸"가 아니고 "'帥'而輿尸"가 더 적당한 표현으로 보인다.
165) 艮이 邑이 된다는 설은 다산의 '今補'에 나온다. "坤衆之居, 外有限域, 其象邑也."(『四箋』 卷8, 40나)
166) [校閱] 新朝本에는 "伐宋"의 "伐"이 "代"로 되어 있다. 誤記이다.
167) 夬卦에 이와 유사한 註釋이 나온다. 즉, "古者, 師出而喪, 必有訃告 ≪禮所云 訃車櫜韔≫"이라고 함.
168) 訃車 : 나라에 패전하여 死傷者가 있음을 알리는 수레를 뜻함.
169) 櫜韔 : 전대와 활집, 고(櫜)는 戰甲을 넣는 전대이며, 창(韔)은 활집이다.
170) 『禮記』「檀弓下」第四에 "軍有憂則素服, 哭於庫門之外, 赴車不載櫜韔(軍이 패전

부(郛[外城])에서의 전역(戰役)으로 말미암아 魯나라 은공(隱公)을 원망하여 [天子의 命으로 정백(鄭伯)이 자기 나라에 쳐들어 온] 그 일을 알려오지(命) 않았다"라고 하였고, 또한 '隱公 11年'에 "정백(鄭伯)이 혁(虢)나라 군대를 이끌고 宋나라를 쳐서 …… 宋나라 군대를 크게 쳐부수었는데, …… 宋나라는 그 일을 [우리 魯나라에] 알려 오지(命) 않았다"라고 하였다.

○[171] 夬之彖 宜參看 ≪彼亦告自邑≫

○夬卦의 단사(彖辭)를 마땅히 참고해 보아야 할 것이다.[172] ≪거기에서도 역시 "告自邑"이라고 하였다.≫

○健以行之 ≪上互震≫ 若可以幹事也 艮剛既頹 ≪五之三≫ 其迷依舊 ≪上今艮≫ 其占吝也 ≪不改過 曰 吝≫

泰→上爻變→大畜←推移←中孚

○건실(健實)함으로써 실천하니 ≪[大畜의] 上互가 震≫ 마치 일을 잘 처리할 수 있을 듯하지만 [혼미함을 상징하는] 艮의 剛이 이미 무너졌는데도 ≪中孚의 5가 3으로 감≫ 그 혼미함이 옛날과 마찬가지이니 ≪大畜의 上卦가 여전히 艮≫ 그 占이 吝(인색함)이 된다. ≪잘못을 고치지 않는 것을 吝이라고 한다.≫

하면, 素服을 입고, 庫門 밖에서 哭하니, 패전을 보고하는 수레에는 전대와 활집을 싣지 않는다)"라고 하는 구절이 있다(송명호 역, 『禮記集說大全』 제1권, 높은밭, 2002, 595면).

171) [校閱] 奎章本과 國中本에는 "夬之彖" 앞에 "○"의 표시가 생략되어 있다.

172) 夬之彖에 "夬, 揚于王庭 …… 告自邑, 不利卽戎"이라고 함. 여기서는 "自邑'告'命"이라고 한 반면에, 夬卦에의 彖辭에서는 "'告'自邑"이라고 하였음.

○本有巽命 ≪中孚之上巽≫ 今巽旣壞 ≪上今艮≫ 其命亂也 命令不一 師其不敗乎

泰 → 上爻變 → 大畜←推移←中孚

○본래 巽의 명령이 있었는데[173] ≪中孚卦의 上卦는 巽≫ 지금 그 巽이 이미 무너지니 ≪[大畜卦의] 上卦가 이제 艮≫ "其命亂也"라고 한 것이다.[174] [이처럼] 命令이 [혼란하여] 한결같지 않으니, [어찌] 그 군대가 패하지 않겠는가?

○案[175] 泰終則凶 否終則吉 ≪彼傾否≫ 物極必變[176] 理之常也

○[案] [태평(泰平)함을 상징하는] 泰卦의 끝(上六)에서는 흉하게 되고, [비색(否塞)함을 상징하는] 否卦의 끝(上九)에서는 길하게 되니 ≪否卦 上九의 '傾否'[비색함이 기울어짐]≫ 사물이 극(極)에 도달하면 반드시 변하게 되는 것은 영원한 법칙이다.

---

173) 巽이 命이 된다는 것은 荀九家 중 한 사람인 虞翻의 설이다(『四箋』 卷8, 37나).

174) "命令不一"이란 "今巽旣壞"를 두고 하는 말이지, 별도로 이런 象이 나타나는 것은 아닌 것으로 보인다. 단순하게 말해서, "其命亂(그 명령이 어지러워졌음)"이기 때문에, "命令不一(명령이 한결같지 않음)"이라고 말한 것이다.

175) [校閱] 奎章本에는 '案'이 '按'으로 되어 있다.

176) [校閱] 新朝本과 國中本에는 "物極必變"이라고 되어 있으나 奎章本에는 "物之必變"이라고 되어 있다. 문맥상 前者가 더 적합하다.

12. 천지 비(天地 否)

坤下乾上 ○第七卦之反 ≪姤二陰進≫

姤 → 遯 → 否

正卦 反卦

泰←反易→否

坤은 下卦이고, 乾은 上卦이다. ○第7卦의 反卦이다. ≪姤卦로부터 두 개의 陰이 [점진적으로 축적되어] 前進한 것이다.≫

序卦傳曰 物不可以終通 故受之以否

「序卦傳」에서 말하였다. "사물은 끝까지 通할 수만은 없으므로, 否卦로 받은 것이다."

○朱子曰 否 閉塞也 七月之卦也

○朱子가 말하였다. "否는 닫히고, 막힌 것이니, 7月에 해당하는 卦이다."

○鏞案[177] 否者 不善也 左傳之云 逆爲否 是也 ≪不臧謂之否≫ 又 不然也 楚詞[178]之云 不淸徹其然否 是也 ≪音雖不同 義相通≫ 又

177) [校閱] 奎章本에는 '案'이 '按'으로 되어 있다.

178) 奎章本과 新朝本과 國中本에 모두 "楚詞"로 되어 있으나 屈原의 原著의 제목은 "楚辭"이다. 그러나 "楚詞"가 誤字라고 볼 수는 없고, "楚辭"와 더불어 "楚詞"를 혼용

否 閉口也 卦以三剛 塞其上 此之謂 否也

○[鏞案] 否는 '착하지 않음'을 뜻한다. 『左傳』에서 "逆은 否"라고 하였으니,[179] 이것이 바로 그것이다. ≪"착하지 않음(不臧)"을 "否"라고 함[180]≫ 또 [否는] "그렇지 않다(不然)"는 뜻이다. 『초사(楚辭)』[181][의 '九章' 가운데 '석왕일(昔往日)'이라는 詩]에서 "[임금께서는] 그런지(然) 그렇지 않은지(否)를[182] [분명하게] 살피지(淸徹)[183] 않으시네"[184]라고 하였으니, 이것이 바로 그 용례이다. ≪音은 비록 다르지만 뜻은 서로 통한다.≫ 또 否는 입구를 틀어막음(閉口)이다. 否卦는 세 개의 剛으로써 위를 막고 있는 형

해서 쓰여졌다. 漢 以後, 辭는 詞와 서로 통용되어 楚辭는 楚詞로도 표기되었다.

179) 逆爲否 : 『左傳』(宣公 12年)에 나오는 말이다. 「春秋官占補註」의 "知莊子之語"를 참조할 것(『四箋』 卷7, 22가).

180) 『春秋左氏會箋』 上(『漢文大系』 卷10), 明治 48年, 100면에 "臧否(장비)"에 대한 杜預의 注가 나온다.

181) 『초사(楚辭)』(16권) : 楚나라의 굴원(屈原)과 그 말류(末流)의 사(辭)를 모은 책, 16권이다. 漢나라 유향(劉向)이 굴원(屈原)의 『離騷』와 25편의 부(賦) 및 후인의 작품에다가 자작 1편을 덧붙여 『楚辭』를 편집했으며, 후한(後漢)의 왕일(王逸)은 본서의 사장(辭章)을 고정(考定) 주석하여 『楚辭章句』(16권)를 지었다. 현존하는 것은 굴원의 『離騷』·『九歌』·『天問』·『九章』·『遠遊』·『卜居』·『漁父』, 송옥(宋玉)의 『九辯』·『招魂』, 굴원 또는 경차(景差)의 『大招』·『惜誓』, 회남소산(淮南小山)의 『招隱士』, 동방삭(東方朔)의 『七諫』, 엄기(嚴忌)의 『哀時命』, 왕포(王褒)의 『九懷』, 유향의 『九歎』의 16권 외에 왕일의 『九思』를 더하여 17권이다. '초사(楚辭)'란 楚나라의 방언을 포함한 초성(楚聲)의 가사(歌辭) 곧 楚나라의 사(辭)라고 하는 설도 있으나, 고대 楚나라의 신관(神官, 祝)이나 무사(巫史)가 관장한 '사령(辭令)' 및 그것에서 진화한 문체의 이름으로 보아야 할 것이다. 따라서 辭 안에는 제사나 점복(占卜)에 관한 것이 있으며, 제사가(祭祠歌)인 『九歌』나 『離騷』·『九歌』의 각 편에도 신화적 공상이 풍부하다. 또 『天問』에는 고대의 신화전승에 관한 서술이 매우 많다. 이러한 辭의 성질이 작자 굴원(屈原)의 낭만적인 사상으로 『楚辭』의 문학적 특색을 형성하고 있다. 이는 『詩經』에서는 볼 수 없는 장점이며, 중국 후대의 문학에 커다란 영향을 미쳤다.

182) 然否 : 옳고 그름, 是非의 뜻.

183) 淸徹 : 밝히 살피다.

184) 不淸徹其然否 : 『楚辭』 '九章' 가운데 '昔往日(지난 날을 슬퍼하며)'에 나오는 구절로서, "君含怒而待臣兮, 不淸澈其然否(임금께서는 노여움을 품으시고 신하를 대하시니, 옳고 그름을 밝게 살피지 못하시네)"의 對句로 되어 있다. '九章'은 굴원(屈原)의 작품이며, '昔往日'은 지난 날의 일을 애석히 여기고, 지금의 처지를 슬퍼하면서, 다시 한번 임금의 반성을 바라고, 드디어 죽음을 결심하고 쓴 글이다(河正玉 編著, 『屈原』, 태종출판사, 1980, 304면).

태이니, 이것을 일러 “否”라고 하는 것이다.

䷋

否之匪人, 不利君子貞, 大往小來.

否는 小人[의 卦]이니, 君子의 일(貞)에는 이롭지 않다. 큰 것이 가고, 작은 것이 올 것이다.

此 否之不變者也 匪人者 小人也 ≪比六三≫

䷇ ䷦ ䷽

比 → 蹇 ← 小過

이것은 否卦가 변하지 않는 경우이다. “匪人”이란 小人을 가리킨다. ≪比卦 六三[의 “比之匪人”]을 참조≫

卦由遯進 ≪二而三≫ 遯之時 四陽相連 未有限界 ≪上下連≫ 君子小人 ≪艮小人≫ 混然相通 ≪乾君子≫

䷠ ䷋

遯 → 否

否卦는 遯卦로부터 나아온 것이니 ≪2陰에서 3陰으로 나아옴≫ 遯卦의 때에는 4陽이 서로 잇달아 아무런 限界가 없으니, ≪上卦와 下卦가 연결됨≫ 君子와 小人이 ≪艮은 小人≫ 섞여서 서로간에 통하고 있다. ≪乾은

君子이다.≫

進而爲否 則內外隔絶 各爲一類 於是乎 否之也 曷爲否之 ≪否塞之≫ 小人者 匪人也 旣非我類 胡不否之乎

[遯卦가] 前進하여 否卦가 되면, 안과 밖이 격리되고 단절되어 각각 하나씩의 부류를 형성하니, 이런 상황을 맞이하여 [소인들을] 거부(拒否)하여 막는 것이다. 어째서 그들을 거부하는가? ≪거부하고 막음≫ 小人은 인간답지 못한 부류이니, 이미 나와 같은 부류가 아니다. 어찌 거부하지 않겠는가?

○君子者 震也 自姤以來 艮徑日長 震道日消 以至於否 則天地否塞 人道日亡 ≪乾爲人≫ 凡君子之事 皆不利也

姤 → 遯 → 否

○君子는 震이다. 姤卦 以來로 艮의 좁은 길이 날로 확대되고, 震의 길은 날로 없어져 가더니, 否卦에 이르게 되면 하늘과 땅이 막히게 되고, 人道는 날로 사라지니 ≪乾은 사람이 된다.≫ [否卦의 占은] 일반적으로 君子의 일(事)에 대해서는[185] 모두 不利하다.

○否以泰交 ≪地天交≫ 乾升坤降 大往而小來也

泰 否

185) "君子'貞'"을 "君子之'事'"로 풀이한 것이다.

○否卦는 泰卦와 交易의 관계이니 ≪地天 泰卦의 地와 天의 위치를 서로 맞바꾸면 天地 否卦가 된다.≫ 乾은 위로 올라가고, 坤은 아래로 내려오므로, 큰 것이 가고, 작은 것이 온다고 말한 것이다.

䷋

彖曰: 否之匪人, 不利君子貞, 大往小來, 則是天地不交而萬物不通也, 上下不交而天下无邦也. 內陰而外陽, 內柔而外剛, 內小人而外君子, 小人道長, 君子道消也.

「彖傳」: "否之匪人, 不利君子貞, 大往小來"이니, 이것은 하늘과 땅이 서로 교섭하지 않아 萬物이 소통하지 못하는 것이며, 上下가 서로 사귀지 않아 天下에 나라가 없는 것이다. [이 否卦는] 內陰外陽이고 內柔外剛이니, 안으로는 小人이 있고, 밖으로는 君子가 있으니, 小人의 道는 자라나고, 君子의 道는 꺼지는 것이다.[186]

坤國內虛 ≪無君子≫ 國無人 則無邦也

坤의 나라가[187] 안으로 텅 비어 ≪君子가 없음≫ 나라에 사람이 없으니 곧 "无邦"이라고 한다.

---

186) 泰卦와 否卦의 「彖傳」을 비교해 보면, 文體가 동일하고, 내용만 상반된 것을 알 수 있다.

泰卦; …… 則是天地交, 而萬物通也, 上下交, 而其志同也. 內陽而外陰, 內健而外順, 內君子, 而外小人, 君子道長, 小人道消也.

否卦; …… 則是天地不交, 而萬物不通也, 上下不交, 而天下无邦也. 內陰而外陽, 內柔而外剛, 內小人, 而外君子, 小人道長, 君子道消也.

187) 坤이 나라(國)라는 것은 荀九家 중 한 사람인 우번(虞翻)의 說이다(『四箋』 卷8, 35가).

○ 自復至乾 君子道也 ≪由震起≫ 自姤至坤 小人道也 ≪由艮成≫ 陰進至三 小人道長也 陽退至四 君子道消也

復 → 臨 → …… 夬 → 乾　　姤 → 遯 → 否 →…… 剝 → 坤

○[辟卦의 進退消長에서] 復卦에서 乾卦에까지 이르는 과정이 "君子의 道"이며 ≪震에서 시작하여 진행됨≫ 姤卦에서 坤卦에까지 이르는 과정이 "小人의 道"이다. ≪艮에서 시작하여 진행됨≫ 陰이 제3位에 이를 때까지 이르는 것이 小人의 道가 자라나는 것이며, 陽이 제4位에 이를 때까지 물러나는 것이 "君子의 道가 꺼지는 것이다.

初六 : 拔茅茹, 以其彙, ≪句≫ 貞吉, 亨. ○ 象曰 : 拔茅貞吉, 志在君也.

初六 : 띠풀의 뿌리를 뽑을 때에, [띠풀의 뿌리가 모여있는] 그 무리(彙)로써 함이니, ≪句≫ [그렇게 하면, 서로 연결된 띠풀이 잇달아 뽑혀 올라올 것이므로, 인재(人才)를 선발하는 등의 하는] 일(貞)이 길하고 형통할 것이다. ○「象傳」: "拔茅, 貞吉"이라고 한 것은 [현명(賢命)한 신하들이] 그 [보필하고자 하는] 뜻(志)을 군주(君主)에게 두고 있음을 말한 것이다.

此 否之无[188]妄也 无妄自遯來 ≪一之三≫ 大巽之草 ≪兼畫巽≫ 有

188) [校閱] 新朝本에는 "無妄"으로 되어 있는데, 奎章本과 國中本에는 "无妄"으로 되어

乾三脊 ≪遯上乾≫ 其象 茅也 ≪義見泰≫

否→제1爻變→无妄←推移←遯

이것은 否卦가 无妄卦로 변하는 경우이다. 无妄卦는 遯卦로부터 왔으니 ≪1이 3으로 감≫ 大巽의 풀(草)에 ≪遯은 兼畫하면 巽≫ 乾[☰]의 세 가닥의 등줄기(三脊)가 있으니 ≪遯卦의 上乾≫ 그 모양이 [세 가닥의 줄기가 있는] 띠(茅)의 모양인 것이다. ≪이 뜻은 앞서 泰卦 初九를 설명하는 부분에서도 나왔다.≫

移之无妄 則大巽之草 忽高一寸 ≪全卦今高擧≫ 茅之拔也 ≪拔擧之≫ 出自地底 ≪一二爲地位≫ 其根遂露 ≪下一陽爲根≫ 拔茅茹也 ≪茹根也≫ 下乃爲震 ≪三之一≫ 震亦草也 巽草之拔 ≪大巽草189)≫ 震草連起 ≪草相連≫ 拔以其彙也 ≪以其類≫ 遯有艮手 ≪本下艮≫ 所以拔也

否→제1爻變→无妄←推移←遯

[遯卦로부터] 추이(推移)하여 无妄卦가 되면 大巽의 풀(草)이 갑자기 한 마디 정도 높아지니 ≪[无妄卦를 遯卦와 비교해보면] 卦 전체가 지금 위로 들어올려진 셈이다.≫ 띠풀(茅)을 뽑은 것이다. ≪그것을 뽑아서 들어올림≫

땅 바닥으로부터 나오니 ≪1과 2는 地位≫ 그 뿌리가 마침내 드러나니

있다. 이후 後者의 용례를 따르기로 한다.

189) [校閱] 奎章本에는 "艸"로 되어 있으나 新朝本과 國中本에는 "艸"의 略字인 "草"로 되어 있다.

≪无妄卦의 제일 아래 있는 한 개의 陽이 뿌리가 됨≫ 이것이 "발모여(拔茅茹)", 즉 "띠의 뿌리를 뽑은 것"이다. ≪茹는 뿌리이다.≫

无妄의 下卦는 이에 震이 되니 ≪遯卦의 3이 1로 감≫ 震도 역시 풀(草)이다. 巽의 풀(草)을 뽑아낼 때, ≪遯卦는 大巽의 草≫ 震의 풀도 잇달아 일어나므로 ≪풀은 뿌리로 서로 이어져 있음≫ 뽑을 때 "그 무리로써(以其彙)" 뽑는 것이다. ≪그 같은 類로써 함≫ 遯卦에는 艮의 손(手)이 있으니 ≪본래 下卦가 艮≫ 그 손으로써 뽑는 것이다.

无妄之時 君子之以類薦拔 有是象也 ≪今下震≫ 蓋當否塞之運 旣遯 旣亡之君子 ≪震君子≫ 忽然 復返于坤國之內 ≪下本坤≫ 儼爲一卦之主 ≪震爲主≫ 此 大吉之占也 以之爲事 ≪貞事也≫ 何往不利 故曰 貞吉[190]

否→爻變→无妄←推移←遯

否→爻變→无妄←推移←中孚

无妄의 때에 君子가 동료를 추천하여 선발하는 것이니, 이와 같이 [풀이 뿌리로 연결되어 있어 하나를 뽑음에 같이 일어나는] 象이 있다. ≪지금 [无妄卦의] 下卦가 震≫ 무릇 비색(否塞)한 運을 당하여, 이미 숨고 이미 사라졌던 君子가 ≪震은 君子≫ 갑자기 坤國의 안으로 되돌아 와서 ≪否卦의 下卦가 본래 坤≫ 의연하게 한 卦의 主人이 되니 ≪震은 主가 됨[191]≫ 이것은 크게 길한 占이다. 이런 상황에서 일한다면 ≪貞은 事, 즉 일≫ 어디를 간들[192] 이롭지 않겠는가! 그러므로 "貞吉"이라고 말하였다.

---

190) [校閱] 新朝本과 國中本에는 "貞吉"이라고 되어 있으나 奎章本에는 "利貞"이라고 되어 있다. 否初六의 효사에는 "貞吉"이라고 되어 있으므로, 前者가 옳다.

191) 震主는 荀九家 虞翻의 說이며, 다산도 이에 동의한다.

192) 『四箋』(卷1, 22가)에 "无往不正", 『四箋』(卷4, 31가)에 "何往不凶"이라는 말이 나온다.

○无妄自中孚來 ≪二之四≫ 大离 志也 ≪兼畫三≫ 震賢上升 ≪二之四≫ 以從乾君 ≪上今乾≫ 志在君也

否→爻變→无妄←推移←中孚

○无妄卦는 中孚卦로부터 왔으니 ≪2가 4로 감≫ 大离는 志이다. ≪中孚卦는 둘씩 畫을 겸하여 셋으로 묶으면 大离의 형태≫ 震의 賢者가[193] 위로 나아가 ≪中孚卦의 2가 4로 감≫ 乾의 君主를 따르므로 ≪无妄卦의 上卦가 지금 乾≫ "志在君", 즉 "뜻이 임금에게 있다"라고 한 것이다.

○學稼云 泰變爲升 而小人未形 ≪升無艮≫ 否之无妄 則君子復反 ≪下今震≫ 故兩皆吉也

泰→初爻變→升　　否→初爻變→无妄

○學稼가 말하였다. "泰卦가 변하여 升卦가 되어도 小人의 모습은 나타나지 않으며 ≪升卦에는 艮이 없음≫ 否卦가 변하여 无妄卦로 되어도 君子가 다시 돌아오므로 ≪下卦가 이제 震≫ [泰卦 初九와 否卦 初九의] 兩卦에 있어서 모두 吉한 것이다.[194]"

○學圃云 此爻之占 異於泰例者 抑小人也

○學圃가 말하였다. "이 爻의 占이 泰卦의 사례와 다른 점은 [泰卦는

193) 震이 현자(賢者)가 된다는 것은 다산의 '今補' 가운데 震이 君子라는 풀이로부터 이끌어낸 것으로 생각된다.

194) 泰初九에서는 '征吉', 否初九에서는 '貞吉'이라고 함.

단순히 난국(難局)을 소극적으로 피하는 측면이라면, 이 否卦는 보다 적극적으로] 小人을 억누른다는 점이다."

六二 : 包承, 小人吉, 大人否, 亨. ○ 象曰 : 大人否亨, 不亂群也.

六二 : [君主의 命을] 떠받들어 모시는 자를 [君主가] 감싸주니, 小人에게는 길할 것이다. 大人에게는 비색(否塞)함이 있겠지만, [소인의 무리에 뒤섞이지 않고, 고결한 삶을 살 수 있으므로] 형통할 것이다. ○「象傳」: "大人에게는 비색(否塞)함이 있겠지만, 형통하다(大人否, 亨)"라고 한 것은 그 [君子와 小人의] 무리가 [뒤섞여] 혼란스럽지 않기 때문이다.

此 否之訟也 訟自遯來 《二之三》 艮之小人 《本下艮》 承順君命 《上乾巽》 爲盜爲險 《三之二 爲坎》 乾君在上 巽以包之 《包容之》 是 包承也 艮本爲手 《說卦文》 所以承也 《字從手》

이것은 否卦가 訟卦로 변하는 경우이다. 訟卦는 遯卦에로부터 왔으니 《2가 3으로 감》 艮의 小人[195]이 《遯卦의 下卦는 본래 艮》 君主의 命을 받들어 따르면서 《[遯卦의] 위에는 乾과 互巽이 있음[196]》 도적질을 하고 위

195) 茶山의 '今補'를 참조할 것(『四箋』 卷8, 40나).

196) "乾君"(「說卦傳」), "巽命"(虞翻의 說), "巽順"(其他)을 가지고 말하는 것. 巽順의 용

태로운 짓을 범하는데 ≪3이 2로 가면 [遯卦에서 訟卦로] 옮아가서 坎이 형성됨[197]≫ [지금 訟卦에서 보면] 乾의 君主가 위에 있으면서 巽으로써 감싸니[198] ≪도적을 包容함≫ 이것이 "包承"이다. 艮은 본래 손(手)이 되니 ≪「說卦傳」의 글[199]≫ 손으로써 받드는 것(承)이다. ≪'承'字는 '手'字로부터 유래[200]≫

○訟自遯來 ≪二之三≫ 艮之小人 今乃得志 ≪下今坎≫ 小人吉也 乾之大人 ≪遯上乾≫ 遂失坤國 ≪絶于內≫ 大人否也 雖則否矣 ≪上下隔≫ 离以嘉會 ≪今互离≫ 其占亨也

否→제2효변→訟← 推移 ←遯

○訟卦는 遯卦로부터 왔으니 ≪2가 3으로 감≫ 艮의 小人이 [訟卦에 이르러] 이제야 득의양양(得意揚揚)하니 ≪[訟卦의] 下卦가 지금 坎[201]≫ "小人吉"이라고 한 것이며, 乾의 大人이 ≪遯卦의 上乾≫ 마침내 坤의 나라를 잃으니[202] ≪訟卦 內에서 上乾의 三陽과 下卦의 陽의 연결이 단절됨≫ "大人否"라고 한 것이다. 비록 이처럼 막힌 상황이기는 하지만 ≪上下가 단

례는 『四箋』(卷4, 33가) 등에 보인다.

197) "坎盜"와 "坎險"을 말하는 것. 前者는 「說卦傳」에 나오며(隱而內險, 其象爲盜; 『四箋』 卷8, 38가), 後者는 다산이 '今補' 이외에 또 보충한 것(『四箋』 卷8, 39가)

198) 荀九家중의 한 사람인 虞翻은 巽이 "包"라 하였다(『四箋』 卷8, 37나). 다산은 이를 "'苞'苴(선물꾸러미, 선물)"와 연관지어 설명함(『四箋』 卷8, 37나).

199) '近取' 항목을 참조(『四箋』 卷8, 33가).

200) "承, 奉也, 受也, 從手 ……." 許愼 撰, 段玉裁 注, 『說文解字注』, 上海古籍出版社, 1988, 600면.

201) 坎志를 말함인데, 이는 荀九家의 逸象이다(『四箋』 卷8, 38나). 茶山은 『四箋』(卷2, 30나)에서 坎과 离가 모두 "志"라고 함.

202) "乾大人"은 「說卦傳」이나 '今補'에는 나오지 않으나, "乾君"(「說卦傳」), "乾君子"(其他) 등의 象을 응용하여 적용한 것으로 생각된다. 한편, 坤國은 虞翻의 說이다(『四箋』 卷8, 35가).

절됨≫ 离로써 기쁘게 모이니 ≪지금 訟卦의 下互가 离≫ 그 점이 형통한 것이다.

○遯之時 艮之一剛 上與乾連 ≪天山卦≫ 君子小人 混然群居 ≪四陽連≫

否 → 訟 ← 遯

○遯卦의 때에는 艮의 一剛이 위로 乾과 연결되어 있으니 ≪[遯卦는] 天山卦≫ 乾의 君子와 艮의 小人이 뒤섞여 같이 살고 있는 모양이다. ≪4陽이 잇달아 있다.≫

移之爲訟 ≪三之二≫ 則离以別之 ≪中斷之≫ 巽益高潔 ≪上互巽≫ 乾自爲乾 ≪上三陽≫ 艮不相連 ≪三之二≫ 不亂群也 潔而不亂 雖否亨也

否→제2효변→訟← 推移 ←遯

[遯卦로부터] 추이하여 訟卦가 되면 ≪3이 2로 감≫ 离로써 [군자와 소인이] 나뉘어지며 ≪가운데가 단절됨[203]≫ 巽은 더욱 고결(高潔)해진다.[204] ≪[遯卦에서는 下互卦가 巽이었지만, 지금 訟卦에서는] 上互卦가 巽≫ 乾은 그 자체로 乾이 되고 ≪上卦의 3陽≫ 艮과 더불어 연결되지 않으므로 ≪遯卦의

---

203) 다산은 离에 떠남(離)의 뜻이 있다고 보았다(『四箋』 卷4, 12가).

204) 巽이 高(높음)의 뜻이 되는 것은 「說卦傳」에 근거한 것이다(『四箋』 卷8, 37가). 다산은 "巽爲高, 爲長; 兌與巽相反"이라고 하고 있다(『四箋』 卷8, 41가). 한편, 다산은 '今補'와 별도로 보충한 物象에서, 巽이 潔(깨끗함)의 뜻이 된다고 말한다.

3이 2로 감≫ "不亂群"라고 한 것이다. 이렇듯 고결하면서 어지럽히지 않으니, 비록 막히기는 하였지만 형통한 것이다.

○案[205] 朱升易注 有苞[206]苴饋遺之語 ≪以承爲脀 此 曲解也 脀 牛牲也≫

○[案] 주승(朱升)[207]의 易注에서는 ["包承"이라는 말과 연관하여] "포저궤유(苞苴饋遺)"[208]라는 말이 나온다. ≪[朱升은] '承'을 '증(脀)'의 뜻이라고 하였는데, 이것은 왜곡된 해석이다. '증(脀)'은 '제사에 올리는 소의 희생'을 가리킨다.≫

䷋

六三 : 包羞. ○象曰 : 包羞, 位不當也.

六三 : [小人의] 수치(羞恥)스러운 행동을 [君子가] 감싸줌이로다. ○ 「象傳」 : "包羞"라고 한 것은 [그 小人이 처해 있는] 자리(位)가 합당하지 않기 때문이다.

此 否之遯也 自遯而否 ≪二而三≫ 小人得國 ≪內三陰≫ 然而羞之者 三陽隔絶 ≪不相連≫ 其群遂別也

---

205) [校閱] 奎章本에는 '案'이 '按'으로 되어 있다.

206) [校閱] 新朝本과 國中本에는 "苞"가 "包"로 되어 있다.

207) 주승(朱升, 1299~1370) : 중국 元末 明初의 학자, 字는 允升, 저서에 『周易旁注圖說』·『朱楓林集』이 있다(金勝東, 『易思想辭典』, 부산대 출판부, 1998, 1004면).

208) 苞苴饋遺 : ([제사지낸 고기와 같은] 선물(饋遺)을 잘 싸서(苞苴) [사람들에게] 보내는 일(饋遺).

遯→推移→否→제3효변→遯

이것은 否卦가 遯卦로 변하는 경우이다. [벽괘(辟卦)의 消長의 관계에서 볼 때] 遯卦에서 否卦로 되면 《2陰에서 3陰으로 됨》 小人이 나라를 차지하게 된다. 《否卦의 內卦의 三陰》 그런데 그것을 부끄러워하는 까닭은 3陽이 격리되고 단절되어 《[遯卦에서처럼] 4陽이 연결되지 않음》 그 무리가 드디어 갈라서기 때문이다.

反而爲遯 則外與乾連 以揜其羞 《自附於君子》 小人之情狀也 乾君在上 巽以包之 《今大巽》 是 包羞也 《包含之》

遯→推移→否→제3효변→遯

[그런데 否卦 六三이 爻變을 함으로써] 다시 돌이켜 遯卦가 되면 [艮의 小人들이] 밖으로 乾과 연결되어 그 부끄러움을 덮어 가리니 《소인들 스스로 君子에게 아부함》 [이것이] 小人들의 정상(情狀)이다. 乾의 君主가 위에 있으면서 巽으로써 그들을 포용하니[209] 《지금 遯卦는 大巽의 형태》 이것이 "包羞", 즉 "부끄러움을 포용한다"라고 말한 까닭이다. 《그들을 포용하여 끌어안는다.》

○位不當者 本象也 《柔居三》

---

209) 순구가(荀九家) 가운데 한 사람이었던 우번(虞翻)은 巽이 "包"라 하였다(『四箋』 卷8, 37나). 다산은 이를 "苞苴(선물꾸러미, 선물)"와 연관지어 설명하고 있다(『四箋』 卷8, 37나).

遯 → 推移 → 否 →제3효변→遯

○"位不當"이라고 한 것은 本象에 해당된다. ≪柔가 陽의 자리인 제3位에 있다.≫

○案 朱升易注云 膳羞之羞 巽以包之 非也.

○[案] 주승(朱升)[210]의 易注에서는[211] ['包羞'의 '羞'를] '맛있는 음식(膳羞)'[212]이라는 뜻의 '羞'로 해석하고, 巽으로써 이를 포장한다고 하였으니, 이것은 틀린 해석이다.

九四 : 有命, 无咎, 疇離祉. ○象曰 : 有命无咎, 志行也.

九四 : [하늘로부터 받은] 命을 [온전히] 보존하니, 허물이 없을 것이다. [시운(時運)이 비색(否塞)하니, 쟁기로] 터밭이나 일구면서 사는 것(疇)이 福(祉)을 받을 것(離)이다. ○「象傳」: "[하늘로부터 받은] 命을 [온전히] 보존하니, 허물이 없다(有命无咎)"라고 한 것은 [쟁기로 터밭이나 일구면서 살고자한 그] 뜻을 실행하기 때문이다.

---

210) 주승(朱升, 1299~1370) : 明代의 詩文家. 字는 允升이며, 풍림(楓林) 선생으로 불려졌다. 朱升은 五經에 대하여 모두 旁註를 남겼는데, 易에 관해서는 『周易旁註前圖』(2卷)를 남겼다. 저술로는 『楓林集』(10卷)이 있다.

211) 朱升易注 : 毛奇齡, 『仲氏易』, 上海古籍出版社, 1990, 71면에도 인용됨.

212) 膳羞 : ① 희생의 고기와 맛있는 음식. ② 음식, 찬. 李相殷 監修, 『漢韓大字典』, 민중서림, 1990, 1701면.

此 否之觀也 觀者 大艮也 ≪兼畫三≫ 時否道窮 ≪艮徑窮≫ 咎所成也 然 姤遯否觀 終有巽命 ≪四卦各有巽≫ 觀以升交 ≪地風交≫ 巽命如舊 ≪下巽 今上巽≫ 旣不失命 又何咎焉

姤 → 遯 → 否 → 제4효변 → 觀 升

이것은 否卦가 觀卦로 변하는 경우이다. 觀卦는 大艮이니 ≪겸획(兼畫)하여 삼획(三畫)의 형태가 됨≫ 時運이 비색(否塞)하고, 그 길도 막다른 데 달하였으니 ≪艮의 길이 끝나서 막힘≫ 허물이 성립되는 것이다. 그러나 姤卦→遯卦→否卦→觀卦로 진행되면서 끝까지 巽의 命[213]을 보유하고 있고 ≪4卦에는 각각 巽이 있음≫ 또 升卦로부터 交易됨으로써 성립된 觀卦의 경우에도[214] ≪觀卦의 地와 風을 뒤바꾼 것≫ 巽의 命이 옛날과 마찬가지로 있다. ≪升卦의 下巽이 이제 觀卦의 上巽이 됨≫ 이렇듯 命을 상실하지 않으니, 무슨 허물이 있겠는가?

○否之時 以剛居四 不得其位 今四得位 ≪四爻動≫ 是 无咎也

否 → 제4효변 → 觀 升

○否卦의 때에는 剛이 제4位에 머물러 그 바른 자리를 얻지 못하였는데, 지금 觀卦에서는 陰이 제4位에 머물러 그 바른 자리를 얻었으니 ≪第4爻가 변동함≫ 이것이 "无咎"라고 한 까닭이다.

---

213) 荀九家인 우번(虞翻)의 說(『四箋』 卷8, 37나).
214) 아래에서도 "'觀以升交', 坎志行也"라고 함(『四箋』 卷2, 36가).

○疇離祉之義 未詳 或曰 疇者 治田也 ≪說文云≫ 坤田巽耒 其象 疇也 兩互爲漸 離於福也 ≪漸互离≫ 時當否塞 旣以巽退 惟有治田爲農 可以受福也 於四言之者 四爲漸主也

觀← 제4효변 ← 否 → 兩互作卦 → 漸

○"주리지(疇離祉)"의 뜻은 분명치 않다, 或者는 설명하기를 '주(疇)'는 밭을 일구는 것(治田)이라고 하였다. ≪『說文』에서 이렇게 말함[215]≫ [否卦 九四의 之卦인 觀卦는] 坤의 밭(田)과 巽의 [나무]쟁기(耒)로 구성되어 있으니[216] 그 모양이 疇(쟁기로 밭을 갈아 농사를 지음)의 형상이다. 또한 否卦로부터 兩互卦를 만들면 漸卦가 되니, 福에 걸리는 것이다. ≪漸卦의 互离≫ 시운(時運)이 비색(否塞)함을 당하여 巽으로써 은퇴하니[217] 오직 밭을 일구고, 농사를 짓는 것만이 福을 받을 수 있는 일이다. 제4爻에서 이런 말을 한 것은 제4爻가 漸卦의 卦主이기 때문이다.[218]

○當否之時 四又多懼 旣以巽退 ≪上今巽≫ 其身乃隱 ≪四今亡≫ 其志行也 觀以升交 坎志行也 ≪升大坎≫

否→ 제4효변 →觀　　升

215) "耕治之田也(갈아 평평하게 된 밭)."(許愼 撰, 段玉裁 注, 『說文解字注』, 上海古籍出版社, 1993, 695면)

216) "坤田"은 茶山의 '今補'에도 언급된다. 한편 "巽耒"의 경우는, 「說卦傳」이나 今補, 荀九家의 항목에 명시되어 있지 않다. 다만 「繫辭下傳」에 "揉木爲耒, 耒耨之利" 운운한 대목이 나오는데(『四箋』 卷7, 9가), 茶山은 "耜者, 耒耑之木刃也; 耒者, 耜柄之曲木也"라고 하면서, "巽木"·"巽撓"와 연관지어 설명하여, 이와는 다소 다른 셈이다.

217) 漸의 上卦인 '巽'을 두고 하는 말인데, 「說卦傳」에 巽은 "進'退'"가 된다고 함.

218) 『四箋』의 漸卦 六四 해석에는 "卦主"라는 말이 보이지 않는다(『四箋』 卷6, 19가).

○비색한 때를 당하고, 또 제4位는 두려움이 많은 자리이기도 하니, 이미 巽으로써 물러나 ≪上卦가 이제 巽≫ 그 몸을 이에 숨기니 ≪否卦의 제4爻는 陽이었으나 觀卦에서는 없어짐≫ 그 뜻을 행한 것이다. 觀卦는 升卦를 交易한 것이니, 坎의 뜻(志)을 行하는 것이다.[219] ≪升卦의 1・2・3・4는 大坎의 형태이다.≫

九五：休否. 大人, 吉,[220] 其亡其亡, 繫于苞桑. ○象曰：大人之吉, 位正當也.

九五：소인(小人)이 휴식(休息)하니, 大人이 吉할 것이다. [혹시] 망하지나 않을까 망하지나 않을까 [하는 심정으로 조심]하여야 [열매가 겨우] 뽕나무 떨기(苞桑)에 매달려 있을 것이다. ○「象傳」：大人이 길하다고 한 것은 그 [처해있는] 지위(地位)가 정당(正當)하기 때문이다.

此 否之晉也 晉自小過來 ≪三之上≫ 大坎之功 ≪兼畫三≫ 亦旣勞止 ≪勞乎坎≫ 小人辭勞 ≪艮小人≫ 以自休息 ≪三之上≫ 是 休否也 ≪否小人 今休≫ 休復 宜參看 ≪復六二≫

否 → 晉 ← 小過

---

219) 其志行也：其는 否塞하고 두려움이 많은 상황을 가리킴, 그러므로 '其志行也'는 否塞한 時運을 맞아 그러한 상황에서 요구되는 天命의 뜻(志)에 따라 行하는 것을 의미한다.

220) [校閱] 奎章本에는 "吉"이 "其"로 되어 있다. "其"는 誤記이다.

이것은 否卦가 晉卦로 변하는 경우이다. 晉卦는 小過卦로부터 왔다. ≪3이 上으로 간 것이다.≫ 大坎의 공력(功力)으로써 ≪小過卦를 겸획(兼畫)하여 삼획(三畫)으로 보면 坎≫ 노동하던 것도 이미 멈추고 ≪坎에서 노력(勞力)함[221]≫ 小人은 노동을 사양(辭讓)함으로써 ≪艮은 小人[222]≫ 스스로 휴식을 취하니 ≪3이 上으로 감[223]≫ 이것이 "休否"이다. ≪否卦의 小人이 이제 휴식함≫ 復卦 六二의 "休復"의 경우를 마땅히 참조하여야 할 것이다. ≪復卦 六二를 참조할 것≫

○小人旣休 ≪三之上≫ 震之君子 ≪上本震≫ 南面而治 ≪上今离≫ 以修坤國 ≪下今坤≫ 大人吉也 艮旣黜外 ≪三之上≫ 於小人 非吉

否 → 晉 ← 小過

○小人이 이미 휴식에 들어가고 ≪3이 上으로 감≫ 震의 君子[224]가 ≪小過卦의 上卦가 본래 震≫ 남쪽을 향하여 政治를 함으로써 ≪晉卦의 上卦가 지금 离[225]≫ 坤의 나라를 다스리므로 ≪晉卦의 下卦가 이제 坤≫ "大人吉"이라고 한 것이다. 艮은 이미 밖으로 쫓겨났으므로 ≪3이 上으로 감≫ 小人의 경우는 길하지 않다.

○兩互 漸也 ䷴ 漸五之動 又爲重艮 ䷳ 艮自觀來 ≪五之三≫ 天命旣絶 ≪觀上巽 今斷≫ 坤國將亡 ≪觀下坤≫ 危之至也 艮則爲終

---

221) 勞乎坎 : 「說卦傳」에 나오는 말.

222) 艮小人 : 茶山의 '今補'에 나옴(『四箋』 卷8, 40나).

223) 三이 上으로 가는 것이 "休息"이지, 晉의 '离'나 다른 어떤 괘가 이에 해당하는 것은 아닌 것으로 생각된다. 즉, "休息"은 卦象이나 卦德에는 해당되지 않는다.

224) 震君子는 茶山의 '今補'에 나옴(『四箋』 卷8, 36나).

225) "离治"는 茶山의 '今補'에 나옴(『四箋』 卷8, 39나).

≪說卦文≫ 終則亡也 上艮下艮 ≪漸之艮≫ 其亡其亡也 ≪再言之≫

否→兩互作卦→漸→제5효변 →艮←推移← 觀

○[否卦로부터] 兩互卦를 만들면 漸卦가 된다. 漸卦의 제5爻가 변동하면 또한 重艮卦가 된다. 重艮卦는 觀卦로부터 왔으니 ≪5가 3으로 감≫ 天命이 이미 끊어지고 ≪觀卦의 上巽이 지금 重艮卦에서는 단절된 모습[226]≫ 坤의 나라도 장차 망할 지경이니 ≪觀卦의 下坤≫ 지극히 위태로운 상황이다. 艮은 곧 終(끝)을 뜻하니, ≪「說卦傳」의 글≫ 終(끝)이란 곧 亡(없어짐)을 의미한다. 上卦도 艮이고, 下卦도 艮이므로 ≪漸卦가 重艮卦로 변해 감≫ "其亡其亡"이라고 한 것이다. ≪艮이 겹쳐져 있으므로 "其亡"이라는 구절을 거듭 말한 것이다.≫

○上艮 苞桑也 下艮 匏瓜也 ≪說卦 艮爲蓏≫ 艮木堅剛 ≪說卦 艮爲堅木≫ 以成坤帛 ≪卦四陰≫ 其象 桑也 本以巽苞 ≪觀上巽≫ 是又苞桑也

否→兩互作卦→漸→제5효변 →艮← 推移 ←觀

○重艮卦에서 보면, 上艮은 "뽕나무 떨기(苞桑)"[227](더부룩이 자란 뽕나무)이고, 下艮은 열매(匏瓜 : 박이나 오이 같은 열매)이다. ≪「說卦傳」에서 艮은 '풀열매 蓏(라)'가 된다고 하였다.[228]≫ 艮의 나무는 단단하고 강하여 ≪「說卦

226) 巽은 "命"(虞翻의 說), 혹은 "天命"(茶山의 기타 物象)에 해당된다(『四箋』 卷8, 37나).
227) 苞桑 : "무성한 뽕나무"(김상섭 역, 『高亨의 周易』, 예문서원, 1995, 170면).
228) "艮 …… 爲果'蓏'."(『四箋』 卷8, 40가)

傳」에서 艮은 '堅木', 즉 단단한 나무가 된다고 함[229]≫ 坤의 비단(帛)[230]을 이루니 ≪坤帛은 重艮卦의 1·2와 4·5에 있는 네 개의 陰을 가리킴≫ 그 모습이 뽕나무(桑)이다.[231] 본래 巽으로써 감싸니 ≪觀卦의 上卦는 巽≫ 이 또한 "苞桑(뽕나무 떨기)"인 것이다.

觀之時 大艮之瓜 ≪兼畫艮≫ 繫于巽木 ≪上巽木[232]≫ 移之爲艮 ≪五之三≫ 則巽蔓忽絶 ≪巽爲繩 如蔓≫ 瓜乃下隕 ≪五之三≫ 危之至也 隕不至地[233] ≪止於三≫ 繫于苞桑也 ≪巽繩繫≫ 國之將亡 凜乎若朽索之將絶 此 其象也 故曰 其亡其亡 繫于苞桑

否→兩互作卦→漸→제5효변 →艮← 推移 ← 觀

觀卦의 때에는 大艮의 열매가 ≪觀卦는 兼畫하면 艮이 됨≫ 巽의 나무[234]에 매달려 있었는데 ≪觀卦의 上巽이 木이 됨≫ 推移하여 重艮卦가 되면 ≪5가 3으로 감≫ 巽의 덩굴이 갑자기 끊어져서 ≪巽은 繩[새끼줄][235]이 되니, 덩굴과 같음≫ 그 열매가 곧 아래로 떨어지니 ≪5가 3으로 감≫ 그 위태로움이

229) 「說卦傳」에 "艮, 其於木也, 爲堅多節"이라 함(『四箋』 卷8, 40가). 「說卦傳」에는 巽도 '木'이라 하는데, 茶山은 "柔木"이라 부연하였다(『四箋』 卷8, 37나). 茶山에 따르면 震도 "草'木'"인데, 이는 "剛木"이다(『四箋』 卷8, 36나).

230) 坤帛은 荀九家의 說이다(『四箋』 卷8, 35가). 「說卦傳」에는 坤이 "布"가 된다고 함(『四箋』 卷8, 34나).

231) 뽕나무(桑)는 활 만드는 데 이용할 정도로 材質이 강하고, 또 그 잎으로는 누에를 쳐서 비단을 만들기 때문에 이렇게 말한 것이다.

232) [校閱] 奎章本에는 "上巽木"으로 되어 있으나 新朝本과 國中本에는 "上本巽"으로 되어 있다.

233) [校閱] 新朝本에는 "隕不至也"로 되어 있으나 奎章本과 國中本에는 "隕不至地"로 되어 있다. 後者가 더 적합하다.

234) 이는 「說卦傳」에 나온다(『四箋』 卷8, 36나).

235) 「說卦傳」에 巽은 "'繩'直"이 된다고 함.

지극한 것이다. 떨어지기는 하였으나 地面에까지 이르지는 않았으므로 ≪제3位에 멈추어 있음≫ "繫于苞桑", 즉 "뽕나무 떨기에 매달려 있다"라고 말한 것이다. ≪巽의 繩[새끼줄]로 매달려 있음≫ 나라가 장차 망하려 함에 위태로운 모습이 마치 썩은 동아줄이 막 끊어지려 하는 것과 같으니, 이 九五는 그런 象이다. 그러므로 "其亡其亡, 繫于苞桑", 즉 "망하지나 않을까, 망하지나 않을까 하여야 뽕나무에 [겨우] 매달려 있을 것"이라고 한 것이다.

○位正當者 否之本象也 ≪陽居五≫

○"位正當"이라고 한 것은 否卦의 本象에 해당된다.236) ≪陽이 제5位에 있다.≫

○案237) 論語 子曰 吾豈匏瓜也哉 焉能繫而不食 繫于苞桑者瓜也

○[案] 『論語』「陽貨」에서 孔子께서 말씀하시기를, "내 어찌 박이나 오이(匏瓜)238)와 같은 존재이겠느냐! 어찌 대롱대롱 매달려만 있고 먹히지 않을 수 있겠느냐239)"라고 하였으니,240) 여기서 "계우포상(繫于苞桑,

236) 之卦인 晉의 경우는 "位正當"이라고 할 수 없음.

237) [校閱] 奎章本에는 '案'이 '按'으로 되어 있다.

238) 匏瓜 : 박이나 오이 같이 매달려 있는 열매.

239) 不食 : 등용되지 못함을 뜻함, 등용되는 것을 따서 먹히는 것에 비유한 표현이다. 魯나라 계씨(季氏)의 家臣인 공산불요(公山弗擾)가 비(費)땅에서 반란을 일으켜 권력을 장악한 뒤에, 孔子를 초청하였는데, 孔子가 이에 응하려고 하자, 그것을 말리려고 하는 子路에게 孔子가 한 말이다. 즉, 넝쿨에 달린 박이나 오이처럼 지낼 것이 아니라, 만일 자신을 등용하는 사람이 있다면, 정치에 참여하여 그 나라를 東周와 같은 나라로 만들겠다는 것이다.

240) 茶山의 『論語古今註』의 관련된 구절을 참조할 것. "案, 易曰, 井渫不食 易曰, 雉膏不食; 喩有才德而不見用也. 其必在天者不可食乎? 易曰, 其亡其亡, 繫于苞桑; 艮果之謂也 ≪見易箋≫. 瓜之在樹, 本可曰繫, 豈必星辰爲繫乎?"(정약용, 『國譯 與猶堂全書』 제4권(전주대 호남학연구소 편, 『論語古今注』), 여강출판사, 1989, 162면 전후)

뽕나무 떨기에 매달려 있는 것)"이란 [비록 명시적으로 적혀 있지는 않으나] 오이(瓜)와 같은 열매를 가리키는 것이다.[241]

○九家易云 苞 包也 乾坤相包 桑者 上玄下黃 ≪京房曰 桑 有衣食之功 聖人 亦有天覆地載之德≫ 陸績曰 以巽繩繫

○ 荀九家[242]의 易說에서 다음과 같이 말하였다. "苞는 包(싸다)는 뜻이니, [이 否卦는] 乾과 坤이 서로 감싸고 있음이다. 뽕나무는 위는 검고, 아래는 누렇다."[243] ≪京房이 말하였다 "뽕나무에는 인간의 衣食에 도움을 주는 공덕이 있으며,[244] 聖人에게는 또한 하늘처럼 덮어주고, 땅처럼 실어주는 德이 있다."≫ 육적(陸績)[245]이 말하기를, "巽의 새끼줄로 묶는 것이다"라고 하였다.

○學圃云 晉自觀來 ≪五之四≫ 天命絶也 然 离以修治 不以艮終故 其占如此

---

241) 이는 "繫于苞桑"이 하늘의 별자리(苞桑)를 말함이 아니라는 근거로 제시된 것으로 보인다.

242) 荀九家: ① 京房, ② 馬融, ③ 鄭玄, ④ 宋衷, ⑤ 虞翻, ⑥ 陸績, ⑦ 姚信, ⑧ 翟子玄, ⑨ 荀爽.

243) 桑者 上玄下黃: 뽕나무는 위는 검은 색이며, 아래는 누런 색이다. 그런데 검은 색은 乾의 색이며, 황색은 坤의 색이므로, 결국 뽕나무는 乾과 坤으로 구성된 否卦에 상응하는 상징물이라고 할 수 있다.

244) 桑有衣食之功: 뽕나무에는 인간의 衣食에 도움을 주는 공덕이 있다. 즉, 뽕나무의 잎은 누에의 먹이가 되어 명주가 되고, 뽕나무 열매인 '오디'는 식용으로 쓰이며, 그 뿌리도 藥材로 쓰이며, 그 껍질은 종이의 원료로 쓰인다.

245) 육적(陸績): 字는 公紀. 東漢 말엽에서 三國시대 사이의 인물. 吳나라 사람으로서 손권의 謀士로서 활약하였다. 육적(陸績)은 우번(虞翻)과 더불어, 後漢末에서 三國 年間에 활동」한 인물로서 象數易學家로 분류된다. 『渾天圖』를 지었고, 『易經』을 주석하였다. 陸德明의 『經典釋文』 序錄에는 荀九家의 한 사람으로 언급되고 있다. 육적(陸績)과 관련된 회귤고사(懷橘故事)는 매우 유명한데, 이는 육적(陸績)이 원술(袁術)의 초청을 받아 잔치에 참가하였을 때, 모친을 생각하여 귤을 품어 달아났다는 일화에서 유래되었다.

否 → 晉 ← 觀

○學圃가 말하였다. "[否卦 九五는 '否之晉'인데] 晉卦는 觀卦로부터 왔으니 ≪5가 4로 감≫ [觀卦에서 晉卦로 옮아가면서 巽이 없어지니] 天命이 끊어진 것이다. 그러나 [晉卦에서는 上卦가 离가 되니] 离로써 마음을 닦고 다스리니, 艮으로써 끝나지는 않는 것이다. 그러므로 그 占에서 이와 같이 ["大人吉"이라고] 말한 것이다."

孔子曰 危者 安其位者也 ≪陽得三 則安其位≫ 亡者 保其存者也 ≪艮亡而震生≫ 亂者 有其治者也 ≪坎亂而离治≫ 是故 君子 安而不忘危 存而不忘亡 治而不忘亂 是以 身安而國家可保也 ≪坤國而坎家≫ 易曰 其亡其亡 繫于苞[246]桑

否→兩互作卦→漸→제5효변→重艮←推移←觀

孔子가 말하였다. "위태롭게 여기는 것은 그 자리를 안전하게 하려는 것이며 ≪[否卦로부터 만들어진 兩互卦인 漸卦와 漸卦로부터 제5爻가 변해서 된 重艮卦에서] 모두 陽이 자신에게 합당한 위치인 제3位를 얻었으므로 '安其位', 즉 '그 자리를 편안케 함'인 것이다.≫ 망할까 염려하는 것은 그 있는 것을 보전(保全)하려는 것이며, ≪艮은 죽는 것이고, 震은 태어나는 것이다.≫ 혼란을 걱정하는 것은 다스리려고 하는 것이다. ≪坎은 어지러움이며, 离는 다스림이다.[247]≫ 이런 까닭에 君子는 편안하게 있어도 위태로움을 걱정하는 마음을 잊지 않으며, 있어도 망할 것을 걱정하는 마음을 잊지 아니하며, 잘 다스려지고 있

246) [校閱] 新朝本에는 "繫于苞桑"의 "苞"가 "包"로 되어 있다. 奎章本과 國中本이 옳다.
247) "坎亂"과 "离治"는 茶山의 '今補'에 나오는 卦德이다.

어도 혼란을 걱정하는 마음을 잊지 아니한다. 이런 까닭에 자신의 몸이 편안해야만 국가(國家)를 보전(保全)할 수 있는 것이다. ≪坤은 나라이며, 坎은 가정이다.[248]≫ [그러므로] 『易經』에서 말하기를 '其亡其亡, 繫于苞桑(망하지나 않을까, 망하지나 않을까 걱정하여야만, 뽕나무에 매달려 있을 수 있으리라)'고 한 것이다."

○案[249] 其亡其亡者 警戒之詞也 成言乎艮 ≪漸之艮≫ 以相戒也 ≪易例 艮爲戒≫ 於是 离以修之 ≪上大离≫ 不以艮亡 ≪大艮移≫ 故孔子 以此爻 爲可以保國也 病之將死 諱死已甚 國之將亡 諱亡愈嚴 以亡爲戒 不亡之術也

否→兩互作卦→漸→제5효변→重艮←推移←觀

○[案] "其亡其亡"이라고 한 것은 경계하는 말이다. 말씀을 艮方에서 이룬다고 하였으니[250] ≪[否卦로부터 兩互卦를 만들면 漸卦가 되는데] 漸卦의 제5爻가 변하면, 重艮卦가 됨≫ 서로간에 경계하는 것이다. ≪易例에 艮으로써 戒를 삼음[251]≫ 이러한 상황을 맞아 离로써 다스리니 ≪重艮의 위 부분은 大离≫ 艮으로써 亡하지 않는 것이다. ≪大艮의 괘인 觀卦로부터 推移하여 重艮卦가 됨≫ 그러므로 孔子가 이 否卦의 九五爻로써 나라를 보전하는 교훈으로 삼은 것이다. 病이 들어 장차 죽을 지경이 되면 죽음을 꺼리는 마음이 더욱 심해지며, 나라가 장차 망할 지경이 되면 그 망함을 꺼리는 마

248) 坤國은 虞翻의 說이고, 坎家는 茶山의 「其他 物象」인데, 荀九家의 說에 나오는 "坎宮"과 연관되어 도출되어진 것이다.

249) [校閱] 奎章本에는 '案'이 '按'으로 되어 있다.

250) 成言乎艮 : 「說卦傳」에 나오는 말.

251) 艮戒 : 다산의 '今補'에 "艮'誡'"라고 나온다(『四箋』 卷8, 40나). 茶山은 "戒"와 "誡"를 혼용하고 있는 것으로 보인다.

음이 더욱 급해지니, 그 망하지나 않을까 하는 것으로써 경계를 삼는 것은 망하지 않도록 하는 방법인 것이다.

上九 : 傾否, 先否, 後喜. ○ 象曰 : 否終則傾, 何可長也.

上九 : 비색(否塞)한 상황도 뒤집어질 것이니, 앞서 비색(否塞)하더라도, 뒤에 가서는 기뻐할 것이로다. ○「象傳」: 비색(否塞)한 상황도 끝에 가면 곧 뒤집어질 것이니, [그 비색(否塞)한 상황이] 어찌 오래 갈 수 있겠는가!

此 否之萃也 萃自觀來 ≪上之四≫ 觀之時 艮剛堅塞 ≪觀大艮≫ 否之至也 移之爲萃 則兌以決之 ≪上今[252]兌≫ 如壅得潰 如滿得瀉 是 傾否也 ≪泰云 无平不陂 亦傾也≫ 器缺則傾瀉 防缺則傾潰 大坎之水 ≪三六夾≫ 庸不沛然乎 遂以兌悅 ≪上今兌≫ 先否後喜也

否 → 上爻變 → 萃 ←推移←觀

이것은 否卦가 萃卦로 변하는 경우이다. 萃卦는 觀卦로부터 왔으니 ≪上이 4로 감≫ 觀卦의 때에는 艮의 剛陽이 [위에서] 견고(堅固)하게 막고 있으니 ≪觀卦는 大艮≫ 비색함이 극도에 달한 것이다. [觀卦가] 推移하여 萃卦가 되면, 막혔던 것이 兌로써 터지는 것이 ≪萃卦의 上卦는 지금

252) [校閱] 奎章本과 國中本에는 "上今兌"로 되어 있으나 新朝本에는 "上之兌"로 되어 있다. "上之兌라고 해도, 틀린 것은 아니다. 여기서는 前者를 따른다.

兌[253]≫ 마치 막혔던 것이 무너져 내리는 것과 같고, 가득 차있던 것이 넘쳐 쏟아지는 것과 같으니, 이것을 가리켜 "傾否"라고 한 것이다. ≪泰卦에서는 "無平不陂"라고 하였는데, 陂도 역시 기울어짐[傾]을 뜻한다.≫

그릇이 깨지면 [속에 든 것이] 기울어져 쏟아지게 되고, 방죽(防)이 이지러지면 기울어져 무너져 내리게 되니 [否卦 上九의 경우에도] 大坎의 물이 ≪萃卦의 3·4·5·6은 大坎의 형태≫ 어찌(庸) 거세게 쏟아지지 않겠는가? 마침내 兌로써 기뻐하게 되므로[254] ≪萃卦의 上卦가 지금 兌≫ "先否後喜"라고 한 것이다.

○何可長者 謂否極則傾 不可久也

○"何可長也"라고 한 것은 비색(否塞)함이 극도(極度)에 다다르면 뒤집히게 되니, [그 비색(否塞)함이] 오래 갈 수 없음을 말한 것이다.

13. 천화 동인(天火 同人)

離下乾上 ○第八卦之正 ≪姤一之二 夬上之二≫

253) 「說卦傳」에 兌는 "附'決'"이라 함(『四箋』 卷8, 41가).

254) "兌悅" : 茶山이 '今補' 이외에 보충한 物象에 속함. 茶山은 "兌則爲悅(說卦文)"이라고 함(『四箋』 卷7, 32나). "兌悅"의 象은 「說卦傳」의 "兌以說之", "'說'言乎兌", "兌, 說也" 등에서 이끌어낸 것으로 보인다.

姤 → 同人 ← 夬

正卦 反卦

同人←反易→大有

離가 下卦이며, 乾이 上卦이다. ○第8卦의 正卦이다. ≪姤卦의 1이 2로 가고, 夬卦의 上이 2로 간다.≫

序卦傳曰 與人同者 物必歸焉

「序卦傳」에서 말하였다. "사람과 더불어 화합(和合)하는 자에게는 사물도 반드시 [그에게로] 돌아간다."

○雜卦傳曰 同人 親也

○「雜卦傳」에서 말하였다. "同人은 친함이다."

○程子曰 天 在上者也 火之性 炎上 與天同也

○程子가 말하였다. "하늘은 위에 있으며, 불의 성질은 위로 타오르니, 하늘과 더불어 함께 하는 것이다."

○鏞案[255] 同者 會也 見也 周禮 時見曰 會 殷見曰 同 ≪宗伯文≫ 詩所云 會同有繹 ≪小雅文≫ 是也 ≪又 同聚也 小雅云 獸之所同≫

○[鏞案] "同"이란 모이는 것이며, 만나보는 것이다. 『周禮』「春官」「宗伯」에서 "時見曰 會, 殷見曰 同"라고 하였으니, "일이 있을 때에 天子를 [부정기적으로] 알현하는 것을 '會'라고 하고, 여러 제후들이 동시에 성대하게 알현하는 '은현(殷見)'[256]의 행사를 '[殷]同'이라고도 한다."

---

255) [校閱] 奎章本에는 '案'이 '按'으로 되어 있다.

256) 은현(殷見): 『周禮』「春官」「宗伯」「大宗伯」에서 빈례(賓禮)의 一例로서 언급되고 있다. 周代의 五禮 중 하나인 賓禮는 周왕실과 봉건제후와의 상호친선을 도모하기 위

≪『周禮』「春官」「宗伯」「大宗伯」에 나오는 글[257]≫ 또 『詩經』「小雅」「南有嘉魚之什」에 "회동유역(會同有繹)", 즉 "회동(會同)하여 쭉 늘어서 있네"라고 하였으니[258] ≪『詩經』「小雅」의 「車攻」의 글≫ 바로 이런 의미이다. ≪또 '同'은 모임의 뜻이니, 『詩經』「小雅」「南有嘉魚之什」「吉日」에 "獸之所同", 즉 "짐승들이 모여드는 곳"이라고 하였다.[259]≫

聖人之會合人類 厥有二道 得一家之歡心 以事祖考 得天下之歡心 以事上帝 如斯而已 故宗廟之禮 所以聚宗族也 郊社之禮 所以聚王公也 此 聖人之微旨也 故 孔子曰 知禘之說者 之於天下 其如示掌 亦此義也

聖人이 사람들을 모여서 만나게 함에는 두 가지 방식이 있다. [첫째는] 일가(一家)의 기뻐하는 마음을 모아 돌아가신 할아버지(祖考)를 모시게 하는 것이며, [둘째는] 天下의 즐거워하는 마음을 모아 上帝를 모시게 하는 것이니, [會合의 방식은] 단지 이와 같을 따름이다.

한 것으로서, 賓禮에는 ① 봄에 회동하는 조(朝), ② 여름에 회동하는 종(宗), ③ 가을에 회동하는 근(覲), ④ 겨울에 회동하는 우(遇), ⑤ 때를 정하지 않고 만나보는 회(會), ⑥ 여러 제후가 함께 만나는 은현(殷見)의 동(同), ⑦ 불시에 방문하는 문(問), ⑧ 여럿이 조회하는 殷眺의 시(視)의 8종류이다. 이 중에서 은현(殷見)이란 天子가 지정한 지점에 四方의 諸侯를 모두 召集하여 모이는 周代의 禮를 말하는데, '은동(殷同)'이라고도 한다(池載熙 李俊寧 解, 『周禮』, 자유문고, 2002, 225면).

257) 『周禮』「春官」「宗伯」「大宗伯」, "以賓禮親邦國, 春見曰, 朝, 夏見曰宗, 秋見曰覲, 冬見曰遇, 時見曰會, 殷見曰同, 時聘曰問, 殷眺曰視."

258) 『詩經』「小雅」「南有嘉魚之什」의 「車攻」에 "赤芾金舃, 會同有繹(붉은 슬갑에 금으로 장식한 신으로 會同하기를 연속하여 하도다)"라고 함. 「車攻」의 이 詩는 諸侯들이 東都에 와서 모여 朝會하는 광경을 묘사한 것이다(成百曉 譯註, 『詩經集傳』 上, 전통문화연구회, 1996, 417면).

259) 『詩經』「小雅」「南有嘉魚之什」「吉日」에 "吉日庚午, 旣差我馬. 獸之所同, 麀鹿麌麌. 漆沮之從, 天子之所", 즉 "길일(吉日)인 경오(庚午)일에 이미 내 말을 골라 짐승들이 모여 있는 곳에 우록(麀鹿)이 우글거리는 칠저(漆沮)에서 좇음이여, 천자께서 사냥하시는 곳이로다"라고 함. 吉日은 先王의 사냥을 찬미한 詩이다(成百曉 譯註, 『詩經集傳』 上, 전통문화연구회, 1996, 420면).

그러므로 종묘(宗廟)의 의례(儀禮)는 그것을 통해 종족(宗族)을 모이게 하는 수단이며, 교사(郊社)의 의례(儀禮)는 그것을 통해 천자와 제후들을 모이게 하는 수단이다. 이것이 聖人의 미묘(微妙)한 뜻이다. 그러므로 孔子께서 말씀하시기를, "체(禘) 제사의 뜻을 아는 자가 天下를 다스린다면, 그 다스림이 손바닥을 들여다보듯 [쉽고도 명백]할 것이다"260)라고 말한 것도 역시 이런 취지이다.261)

卦自姤夬來 五陽之聚 乾之族也 人之相聚 不以禮會 亂之本也 移之同人 則相見乎离 《下今离》 嘉會以禮 家焉而事其祖 則宗族相會 郊焉而事上帝 則王公相見 此之謂 同人也 同人之義 不其大矣哉

姤 → 同人 ← 夬

同人卦는 姤卦와 夬卦로부터 왔다. 다섯 陽이 모여 있는 것은 乾의 가족에 해당되니, 사람들이 서로 모일 때에 禮로써 만나지 않으면, 혼란의 근원이 된다. [그런데 夬卦와 姤卦로부터] 推移하여 同人卦가 되면,

---

260) 『論語』「八佾」篇에 나오는 구절로서 그 原文은 다음과 같다. "或問禘之說. 子曰, 不知也, 知其說者之於天下也, 其如示諸斯乎 指其掌(어느 사람이 '체제사' 본래의 뜻이 어떤 것인가를 물었다. 공자는 '나로서는 뭐라고 대답할 바를 모르겠다. 만일 여기에 대해 자신있게 대답할 수 있는 사람이라면 천하에 대해서도 그것을 보는 것처럼 훤히 알고 있을 것이다' 하고 자기 손바닥을 펴보였다)." 論語의 原文과 비교해 보면, "其如示"와 "掌" 사이에 "諸斯乎, 指其"가 생략되었음을 알 수 있다.

261) 체(禘) 제사란 본래 天子가 선조의 위패들을 모신 태묘에서 철에 따라 지내는 大祭이다. 禘 제사는 원래 天子만이 지낼 수 있었던 제사였는데, 魯나라의 시조인 周公이 周나라를 세우는데 큰 공이 있다고 하여, 주나라 성왕(成王) 때부터 魯나라로 하여금 주공을 천자의 예로 제사지내게 했었다. 그러나 古禮의 원래 의미는 상실되어 갔고, 그 후 체제사가 아닌 제사에도 체의 격식을 쓰는 그런 사태가 성행하게 되었다. 공자는 그것을 명백히 월권이요 타락으로 보았다.

离에서 상견례(相見禮)를 갖고 ≪[同人卦의] 下卦가 이제 离≫ 禮를 갖추어 즐겁게 만나니, [만일에 그 만남이] 집 안에서라면, 그 조상을 섬기는 것이니, 곧 宗親들의 무리가 서로 만나는 것이 될 것이다. [만일에 그 만남이 성밖의] 교(郊)라면, 上帝를 섬기는 것이니, 곧 왕공(王公)들이 서로 만나는 것이 될 것이니, 이것을 일러 "同人", 즉 "사람과 함께 한다"라고 한 것이다. 同人의 뜻이 [어찌] 크다고 아니 할 것인가!

又 天地水火 易之四正也 四者之中 天火相合 水地相比 此所謂 同氣相求也 故其象爲會同也

또 天·地·水·火는 易의 4正卦[262]인데, 이 네 가지 중에서 天과 火는 서로 화합하며, 水와 地는 서로 친하니, 이것이 이른바 "同氣相求", 즉 "같은 氣를 가진 것은 서로 求함"이다.[263] 그러므로 [天과 火로 이루어진 同人卦는] 그 象이 [만나서] 회동(會同)하는 것이 된다.

䷌

同人于野, 亨, 利涉大川,[264] 利君子貞.

들에서 사람들이 함께 모이니, 형통할 것이며, 큰 내를 건넘에 이로울 것이다. 君子의 일은 이로울 것이다.

---

262) "天·地·水·火", 즉 "乾·坤·坎·离"가 易의 四正卦를 형성한다는 것은 茶山의 이론이다.

263) 同氣相求 : 乾卦 九五의 「文言」에서 孔子가 한 말에 들어 있다. "孔子曰, 同聲相應, 同氣相求, 水流濕, 火就燥, 雲從龍, 風從虎, 聖人作而萬物覩, 本乎天者, 親上, 本乎地者 親下 則各從其類也" 또 『禮記』「表記」에 "水土, 親而不尊, 火天, 尊而不親"이라고 함. 따라서 火와 天은 "本乎天者"에 속하고, 水와 土는 "本乎地者"에 속함.

264) [校閱] 奎章本에는 "利涉大川"의 "利"가 빠져 있는데, 誤記이다.

此 同人之不變者也 卦自姤夬來 《升降之》 姤之一陰 未成坤邑 夬之五陽 已滅坤邑 非邑之地 上戴乾天 其象 野也 《又二爲地面》 乾族會同 《本五陽》 相見乎离 《下今离》 同人于野也

姤 → 同人 ← 夬

이것은 同人卦가 변하지 않는 경우이다. 同人卦는 姤卦와 夬卦로부터 왔으니 《[姤卦의] 陰이 상승한 것이며, [夬卦의] 陰이 하강한 것》 姤卦의 一陰에서는 아직 坤의 고을(邑)이[265] 형성되어 있지 못하고, 夬卦의 5陽에서는 이미 坤의 邑은 소멸되어 있다. 이처럼 邑의 땅도 아니면서, 위로는 乾의 하늘을 이고 있으니, 그 형상이 들(野)의 모양인 것이다.[266] 《또 제2位는 땅의 표면에 해당된다.》 乾의 친족들이 회동(會同)함에 《夬卦와 姤卦에서 본래 五陽이 있음》 离에서 서로 만나보기 때문에 《[同人卦의] 下卦가 이제 离》 "同人于野", 즉 "들에서 사람들과 함께 한다"라고 한 것이다.

又 野者 無禮也 孔子曰 質勝文則野 又曰 先進於禮樂 野人也 《又 檀弓云 騷騷爾則野》 野者 無禮也 姤夬之時 族類相聚 而不以禮文之 《卦無离》 野之至也 移之同人 則离文燦然 《下今离》 嘉會以合 《离之德》 同人于野也

姤 → 同人 ← 夬

---

265) 坤을 邑으로 본 것은 荀九家의 說이다. 또 다산은 '今補'에서 坤뿐 아니라, 艮도 邑이 된다고 하였다. 艮은 "坤의 大衆이 머무는 곳에 밖으로 경계가 그어진 것이니, 邑을 상징한다(坤衆之居 外有限域 其象 邑也)"라고 하였다(无妄卦 六三).

266) 茶山은 '今補'에서 乾이 野의 뜻이 된다고 함.

또 野는 禮가 없음을 뜻한다. 孔子가 [『論語』「옹야(雍也)」篇에서] "질박함(質)이 문화적인 세련미(文)를 이기는 것이 野함이다"라고 하였고, 또 [『論語』「선진(先進)」篇에서] "[너희가] 선배들(先進)은 禮樂의 측면에서 野人이라고 하는데"라고 하였으니 ≪또한 『禮記』「단궁(檀弓)」篇에서 "[喪事를] 소란하게 [급히 서둘러] 하면[267] 野人처럼 천박한 것이다"라고 하였다.[268]≫ 野는 禮가 없음이니, 姤卦와 夬卦의 때에는 일가친척들이 서로 모일 적에 禮로써 '文'을 이루어 내지 못한 것이니 ≪卦에 离가 없음≫ 野함이 매우 심한 것이다.

推移하여 同人卦가 되면 离의 文이 찬란하게 빛나고 ≪[同人卦의] 下卦가 지금 离≫ 아름답게 모여서 화합하니 ≪离의 德≫ 이것이 "同人于野", 즉 "들에서 사람들이 함께 함"이다.

○嘉會以合 ≪下今离≫ 二五亦應 其占 亨也

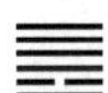

同人

○아름답게 모임으로써 화합하고 ≪[同人卦의] 下卦가 지금 离≫ 2와 5가 [각각 陰과 陽이 되어] 상응하니 그 점이 형통한 것이다.

---

267) 소소이(騷騷爾) : 소란하게 급히 서둘러 하는 모양, 반대로, "정정이(鼎鼎爾)"는 너무 늘어지는 모양을 뜻한다. 그리고 "유유이(猶猶爾)"는 빠르고 늦은 정도가 알맞은 상태를 뜻한다.

268) 『禮記』上 「檀弓上」, "喪事欲其縱縱爾. 吉事欲其折折爾. 故喪事雖遽不陵節, 吉事雖止不怠. 故騷騷爾則野, 鼎鼎爾則小人, 君子蓋猶猶爾(喪事에는 일을 급하게 서두르려고 하고, 吉事에는 조용히 예절에 맞게 하려고 한다. 그러므로 喪事는 비록 급하더라도 그 절차를 밟지 않고 넘어가서는 안 되며, 吉事는 비록 멈추는 일이 있더라도 게을리 해서는 안 된다. 그러므로 너무 소란하게 서두르면, 野人과 같이 천박해지고, 너무 늘어지면, 小人처럼 관만(寬慢)해진다. 군자는 대체로 빠르게 하고, 천천히 하는 것을 알맞게 한다."(李相玉 譯, 『禮記』上, 자유문고, 2000, 140~142면)

○卦自夬來 ≪二之上≫ 夬之乾人 ≪下乾之中畫≫ 穩涉三剛 ≪越剛如踰險≫ 踰彼兌澤 ≪夬上兌≫ 至于野外 ≪二之上≫ 利涉大川也

姤 → 同人 ← 夬

○同人卦는 夬卦로부터 왔으니 ≪[陽의 변동이라는 측면에서 보면] 2가 上으로 감≫ [이런 과정은] 夬卦에 있던 乾의 사람이 ≪정확히 말한다면 夬卦의 下乾의 가운데 획≫ 안전하게(穩) 세 개의 剛을 건너가 ≪陽剛을 넘어가는 것은 험한 것을 넘는 것과 같음≫ 다시 저 兌의 못을 건너서 ≪夬卦의 上卦는 兌≫ 들 밖에 이르게 되므로 ≪2가 上으로 감≫ "利涉大川"이라고 한 것이다.

○夬之五剛 皆君子也 ≪本皆震≫ 柔[269]降成离 ≪上之二≫ 坎位堅固 ≪上三剛≫ 君子之事 無不利也 ≪貞 事也≫

夬 → 同人

○夬卦의 다섯 剛은 모두 君子인데 ≪[夬卦는] 본래 震이 누적되어 형성됨≫ 柔가 下降하여 离를 이루면서 ≪[夬卦의] 上이 2로 감≫ 上卦인 坎의 자리가 견고(堅固)해지니 ≪上卦에 세 개의 陽剛이 있음≫ 君子의 사업에 不利함이 없는 것이다. ≪"君子貞"의 "貞"은 '事', 즉 '일'을 뜻한다.≫

269) [校閱] 奎章本과 國中本에는 "柔"로 되어 있으나, 新朝本에는 "桑"(상)으로 되어 있다. 前者가 옳다.

彖曰：同人，柔得位，得中而應乎乾，曰同人．同人曰 ≪程子曰三字 羨文[270]≫ 同人于野，亨，利涉大川，乾行也，文明以健，中正以應，君子正也，唯君子，爲能通天下之志．

「彖傳」：同人은 柔가 자리를 얻고 中을 얻어 乾에 상응하니，同人이라고 한다．[同人卦에서 말하기를] ≪程子는 이 ["同人曰"이라는] 세 글자는 '연문(羨文)',[271] 즉 '쓸 데 없이 들어간 글'이라고 하였다.≫ "同人于野，亨，利涉大川"이라고 한 것은 乾의 나아감(行)을 말함이며，文明함으로써 건실(健實)하고，中正으로써 응하는 것은 君子가 올바르게 하기 위함이다．오직 君子라야만 天下의 뜻에 통할 수 있는 것이다．

姤之時 柔不得位 ≪陰居一≫ 夬之時 柔不得中 ≪陰在上≫ 移之爲同人 則位與中 皆得矣 ≪今居二≫ 上與五應 ≪二五應≫ 應乎乾也

姤 → 同人 ← 夬

姤卦의 때에는 柔가 자리를 얻지 못하였고 ≪陰이 陽의 위치인 1의 자리에 있으므로 正位가 아님≫ 夬卦의 때에는 柔가 中의 자리를 얻지 못하였다．≪陰이 上의 위치에 있음≫ 推移하여 同人卦가 되면 그 位(올바른 자리)와 中을 모두 얻게 되고 ≪陰이 지금 제2位에 자리함≫ 위로 제5位와 더불어

270) [校閱] 奎章本과 國中本에는 "이문(羑文)"으로 되어 있으나 誤記이다．'땅이름 羑(이)'字와 '부러워할，넘칠 羨(선，연)'字는 서로 다른 글자이다．따라서 "연문(羨文)"으로 써야 옳다．

271) 羨文：伊川의 『易傳』에서는 "연문(羨文)"이라고 하고，『本義』에서는 "衍文"이라고 함．그 의미는 같음．

응하니 ≪2와 5가 陰과 陽으로 호응≫ “應乎乾”, 즉 “乾에 상응한다”라고 한 것이다.

○乾行者 謂夬之乾人 行涉兌澤也

同人 ← 夬

○“乾行”이란 夬卦의 乾의 사람이 兌의 못을 건너서 가는 것을 가리킨다.272)

○ 君子幹事 必以其正 故謂事爲貞 ≪如 大貞小貞≫ 貞正 諧聲也

○君子가 일을 맡아 처리함에 있어 반드시 그 正道로써 해야 하는 까닭에 [易例에서는] 일(事)을 貞이라고 한다. ≪예컨대 ‘大貞’[큰 일], ‘小貞’[작은 일]이라고 할 때의 用法과 같다.≫ [여기 「彖傳」에서 “君子正”이라고 했는데] “貞”字와 “正”字는 서로 해성(諧聲)273)의 관계이다.

---

272) 정확히는 ‘☱’ 전체가 아니라, ‘陽—’ 하나이다.

273) 諧聲 : 後漢의 허신(許愼)이 『說文』에서 수립한 漢字의 구성원리인 六書法 중의 하나인 형성(形聲)을 가리킨다. 六書法이란 문자의 구조 용법을 ① 상형(象形), ② 지사(指事), ③ 회의(會意), ④ 형성(形聲), ⑤ 가차(假借), ⑥ 전주(轉注)의 여섯 가지로 나눈 것을 말한다. 형성(形聲)이란 동음어의 글자가 동일한 문자로 되는 것을 피하기 위하여, 그 한편에 표의적(表意的)인 변(邊)을 사용하는 것이다. 예컨대 방(坊・紡・訪・鈁・枋) 등은 이러한 방법으로 만들어졌으며 이 중에서 ‘方’을 성부(聲符),‘土・糸・言・金・木’을 의부(意符)라 한다. 形聲字는 ‘意符’와 ‘音符’로 구성된 字인데, 시간이 지남에 따라 ‘음부’와 ‘형성자의 音’이 차이가 나게 마련이다. 예를 들면 江에서 工이 음부인데, 江과 工은 차이가 난다. 따라서 ‘글자의 소리’는 일반적으로 단지 ‘음부’와 조화될 뿐이라는 의미에서 ‘諧聲’이라는 말을, 후대 음운학자들이 선호하게 되었다고 한다. 형성자는 ‘左形右聲(왼쪽이 의미 오른쪽이 발음)’이 일반적인데, 晉・進을 형성으로 보는 경우, ‘下形上聲(아래가 의미, 위가 소리)’이라 하겠다. 그러나 ‘晉’은 『說文』에서 ‘會意’로 분류되고 있으며, ‘進’은 ‘形聲字’로 분류되고 있다. 따라서 茶山이 말하는

○志者 离虛也 上乾下离 天下之志也 文以明之 健以行之 通天下之志也

䷌

同人

○"志"는 离의 텅 빈 곳을 가리킴이니, 同人卦는 上卦인 乾과 下卦인 离로 구성되어 있으니, 이것이 [바로] "天下之志", 즉 "天下의 뜻"이다. 文化로써 세상을 밝히고, 건실(健實)하게 실천하니, 이것이 "通天下之志", 즉 "천하의 뜻에 통하는 것"이다.

䷠

初九 : 同人于門, 无咎. ○象曰 : 出門同人, 又誰咎也.

初九 : [주인이 손님을 영접할 때] 門 밖에까지 나가서 사람을 만나보니, 허물이 없을 것이다. ○「象傳」: [주인이 손님을 영접할 때] 문 밖에까지 나가서 사람을 만나니, [이렇게까지 정중하게 禮를 갖춘다면] 또 누가 나무라겠는가?

此 同人之遯也 遯有下艮 艮者 門也 ≪說卦文≫ 离之相見 ≪下本离≫ 于此艮門 ≪下今艮≫ 同人于門也 ≪同者 會見也≫ 古禮 賓至門下[274] 主人 必出門而迎之 與之同入 ≪見曲禮≫ 此所謂 同人于門

'諧聲'이 '形聲'을 의미하는 것인지는 다른 용례를 더 살펴보고 결정할 필요가 있다.

也 乾賓到門 《易例 乾爲賓》 巽主接之 《下互巽》 此 其象也

䷌ ䷠

同人 → 遯

이것은 同人卦가 遯卦로 변하는 경우이다. 遯卦의 下卦는 艮이니, 艮은 門이다. 《「說卦傳」의 글》 离에서 서로 보는 것이 《[同人卦의] 下卦가 본래 离》 이 艮門에서 이루어지므로 《[遯卦의] 下卦가 지금 艮》 "同人于門", 즉 "門에서 사람을 만나본다"고 말한 것이다. 《同은 會見함을 말한다.》

[고대 중국의] 禮儀에 따르면, 손님이 門 아래에까지 이르면 主人은 반드시 문밖까지 나가 영접하여 손님과 함께 들어오는 것이다. 《『禮記』「曲禮」에 나온다.[275]》 이것이 이른바 "同人于門"이다. 乾의 손님이 門에 도착함에 《易例에 乾은 손님이 됨[276]》 巽의 주인이[277] 영접하니 《遯卦의 下互卦가 巽》 이것이 그러한 象이다.

○卦自姤來 姤之一陰 升而乘剛 《一之二》 初之旣變 遂爲大

---

274) [校閱] 新朝本에는 "賓至門下"로 되어 있으나 奎章本과 國中本에는 "賓至門外"로 되어 있다.

275) 『禮記』「曲禮上」 중 관련된 구절을 다음과 같다. "凡與客入者, 每門讓於客, 客至於寢門, 則主人, 請入爲席然後, 出迎客 客, 固辭, 主人, 肅客而入." 무릇 손님과 함께 방으로 들어가는 자는 문마다 손님에게 사양해서, 먼저 들어가지 않는다. 손님이 寢門에 이르렀을 때는 주인이 청하여 먼저 堂에 들어가서 자리를 만든 뒤에 나와서 손님을 맞이한다. 손님은 먼저 들어가기를 굳이 사양한다. 주인이 손님을 인도하여 들어간다.

276) 乾이 손님(賓)이 된다는 것은 茶山의 '今補'에 나온다. 中國 古代의 禮(鄕飮酒義)에 따르면, 西北쪽에 손님을 앉혔는데, 西北의 방향은, 乾의 방향인 것이다. 그러므로 易詞에 乾은 손님(賓)이 된다(예컨대 需上六과 觀六四의 경우). 그러나 乾이 單獨으로 있으면, 主人의 뜻이 되지 못하고, 반드시 巽과 같이 있어야 손님의 뜻이 된다. 일반적으로 主人의 位가 세워지지 않는다면 손님(賓)의 명칭도 역시 성립하지 않기 때문이다.

277) 巽이 主人의 뜻이 된다는 것도 역시 茶山의 '今補'에 나온다. 古禮(鄕飮酒禮)에 따르면 主人은 東南쪽에 앉으니, 동남쪽은 巽의 方位라고 하였다.

巽 ≪兼畫三≫ 是 无咎也 ≪不乘剛≫

姤 → 同人 → 遯

○同人卦는 姤卦에서 왔으니, 姤卦의 一陰이 올라가서 陽剛을 올라타지만 ≪1이 2로 감≫ 初爻가 변하여 결국 大巽이 되니 ≪遯卦는 양획(兩畫)씩 겸획(兼畫)하면 大巽≫ 이것이 "无咎"라고 한 까닭이다.

○乾賓巽主 俱在艮門之外 ≪下今艮≫ 此 出門而肅客也 又何咎焉

同人 → 遯

○乾의 손님(上卦)과 巽의 주인(互卦)이 모두 艮의 문 밖에 있으니 ≪遯卦의 下卦가 지금 艮≫ 이것은 문 밖에 나아가 정중하게 손님을 맞는 것이니, 또 무슨 허물이 되겠는가?

六二 : 同人于宗, 吝. ○象曰 : 同人于宗, 吝道也.

六二 : [다른 사람들은 초대하지 않고] 宗家 사람들끼리만 만나니, 인색하다. ○「象傳」: "[다른 사람들은 초대하지 않고] 宗家 사람들끼리만

만나는 것(同人于宗)”은 인색한 행동이다.

此 同人之乾也 ≪今純乾≫ 乾則爲父 ≪說卦文≫ 父黨 宗也 ≪義見下≫ 宗族相聚 ≪上下乾≫ 相見乎离 ≪下本离≫ 同人于宗也 ≪同者 會見也≫

姤 → 同人 → 乾

이것은 同人卦가 乾卦로 변하는 경우이다. ≪이제 순수한 乾卦가 됨≫ 乾은 곧 아버지가 되니 ≪「說卦傳」의 글에 나옴≫ 아버지 쪽의 일가친척을 ‘宗’이라고 한다. ≪뜻이 아래에 나옴≫ 아버지 쪽 친척들이 서로 모여 ≪上下가 모두 乾[278]≫ 离에서 상견례(相見禮)를 하니 ≪同人卦의 下卦가 본래 离≫ 이것이 “同人于宗”, 즉 “宗家에서 사람들이 모이는 것”이다. ≪同은 회견(會見)을 뜻한다.≫

○卦自姤來 ≪一之二≫ 移之同人 則陰陽得位 ≪陰居二≫ 二之旣變 又不當位 ≪陽居二≫ 其占 吝也 ≪不改過 曰 吝≫

姤 → 同人 → 乾

○同人卦는 姤卦로부터 왔으니 ≪1이 2로 감≫ 推移하여 同人卦가 되면 [初位와 제2位에서] 陰과 陽이 [각각] 바른 자리를 얻지만 ≪陰이 柔의 위치인 제2位에 자리함≫ 제2爻가 이미 爻變함에 또 다시 맞지 않는 위치에 자리하게 되니 ≪陽이 陰의 자리인 제2位에 자리함≫ 그 占이 吝(인색함)이 된

278) 乾이 ‘宗’의 뜻이 된다는 것은 茶山의 ‘今補’에 나온다. 茶山은 易詞에서, 乾을 宗이라고 한 例를 매번 만날 수 있다고 하였다(易詞, 每遇乾, 則言宗).

다. ≪[易例에] 잘못을 고치지 않는 것을 '吝'이라고 한다.≫

○吝道者 謂將有咎也 詩云 旣有肥羜 以速諸父 又云 旣有肥牡 以速諸舅 ≪伐木篇≫ 可見燕飮之禮 宜有異姓也 ≪舅 異姓≫ 今唯宗族相聚 非吝道乎

○"吝道"라고 한 것은 '장차 허물이 있을 것임'을 말하는 것이다. 『詩經』「小雅」「녹명지습(鹿鳴之什)」「벌목(伐木)」에 이르기를 "이미 살찐 새끼 양을 잡아 친가 쪽 친척들을 부르니"라고 하였고,[279] 또 이르기를 "살찐 숫짐승을 잡아 외가 쪽 친척들을 부르니"라고 하였으니[280] ≪『詩經』「伐木」篇≫ 잔치를 벌리고 음식을 베푸는 禮에는 [친가 쪽뿐 아니라] 당연히 [외가 쪽의] 이성(異姓)도 초대하였던 것임을 알 수 있다. ≪[외가 쪽 친척인] '구(舅)'는 [당연히] 異姓이다.≫ 지금은 오직 宗家 쪽 무리만 서로 모였으니 [어찌] 인색한 태도가 아니겠는가!

○案[281] 古有宗室 詩云 在宗載考 又云 于以奠之 宗室牖下 卽所以聚父黨 而修睦也 ≪檀弓 亦云 聚國族於斯≫ 修睦以祭 ≪祭其先≫ 宗者 祭也 ≪字從示≫

○[案] 古代에는 종실(宗室)이 있었다. 『詩經』「小雅」「남유가어지습(南有嘉魚之什)」「담로(湛露)」에 이르기를 "종실(宗室)에서 禮를 이룬 것이로다"라고 하였고,[282] 또 [『詩經』「召南」「채빈(采蘋)」편에] 이르기를 "이에 [제기(祭器)의 음식을] 올리기를 종실(宗室)의 창문 아래에서 하도다"라고 하였으니,[283] [종실(宗室)이란] 곧 親家의 친척들이 모여서 친목을 도모하

279) 成百曉 譯註, 『詩經集傳』 上, 전통문화연구회, 1996, 366면.
280) 위의 책, 367면.
281) [校閱] 新朝本과 國中本에는 "案"으로 되어 있으나, 奎章本에는 '按'으로 되어 있다.
282) "厭厭夜飮, 在宗載考(편안히 밤에 술을 마심이여, 종실에서 예를 이루도다)"라고 함. 이때 '考'는 '成'의 뜻이다(成百曉 譯註, 앞의 책, 398면).

는 장소이다. ≪『禮記』「檀弓」에서도 또 말하기를 "국빈과 친척을 여기에 [즉 종실(宗室)에] 모실지니[284)]"라고 하였다.[285)]≫ 제사를 지냄으로써 친목을 도모하는 것이니 ≪그 선조(先祖)를 제사지냄≫ '宗'은 제사를 지내는 것을 말한다. ≪'종(宗)'字와 '제(祭)'字는 '示'字를 따른다.≫

九三 : 伏戎于莽, 升其高陵, 三歲不興. ○ 象曰 : 伏戎于莽, 敵剛也, 三歲不興, 安行也.

九三 : 우거진 숲에 군사를 매복시켜 놓고, [멀리까지 정황(情況)을 살피기 위해] 그 높은 언덕에 오르니, [敵은] 3년 동안 [다시 군사를] 일으키지 못할 것이다. ○「象傳」: "우거진 숲에 군사를 매복시켜 놓는 것(伏戎于莽)"은 敵이 강(剛)하기 때문이요, "[敵이] 3년 동안 [다시 군사를] 일으키지 못하는 것(三歲不興)"은 [우리가] 치안(治安)을 다스리는데 힘쓰기 때문이다.

此 同人之无妄也 无妄自中孚來 ≪四之二≫ 大离之兵 兩敵相

283) 위의 책, 55면.

284) 聚國族 : 『禮記』「集說」의 注에서 "聚國族, 燕集國賓聚會宗族也(燕禮가 있어 國賓을 모으고, 宗族을 모으는 것)"이라고 그 뜻을 풀이함(송명호 역, 『禮記集說大傳』 제1권, 높은밭, 2002, 613면).

285) 『禮記』「檀弓下」에서 인용한 문장이다. 즉, "晉獻文子成室, …… 文子曰, "武也得歌於斯, 哭於斯, 聚國族於斯, 是全要領以從, 先大夫於九原也(晉나라 헌문자가 집을 지어 낙성식을 했다. …… 헌문자가 말했다. 나 趙武가 여기서 음악을 연주하고, 이 곳에서, 곡하며, 여기서 국빈과 종족을 모을 수 있으면, 바로 이것이 내가 어떤 형벌도 받지 않고 몸을 보전하였다가 선대부를 따라 九原의 묘지에 묻힌다는 것을 말한다)."(송명호 역, 위의 책, 612면)

對 ≪巽木敵兌金[286]≫ 移之无妄 ≪四之二≫ 則震草之莽 ≪下今震≫ 兵乃退伏 ≪大离之兵 退一步≫ 伏戎于莽也 ≪即伏兵≫ 萑葦蒼筤 ≪震之物≫ 其象 莽也 ≪草深曰 莽≫ 巽爲潛隱 ≪今互巽≫ 其德 伏也

同人 → 无妄 ← 中孚

이것은 同人卦가 无妄卦로 변하는 경우이다. 无妄卦는 中孚卦로부터 왔으니 ≪4가 2로 감≫ [中孚卦에서는] 大离의 병사(兵士)가 있으니, 양편의 敵이 서로 대치하고 있는 상황이다. ≪巽의 木이 兌의 金과 적대하고 있음≫

[그런데 中孚卦로부터] 推移하여 无妄卦로 가면 ≪[中孚卦의] 4가 2로 감≫ 震의 풀이 우거지니 ≪[无妄卦의] 下卦가 지금 震≫ 군대가 이에 물러나 숨으니 ≪大离의 兵士가 한 걸음 물러남[287]≫ 이것이 "伏戎于莽(우거진 숲에 군사를 매복하는 것)"이다. ≪즉 복병(伏兵)이다.≫ 억새풀과 갈대와 푸른 대나무가 있으니 ≪震의 物象≫ 그 象이 "莽", 즉 "우거진 숲"인 것이다. ≪풀이 우거진 것을 "망(莽)"이라고 한다.≫ 巽은 잠기거나 숨는 것이 되니 ≪无妄卦의 互巽≫ 그 성격이 숨는 데 있다.

○又自遯來 ≪一之三≫ 下艮陵也 ≪艮爲山≫ 大巽旣高 ≪兼畫三≫ 是又高陵也 ≪說卦[288] 巽爲高≫

---

286) [校閱] 新朝本과 國中本에는 "巽木敵兌金"으로 되어 있으나 奎章本에는 "巽木兌金克"으로 되어 있다. 中孚卦의 상황은 단지 "兩敵相對"의 상황이므로, 어느 한 쪽이 다른 상대방을 이기는 상황은 아니다. 뿐만 아니라, "巽木兌金克"은 金克木이라는 五行의 원리에 어긋난다. 따라서 여기서는 前者를 따른다.

287) 中孚에서 无妄으로 되면, 1·2·3·4가 大离가 되어, 한 걸음 물러난 셈이다.

288) [校閱] 新朝本과 國中本에는 "說卦"로 되어 있으나 奎章本에는 "說文"으로 되어 있다. 前者가 옳다.

同人 → 无妄 ← 遯

○또 无妄卦는 遯卦로부터 왔으니 ≪1이 3으로 감≫ 遯卦의 下艮은 '陵(큰 언덕)'이다. ≪艮은 山이 된다.≫ 大巽이 이미 높은데 ≪[遯卦는] 兼畫하여 三畫卦[로 보면 大巽]≫ 여기에 또 다시 '高陵(높은 언덕)'이 있는 것이다. ≪「說卦傳」에서 巽은 '高', 즉 '높은 것'이 된다고 함≫

移之无妄 則柔自下升 ≪一之三≫ 登彼艮山 ≪登于三≫ 升其高陵也 曷然哉 治兵之法 旣設伏矣 又必登高 以瞭望也 ≪离爲目≫

同人 → 无妄 ← 遯

[遯卦로부터] 옮겨져서 无妄卦가 되면, 柔가 아래로부터 상승하여 ≪1이 3으로 감≫ 저 艮山을 오르기 때문에 ≪제3位에까지 오름≫ "升其高陵", 즉 "그 높은 언덕을 오른다"라고 말한 것이다. 어째서 그러한가? 군사를 다스리는 병법(兵法)에 따르면 이미 복병을 배치한 뒤에는 다시 높은 곳에 올라감으로써 멀리 내려다보지 않으면 안 된다. ≪离는 눈이 된다.≫

○不興者 乾敵不興也 ≪外爲敵≫ 我以震起 ≪下今震≫ 敵安能興 ≪彼無震≫

姤 → 同人 → 无妄 ← 遯

○"不興"이란 乾의 敵이 군사를 일으키지 않는 것을 말한다. ≪外卦는 敵이 된다.[289]≫ 我軍이 震으로써 흥기(興起)하니 ≪无妄卦의 下卦가 지금 震≫ 敵이 어찌 일어날 수 있겠는가? ≪상대쪽, 즉 上卦에는 震이 없음≫

據說卦方位 自乾至艮 恰過三宮 ≪乾坎艮≫ 始逢震起 ≪正東卦≫ 須過三歲 ≪每以一宮 當一歲≫ 始可發動 ≪以震興≫ 三歲不[290]興也

「說卦傳」의 方位에 따르면 西北方의 乾으로부터 ≪北方인 坎을 거쳐≫ 東北方인 艮에 이르기까지 흡사히 세 개의 宮을 거쳐서 ≪乾·坎·艮의 3宮≫ 비로소 震의 흥기(興起)를 맞이하거니와 ≪震은 正東方에 해당하는 卦≫ [따라서] 3년을 기다려야만 ≪한 개의 宮이 일 년에 해당됨≫ 비로소 [군사를] 일으켜 움직일 수가 있으므로 ≪震으로써 興起함≫ "三歲不興", 즉 "삼 년 동안 군사를 일으키지 못한다"라고 말한 것이다.

○敵剛者 乾剛也 爻之未變 离以克乾 ≪火克金≫ 爻之既變 金將克木 ≪下今震≫ 是 敵剛也 以弱敵强者 非伏兵則不勝也

---

289) 물론, 外卦가 乾[☰]이니 "乾敵"이라 한 것이지, 乾[☰]에 敵이라는 物象이 있는 것이 아니다.

290) [校閱] 奎章本에는 "三歲不興也"가 "三歲三興也"로 되어 있는데, 誤記이다.

同人 → 无妄

○“敵剛”이라고 한 것은 乾의 剛함을 말함이다. [同人卦에서] 爻가 아직 변하지 않았을 경우에는 离로써 乾을 이기지만 ≪火가 金을 이김≫ 爻가 이미 변하여 无妄卦가 된 경우에는 乾金이 장차 震木을 이길 것이니 ≪无妄卦의 下卦는 震으로서 我軍을 상징≫ 이것이 ‘敵剛’이 뜻하는 것이다. 약한 자가 强者에게 맞설 경우에는 복병(伏兵)을 쓰지 않으면 이기지 못할 것이다.

○离以治安 ≪下本离≫ 震以行之 ≪下今震≫ 是 安行也 我既安行 敵所戢也

同人 → 无妄

○离로써 다스려 안정되고 ≪[同人卦의] 下卦가 본래 离≫ 震으로써 實行하니 ≪无妄卦의 下卦가 지금 震≫ 이것이 “安行”, 즉 “치안(治安)을 다스리는데 힘쓰는 것”이다. 내가 이미 치안(治安)을 다스림이니, 敵도 무기를 거두는 것이다.

○筮而遇是 則必以伏兵取勝 又 必遠斥候 謹瞭望而後 可得三歲之平安也

○만약 점을 쳐서 이 괘를 얻었다면, 반드시 복병(伏兵)을 해야만 승리를 얻을 것이며, 또한 반드시 멀리까지 정황을 살펴 경계하면서 멀리 바라본 뒤라야 3年 동안 平安함을 얻을 수 있을 것이다.

○學稼云 同人者 聚人也 聚人之事 莫如師旅 故 此下三爻 皆爲軍占也

○學稼가 말하였다. "同人이란 사람을 모으는 것이다. 사람을 모으는 일에는 군대(師旅)의 경우만 한 것이 없다. 그러므로 아래의 세 爻는 모두 군사에 관한 占이 되는 것이다."

䷤

九四 : 乘其墉, 弗克攻,[291] 吉. ○象曰 : 乘其墉, 義不克也, 其吉, ≪句≫ 則困而反則也.

九四 : [상대방이] 담을 타고 넘어와 [우리를] 공격한다고 하더라도 [우리를] 이길 수 없을 것이니, [우리편이] 길할 것이다. ○「象傳」: [상대방이] 담을 타고 넘어와 [우리를] 공격한다고 하더라도, 원칙적으로 [우리를] 이길 수 없다는 뜻이며, 그 [마침내] 吉한 결과를 얻게 되는 것은 ≪句≫ 곤궁(困窮)한 가운데서도 [올바른] 법도로 되돌아오기 때문이다.

此 同人之家人也 家人自遯中孚來 大巽 股也 ≪遯大巽≫ 大离 墉也 ≪中孚 本大离≫ 移之家人 ≪升降之≫ 則遂以巽股 ≪上今巽≫ 跨此离防 ≪下今离≫ 乘其墉也 ≪柔在上 曰 乘≫ 敵人之股 ≪巽在上≫ 乘我垣墉 ≪解上六 亦离爲墉≫ 非不厲矣

291) [校閱] "弗克攻"의 "弗"이 奎章本에는 "不"로 되어 있다.

同人 → 家人 ← 遯　　同人 → 家人 ← 中孚

이것은 同人卦가 家人卦로 변하는 경우이다. 家人卦는 遯卦와 中孚卦로부터 왔으니, [遯의] 大巽은 허벅다리이며 ≪遯卦는 大巽의 형태≫ 中孚의 大离는 담이다. ≪中孚卦는 본래 大离의 형태≫

[그런데 中孚卦로부터] 推移하여 家人卦로 가면 ≪遯卦의 陰이 올라가거나, 中孚卦의 陰이 내려감≫ 마침내 巽의 허벅다리로써 ≪家人卦의 上卦가 지금 巽≫ 이 离의 둑을 타넘는 형상이기 때문에 ≪家人卦의 下卦가 지금 离≫ "乘其墉", 즉 "그 담을 타고 넘는다"라고 말한 것이다. ≪陰이 陽 위에 있는 것을 '乘', 즉 '탄다'라고 표현한다.≫ 敵軍의 다리가 ≪巽이 上卦에 있음≫ 우리편의 담벽을 타고 넘으니 ≪解卦 上六에서도 离를 '용(墉)', 즉 담장으로 간주[292]≫ [어찌] 위태롭지 않겠는가?

巽爲不果 ≪說卦文≫ 离能防禦 ≪离戈兵≫ 弗克攻也 ≪不克其所攻≫ 於我爲吉

巽은 "不果", 즉 "과감하지 못함"의 뜻이니 ≪「說卦傳」에 나오는 글≫ 离로써 능히 방어할 수 있는 까닭에 ≪离는 '과병(戈兵)', 즉 무기와 병사[293]를 상징함≫ "弗克攻", 즉 "공격하더라도 이기지 못한다"라고 한 것이다. ≪공격하는 상대를 이기지 못함≫ 이것은 우리 쪽에서 보면 길함이 되는 것이다.

○ 巽木离火 ≪上今巽≫ 本非相克 義弗克也

---

292) 解卦 上六의 爻詞("公用射隼于高墉之上, 獲之, 无不利")에도 '墉'字가 나온다.
293) 「說卦傳」에 따르면 离는 戈兵이 된다.

同人 → 家人 ← 遯　　同人 → 家人 ← 中孚

○巽의 나무(木)와 离의 불(火)은 ≪家人卦의 上卦가 지금 巽≫ 본래 서로 상극(相克)의 관계가 아니므로,[294] "義弗克也", 즉 "原理的으로 이길 수 없다"라고 말한 것이다.

○ 其所以吉 以困反也 剛揜爲坎 ≪二陰揜一剛≫ 遂以坎歸 ≪下互坎≫ 困而反也 离以自修 ≪下今离≫ 不違坎法 ≪則 法也≫ 困而反則也

同人 → 家人

○그것이 길한 까닭은 곤궁함으로써 되돌아오기 때문이다. 剛陽이 [陰에 의하여] 가려져 坎이 되어 ≪坎은 두 개의 陰이 剛陽 하나를 가리고 있는 형태≫ 마침내 坎으로써 되돌아오게 되니 ≪[家人卦의] 下互卦가 坎≫ 이것이 "因而反", 즉 "곤궁하지만 되돌아오는 것"이다. 离로써 스스로 수양을 쌓고 ≪[家人卦의] 下卦가 지금 离≫ 坎의 法律을 어기지 않으니 ≪則은 法≫ 이것이 "困而反則", 즉 "곤궁한 가운데서도 [올바른] 법도(則)에로 되돌아오는 것"이다.

294) 五行의 관계로 보면 木生火이므로 木과 火의 관계는 相克의 관계가 아니다.

九五 : 同人, 先號咷而後笑. 大師克相遇. ○ 象曰 : 同人之先, 以中直也, 大師相遇, 言相克也.

九五 : 사람들이 만남에 처음에는 울부짖다가, 나중에는 웃게 될 것이다. 큰 군대가 마주치게된 상대방을 이길 것이다. ○「象傳」: 사람들이 만났을 때, 처음의 [울부짖는] 행동은 그 마음이 경직(硬直)되어 있기 때문이며, 큰 군대가 서로 마주치게 되니, 말(言)로써 [성토(聲討)함으로써] 서로 [상대방을] 이기려고 할 것이다.

此 同人之離也 離自遯來 ≪一之五≫ 艮則爲喪 ≪小過云 喪過乎哀≫ 又自大壯來 ≪上之二≫ 震則爲鳴 ≪雷天卦≫ 哀而鳴 則號咷也 咷者 哭聲也 移之爲離 則相見乎离 ≪上下离≫ 喜悅滿面 ≪离爲面≫ 而震之歡聲 ≪上本震≫ 發於兌口 ≪三五互≫ 先號咷而後笑也 雖變爲離 同人之咷笑也 筮而遇是 則凡聘享飮射之禮 賓主旣合 有先咷後笑之異

同人 → 離 ← 遯　　同人 → 離 ← 大壯

이것은 同人卦가 離卦로 변하는 경우이다. 離卦는 遯卦로부터 왔으니 ≪[遯卦의] 1이 5로 감≫ 艮은 곧 죽음(喪)이 된다. ≪小過卦의 「大象傳」에서 "喪過乎哀", 즉 "[君子는] 喪을 당하여서는 지나칠 정도로 애통해 한다"라고 하였다.≫ 또 離卦는 大壯卦로부터 왔으니 ≪[大壯卦의] 上이 2로 감≫ 震은 곧 울음이 된다. ≪大壯卦는 雷와 天으로 구성된 卦≫ 슬퍼서 울부짖는 것이 곧

"號咷"이니, '咷'는 [곧] 곡성(哭聲)을 뜻한다.

[그런데 遯卦 혹은 大壯卦로부터] 推移하여 離卦가 되면, 离에서 서로 만나니 ≪[重火 離卦의] 上下卦가 离≫ 기쁨과 즐거움이 얼굴에 가득하고 ≪离가 얼굴이 됨≫ 震의 기뻐하는 소리가 ≪大壯卦의 上卦가 본래 震≫ 兌의 입에서 [터져] 나오므로 ≪3·4·5의 互卦가 兌≫ "先號咷而後笑", 즉 "먼저 울부짖다가, 나중에는 웃는다"라고 말한 것이다.

비록 변하여 離卦가 되어도, 모여든 사람들이 울기도 하고, 웃기도 하는 것이니, 만약 점을 쳐서 이 괘를 얻는다면, [손님을] 초빙하여 연회를 베풀거나, 술을 마시고 활을 쏘는 등의 의례(儀禮)에 손님과 주인이 만날 적에 먼저는 슬퍼서 울다가 나중에는 즐거워 웃게 되는 이상(異常)한 일이 벌어지게 된다.

○ 地水爲師 ≪一陽 領五陰≫ 天火者 大師也 ≪陽曰 大≫

師 ↔ 同人

○ 地와 水는 師卦를 형성하며 ≪하나의 陽이 다섯 개의 陰을 거느림≫ [地水와 반대관계에 있는] 天과 火는 [同人卦를 형성하여] "大師(큰 군대)"가 된다. ≪陽을 가리켜 "大"라고 한다.≫

以我离火 ≪內爲我≫ 遇彼乾金 ≪外爲敵≫ 本可克也 ≪火克金≫ 五之旣變 金爍[295]爲火 ≪上今离≫ 此 大師克其所相遇也

295) [校閱] 新朝本과 國中本에는 "爍"으로 되어 있으나 奎章本에는 "鑠"으로 되어 있다. 어느 경우나 뜻은 같다.

同人 → 離

[同人卦를 관찰하면] 나의 离의 불로써 ≪內卦가 我가 됨≫ 상대방인 乾의 쇠(金)를 만나니 ≪外卦는 敵이 됨≫ 본래 이길 수 있는 관계이거니와 ≪[오행(五行)의 상극(相克) 관계로 볼 때] "火克金", 즉 "불은 쇠를 이김"≫ [同人卦의] 제5爻가 변하여 [離卦로 되면] 쇠[☰]는 녹아 불[☲]이 되니 ≪離卦의 上卦는 이제 离≫ 이것은 큰 군대(大師)가 조우(遭遇)한 상대(其所相遇)를 이기는 것이 된다.

虞翻曰 同人與師反故 亦稱師 ≪六畫 皆相反≫ 此所謂 變易也

同人←變易→師

우번(虞翻)이 말하기를 "同人卦와 師卦는 반대되는 까닭에 師라고 칭하였다"고 하였는데 ≪육획(六畫)이 모두 상반(相反)됨≫ 이것이 이른바 [陰은 陽으로 또는 陽은 陰으로 변하는 관계인] '변역(變易)'이라는 것이다.[296]

○遯則下柔 ≪一二柔≫ 大壯則上柔 ≪五六柔≫ 而此二卦 三四皆剛 ≪兩卦同≫ 是 中直也 同人之未變也 坎位中剛 ≪四五六≫ 亦中直也 中直則心[297]病 ≪坎中直≫ 此 其所以號咷也

---

296) 變易은 茶山의 所謂 三易之義 중 하나이다. 三易之義란 ① 交易, ② 反易, ③ 變易을 말한다. 그 중 變易은 陽은 陰으로 변하고, 陰은 陽으로 변해서, 전체 괘의 모든 획이 변하는 경우를 가리킨다.

297) [校閱] 奎章本과 國中本에는 "心病"으로 되어 있으나, 新朝本에는 "必病"으로 되어 있다. 어느 경우나 뜻은 통하나, 여기서는 前者를 따른다.

同人 → 離 ← 遯　　同人 → 離 ← 大壯

○[離卦의 母卦들인] 遯卦에서는 아래가 柔이며 ≪1과 2가 柔≫ 大壯卦에서는 위가 柔이다. ≪제5位와 제6位가 柔≫ 그런데 이 두 卦는 제3位와 제4位가 모두 剛陽이니 ≪두 卦가 동일함≫ 이것이 "中直(가운데가 곧은 것)"이다. 同人卦가 爻變하지 않았을 때도 坎位의 가운데가 剛이니 ≪4·5·6位는 [본래] 坎의 자리≫ 역시 "中直"이 된다. [그런데] "中直"이란 곧 마음에 병(病)이 있는 것이니 ≪坎의 가운데가 경직(硬直)되어 있음≫ 이것이 울부짖는 까닭이다.

○我以巽誥 ≪下互巽≫ 彼以兌言 ≪上互兌≫ 言語以相克也 ≪如齊桓之問楚罪≫

同人 → 離

○[同人 九五의 之卦인 離卦에서] 내가 巽으로서 훈계(誥)하면 ≪[離卦의] 下互卦가 巽≫ 상대방은 兌로써 말을 하니 ≪[離卦의] 上互卦가 兌≫ 言語로써 서로 이기고자 하는 상황이다. ≪예컨대 齊나라 환공(桓公)이 楚나라의 罪를 묻는 상황과 같다.[298]≫

---

298) 齊桓公(?~B.C.643)은 姓이 姜氏이며 이름은 小白이다. 死後에 환공(桓公)을 시호로 받았다. 재위 기간은 B.C.685~643년으로 43년 간이다. 春秋 5霸 가운데 첫 번째 패자이다. 齊桓公은 관중(管仲)을 중용하여 卿으로 삼고, 정치·군사·경제 개혁을 단행하였으며 '존왕양이(尊王攘夷)'를 주창했다. 한편, 楚나라는 한수(漢水) 以南에 위치하여 남방의 이민족으로 일컬어져 왔으며, 周왕실에 복종하지 않고, 封建의 법도 지키지 않았기 때문에, 춘추 초기 楚나라가 강성해 세력을 떨치자, 존왕양이(尊王攘夷)를 내세운 다른 諸侯들의 견제대상이었다. 따라서 B.C.656년에 제환공(齊桓公)은 魯, 宋 등 8개국 연합군을 이끌고 지금의 하남지역인 소릉에서 남방의 楚나라를 격퇴하여 楚의 북진을

○案[299] 旅之小過 曰 ䷽ 旅人 先笑後號咷 ≪上九詞≫ 號咷者 小過之象也 小過之卦 艮死震聲 ≪雷山卦≫ 坎以哀之 ≪本大坎≫ 中直之卦也 ≪三四剛≫ 宜與此爻 參看

旅 → 上爻變 → 小過

○[案] 旅卦가 小過卦로 변하는 占卦(旅卦上九)에서 말하기를 "先笑後號咷(나그네가 먼저는 웃고, 나중에는 울부짖는다)"라고 하였거니와 ≪[旅卦의] 上九의 爻詞≫ "호도(號咷)"라고 한 것은 小過卦의 象에 해당된다. 小過卦에는 艮의 죽음과 震의 소리가 있으며 ≪小過卦는 雷와 山으로 구성된 卦≫ 坎으로써 그 죽음을 애통해 하니 ≪小過卦는 본래 大坎≫ 가운데가 곧은 卦이다. ≪3과 4가 剛陽≫ 마땅히 이 [同人卦 九五의] 爻와 더불어 살펴보아야 할 것이다.

孔子曰 君子之道 或出或處 或默或語 二人同心 其利斷金 同心之言 其臭如蘭 ≪答先號咷而後笑≫

[「繫辭上傳」에서] 孔子가 말하였다. [同人卦에서 "선호도이후소(先號咷而後笑)"라고 하였는데] 君子의 道는 혹 나서야 할 때도 있고, 혹 머물러야 할 때도 있으며, 혹 침묵해야 할 때도 있고, 혹 말해야 할 때도 있거니와, 두 사람[300]이 마음을 같이하면 그 예리함이 쇠라도 자를 수 있을 것이며, 마음을 합쳐서 말을 한다면 그 향기가 난초와 같을 것이다. ≪[이것은] "先號咷而後笑"의 구절에 대한 孔子의 설명이다.≫

저지함으로서 패자의 지위를 얻게 된다.

299) [校閱] 奎章本에는 '案'이 '按'으로 되어 있다.

300) "同人, 以二陽, 爲二人(下离, 爲二陽)."(『易學緒言』「孔疏百一評」 卷2, 6나)

○案[301] 卦由震積 《本五陽》 君子之道也 《震君子》 離自遯來 《一之五》 又自大壯 《上之二》 時以震出 《大壯之上震》 時以艮止 《遯下艮》 或出而或處也

○[案] 同人卦는 震의 누적된 것에서 由來된 것이니 《[同人卦는] 본래 다섯 개의 陽》 君子의 道를 상징하는 괘이다. 《震은 君子》 [同人卦 九五의 之卦인] 離卦는 遯卦로부터 왔으며 《[遯卦의] 1이 5로 감》 또한 [동시에] 大壯卦로부터 왔으니 《[大壯卦의] 上이 2로 감》 때로는 震으로써 나아가고 《大壯卦의 上震》 때로는 艮으로서 머무르니 《遯卦의 下卦는 艮》 이것이 [바로] "或出而或處", 즉 "혹 나서야 될 때도 있고, 혹 머물러야 될 때도 있음"이다.

大巽如默 《遯下艮 閉口》 兼兌爲語 《大壯之兼兌》 或默而或語也 遯與大壯 各有一乾 《上下乾》 乾則爲人 《虞氏云》 此 二人也 今皆爲离 《上下离》 离則虛心 二人同心也

大巽은 침묵함과 같고 《遯卦의 下卦는 艮인데, 입을 닫고 있는 것이 됨》 兼兌는 말(語)이 되니 《大壯卦는 兼兌》 [이것이] "或默而或語", 즉 "혹 침묵하고 혹 말하는 것"이다. 遯卦와 大壯卦에는 각각 乾이 하나씩 있

301) [校閱] 奎章本에는 '案'이 '按'으로 되어 있다.

는데 ≪[遯卦의] 上乾과 [大壯卦의] 下乾≫ 乾은 곧 사람이니 ≪우번(虞翻)의 說≫ [遯卦의 한 사람과 大壯卦의 한 사람을 합치면] 이것은 두 사람이 된다. 지금 [同人卦 九五가 爻變하여 離卦로 되면, 遯卦의 上乾과 大壯卦의 下乾이] 모두 离가 되는데 ≪[離卦의] 上卦와 下卦가 모두 离≫ 离는 곧 虛心이므로, [이것은 곧] "二人同心", 즉 "두 사람이 마음을 함께 하는 것"이 된다.

兩心旣合 ≪上下离≫ 乾剛中斷 ≪上本乾≫ 是 斷金也 ≪乾爲金≫ 兌則爲利 ≪大壯之上銳≫ 其利斷金也 我以巽告 ≪下互巽≫ 彼以兌語 ≪上互兌≫ 同心之言也

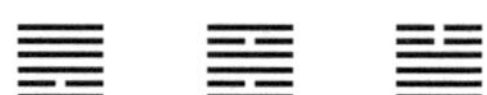

同人 → 離 ← 大壯

두 [사람이] 마음을 이미 합쳐서 ≪[離卦의] 上卦와 下卦가 离≫ 乾의 剛陽의 한 가운데를 잘라내니 ≪同人卦의 上卦가 본래 乾≫ 이것은 "斷金", 즉 "金을 자르는 것"이다. ≪乾은 金이 됨≫ 兌는 곧 예리(銳利)함이 되니 ≪大壯卦의 上互卦는 [兌이니] 날카로움이 됨≫ 그 날카로움으로 쇠(金)를 잘라내는 것이다. 나는 巽으로써 알려주고 ≪離卦의 下互卦가 巽≫ 상대방은 兌로써 말하니 ≪上互는 兌≫ 이것은 "同心之言(마음을 합쳐서 하는 말)"이다.[302]

本以震草[303] ≪大壯之上震≫ 雜以巽芳 ≪遯大巽≫ 其象 蘭也 ≪巽爲

302) 이것이 앞서 爻辭와 「小象傳」에서는 반대로 "言語而相克"으로 해석되었다(『四箋』 卷2, 40가).

303) [校閱] 奎章本에는 "艸"로 되어 있으나 新朝本과 國中本에는 "艸"의 略字인 "草"로 되어 있다.

香≫ 巽則爲臭 ≪說卦文≫ 其臭如蘭也 离則爲誠 ≪心虛中≫ 其利斷金者 离誠之所透也 离亦爲譽 ≪兌得离爲譽≫ 其臭如蘭者 离譽之所播也 ≪聲聞美≫

同人 → 離 ← 大壯

同人 → 離 ← 遯

본래 震의 풀(草)이었는데 ≪大壯卦의 上卦는 震≫ 여기에 巽의 향기가 섞이니 ≪遯卦의 大巽≫ 그 형상이 난초(蘭草)의 모습이다. ≪巽은 香이 됨[304]≫ 巽은 또한 곧 냄새가 되니 ≪「說卦傳」의 글≫ "其臭如蘭", 즉 "그 향기가 난초(蘭草)와 같은 것"이다. 离는 곧 정성(誠)이 되니 ≪마음을 비움≫ "其利斷金(그 銳利함이 쇠를 자른다)"라고 한 것은 离의 정성이 있으면 [쇠마저] 뚫을 수 있다는 것을 말한 것이다.

离는 또한 명예(譽)가 되니 ≪兌가 离와 결합되면 명예(名譽)의 뜻이 됨[305]≫ "其臭如蘭"라고 한 것은 离의 명예가 널리 퍼진 것을 말한다. ≪["其臭如蘭"의 말뜻은 그] 평판이 좋다는 뜻이다.≫

所問者 咷笑 而所答者 如此 明離自遯大壯來也

遯 → 離 ← 大壯

질문(質問)한 것은 "울고 웃음(咷笑)"에 대한 것이었는데, 답변한 것이 이와 같은 것은 離卦가 遯卦와 大壯卦로부터 온 것임을 분명히 밝힌 것이다.

304) 「說卦傳」에 "巽 …… 爲臭"라고 했는데, 王肅本에는 "巽 …… 爲香臭"라고 했음.
305) 입 혹은 말을 상징하는 兌가 빛 혹은 文을 상징하는 离와 결합되면 명예가 된다.

○學稼云 乾金中斷 ≪下本离≫ 巽草芳香 ≪本互巽≫ 同人之本象也 凡易例 變象 皆起於本象

同人 → 離

○學稼가 말하였다. "乾의 쇠(金)의 가운데를 자르고 ≪同人卦의 下卦가 본래 离≫ 巽의 풀이 좋은 향기를 피우고 있는 것이 ≪同人卦에는 본래 互巽이 있음≫ 同人卦의 本象이다. 일반적으로 易例에서 [지괘(之卦)의] 변상(變象)은 모두 本卦의 象에서 기인(起因)하는 것이다."[306]

上九 : 同人于郊, 无悔. ○象曰 : 同人于郊, 志未得也.

上九 : 교(郊) 제사에 사람들이 [함께] 동참(同參)하니, [변화가 있더라도 다시 以前의 상태로 될 것이니] 바뀐 것이 없을 것이다. ○「象傳」: "교(郊) 제사에 사람들이 [함께] 동참(同參)하였으나(同人于郊)", 뜻을 아직 이루지 못한 것이다.

306) 茶山의 「讀易要旨」의 제5則, 파성(播性)의 원칙에 따르면, 卦가 爻變하여 本卦에서 之卦로 변하게 되더라도 그 성격(性氣)은 모두 本卦를 중심으로 한다. 만약, 효변이 이루어진 뒤에 本卦의 성격(性氣)을 버리고 지괘(之卦)의 物象만을 오로지 적용한다면, 이는 크게 어긋나게 될 것이므로, 聖人이 爻詞에 반드시 本卦의 性氣를 씨를 뿌리듯 설정하여 두어, 그 本質을 되돌아보게 하였다는 것이다(卦變爲爻 則其物象事情 與本卦 大異也 然 其性氣 皆主本卦 若舍本卦之性氣 而專用之卦之物象, 則大悖也 故 聖人 於爻詞 必爲之播本卦之性氣 俾顧其本 :『四箋』卷1, 14나~15가).

此 同人之革也 革自大壯來 《五之二》 帝出乎震 《上本震》 乾王在下 《雷天卦[307]》 對越之卦也

夬→推移→同人→上爻變→革←推移←大壯

이것은 同人卦가 革卦로 변하는 경우이다. 革卦는 大壯卦로부터 왔으니 《5가 2로 감》 上帝는 震方에서 나오고 《大壯卦의 上卦가 본래 震》 乾의 王이 아래에 있으니 《大壯은 雷와 天으로 구성됨》 大壯卦는 [상제(上帝)를] 대면하는 卦이다.[308]

移之爲革 則乾王致誠 《下今离》 帝心是悅 《上今兌》 巽以潔齊 《下互巽》 薦其离犢 《离爲牛》 祭天之象也 祭天曰 郊 《又上爲天位》 同人于郊也

夬→推移→同人→上爻變→革←推移←大壯

[大壯卦로부터] 推移되어 革卦가 되면, 乾의 王이 정성을 바치니 《革卦의 下卦가 지금 誠을 상징하는 离》 上帝의 마음이 이에 기뻐하고 《革卦의 上卦는 지금 기쁨을 상징하는 兌》 巽으로써 정결히 하여 《革卦의 下互卦가

307) [校閱] 新朝本과 國中本에는 "雷天卦"로 되어 있는데, 奎章本에는 "雷下卦"로 되어 있다. "下"는 "天"의 誤記이다.

308) 대월(對越) : 『詩經』 「周頌」 「청묘(淸廟)」에 나오는 말이다. 즉, "於穆淸廟 肅雝顯相 濟濟多士 秉文之德 對越在天 駿奔走在廟 不顯不承 無射於人斯(아! 심원한 淸廟에, 공경하고 덕망 있고 훌륭한 제사 돕는 이며, 수많은 선비들이, 文王의 德을 받들어, 하늘에 계신 분을 對하고, 廟堂을 매우 분주하게 다니시네, 드러나지 않을까 받들지 않을까, 사람들에게 미움을 받음이 없으시도다)"라고 하였다. 또 대월(對越)은 조선 후기의 천주교도들에 의하여 하느님을 대한다는 뜻으로 사용되던 용어이기도 하다.

巽≫ [祭物로] 그 离의 송아지(犢)를 바치니 ≪离는 소가 됨≫ 이것은 하늘에 제사를 드리는 象이다. 하늘에 제사지내는 것을 '郊'라고 하니 ≪또 [이 爻는 上九의 위치에 있거니와] 上位는 天位가 됨≫ "사람들이 함께 참여하여 교(郊) 제사를 드리는 것(同人于郊)"이 된다.

○卦自夬來 ≪上之二≫ 夬之時 兌在乾上 ≪澤天夬≫ 移之同人 則兌有悔也 ≪變爲乾≫ 上之旣變 兌乾如舊 ≪上今兌≫ 是 无悔也 ≪象不變≫

夬 → 推移 → 同人 → 上爻變 → 革

○同人卦는 夬卦로부터 왔다. ≪上이 2로 감≫ 夬卦의 때에는 兌가 乾의 위에 있었는데 ≪澤과 天이 합쳐져서 夬卦가 됨≫ [그런데 夬卦로부터] 推移하여 同人卦가 되면 兌에 변화(悔)가 있게 된다. ≪변하여 乾이 된다.≫ 上六이 변하면 兌와 乾이 다시 以前과 마찬가지로 되니[309] ≪革卦의 上卦가 지금 兌≫ 이것이 "无悔"라고 한 까닭이다. ≪兌의 象이 변하지 않았다.≫

---

309) 兌乾如舊 : 同人卦가 爻變하여 革卦로 되면, 上卦는 兌가 되고, 3·4·5의 上互는 乾이 된다. 따라서 夬卦와 革卦에서 兌와 乾은 완전히 똑같은 것이 된다.

14. 화천 대유(火天 大有)

乾下离上 ○第八卦之反 ≪姤一之五 夬上之五≫

夬 → 大有 ← 姤

正卦 反卦

同人←反易→大有

乾이 下卦이고, 离가 上卦이다. ○第8卦의 反卦이다. ≪姤卦의 1이 5로 가고, 夬卦의 上이 5로 간다.≫

雜卦傳曰 大有 衆也

「雜卦傳」에 말하였다. "大有는 많은 것이다."[310]

○朱子曰 大有 所有之大也

○朱子가 말하였다. "大有는 소유(所有)하고 있는 것이 큰 것이다."

○鏞案[311] 大者 陽也 有者 不亡也 ≪有存也≫ 卦自姤來 一陰雖微 其勢必長 爲遯爲否 陽將盡亡 移之大有 則柔自內往 ≪一之五≫ 乾陽復完 ≪內今乾≫ 於是乎 陽存 ≪大者 存≫ 此之謂 大有也

310) 반면에 「雜卦傳」에서 "小畜, 寡也"(小畜은 적은 것이다)라고 하였다(『四箋』, 卷2, 23가).

311) [校閱] 奎章本에는 '案'이 '按'으로 되어 있다.

大有 ← 姤 → 遯 → 否 …… → 坤

○[鏞案] "大"는 陽을 가리키며, "有"는 없어지지 않음(不亡)을 가리킨다. ≪有는 존재를 뜻한다.≫ 大有卦는 姤卦로부터 왔다. [姤卦의] 한 개의 陰은 비록 미약하지만, 그 기세가 장차 왕성하여져서, 遯卦로 되고 否卦로 되면, 陽이 장차 줄어들어 없어지게 된다. 推移하여 大有卦가 되면, 柔는 안으로부터 [밖으로] 나가고 ≪1이 5로 감≫ 乾의 陽이 다시 완전하게 복구(復舊)되니 ≪大有卦의 內卦는 지금 乾≫ 이에 陽이 존재하게 되는 것이다. ≪큰 것이 존재함≫ 이것을 일러 "大有"라고 한 것이다.

又 有者 富有也 ≪富有之≫ 豐年 五穀登熟 謂之大有 春秋之云 大有年 是也

또 '有'는 부유(富有)함을 뜻하니 ≪풍성하게 가지는 것≫ 풍년에 오곡(五穀)이 잘 익은 것(登熟[312])을 "大有"라고 한다. 『春秋』에서 "大有年"[313]이라고 한 것도 바로 이것을 가리킨다.

卦自夬來 夬由復進 ≪一而五≫ 坤之土田 震稼蕃鮮 ≪復下震≫ 爲臨爲泰 積之至夬 則稼乃有秋 ≪兌爲秋≫ 利用刈禾 ≪兌爲利≫ 歲之熟也 移之大有 則离以防之 ≪上今离≫ 內自富有 ≪內乾富≫ 此

312) 登熟 : 곡식의 알이 잘 여물어 익는 것.

313) 『春秋左氏傳』에는 '大有年'이라는 말이 나오지 않고, 『春秋穀梁傳』과 『春秋公羊傳』에는 나온다.

[例1] "冬, 大有年, 五穀大熟, 爲大有年"(『春秋穀梁傳』 '宣公 16年')

[例2] "有年. 有年何以書, 以喜書也, 大有年 何以書, 亦以喜書也, 此其曰 有年何, 僅有年也. 彼其曰 大有年何, 大豐年也. 僅有年, 亦足以當喜乎, 恃有年也"(『春秋公羊傳』 '桓公 3年')

[例3] "冬, 大有年"(『春秋公羊傳』 '宣公 16年')

之謂 大有也

大有卦는 夬卦로부터 왔다. 夬卦는 復卦로부터 [출발하여] 진행되어 왔으니 《1陽에서 5陽으로 증가》 [復卦에서] 坤의 밭에 震의 벼이삭이 풍성하더니 《復卦의 下卦는 震》 臨卦가 되고 泰卦가 되고, [이처럼] 계속 누적(累積)되어 夬卦에까지 이르면, 농사가 곧 가을철을 맞이하여 《兌는 가을이 됨》 곡식을 베어 추수하기에 이로우니 《[夬卦의] 上卦는 지금 兌》 그 수확의 시기가 무르익은 것이다.

[夬卦로부터] 推移하여 大有卦가 되면, 离로써 방비하고 《大有卦의 上卦가 지금 离》 안으로 스스로 富有하니 《內卦인 乾은 富를 상징》 이것을 일러 "大有"라고 한 것이다.

大有, 元亨.

大有는 [임금이] 크게 형통함이다.

此 大有之不變者也 卦自夬來 《上之五》 夬之五陽 本由震積 《本純乾》 善之長也 又自姤來 《一之五》 柔得尊位 《五君位》 嘉會以合 《上今离》 元而亨也 《君道之大通》

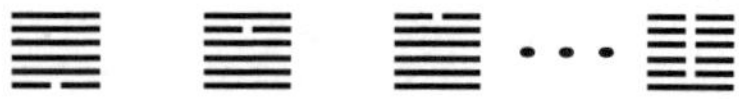

姤 → 大有 ← 夬 ← …… 復

이것은 大有卦가 변하지 않는 경우이다. 大有卦는 夬卦에서 왔으니 ≪上이 5로 감≫ 夬卦의 다섯 陽은 본래 [仁을 상징하는] 震이 쌓여서 된 것이니 ≪[夬卦는] '純乾', 즉 重天 乾卦를 근본으로 해서 진행된 괘≫ "善之長", 즉 "善이 자라난 것"에 해당된다. 또 大有卦는 姤卦로부터 왔으니 ≪[姤卦의] 1이 5로 감≫ 柔가 존귀한 자리를 얻어 ≪제5位는 君主의 자리≫ 아름다운 모임(嘉會)을 가져서 화합하니 ≪大有卦의 上卦가 지금 离≫ 元이면서 亨하기도 한 것이다. ≪君主의 道가 크게 형통함이다.≫

彖曰 : 大有, 柔得尊位, 大中而上下應之, 曰大有, 其德, 剛健而文明, 應乎天而時行, 是以元亨.

「彖傳」: 大有는 柔가 존귀한 자리를 얻음이니, 큰 것(陽)이 中의 자리에 있으면서 上下가 호응하니, "大有"라고 한다. 그 德이 강건(剛健)하면서도 문채(文彩)내어 밝으며, 하늘에 호응하면서도 때에 맞게 행하니, 이런 까닭에 "元亨"이라고 한다.

姤之時 柔在卑位 ≪下一陰≫ 今升在五 ≪一之五≫ 柔得尊位也

夬 → 大有 ← 姤

姤卦의 때에는 柔가 비천한 자리에 있었는데 ≪下卦의 한 개의 陰≫ 이제는 위로 상승하여 제5位에 있으므로 ≪1이 5로 감≫ "柔得尊位"라고 한 것이다.

○大中者 二剛也 ≪陽曰 大≫ 二五相應 ≪二爲下之中≫ 上下應也

大有

○"大中"이라고 한 것은 [大有卦의] 제2位에 있는 剛을 가리킨다. ≪陽을 가리켜 '大'라고 한다.≫ 2와 5가 陽과 陰이 되어 상응하니 ≪2는 下卦의 中≫ 上下가 상응하는 것이다.

○离以[314]應乾 ≪二五應≫ 應乎天也 震既體仁 ≪夬本震≫ 离乃嘉會 ≪移爲离≫ 以時行也 ≪春而夏≫

夬 → 大有

○离로써 乾에 상응하기 때문에 ≪2와 5가 상응함≫ "應乎天"이라고 한 것이다. 震으로써 이미 仁을 [상징적으로] 구체화시켰으며 ≪夬卦의 근본은 震≫ 离로써 이에 아름답게 모였으니 ≪[夬卦로부터] 推移하면 [上卦가] 离가 됨≫ 그렇게 함으로써 "때에 맞게 행하는 것(時行)"이다. ≪'時'는 震의 봄과 离의 여름을 가리킨다.≫

314) [校閱] 奎章本에는 "离以應乾"이 "離心應乾"으로 되어 있다. 誤記로 보이지만, 의미가 성립되지 않는 것은 아니다.

䷱

初九 : 无交害, 匪咎, 艱則无咎. ○ 象曰 : 大有初九, 无交害也.

初九 : 서로 해치는 일이 없으니,[315] 허물이 있는 것이 아니다. 험난(險難)한 일에는[316] 허물이 없을 것이다. ○ 「象傳」 : 大有의 初九는 서로 해치는 일이 없는 경우이다.

此 大有之鼎也 爻之未變 金火相遇 ≪乾爲金≫ 交害之卦也 ≪火克金≫ 鼎自大壯 ≪上之一≫ 乾又克木 ≪上震木≫ 交害之卦也 移之爲鼎 則巽离相得 ≪風與火≫ 無相害也

䷍ → ䷱ ← ䷡

大有 → 鼎 ← 大壯

이것은 大有卦가 鼎卦로 변하는 경우이다. 爻가 아직 변하지 않았을 경우는 [火天 大有卦이니] 乾金과 离火가 서로 만나니 ≪乾은 金≫ 서로 해치는 卦가 된다. ≪火가 金을 이긴다.≫ 鼎卦는 大壯卦로부터 왔는데 ≪上이 1로 감≫ [大壯卦에서 볼 때] 乾의 金도 또한 木을 이기니 ≪大壯卦의 上震은 木이 됨≫ [大壯卦도 역시] 서로 해치는 卦가 된다. [그러나 大壯卦

---

315) "无交害"를 伊川의 『易傳』에서는 "未涉於害", 즉 "害를 당하지 않음"으로 풀이하였다. 『本義』에서도 "未涉乎害者"라고 하였으니, 역시 같은 해석을 취했음을 알 수 있다. 그러나 茶山은 "無相害", 즉 "서로 해치는 일이 없는 것"으로 풀이하였다.

316) 여기서는 "艱則 當作艱貞"이라고 한 茶山의 아들 學圃의 견해를 따라서 "艱則"을 '艱貞', 즉 '어려운 일'의 뜻으로 풀이하였다. 한편 『本義』에서는 "艱以處之", 즉 "艱難하게 대처하면"이라고 해석하였고, 伊川의 『易傳』에서는 "若能享富有而知難處 則无咎", 즉 "만약 부유함을 누리면서도 艱難하게 대처할 줄을 알면, 스스로 허물이 없다"라고 풀이하였다. 따라서 『本義』와 『易傳』에서는 "艱則无咎"를 "어렵게 여기고 조심하면 허물이 없을 것"(成百曉 譯)이라고 해석한 것이다.

로부터] 推移하여 鼎卦가 되면, 巽과 离가 서로 만족하니 ≪風이 火와 더불어 함께 함≫ 서로 해치는 일이 없다.

○鼎自遯來 ≪二之五≫ 剛來柔升 皆失其位 ≪二五今失位≫ 然而匪咎者 自大壯來也

大有 → 鼎 ← 遯

○鼎卦는 遯卦로부터 왔으니 ≪2가 5로 감≫ 剛이 [안으로] 들어오고 柔가 [밖으로] 상승한 것은 모두 그 [합당한] 자리를 잃은 것이다. ≪鼎卦의 2와 5가 지금 자신의 [합당한] 자리를 잃은 것이다.≫ 그럼에도 불구하고 "匪咎"라고 한 것은 [鼎卦가] 大壯卦로부터 왔기 때문이다.

○大壯之時 二陰乘乾 ≪震乘乾≫ 厲之至也 移之爲鼎 ≪上之一≫ 柔乃卑巽 ≪下今巽≫ 是 无咎也 遂爲坎險 ≪下大坎≫ 艱險則无咎也 ≪艱貞之无咎≫

大有 → 鼎 ← 大壯

○大壯卦의 때에는 두 개의 陰이 乾을 타고 있어 ≪震이 乾을 타고 있음≫ 위태로움이 매우 심하더니, 推移하여 鼎卦가 되면 ≪上이 1로 감≫ 柔가 낮은 데로 내려와 巽이 되니 ≪鼎卦의 下卦가 지금 巽≫ 이것이 "无咎"가 되는 까닭이다. 마침내 坎의 험난함이 되니 ≪鼎卦의 아래에 大坎이 있음≫ 어렵고 험난한 일의 경우에는 "허물이 없는 것(无咎)"이 된다. ≪"艱

則无咎"라고 한 것은 "艱貞无咎"[317]라고 말한 것과 같은 用例이다.≫

○學圃云 艱則 當作艱貞 ≪古文 貞則鼎 三字 皆相通≫

○學圃가 말하였다. "'艱則'은 마땅히 '艱貞'이 되어야 한다."[318] ≪古文에서 '貞'字와 '則'字와 '鼎'字의 세 글자는 모두 서로 통용되었다.≫

九二 : 大車以載, 有攸往, 无咎. ○ 象曰 : 大車以載, 積中不敗也.

九二 : [풍년(豊年)이 들어] 큰 수레에 [곡식을] 실었으니, 갈 곳이 있으면 허물이 없을 것이다. ○「象傳」: [풍년(豊年)이 들어] 큰 수레에 [곡식을] 실었으니, [수레] 가운데 실은 것이 무너지지 않을 것이다.

此 大有之離也 離自大壯來 ≪上之二≫ 自復以來 ≪一而四≫ 震稼蕃鮮 ≪復臨泰≫ 至於大壯 旣及兌秋 ≪大壯爲大兌≫ 則是刈是穫[319] ≪兌爲利≫ 庤[320]乾大車 ≪九家易 乾爲大車≫ 豊年之象也 移之爲離 則兩离之牛 駕此乾車 ≪大車則二牛≫ 大車以載也

---

317) "艱貞无咎"는 泰卦 九三에 나온다. 「易例比釋」의 艱貞例를 참조할 것.

318) 茶山은 「易例比釋」의 "艱貞例"에서 "艱貞이란 어렵고 험난한 일(艱險之事)을 뜻한다." 즉 "艱貞者, 艱險之事也"라고 함.

319) [校閱] 新朝本에는 "獲"(얻을 획)으로 되어 있으나, 奎章本과 國中本에는 "穫"(수확할 확)으로 되어 있다. 문맥상 前者보다 後者가 더 적합하다.

320) [校閱] '쌓을 庤(치)'字가 奎章本에는 '치질 痔(치)'字로 나오는데, 誤記이다.

大有 → 離 ← 大壯←推移←泰 ← 臨 ← 復

이것은 大有卦가 離卦로 변하는 경우이다. 離卦는 大壯卦로부터 왔다. ≪上이 2로 간 것이다.≫ 復卦 이래로 ≪初位에 있던 震이 제4位까지 나아감≫ 震의 벼가 우거진 모습이 또렷하더니 ≪復卦에서 臨卦로 되고 泰卦로 나아감≫ 大壯卦가 되면, [때가] 이미 兌의 가을에 이르게 된지라 ≪大壯은 大兌가 됨≫ [그 곡식을] 베고 거두어 ≪兌는 예리(銳利)함이 됨≫ 乾의 큰 수레에 싣고 쌓으니 ≪荀九家의 說에 따르면 乾은 큰 수레가 됨≫ 풍년(豊年)의 象이다. 推移하여 離卦가 되면 ≪上卦와 下卦의≫ 두 개의 离는 [두 마리] 소가 되어, 이 乾의 수레를 끌고 있으므로 ≪큰 수레이기 때문에 두 마리 소가 끄는 것임≫ "大車以載"라고 한 것이다.

○大壯之移 剛乃上升 ≪二之上≫ 有攸往也 柔本乘剛 ≪雷乘乾≫ 今剛旣升 ≪二之上≫ 是 无咎也

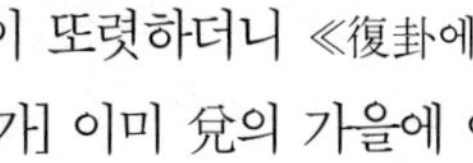

大有 → 離 ← 大壯

○大壯卦로부터 [離卦로] 推移할 적에, 剛이 이에 위로 올라가니 ≪2가 上으로 감≫ "갈 곳이 있는 것(有攸往)"이다. [大壯卦에서는] 柔가 본래 剛을 올라타고 있었는데 ≪震雷가 乾을 올라타고 있음≫ 이제 [離卦에서는] 剛이 이미 상승하니 ≪2가 上으로 감≫ 이것이 "无咎"라고 말한 까닭이다.

○二陽中實 ≪三[321]四剛≫ 此 積中也 ≪兌禾 積于中也 積字 從禾≫ 敗

321) [校閱] 新朝本에는 "三"이 "二"로 되어 있는데, 誤記이다.

者 毁也 遯大壯之移爲離 ≪升降之≫ 中剛則不毁 積中不敗也

遯 → 離 ← 大壯

○두 개의 陽이 가운데를 가득 채우고 있으니 ≪離卦의 3과 4가 剛陽≫ 이것이 "積中"이다 ≪兌의 벼를 가운데 쌓음이다. '積(적)'字는 '벼 禾(화)'字에서 나왔다.≫ '敗'는 '毁(훼손됨)'의 뜻이다. 遯卦와 大壯卦로부터 推移하여 離卦가 되더라도 ≪[遯卦의 初位에 있는 柔가 제5位로] 상승하거나, 혹은 [大壯卦의 上位에 있는 柔가 제2位로] 하강함≫ 그 가운데 있는 剛陽은 훼손되지 않으므로 "積中不敗"라고 말한 것이다.

○案[322] 蜀才本 大車 作大輿 ≪虞翻云 乾爲大車≫

○[案] 촉재(蜀才)의 책에는 "大車"가 "大輿"로 되어 있다. ≪우번(虞翻)은 乾이 "大車(대거)", 즉 "큰 수레"가 된다고 하였다.≫

九三 : 公用亨≪饗≫于天子,[323] 小人弗克. ○象曰 : 公用亨于天

---

322) [校閱] 奎章本에는 '案'이 '按'으로 되어 있다.

323) 『本義』에서는 "亨, 春秋傳, 作享, 謂朝獻也, 古者, 亨通之亨, 享獻之享, 烹飪之烹, 皆作亨字", 즉 "亨은 『春秋傳』에 '享'으로 되어 있으니, 朝會하여 물건을 올림을 이른다. 옛날에 亨通의 亨字와 享獻의 享字와 烹飪의 烹字를 모두 亨字로 썼다(成百曉譯)"라고 했다. 그러나 茶山은 "亨雖爲享 音則爲烹", 즉 "亨(형)字는 비록 '享(향 : 잔치하다)'의 뜻이지만, 그 발음은 '烹(팽 : 삶다)'이 된다. 따라서 茶山의 견해를 따른다면, "公用亨于天子"는 "공용팽우천자"로 읽어야 한다.

子, 小人害也.

九三 : 제후(公)가 천자로부터 향응(饗應)을 받으니[324] ≪'亨(팽)'은 '잔치할 饗(향)'의 뜻≫ 小人은 [군자를] 이기지 못할 것이다. ○「象傳」: 제후(公)는 天子로부터 향응(饗應)을 받겠지만, 小人에게는 해로울 것이다.

此 大有之睽也 睽自大壯來 ≪上之三≫ 大壯之時 乾王在內 震侯在外 ≪雷天卦≫ 移之爲睽 則震之一陰 入朝乾王 ≪上之三≫ 相見乎离 ≪二四互≫ 嘉會以禮 ≪离爲禮≫ 公用享于天子也 下离上坎 ≪兩互體≫ 烹飪之象也 ≪火溫水≫ 坎酒兌食 ≪下今兌≫ 燕享之物也

大有 → 睽 ← 大壯

이것은 大有卦가 睽卦로 변하는 경우이다. 睽卦는 大壯卦로부터 왔으니 ≪上이 3으로 감≫ 大壯의 때에는 乾의 王이 안에 있고, 震의 제후는 밖에 있다. ≪雷[☳]와 天[☰]으로 구성된 卦≫

[그런데 大壯卦로부터] 推移하여 睽卦가 되면, 震의 陰 하나가 乾王

324) "公用亨于天子"를 『本義』에서는 "公이 天子에게 물건을 올리는 것"으로 풀이하였다. 그러나 伊川은 『易傳』에서 "凡土地之富, 人民之衆, 皆王者之有也, 此, 理之正也, 故三, 當大有之時, 居諸侯之位, 有其富盛, 必用亨通乎天子, 謂以其有, 爲天子之有也, 乃人臣之常義也", 즉 "무릇 土地의 풍부함과 人民의 많음은 모두 王者의 所有이니, 이것이 올바른 이치이다. 그러므로 三이 大有의 때를 당하여, 諸侯의 지위에 거해서, 풍부하고 성함을 소유하였으면, 반드시 이로써 천자를 형통하게 하여야 한다. 이는 자기의 소유를 천자의 소유로 여김을 말한 것이니, 이것이 신하의 떳떳한 의리이다"라고 하였다(成百曉 譯). 이러한 해석에 따르면, "公用亨于天子"는 "公이 [大有로써] 天子께 형통하게 함"이 된다. 그러나 茶山은 "公用亨于天子"를 ""公用饗于天子"의 뜻, 즉 "제후(公)가 천자로부터 잔치를 베풀어 받는 것"으로 풀이하고, 그 典據로 『春秋左氏傳』의 "晉侯納王之筮"(僖二十五年)에 지금 나온 것과 같은 "大有之睽"의 占卦가 나왔는데, 거기에서 "戰克而王饗", 즉 "戰爭에서 이기고, 天子에게 잔치를 대접받을 것"으로 풀이되고 있음을 증거로 들었다. 杜預의 注에서도 "爲王所宴饗", 즉 "天子가 잔치를 베푸는 것을 대접받는 것"으로 해석하였다.

의 조정에 들어가서 ≪上이 3으로 감≫ 离에서 상견례(相見禮)를 하니 ≪睽卦의 下互가 离가 됨≫ 이것은 禮로써 아름답게 만나는 것이므로 ≪离는 禮가 됨≫ "공용팽우천자(公用享于天子)"라고 한 것이다.

睽卦의 下互卦는 离이고, 上互卦는 坎이니 ≪上互卦와 下互卦의 두 互體≫ 음식을 삶고 익히는 象이다. ≪불로 물을 끓이는 象이다.≫ 坎의 술과 兌의 음식이 있으니 ≪睽卦의 下卦가 지금 兌≫ [이것은 바로] 잔치를 위하여 차려놓은 것이다.

○睽又自中孚來 ≪五之四≫ 中孚之時 我爲兌金 ≪內爲我≫ 彼爲巽木 ≪風澤卦≫ 我爲君子 ≪下互震≫ 彼爲小人 ≪上互艮≫ 金將克木 小人不克也 移之爲睽 ≪五之四≫ 則小人果折 ≪艮今折≫ 作一窮寇 ≪變爲坎≫ 小人弗克也

大有 → 睽 ← 中孚

○睽卦는 또 中孚卦로부터 왔으니 ≪5가 4로 감≫ 中孚卦의 때에는 내가 兌金이 되는 반면에 ≪內卦는 我가 됨≫ 상대방은 巽木이 되며 ≪中孚는 風과 澤으로 구성됨≫ [또] 나는 君子가 되는 반면에 ≪中孚卦의 下互卦는 震≫ 상대방은 小人이 된다. ≪上互卦는 艮≫ 金이 장차 木을 이길 것이므로, 小人이 [君子를] 이기지 못하는 것이다.

[中孚卦로부터] 推移하여 睽卦가 되면 ≪5가 4로 감≫ 小人이 마침내 꺾여 버려 ≪艮이 이제 부러짐≫ 한 명의 궁지에 빠진 도둑이 되어 버리니 ≪변하여 坎이 됨≫ [이것이] "小人弗克"이다.

○小人害者 艮變爲坎也 ≪坎爲害≫

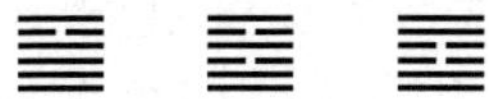

大有 → 睽 ← 中孚

○"小人害"라고 한 것은 [中孚卦에 있는 上互卦의] 艮이 변하여 [睽卦에서는] 坎이 되기 때문이다. ≪坎은 害가 된다.[325)]≫

○案[326)] 亨雖爲享 音則爲烹 故與匪其彭 叶

○[案] '亨'字는 비록 '누릴 享(향)'의 뜻이지만, 그 발음은 "팽(烹, 삶다)"이 된다. 그러므로 [大有卦 九四의] "비기팽(匪其彭)"과 협운(叶韻)이 되는 것이다.

春秋傳 ≪僖二十五年≫ 天王出居于鄭 ≪辟王子帶之難≫ 晉侯使卜偃 筮之 遇此爻 曰 吉 戰克而王饗 吉孰大焉 ≪王子帶 不克≫

『春秋傳』에서 ≪僖公 25年[327)]≫ 天子[328)]가 수도에서 나와 정(鄭)나라에 머물고 있었는데[329)] ≪王子 대(帶)[330)]의 난(難)을 피하여 나옴≫ [이렇게 어려

325) "坎爲害"는 茶山의 「其他 物象」에 속한다.

326) [校閱] 奎章本에는 '案'이 '按'으로 되어 있다.

327) 여기서 僖公 25年으로 되어 있으나 『左傳』의 經文에는 "天王出居于鄭"이 僖公 24年 冬에 발생한 사건으로 기록하고 있다.

328) 여기서 '天子'는 周나라 양왕(襄王)을 가리킨다.

329) 天王出居于鄭 : 『左傳』 '僖公 24年'의 '經文'에 "冬, 天王出居于鄭"이라고 기록되어 있다. 周나라 襄王이 아우인 대(帶)의 일파한테 몰려, 서울에서 도망하여 鄭나라에 거처하게 된 것을 말한 것이다. 天子에 대해서는 '出'이라는 말을 쓰지 않는 것이지만, 형제간에 분쟁이 생겨, 천자의 大任을 잊고 서울을 나간 것은 잘못이라는 뜻으로 쓴 것이다.

330) 왕자(王子) 대(帶)는 周 양왕(襄王)의 아우로서, 甘나라에 봉(封)해졌으므로, 감소공(甘昭公)이라고도 불리운다. 혜왕(惠王)의 왕후인 惠后는 王子 帶를 天子로 삼으려고 했지만, 그리하지 못하고 세상을 떠났다. 그러자, 王子 帶는 齊나라로 도망쳤는데, 襄王이 그를 다시 불러들였다. 그런데 王子 帶가 왕후인 외씨(隗氏)와 정을 통하니, 襄王은 외씨(隗氏)를 왕후 자리에서 내쫓았다. 이에, 王子 帶가 적(狄)의 군사를 거느리고, 왕을 공격하니, 왕은 서울을 버리고 도망하였다(文璇奎 역, 『春秋左氏傳』 上, 명문당,

운 처지에 놓인 天子를 돕는 일에 대해] 晉나라 군주(侯)였던 중이(重耳)가 복언(卜偃)에게 산대점을 쳐서 이 [大有之睽의] 爻를 얻었는데, 복언(卜偃)이 풀이하여 [다음과 같이] 말하였다.[331] "길하옵니다. …… 싸움에 이겨 천자에게 향응(饗應)을 받을 것(饗)이니, 길함이 이보다 더 큰 것이 있겠습니까!" ≪王子 대(帶)가 이기지 못한다는 것이다.[332]≫

且 是卦也 天爲澤 ≪乾變兌≫ 以當日 ≪以接离≫ 天子降心 ≪乾王悅≫ 以逆公 ≪迎震侯≫ 不亦可乎

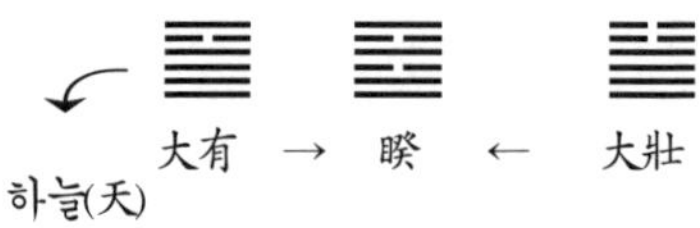

또 이 [大有九三인] 大有之睽卦로 말하자면 하늘이 못으로 변하여 ≪[大有의 下卦인] 乾이 [효변(爻變)으로 말미암아 변하여 睽卦에서] 兌가 됨≫ 해(日)와 짝하고 있는 모습이니 ≪离와 접하고 있음≫ 天子가 마음을 낮추어 ≪乾王이 兌로써 기뻐함≫ 제후를 맞이하는 것에 해당됩니다. ≪震의 諸侯를 맞이함[333]≫ [이] 또한 좋지 않겠사옵니까!"

1987, 350면).

331) 茶山의 「春秋官占補註」의 "晉侯納王之筮(晉侯, 즉 重耳가 天子를 서울로 모실 때 친 卜筮)"를 참조할 것.

332) 王子 帶의 難은 실패하게 되고, 天子인 周 襄王은 다시 僖公 25年 夏4月에 서울로 입성하여, 王子 帶를 잡아다 죽이었다.

333) 위에서 '移之爲睽 則震之一陰 入朝乾王 ≪上之三≫ 相見乎离 ≪二四互≫ 嘉會以禮 ≪离爲禮≫ 公用享于天子也'라고 하였으므로 震의 諸侯는 大壯卦의 上六을 가리키는 것으로 보아야 옳을 것이다. 일반적으로 震卦에서 제후의 역할을 하는 것은 震卦의 一陽이지만, 여기서는 大壯卦의 上震 중 제일 위의 陰을 가리키고 있다.

九四 : 匪其彭,[334] 无咎. ○ 象曰 : 匪其彭无咎, 明辨哲也.[335]

九四 : 그 [다닐 수 있는] 길이 아니지만,[336] [멈추고 나아가지 않으므로] 잘못이 없다. ○「象傳」: "그 [다닐 수 있는] 길이 아니지만, 허물이 없는 것(匪其彭无咎)"은 [샛길이 비록 잘 보이지 않는다고 하여도] 밝은 분별력으로 [충분히] 살필 수 있기 때문이다.

此 大有之大畜也 彭 行也 道也 ≪見說文≫ 大畜自大壯來 ≪上[337]

---

334) '彭'字를 『本義』에서는 "彭字, 音義, 未詳", 즉 "'彭'字는 音과 뜻이 未詳이다"라고 말하면서도, 伊川의 說이 혹 마땅할 듯하다고 하였다. 『程傳』에서는 "彭, 盛多之貌", 즉 "'彭'字의 뜻은 旺盛하고 많은 모양이다"라고 하고, 『詩經』「載驅」篇에 "문수상상(汶水湯湯), 행인방방(行人彭彭)". 즉 "汶水가 넘실넘실 흐르는데, 行人들이 彭彭하다"라고 한 것과 『詩經』의 「大雅」「大明」篇에 "駟騵彭彭", 즉 "駟騵이 彭彭하다"라고 한 것을 典據로 들고 있다. 그런데 前者는 行人들이 많은 모양이요, 後者는 武王의 戎馬가 많음을 말한 것이다(彭, 盛多之貌, 詩載驅, 云 汶水湯湯, 行人彭彭, 行人盛多之狀, 雅大明, 云 駟騵彭彭, 言武王戎馬之盛也). 만일 『程傳』의 "彭, 盛多之貌"라는 說을 취한다면, '彭'字는 '성대한 모양 彭(방)'으로 읽어야 한다. 그러나 茶山은 『說文解字』의 說을 취해서, "彭, 行也, 道也"라고 말하고 있다. 그러므로 "匪其彭"은 "匪其道"의 뜻이다. 또 茶山은 大有卦 九三의 "공용팽(公用亨)"과 大有卦 九四의 "비기팽(匪其彭)"이 서로 협운(叶韻)이 된다고 말하고 있다. 그러므로 "匪其彭"은 "비기방"이 아니라 "비기팽"으로 읽어야 한다.

335) 明辨哲也 : "명변제야(明辨哲也)"로 읽어야 한다.

336) 『程傳』에서는 "過盛則凶咎所由生也 故處之之道, 匪其彭則 得无咎", 즉 "지나치게 盛하면, 凶咎가 이로 말미암아 생긴다. 그러므로 이에 대처하는 道는 지나치게 盛하게 하지 않으면 허물이 없는 것이다"라고 하였다(成百曉 譯). 따라서 『程傳』에 따르면, "匪其彭"은 "지나치게 盛하게 하지 않으면"으로 풀이할 수 있다. 『本義』에서는 "六五 柔中之君, 九四, 以剛近之, 有僭逼之嫌, 然, 以其處柔也, 故有不極其盛之象而得无咎", 즉 "六五는 柔中의 군주이니, 九四가 剛으로 가까이 있어서 참람하고 핍박하는 혐의가 있으나, 柔에 처했기 때문에, 盛함을 지극히 하지 않는 象이 있어서 허물이 없는 것이다"라고 하였다(成百曉 譯). 따라서 『本義』의 注를 따르면, "匪其彭"은 "지나치게 盛하게 하지 않음이니"가 된다. 『本義』와 『程傳』에서는 "匪其彭"을 "비기방"으로 읽었다.

337) [校閱] 新朝本에는 "下之四"로 되어 있으나 奎章本과 國中本에는 "上之四"로 되어 있다. 後者가 옳다.

之四≫ 大壯之時 乾馬健行 震道无阻 ≪雷天卦≫ 移之大畜 則艮徑前阻 ≪上今艮≫ 匪其彭也 ≪匪其道≫

大有 → 大畜 ← 大壯

이것은 大有卦가 大畜卦로 변하는 경우이다. '길 彭(팽)'은 다니는 것(行)이며, 길(道)이다. ≪『說文』에 나온다.≫ 大畜卦는 大壯卦로부터 왔으니 ≪上이 4로 감≫ 大壯卦의 때에는 乾의 말(馬)이 씩씩하게 나아가고, 震의 길도 막힘이 없었는데 ≪大壯卦는 雷와 天으로 구성된 괘≫ 推移하여 大畜卦로 가면 艮의 좁은 길이 앞을 가로막고 있으니 ≪大畜卦의 上卦가 지금 艮≫ "匪其彭"이라고 말한 것이다 ≪즉 그 길이 아니다.≫

○雖匪其道 止而勿行 ≪艮以止≫ 無可咎也 大壯乘剛 ≪雷乘乾≫ 今剛旣升 ≪四之上≫ 是 无咎也 ≪無所失≫

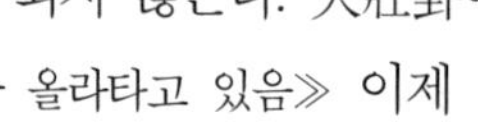

大有 → 大畜 ← 大壯

○비록 그 [다닐 수 있는] 길은 아니지만, 멈추고 나가지는 않으니 ≪艮으로써 멈춤≫ 허물이 되지 않는다. 大壯卦에서는 陰이 陽을 올라타고 있었지만 ≪雷가 乾을 올라타고 있음≫ 이제 [大畜卦가 되면] 剛陽이 이미 상승하였으니 ≪4가 上으로 감≫ 이것이 "无咎"라고 한 까닭이다. ≪잃은 것이 없다.≫

○晢與晣同 明也 照也 ≪星光也≫ 大畜自中孚來 ≪三之五≫ 大离之辨 ≪离爲別≫ 移不失明 ≪上大离≫ 明辨晢也 艮徑雖微[338] 明足

有察也

大有 → 大畜 ← 中孚

○ ‘晢(제)’字[339]는 ‘晣’字와 같은 글자인데, ‘밝다(明)’는 뜻이고, 또 ‘비춘다(照)’는 뜻이다. ≪별빛이 반짝임을 뜻한다.[340]≫ 大畜卦는 中孚괘로부터 왔으니 ≪3이 5로 감≫ 大离의 분별력(辨)이 ≪离는 구별함의 뜻이 됨≫ [大畜卦로] 推移하여도 그 밝음을 잃지 않으니 ≪大畜卦의 위에는 大离가 있음≫ 이것이 “明辨晢”이다. 艮의 샛길이 비록 잘 보이지 않는다고 하여도, 밝은 분별력으로써 충분히 살필 수 있는 것이다.

六五 : 厥孚交如, 威如, 吉. ○ 象曰 : 厥孚交如, 信以發志也. 威如之吉, 易[341]而无備也.

六五 : 그 믿음을 갖고 교제(交際)하니, 위엄을 갖추면 길할 것이다. ○ 「象傳」 : “그 믿음을 갖고 교제하는 것(厥孚交如)”은 신뢰(信賴)함으로써 그 마음(志)을 드러내는 것이다. “위엄을 갖추면 길한 것(威如之吉)”은 평

---

338) [校閱] 奎章本에는 “微”로 되어 있으나, 新朝本과 國中本에는 “迷”로 되어 있다. 뜻은 두 경우 모두 통한다.

339) ‘晢’ : ① 밝을 ‘절’, ② 별반짝반짝할 ‘제’.

340) 앞의 주석에서 ‘晢’字의 발음에는 ‘밝을 (절)’과 ‘별반짝반짝할 (제)’의 두 가지가 있다. 그런데 다산은 여기서 “星光也”라고 하고 있으므로, 後者, 즉 ‘제’로 읽는 것이 옳을 것으로 생각된다.

341) ‘易’字는 ‘이’로 읽는다.

이(平易)한 가운데 [위엄(威嚴)이 있으므로 굳이 무력(武力)으로] 방비(防備)할 필요가 없는 것이다.

此 大有之乾也 於坎之位 《四五六》 离以信之 《上本离》 厥孚交如也 《坎离交》 二五相應 《二本剛》 亦交孚也 《上下交相孚》 於此乎言之者 五爲卦主也 《一陰 爲卦主》

大有 → 乾

이것은 大有卦가 乾卦로 변하는 경우이다. 坎의 자리에서 《4·5·6의 자리[는 우수(偶數)·기수(奇數)·우수(偶數)이므로 陰·陽·陰으로 보면 坎位가 됨]》 离로써 믿음을 두기 때문에 《大有卦의 上卦가 본래 离》 "厥孚交如"라고 한 것이다. 《坎과 离가 서로 사귀는 것이다.》

[大有卦에서] 2와 5는 서로 호응하니 《2는 본래 剛》 이 역시 믿음을 서로 주고받는 것이다. 《上下가 사귀어 서로 신뢰한다.》 그런데 여기에서 [지괘(之卦)인 乾卦의 象이 아닌 본괘(本卦)인 大有卦의 本象을] 언급한 것은 제5爻가 卦主가 되기 때문이다. 《大有卦의 한 개의 陰이 卦主가 된다.》

○ 變而爲乾 《上下乾》 乾者 天地之尊嚴氣也 《見鄕飮酒義》 离信旣孚 尊嚴在上 《五君位》 威如之吉也 《說文云 威 尊嚴也》

大有 → 乾

○ [大有卦의 六五爻가] 변하여 乾卦가 되니 《上卦와 下卦가 모두 乾》

乾은 天地의 존엄(尊嚴)한 기운이다. ≪[『禮記』「향음주의(鄕飮酒義)」에 나온다.[342]≫ 离의 신뢰(信賴)로써 이미 "孚(믿음)"을 형성하고, 존엄(尊嚴)하게 위에 [머무르고] 있으므로 ≪제5位는 君位≫ [이것을 가리켜] "威如之吉"이라고 한 것이다. ≪『說文』에서 '威'는 존엄(尊嚴)을 뜻한다고 하였다.≫

○ 於坎之位 ≪四五六≫ 离以信之 ≪上本离≫ 信以發志也 ≪坎爲志≫ 豐六二 宜參看 ≪彼亦云 信以發志≫

大有

○坎의 자리에 ≪[上卦인] 4·5·6[位는 坎位]≫ 离의 믿음을 두는 까닭에 ≪上卦가 본래 离≫ "信以發志"라고 말한 것이다. ≪坎은 志가 된다.≫ 豐卦 六二의 「象傳」을 마땅히 참조해야 할 것이다. ≪豐卦 六二의 「象傳」에서도 역시 "信以發志"라고 하였다.[343]≫

○ 易者 乾道也 ≪大傳云 乾以易知≫ 离爲防閑 ≪剛禦外≫ 又爲戈兵 ≪說卦文≫ 此 武備也 ≪上本离≫ 變离爲乾 則平易之中 有威可畏 ≪威天下 不以兵革≫ 易而无備也 ≪無离備≫

大有 → 乾

---

342)『禮記』「鄕飮酒義」에 "天地嚴凝之氣, 始於西南, 而盛於西北, 此 天地之尊嚴氣也, 此 天地之義氣也(천지의 굳게 얼어붙은 기운은 서남쪽에서 시작하여, 북쪽에서 왕성하니, 이는 천지의 존엄한 기운이요, 이는 천지의 의로운 기운이다)"라고 함(이상옥 역, 『禮記』 下, 명문당, 2003, 1544~1545면).

343) 豐卦 六二의 「象傳」에서, "有孚發若, 信以發志也"라고 함.

○'易(이)'라고 한 것은 乾道를 가리킨 것이다. ≪「繫辭傳」에서 "건이이지(乾以易知)"라고 하였다.[344]≫ 离는 방어(防禦)하여 막는 것을 뜻하고 ≪剛陽이 밖을 막음≫ 또 창과 병사를 뜻하니 ≪「說卦傳」의 글≫ 이것은 무력(武力)을 갖추는 것이다. ≪[大有卦의] 上卦는 본래 离≫ [大有卦의 上卦인] 离가 변하여 乾이 되면, 평이(平易)한 가운데서도 그 위엄이 두려워할 만 하므로 ≪위엄으로써 天下를 다스림에 무력(武力)으로써 하지 않음≫ "이이무비(易而无備)"라고 말한 것이다. ≪离의 방비함이 없다.≫

○案[345] 春秋傳 ≪閔二年≫ 成季之筮 遇此爻曰 同復于父 敬如君所 ≪乾爲父 爲君≫ 敬者 中直也

大有 → 乾

○[案] 『春秋左氏傳』에서 ≪[魯나라] 민공(閔公) 2年[346]≫ 성계(成季)[347]의 筮[348]에 ["大有之乾"이라는] 이 爻를 얻고서 말하기를 "[그] 아버지와 동일한 지위를 회복하는 占卦이며, 君主의 지위와 같은 공경(恭敬)을 받을 것입니다"라고 하였다. ≪乾은 아버지가 되고, 임금이 된다.≫ 敬은 가운데가 곧은 것이다.

---

344) 「繫辭傳」에 "乾知太始, 坤作成物, 乾以易知, 坤以簡能(乾은 태초의 始作을 주관하고, 坤은 만물의 完成을 이루어 내는데, 乾은 平易함으로 [그런 시작을] 주관하고, 坤은 간결함으로 [그런 완성을] 잘 이루는 것이다)"라고 함.

345) [校閱] 奎章本에는 '案'이 '按'으로 되어 있다.

346) B.C.660년에 해당된다.

347) 성계(成季)는 魯나라 桓公의 아들이며, 莊公의 막내 동생인 季友를 가리킨다.

348) 다산의 『春秋官占補註』의 "成季之筮"에 관한 설명이 상세히 나온다. "成季之筮"란 '成季가 산대점을 치는 것'이 아니라, '成季의 출생에 즈음한 占筮'를 뜻한다. 季가 출생하려 할 때에 그 부친인 桓公이 卜楚丘의 아비(父)에게 태어날 아이의 장래에 대해 占을 쳐보게 하였는데, 大有가 乾으로 변하는 卦(大有之乾)를 얻었다.

上九 : 自天祐之. 吉無不利. ○ 象曰 : 大有上吉, 自天祐也.

上九 : 하늘로부터 돕는지라, 길할 것이며, 이롭지 않음이 없을 것이다. ○「象傳」: 大有卦 上九의 길함은 하늘로부터 돕기 때문이다.

此 大有之大壯也 卦自夬來 《上之五》 一陰乘剛 《乘五剛》 厲之至也

이것은 大有卦가 大壯卦로 변하는 경우이다. 大有卦는 夬卦로부터 왔는데 《上이 5로 감》 [夬卦에서는] 陰 하나가 위에서 剛陽을 올라타고 있으니 《다섯 개의 剛을 올라타고 있음》 위태로움이 지극히 심하다.

移之大有 則柔降爲离 《上之五》 順而有信 福所至也 天心旣嘉 《姤之時 上乾》 离福果麗 《上今离[349]》 自天祐之也 何事不利 《不失兌之利》 上爲卦主 故言其本象

[夬卦로부터] 推移하여 大有卦로 가면, 柔가 下降하여 离가 되니

349) [校閱] 奎章本과 國中本에는 "上今离"라고 되어 있는데, 新朝本에는 "离"가 보이지 않는다.

≪上이 5로 감≫ 유순하고도 믿음을 갖추고 있으므로, 복(福)이 이르게 된다. 天心이 이미 기뻐하여 ≪벽괘(辟卦)인 구괘(姤卦)인 때의 上乾≫ 离의 福이 마침내 빛나니 ≪[大有卦의] 上卦가 지금 离≫ "自天祐之"라고 한 것이다. [이와 같다면] 무슨 일이든 이롭지 않겠는가? ≪兌의 이로움을 잃지 않은 것이다.≫ 上爻가 卦主가 되는 까닭에 그 '본상(本象)', 즉 本卦인 大有卦의 象을 말한 것이다.

孔子曰 祐者 助也 天之所助者 順也 人之所助者 信也 履信思乎順 又以尙賢也 是以 自天祐之 吉无不利也

孔子가 [「繫辭上傳」에서] 말하였다. "'祐'란 돕는 것이니, 하늘로부터 도움을 받는 것은 [天命에] 순종하기 때문이며, 사람들로부터 도움을 받는 것은 [사람들 사이에서] 신뢰가 있기 때문이다. 신의(信義)를 실천하고, [도리(道理)에] 순종할 것을 생각하며, 또 그렇게 함으로써 어진 선비를 숭상하니, 이런 까닭에 [『易經』에서] '自天祐之, 吉无不利'라고 한 것이다."

○案[350] 夬之五六 陽升陰降 ≪上之五≫ 此 順也 ≪陰之順≫ 因以成离 此 信也 ≪离爲孚≫

夬 → 大有 → 大壯

○[案] [夬卦에서 大有卦로 추이할 때] 夬卦의 제5位와 제6位에서 陽은 상승하고, 陰은 하강하니 ≪[夬卦의] 上이 5로 감≫ 이것이 "順(순종함)"의 뜻이다. ≪陰이 순종하는 것이다.≫ 이것으로 말미암아 [大有卦에서] 离

350) [校閱] 奎章本에는 '案'이 '按'으로 되어 있다.

가 성립하였으니 이것이 “信(신뢰)”의 뜻이다. ≪离는 ‘孚’의 뜻이 된다.≫

剛則爲賢 ≪震君子≫ 尊而升之 ≪五之上≫ 是 尙賢也 ≪大象傳云 遏惡而揚善≫ 卦德本厲 ≪夬一陰≫ 其變乃善 有若德修而福來也 故曰 自天祐之 ≪鼎上九 亦然≫

夬 → 大有 → 大壯

大壯 → 鼎 → 恒

[夬卦의 제5位에 있는] 剛陽은 곧 賢人이 되니 ≪震은 君子[351]≫ [어진 사람을] 존경하여 위로 올리니 ≪5가 上으로 감≫ 이것은 賢者를 숭상하는 것이다. ≪大有卦의 「大象傳」에 이르기를 “알악이양선(遏惡而揚善)”, 즉 “惡을 막고, 善을 고양한다”고 하였다.≫ 夬卦의 성질은 본래 위태로웠는데 ≪夬卦에서는 하나의 陰이 다섯 陽을 올라타고 있음≫ 그것이 변하면 곧 善한 것으로 바뀌게 되니, 마치 德을 닦음으로써 福이 들어오는 것과 같은 상황이다. 그러므로 “自天祐之”라고 말한 것이다. ≪鼎卦 上九에서 [“鼎玉鉉, 大吉, 无不利”라고 말한 것도] 역시 [陽升陰降의 경우이니] 마찬가지이다.≫

---

351) “==”도 震(☳)으로 본 것이다. “震君子”는 茶山의 ‘今補’에 나온다.

爻變表

1.乾	2.坤	3.屯	4.蒙	5.需	6.訟	7.師	8.比
初九=乾之姤	初六=坤之復	初九=屯之比	初六=蒙之損	初九=需之井	初六=訟之履	初六=師之臨	初六=比之屯
九二=乾之同人	六二=坤之師	六二=屯之節	九二=蒙之剝	九二=需之既濟	九二=訟之否	九二=師之坤	六二=比之坎
九三=乾之履	六三=坤之謙	六三=屯之既濟	六三=蒙之蠱	九三=需之節	六三=訟之姤	六三=師之升	六三=比之蹇
九四=乾之小畜	六四=坤之豫	六四=屯之隨	六四=蒙之未濟	六四=需之夬	九四=訟之渙	六四=師之解	六四=比之萃
九五=乾之大有	六五=坤之比	九五=屯之復	六五=蒙之渙	九五=需之泰	九五=訟之未濟	六五=師之坎	九五=比之坤
上九=乾之夬	上六=坤之剝	上六=屯之益	上九=蒙之師	上六=需之小畜	上九=訟之困	上六=師之蒙	上六=比之觀
用九=乾之坤	用六=坤之乾						

9.小畜	10.履	11.泰	12.否	13.同人	14.大有	15.謙	16.豫
初九=小畜之巽	初九=履之訟	初九=泰之升	初六=否之无妄	初九=同人之遯	初九=大有之鼎	初六=謙之明夷	初六=豫之震
九二=小畜之家人	九二=履之无妄	九二=泰之明夷	六二=否之訟	六二=同人之乾	九二=大有之離	六二=謙之升	六二=豫之解
九三=小畜之中孚	六三=履之乾	九三=泰之臨	六三=否之遯	九三=同人之无妄	九三=大有之睽	九三=謙之坤	六三=豫之小過
六四=小畜之乾	九四=履之中孚	六四=泰之大壯	九四=否之觀	九四=同人之家人	九四=大有之大畜	六四=謙之小過	九四=豫之坤
九五=小畜之大畜	九五=履之睽	六五=泰之需	九五=否之晉	九五=同人之離	六五=大有之乾	六五=謙之蹇	六五=豫之萃
上九=小畜之需	上九=履之兌	上六=泰之大畜	上九=否之萃	上九=同人之革	上九=大有之大壯	上六=謙之艮	上六=豫之晉

17.隨	18.蠱	19.臨	20.觀	21.噬嗑	22.賁	23.剝	24.復
初九=隨之萃	初六=蠱之大畜	初九=臨之師	初六=觀之益	初九=噬嗑之晉	初九=賁之艮	初六=剝之頤	初九=復之坤
六二=隨之兌	九二=蠱之艮	九二=臨之復	六二=觀之渙	六二=噬嗑之睽	六二=賁之大畜	六二=剝之蒙	六二=復之臨
六三=隨之革	九三=蠱之蒙	六三=臨之泰	六三=觀之漸	六三=噬嗑之離	九三=賁之頤	六三=剝之艮	六三=復之明夷
九四=隨之屯	六四=蠱之鼎	六四=臨之歸妹	六四=觀之否	九四=噬嗑之頤	六四=賁之離	六四=剝之晉	六四=復之震
九五=隨之震	六五=蠱之巽	六五=臨之節	九五=觀之剝	六五=噬嗑之无妄	六五=賁之家人	六五=剝之觀	六五=復之屯
上六=隨之无妄	上九=蠱之升	上六=臨之損	上九=觀之比	上九=噬嗑之震	上九=賁之明夷	上九=剝之坤	上六=復之頤

25.无妄	26.大畜	27.頤	28.大過	29.坎	30.離	31.咸	32.恒
初九=无妄之否	初九=大畜之蠱	初九=頤之剝	初六=大過之夬	初六=坎之節	初九=離之旅	初六=咸之革	初六=恒之大壯
六二=无妄之履	九二=大畜之賁	六二=頤之損	九二=大過之咸	九二=坎之比	六二=離之大有	六二=咸之大過	九二=恒之小過
六三=无妄之同人	九三=大畜之損	六三=頤之賁	九三=大過之困	六三=坎之井	九三=離之噬嗑	九三=咸之萃	九三=恒之解
九四=无妄之益	六四=大畜之大有	六四=頤之噬嗑	九四=大過之井	六四=坎之困	九四=離之賁	九四=咸之蹇	九四=恒之升
九五=无妄之噬嗑	六五=大畜之小畜	六五=頤之益	九五=大過之恒	九五=坎之師	六五=離之同人	九五=咸之小過	六五=恒之大過
上九=无妄之隨	上九=大畜之泰	上九=頤之復	上六=大過之姤	上六=坎之渙	上九=離之豊	上六=咸之遯	上六=恒之鼎